5 현장에서 꼭 필요한 일본어 교육학 시리즈

베이직 일본어교육
ベーシック日本語教育

佐々木泰子(사사키 야스코) 편저
한국일어교육학회 번역

일본어 으뜸
(주)시사일본어사
book.japansisa.com

Preface 머리말

　일본어교사가 되고 싶어 열심히 공부하던 시절의 일이지만, 공부하면 할수록 일본어교육에 흥미를 느끼게 됨과 동시에 필요로 하는 지식의 넓이와 깊이에 압도된 경험이 있습니다. 그 때 저는 '한권으로 일본어교사가 알아야 할 기초지식을 습득할 수 있는 책이 있으면 얼마나 좋을까'하는 생각을 했습니다. 또 그 후에 대학이나 교양과정에서 일본어교사를 양성하는 일에 종사하게 되면서 이번에는 그런 책을 사용해서 가르치고 싶다는 생각을 하게 되었습니다.

　이번에 이 책을 출판할 기회를 얻어 마침내 오랫동안 가지고 있던 꿈을 이룰 수 있게 되었습니다. 그래서 이 책은,

- 일본어교사에게 필요한 기초지식을 이 책 한권으로 습득할 수 있을 것
- 일본어교육에 대한 지식이 없어도 쉽게 읽을 수 있을 것

이라는 목표를 정했습니다. 또한 독자들 중에는 앞으로 일본어능력검정시험에 응시할 분이나 학교에서 혹은 독학으로 일본어교육에 대해서 배우고 있는 분들도 계시리라 판단해서,

- 2003년도부터 개정된 일본어교육능력검정시험 출제기준에 대응할 수 있을 것
- 대학이나 교양과정 교재 및 자습용 교재로도 사용할 수 있을 것

이라는 점도 배려를 했습니다.

이 책은 6부 20장으로 구성되어 있으며 모든 장에서 다음과 같은 통일된 학습 단계가 준비되어 있습니다.

- 각 장의 내용(대략적인 각 장의 내용을 파악할 수 있습니다.)
- 키워드(출제기준에 맞춘 본문 중의 키워드가 소개되어 있습니다. 본문에서는 각각의 키워드가 알기 쉽게 고딕체로 인쇄되어 있습니다.)
- 본문(본문에는 내용에 관련된 칼럼이 있습니다.)
- 과제(본문 내용에 대한 이해를 확인하는데 도움이 됩니다.)
- 참고문헌(본문을 집필함에 있어서 참고로 한 목록입니다.)
- 독서안내(본문 내용에 관련된 기본적인 책이나 더 깊이 있는 지식을 얻고 싶은 분에게 추천할 책이 해설과 함께 소개되어 있습니다.)

이 책이 탄생하기 까지 여러 만남이 있었습니다. 이 책은 제가 처음으로 편집한 책입니다. 익숙하지 않은 선장 역할을 하다 보니 완성하기까지 의외로 많은 시간이 걸렸습니다. 그 동안 끈기있게 집필에 협력해주신 각 분야의 제1선에서 활약하시는 선생님들께 감사드립니다. 또한 대학이나 일본어교육양성강좌에서 열심히 제 수업을 들어주신 여러분들, 그리고 '일본어교육의 묘미'를 가르쳐준 각국에서 온 유학생 여러분들에게도 감사를 드립니다.

편집자
佐々木泰子(사사키 야스코)

contents 차례

머리말

제1부 사회 · 문화 · 지역 ... 1

제1장 세계와 일본 ... 2
1. 20세기말의 세계 ... 2
2. 21세기를 맞이한 일본의 과제 ... 3
3. 새로운 관계 구축을 위하여 ... 4

제2장 이문화의 접촉과 일본어교육 ... 8
1. 인구이동과 일본어교육 ... 8
2. 학습자의 다양화와 일본어교육 ... 9
3. 아동의 문화 간 이동 ... 10
   3.1 문화 간 이동을 하는 아동의 증가 ... 10
   3.2 외국인 아동을 위한 학습지원 ... 11
   3.3 앞으로의 연소자 일본어교육 ... 13

제3장 일본어교육의 역사와 현상 ... 16
1. 일본어교육사 ... 16
   1.1 근대 이전의 일본어교육 ... 16
   1.2 근대 이후의 일본어교육 ... 18
2. 일본어교육과 국어교육 ... 20

Contents

제4장 일본어교사의 자질·능력 ······ 24
   1 교수법/교수관의 변화 ······ 24
   2 교사의 역할 변화 ······ 25
   3 교실과 교실 밖과의 연계 ······ 26

제2부 언어와 사회 ······ 29

제5장 언어와 사회의 관계 ······ 30
   1 세계의 언어사정과 언어정책 ······ 30
   2 언어접촉으로 인한 언어현상 ······ 31
      2.1 이중언어/다중언어 ······ 31
      2.2 코드 스위칭 ······ 32
      2.3 피진/크레올 ······ 33
      2.4 다이글로시아 ······ 34
   3 언어정책 ······ 34
      3.1 필리핀/싱가포르의 언어정책 ······ 35
      3.2 오스트레일리아/캐나다/미국의 언어정책 ······ 36

제6장 언어사용과 사회 ······ 40
   1 언어변종 ······ 40
      1.1 지역차(방언) ······ 40
      1.2 성차 ······ 41
      1.3 레지스터 ······ 42
   2 언어운용의 규칙 ······ 42
      2.1 담화분석 ······ 43
      2.2 회화분석 ······ 44
      2.3 사회언어능력/사회문화능력 ······ 46
   3 언어·비언어행동 ······ 47

제3부 언어와 심리 51

제7장 언어이해의 과정 52
1 머리말 52
2 탑다운 처리 53
3 바톰업 처리 54
4 기억 55
    4.1 이중저장모델 55
    4.2 작동기억모델 56
    4.3 외국어학습과 기억 57
5 심리언어학 57
    5.1 행동주의 심리학 58
    5.2 생성문법 59
    5.3 인지언어학 62

제8장 언어습득 · 발달 72
1 모어의 습득 72
    1.1 언어습득의 논리적 문제 72
    1.2 언어습득의 과정 73
2 제 2언어의 습득 73
    2.1 제 2언어습득연구의 역사 74
    2.2 제 2언어습득연구에서의 중요한 발견 79
    2.3 제 2언어습득이론 84
    2.4 제 2언어학습에서의 개인차 요인 89
3 이중언어사용 100

제9장 이문화 이해와 심리 108
1 이문화이해-왜 일본어교사에게 필요한 지식인가? 108
2 이문화적응과 문화화 109

2.1 이문화적응 모델과 프로세스 ·············· 109
　　　2.2 이문화환경에서 부상하는 자문화 ·········· 112
　　　2.3 문화화의 프로세스 ···················· 113
　3 우리들의 기억과 행동 ······················ 115
　4 커뮤니케이션에서의 문화적 차이 ·············· 117
　　　4.1 고/저 콘텍스트 ······················ 118
　　　4.2 언어/비언어메시지 ···················· 119
　　　4.3 담화구조 ·························· 119
　　　4.4 자기개시 ·························· 120
　5 심리학에서의 학습관과 언어교육 교수법 ········ 120
　6 지금까지의 언어학습과 학습관 ················ 121
　7 최근의 언어교육과 새로운 학습관
　　　-비고스키 심리학과 상황적 학습 ············ 123

제4부　언어와 교육　　　　　　　　　131

제10장 언어교수법 · 실기(실습) ················ 132
　1. 코스 디자인 ···························· 132
　　　1.1 코스 디자인이란? ···················· 132
　　　1.2 코스 디자인의 흐름 ·················· 133
　2. 니즈분석 ······························ 133
　　　2.1 니즈조사 ·························· 134
　　　2.2 레디니스조사 ······················ 134
　3. 목표언어조사 · 분석 ······················ 136
　4. 실러버스 디자인 ·························· 137
　　　4.1 구조실러버스, 문형실러버스, 문법실러버스 ··· 137
　　　4.2 기능(機能)실러버스 ·················· 137
　　　4.3 장면실러버스 ······················ 138

  4.4 기능(技能)실러버스 ·········· 138

  4.5 화제실러버스 ·········· 138

  4.6 과제실러버스 ·········· 139

  4.7 복합실러버스 ·········· 139

  4.8 선행실러버스, 후행실러버스, 가변실러버스 ·········· 139

5 커리큘럼 디자인 ·········· 140

6 교수법 ·········· 140

  6.1 문법번역식 교수법 ·········· 141

  6.2 자연식 교수법 ·········· 141

  6.3 음성학적 교수법 ·········· 142

  6.4 구두식 교수법 ·········· 142

  6.5 직접 교수법 ·········· 144

  6.6 ASTP ·········· 144

  6.7 AL법 ·········· 145

  6.8 침묵식 교수법 ·········· 145

  6.9 CLL ·········· 146

  6.10 TPR ·········· 146

  6.11 자연식 접근법 ·········· 147

  6.12 암시적 교수법 ·········· 147

  6.13 인지학습 접근법 ·········· 147

  6.14 의사소통중심 접근법 ·········· 148

7 언어형식에 초점을 둔 지도법으로의 변화 ·········· 149

8 평가법 ·········· 150

  8.1 평가의 종류 ·········· 151

  8.2 테스트의 종류 ·········· 151

  8.3 객관식 테스트와 주관식 테스트 ·········· 154

  8.4 테스트 자체의 평가 ·········· 155

  8.5 테스트 결과의 통계적 분석 ·········· 156

9 수업계획과 실시-초급의 경우 ·········· 156

  9.1 학습목표의 설정 ·········· 157

9.2 실러버스의 확인과 정리 ···································· 157
　　9.3 수업의 흐름 ··· 157
　　9.4 교실활동 ·· 158
　10 수업계획과 실시-중급 이상의 경우 ······················ 162
　　10.1 '독해', '청해'기능 중심의 수업 ························ 162
　　10.2 '발화‧회화', '작문'기능 중심의 수업 ············ 164
　11 활동형태 ··· 166
　12 교재분석‧개발 ··· 166
　　12.1 주교재의 선택 ·· 166
　　12.2 부교재 ·· 167
　　12.3 교구 ·· 168
　　12.4 실물교재‧실물 ·· 169
　13 학습지도안 작성 ··· 171
　14 수업의 분석과 평가 ··· 171
　15 오용분석 ··· 172
　16 목적‧대상별 일본어교육 ··· 172

제11장 이문화간 교육 ·· 178
　1 이문화간 접촉이 일상화된 현대사회와 이문화간 교육 ······ 178
　2 이문화간 접촉으로 어떤 일이 일어나는가 ··············· 180
　3 문화간을 이동하는 사람들을 위한 이문화간 교육 ······ 181
　　3.1 귀국아동 ·· 182
　　3.2 외국인아동 ·· 183
　　3.3 중국귀국자(중국잔류 일본인) ···························· 185
　4 다문화 사회를 맞이하기 위한 이문화간 교육
　　 -국제이해교육 ··· 186

제12장 일본어교육에서의 커뮤니케이션 교육 ·········· 190
　1 이문화간 커뮤니케이션에서의 의도와 해석의 차이 ······ 190
　2 일본어교육에서의 이문화간 커뮤니케이션 교육 ······· 191

2.1 이문화 트레이닝 ··· 191
   2.2 문화에 따른 커뮤니케이션 스타일의 차이 ············· 192
   2.3 이문화이해를 돕는 쌍방향적 학습 ························· 193

제13장 언어교육과 정보 ·· 196
   1 일본어교육에서의 컴퓨터 활용 ···························· 196
   　1.1 수업 현장에서의 활용 ·· 196
   　1.2 그 외의 장면에서의 활용 ··································· 197
   2 정보와 관련된 활용능력 ······································· 198
   　2.1 정보 활용능력과 미디어 활용능력 ····················· 198
   　2.2 일본어교육과의 관계 ·· 199
   3 저작권 ··· 200

제5부 언어일반　　　　　　　　　　　　　　　　　　　　203

제14장 언어구조일반 ·· 204
   1 세계의 여러 언어 ··· 204
   2 언어의 유형-일본어는 어떤 언어인가 ················ 205
   　2.1 SOV형 언어 ·· 205
   　2.2 교착어 ·· 208
   　2.3 격 ··· 209
   　2.4 주어와 주제 ·· 210
   3 언어학 · 일본어학 · 국어학 ·································· 211
   4 대조언어학 ··· 213
   　4.1 일한대조 ·· 214
   　4.2 일중대조 ·· 218
   5 이론언어학 · 응용언어학 ······································ 220

Contents

제6부 일본어의 구조 · 225

제15장 일본어 음성 · 226
1 일본어교육에서의 음성지도 · 226
2 음성학과 음운론 · 227
3 유성음과 무성음 · 228
4 모음 · 229
5 자음 · 231
   5.1 조음점과 조음자 · 231
   5.2 오십음의 발음 · 234
6 반모음 · 242
7 특수음소 · 243
   7.1 발음 · 243
   7.2 촉음 · 245
   7.3 장음 · 246
8 박과 음절 · 247
9 악센트 · 248
   9.1 명사의 악센트형 · 250
   9.2 동사의 악센트형 · 252
   9.3 형용사의 악센트형 · 253
10 인토네이션 · 254
11 프로미넌스 · 256
12 프로소디 · 257

제16장 어휘 · 264
1 어휘와 어휘량 · 264
2 단어수와 사용률 · 266
3 어휘의 분류 · 267
   3.1 의미에 의한 분류 · 268

  3.2 어종에 의한 분류 ········· 269
  3.3 어구성에 의한 분류 ········· 272
 4 조어법과 변음현상 ········· 276
  4.1 조어법 ········· 276
  4.2 변음현상 ········· 276
 5 일본어 어휘의 특징 ········· 278

제17장 일본어 문법 ········· 282
 1 머리말 ········· 282
 2 단어 ········· 283
  2.1 품사 ········· 283
  2.2 동사 ········· 285
  2.3 형용사 ········· 288
  2.4 명사 ········· 289
  2.5 수사 · 조수사 ········· 290
  2.6 부사 ········· 292
  2.7 지시사 ········· 293
  2.8 조사 ········· 295
  2.9 어구성 ········· 296
 3 문 ········· 297
  3.1 주어와 주제 ········· 297
  3.2 시제와 상 ········· 300
  3.3 서법 ········· 304
  3.4 태 ········· 305
  3.5 복문 ········· 309
  3.6 시점 ········· 315
 4 의미 ········· 319
  4.1 비유 ········· 320
  4.2 공감각적 비유 ········· 322

제18장 화용론적 규범 ··· 326
1 언어운용의 적절성 ··· 326
2 화용론의 전개 ··· 327
3 발화의 해석 ··· 328
4 일본어의 화용론적 규범 ··· 329

제19장 문자와 표기 ··· 334
1 4종류의 문자 ··· 334
2 한자 ··· 336
  2.1 한자의 성립 ··· 336
  2.2 한자의 음훈 ··· 337
  2.3 한자표기의 기준 ··· 338
  2.4 글자체 ··· 339
  2.5 한자의 필순 ··· 340
  2.6 오쿠리가나 ··· 341
3 히라가나 ··· 343
4 가타카나 ··· 346
5 로마자 ··· 346

제20장 일본어사 ··· 352
1 일본어사의 시대구분 ··· 352
2 상대 일본어(~奈良시대) ··· 353
3 중고 일본어(平安시대, 院政期) ··· 354
4 중세 일본어
  (鎌倉, 南北朝, 室町, 安土桃山시대) ··· 356
5 근세 일본어(江戸시대) ··· 357
6 근대와 현대 일본어(明治시대~) ··· 359

자료: 일본어교육능력검정시험 출제범위 364
색인 366

제1부

사회 · 문화 · 지역

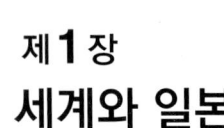

제1장
세계와 일본

여기에서는 1989년 베를린의 장벽 붕괴 이후의 세계에 대해서 개관하고
글로벌화되어가는 사회에서 향후 일본이 해결해야 할 과제에 대하여 생각해본다.

키워드 ▶ 국제표준(global standard), 커뮤니케이션, 정치, 경제, 사회, 문화

1 20세기말의 세계

1989년 베를린 장벽이 붕괴되고 1991년에 소련이 해체됨으로써 이른바 '냉전의 시대'가 종말을 고하였다. 또 거의 비슷한 시기에 인터넷 시대가 열리고 20세기의 마지막 10년이 지나면서 세계는 완전히 새로운 시대로 돌입했다고 해도 과언이 아니다.

이 거대한 역사의 변혁을 가리켜서 사람들은 '역사의 종언'이라고도 하고 '자본주의 대 자본주의'의 대립시대가 개막된 것이라고도 하였다. 확실히 냉전의 시대에는 미국과 소련이라는 초강대국간의 대립으로 상징되는 '자본주의 대 사회주의'의 대립 혹은 '이데올로기의 대립'이라는 문제가 가장 중요한 테마였으나 현대는 지금까지와는 다른 차원의 대립이 나타나고 있는 것 같다. 따라서 그것은 예컨대 사무엘 헌팅턴(Samuel P. Huntington)의 말처럼 '문명충돌'의 시작이라고 보는 것이 타당할 것이다.

사무엘 헌팅턴에 의하면 근대는 왕족의 다툼에서 국민국가의 대립으로, 이어서 이데올로기의 대립으로 발전되어 왔지만 이들은 모두 서양문명을 중심으로 한 것이었다. 근대화가 불가피했던 그 이외의 지역들에서도 각 국가들이 지향한 것은 다름 아닌 '서구화'였던 것이다. 하지만 냉전 후의 세계에서는 그러한 단순한 형태의 체제가 사라지고 크고 작은 다양한 문명의 대립이 나타나게 되었다. 참고로 사무엘 헌팅턴에 의하면 세계에는 서양문명을 포함하여 대략 8개의 문명이 존재한다.

그 중 하나가 '일본문명'이다. 하지만 유래없는 대전환이 시작된 바로 그때 일본은 후에 '잃어버린 10년'이라는 불황(헤이세이(平成) 불황)에 빠져 미래의 세계를 이어나갈 자신감과 기개를 거의 잃어버렸다. 한때는 에즈라 보겔(Ezra F. Vogel)이 'Japan as No.1'이라고 까지 부르던 일본이, 기업과 사람들이 세계 속에서 차지하는 지위와 역할을 잊은 채 스스로 하루하루의 일상과 생활 속에서 고심하지 않을 수 없게 되었다.

그러는 동안 8대 문명중 하나로 꼽히는 '중화문명'은 기세 등등해지고 세계로 진출해야 할 중요성을 인식하여 올림픽 유치와 세계무역기구(WTO)에 가입하는 등 명실공히 현대세계의 주요한 변혁의 중심으로 자리잡고 있다.

2 21세기를 맞이한 일본의 과제

21세기에 접어들면서 다행히 일본도 기나긴 터널에서 벗어나려 하고 있다. 여러 경제지표가 호전되고 세계정세에도 점차 밝은 전망이 나오고 있다. 일본은행이 발표한 '기업단기경제관측조사' 등을 보면 잘 알 수 있다.

그러나 일본 국내정치세계에서는 불미스러운 사건이 끊이지 않고 있으며 국제정치세계에서는 아직도 UN 상임이사국 진출의 오랜 꿈을 이루지 못하고 있다. 이웃 국가와의 관계도 매우 좋지 않은 상황이다. 경제면에서는 주가수준도 상승하고 경기활성화도 장기간 지속되고 있지만 지역 간 격차는 무시할 수 없을 만큼 벌어져 과거의 이중구조경제를 떠올릴 정도의 양상을 보이고 있다. 또한 사회면에서는 과거에 없었던 흉악범죄가 질적 양적으로 빈번하게 일어나 일본사회의 안전신화는 이미 과거의 이야기가 되어버렸다.

이러한 상황 속에서 일본은 세계와 새로운 관계를 모색하지 않으면 안 된다. 또한 일본에는 현재 중국이 추진하는 것과 같은 성장노선을 취할 수 있는 환경도 조성되어 있지 않고 이전에 큰 성공을 이루어냈던 근대화에 의한 고도경제성장 달성과 같은 것도 기대할 수 없다. 애초부터 메이지(明治)유신이나 2차대전 이후의 부흥과 같은 생산자 주도의 시나리오는 더 이상 쓸 수도 없고 써서도 안 된다.

고도의 민간투자설비를 촉진시키고 전후 일본의 기적이라고도 불리던 경제성장을 연출한 국가의 기본방침이 '비핵 삼원칙'이었다면 향후 일본의 진로를 나타내는 기본 이념은 '교토의정서(京都議定書)'가 될 것이다. 국제표준화기구(ISO)가 정하는 품질이나 환경에 관한 기준을 충족하는 공장이나 화석연료의 소비를 억제하고 지구온난화를 막기 위해 개발되어온 하이브리드 자동차는 바로 그러한 동향을 구체화시킨 것이지만 이들은 상징적인 사례의 일부분에 지나지 않는다.

3 새로운 관계 구축을 위하여

'문명의 충돌'과 같이 상대화 · 축소화되어가는 세계 속에서 해결의 열쇠가 되는 것은 역시 '관계성'일 것이다. 문명의 차이가 당장 충돌로 이어지는 것은 아니겠지만 이러한 세계에서 무엇보다 우선적으로 필요한 것은 서로의 역사, 언어, 문화 등을 잘 이해하는 것이다. 사실 여부를 막론하고 일반적으로 '단일민족국가'로 여겨져 온 일본에서 이것은 매우 어려운 과제이다. 찰스 테일러(Charles M. Taylor)가 주장하는 다문화간에 '승인(承認)'을 위한 행동이 필요하기 때문이다. 다른 사람들의 삶의 방식을 승인하고 스스로의 삶의 방식을 승인받기 위해서는 무엇을 해야 할 것인가를 우리 모두 신중하게 논의해 볼 필요가 있다.

이를 위해서는 교육의 중요성이 재인식되어야 한다. 흔히 말하는 '유토리 교육(여유있는 교육)'은 잘못된 교육정책이라 하여 받아들여지지 않았지만 적어도 이상적인 교육제도를 둘러싼 사회적 관심을 불러 일으켰다는 점에서는 그 공이 크다고 할 수 있다. 혹 이러한 반동으로 또 다시 단순한 '주입식교육'이 부활된다면 우리는 이를 경계해야 한다. 사상적 선진국인 미국과 유럽에서도 쉽게 볼 수 있는 산업국제경쟁력 향상만을 목적으로 한 교육은 '승인'의 실전에서 장애요소가 될 뿐이다.

근대 일본의 정체와 혼란이 장기화된 것은 어떤 의미에서는 고이즈미(小泉) 내각이 추진해온 '구조개혁'의 대가라고도 할 수 있을 것이다. 진실은 어떻든지 간에 생산의 고통을 헛되지 않게 하기 위해서라도 우리는 정치, 경제, 사회의 다양한 국면에서 얻어진 반성을 헛되이 해서는 안 될 것이다. IT화에 따른 국제표준(global standard)을 확립하는 한편 지금까지 대두되고 있는 다원사회의 공생이라는 이념을 실현하기 위하여 구조개혁의 올바른 착지점을 찾아내어야 한다.

과거처럼 근대화를 위한 '폐불훼석(廢佛毁釋)'[1]을 실천하는 것이 아니라 고유한 전통 속에 숨어있는 이점을 정당히 승인받을만한 것으로 평가함과 동시에 다원적인 공생을 위한 커뮤니케이션을 꾀하여야 한다. 가령 기업경영에 관해서 말하자면 '일본식 경영'을 예찬하거나 부정하는 것이 아니라 남겨둘 것은 남겨두고 수정할 것은 수정하는 태도로 임하는 것을 말한다. 좀 더 구체적인 예로 '계열'에 대해 옳고 그름만을 따지는 것이 아니라 그것을 '서플라이어 시스템(supplier system)2)[2]'으로

---

1 '폐불훼석(廢佛毁釋)'이란 불교사원이나 불상 혹은 불경을 파훼(破毁)하는 한편 비구니(僧尼) 등 출가한 사람에게 주어진 특권을 폐지하는 등의 불교에 대한 공격을 지칭한다. 보통 '폐불훼석'이라 하면 일본에서는 메이지유신 후에 성립한 정부가 1968년 3월에 발표한 다죠칸(太政官) 포고 '신불분리령(神佛分離令)'과 1870년 2월에 발표된 조서(詔書) '대교선포(大敎宣布)' 등의 정책으로 일어난 불교시설에 대한 파괴를 지칭한다. 이들은 신도와 불교의 분리가 목적이며 불교배척을 의도한 것은 아니었지만 '폐불훼석운동'이라 불리는 민간운동을 일으키는 결과가 되었다.
   (출처: http://ja.wikipedia.org/wiki/1868%E5%B9%B4)
2 '서플라이어 시스템'이란 생산에서부터 소비에 이르기까지 종합적인 시스템관리(즉 서플라이 체인 매니지먼트)가 필요한 상황에서 주로 제조업자가 부품 등의 조달을 협력해서 효율적으로 수행하기 위해 모색해온 이상적인 기업 간의 관계를 가리키는 개념. 일본의 전통적인 '계열'관계에 내재된 비효율적인 시스템을 재검토하는 과정에서 도입되어왔다.

서 재인식하고 이점에 대하여 적극적인 이해를 추구하는 것이라고 할 수 있다.

이를 국제적인 역할분담이나 세계적 산업입지 문제의 차원에서 언급하자면 예컨데 아시아 국가들 특히 중국과 인도의 급격한 경제성장에 부딪혀 선진경제에서는 더 이상 '식스 시그마(six sigma)'[3]를 지향해서는 안 되며 이미 유럽 일부의 비즈니스 스쿨이 그 교육 프로그램을 가지고 솔선하고 있듯이 기업은 단순히 비용 삭감에 의해 고효율을 달성하는 것이 아니라 사회적 요구충족을 경영목표로 하여 소비자와의 협동에 바탕을 둔 '디자인·기술'의 향상을 지향해야 한다. 식스 시그마의 달성은 신흥국의 과제로서 승인할 필요가 있다.

변화해가는 세계 속에서 향후 일본이 어떠한 길을 가야 하는가에 관한 문제는 일본이 단독으로 결정할 수 있는 문제가 아니다. 상호이해와 승인이 필요한 곳에서는 정치, 경제, 사회, 문화의 모든 상황에서 항상 커뮤니케이션을 통해 설명을 해야 할 책임이 요구된다. 그리고 그 경우의 커뮤니케이션에는 명확한 목적과 확고한 사명감, 그리고 확실한 인지기술 습득이 반드시 필요하다.

---

3 '식스·시그마'란 원래 품질관리에 관한 통계학적인 개념으로 제품의 '정밀도의 차이'가 '100만분의 3.4' 이하인 것을 의미한다. 제네럴 일렉트로닉사(GE) 등과 같은 미국의 상위 기업에서는 이것을 고객만족을 위한 경영목표로서 표어로 사용하게 되었다. 물론 이들 기업에서는 소비자의 요구에 큰 관심을 기울이고 있다고 할 수 있지만 아직도 소비자와의 협력관계가 이루어져 있다고는 말하기 어렵다. 앞으로의 목표는 비용경감 등의 효율성보다도 새로운 시대(post modern)의 소비자가 요구하는 것 그 자체를 중시해간다는 발상(design skill)에 따라 소비자와의 커뮤니케이션(marketing communication)을 도모하는 일이다.

독서안내

エズラ F. ヴォーゲル(1997)『ジャパンアズナンバーワン-アメリカへの教訓』(広中和歌子、木本彰子訳)ティービーエス・ブリタニカ

＊사회학자이면서 일본연구가이기도 한 필자가 일본사회의 풍요함과 탁월성을 논해서 미국 사회에 경종을 울린 베스트셀러.

サミュエル ハンチンソン(1998)『文明の衝突』(鈴木主税訳) 集英社

＊일본문명을 포함하는 8개의 세계문명의 충돌이라는 틀 속에서 냉전 후의 세계를 논한 베스트셀러.

제**2**장
이문화 접촉과 일본어교육

본문에서는 우선 일본에서의 이문화 접촉과 일본어교육에 대해서 언급한 후에
아동의 문화 간 이동과 이에 따른 여러 문제에 대해 생각해본다.

키워드 구 이주자(old comer), 신 이주자(new comer), 정착, 저출산 고령화, 자원봉사교실

1 인구의 이동과 일본어교육

최근에 경제개발과 통신·교통기술의 진보에 의해 사회의 글로벌화가 급속히 진행되고 지구 전체 규모로 사람들의 이동이 눈에 띄게 늘어나고 있다. 현재 일본에는 200만 명에 가까운 외국인들이 살고 있으며, 일본 총인구에서 차지하는 비율이 1.55%에 이른다. 이들은 1980년대의 일본의 급격한 국제화가 진행되기 전에 이주한 '구 이주자(old comer)'와 그 이후에 이주해 온 '신 이주자(new comer)'로 크게 나눌 수 있다. '구 이주자'는 주로 2차대전 전에 일본의 식민지정책에 의해서 한반도에서 일본으로 이주해 와서 일본에 영주하게 된 사람들과 그 자손들을 가리키며 현재 대략 64만 명의 사람들이 살고 있다. 한편 일본의 국제화와 더불어 취업노동이나 취학을 목적으로 일본으로 건너온 외국인은 '신 이주자'라 부른다. 이들은 주로 브라질, 필리핀, 중국, 한국, 페루 등의 남미와 아시아 등지로부터 온 사람들이다.

1979년에는 인도차이나 난민의 수용을 시작으로 1972년에 중일 국교정상화에 따른 중국으로부터의 귀국자가 1980년에 증가한 것과 함께, 1980년대에는 정착을 전제로 한 외국인들의 본격적인 수용이 시작되었다. 더욱이 1990년의 '출입국관리와 난민 인정법'(입관법) 개정 이후에는 취업노동을 목적으로 한 일본계 중남미인과 그 가족을 중심으로 한 외국인 인구가 급증하였다.

  한편 일본은 저출산 고령화 시대를 맞이하여 젊은 층의 노동력부족을 보완하기 위하여 해외로부터 노동력을 도입할 수밖에 없는 상황이 되어가고 있다. 이러한 이유로 해외 노동력 도입이 고령화 일본사회를 활성화시키는데 도움을 줄 것이라는 기대를 안겨주고 있다. 이러한 외국인 수용 상황의 변화와 더불어 일본어교육에서도 학습자가 다양화되고 이와 함께 교수법이나 교사의 역할 등에 대해서도 변화가 나타나고 있다.

2 학습자의 다양화와 일본어교육

  지금까지 일본어교육의 대상으로 여겨져 온 것은 유학생, 취학생 등 이른바 '학생'이 중심이었다. 그러나 최근에는 정착형의 취업노동자나 그들의 가족에 대한 일본어교육이 중요한 과제로 떠오르고 있다.

  1984년에 발표된 유학생 10만 명 계획은 2003년에 이미 달성되어 JASSO(독립행정법인 일본학생지원기구)의 조사에 의하면 2005년 현재 유학생 수는 12만 명을 넘어섰다. 유학생의 출신지역 상위 5위는 중국, 한국, 대만, 말레이시아, 베트남으로 아시아지역으로부터의 유학생이 유학생 수의 90%를 차지하고 있다. 유학생 수나 같은 아시아 국가인 일본의 입장을 생각한다면 유학생에 대한 일본어교육이 여전히 중요한 위치를 차지하고 있다는 점에는 변함이 없다.

  그러나 한편으로 외국인 인구 급증의 중심에 있는 정착형 취업노동자와 그 가족에 대한 일본어교육·지원도 최근의 일본어교육에 있어서 큰 과제가 되고 있다. 이들 대부분은 일본어학원 등에 다니면서 일본어를 배우는 것이 아니라 일본생활 속에서 일본어를 습득한다. 또한 지역 자원봉사교실은 그들에게 일본어를 가르치거나 관공소 등에 제출하는 서류 쓰는 법을 알려주거나 학교통지서 읽는 법을 도와주는 등 일상생활을 지원해주는 중요한 역할을 하고 있다.

외국인복지사의 수용과 일본어교육

일본사회의 저출산 고령화에 따라 노동력부족을 보완하는 시책의 하나로서 2007년도부터 시작된 필리핀인 간호사, 간호복지사의 수용이 있다. 이는 필리핀과의 경제제휴협정을 바탕으로 실시되는 새로운 재류자격의 인정이다.

2004년 11월 29일에 발표된 이 협정에서는 '일정한 요건을 충족하는 필리핀인 간호사, 간호복지사 후보자는 입국을 인정하고 일본어연수 수료 후 일본의 국가자격을 취득하기 위한 준비활동의 일환으로서 취업노동을 인정한다.(체재 기간의 상한, 간호사 3년, 간호복지사 4년). 국가시험 수험 후 국가자격취득자는 간호사, 간호복지사로서 계속하여 취업노동이 인정된다.' 고 규정하고 있다. (www.maff.go.jp/www/press/cont2/20041129press_5b.pdf에서 인용).

또 태국으로부터의 변호사, 마사지사, 요리사의 수용도 검토되고 있으며 향후 동아시아 여러 나라와의 경제 제휴가 더욱 진척되면 의료분야 등 새로운 전문분야의 일본어교육이 필요하게 된다.

3 아동의 문화 간 이동

3.1 문화 간 이동을 하는 아동의 증가

문화 간 이동을 하는 아동은 주로 '귀국자녀', '중국귀국자자녀', '외국인 자녀' 의 세 종류로 나누어진다. '귀국자녀'는 부모가 해외근무를 하면서 일정기간 일본 이외의 문화적 환경 속에서 생활한 후 일본으로 귀국한 자녀들이다. 다음으로 '중국귀국자녀'는 1972년 중일국교회복과 함께 시작된 중국잔류고아, 잔류여성과 함께 귀국한 자녀들이다. 마지막으로 '외국인 자녀'는 1990년 6

월의 '출입국관리와 난민인정법' 개정과 함께 주로 일본계 남미인들을 중심으로 한 취업노동자의 자녀들을 가리킨다.

문부과학성의 '일본어를 필요로 하는 외국인 아동의 수용 상황 등에 관련된 조사'에서 나타난 결과에 따르면 2004년 9월 현재 일본어 학습을 필요로 하는 외국인 아동·학생들 수는 초등학교에서 1만 3,307명, 중학교에서는 5,097명, 고등학교에서는 1,204명에 달하고 있다. 아이들의 모어(母語)는 포르투갈어, 중국어, 스페인어의 순으로 이 세 언어가 전체의 70% 이상을 차지하고 있다. 지역적으로는 아이치(愛知)현, 가나가와(神奈川)현, 시즈오카(静岡)현, 도쿄(東京) 등 관동지방과 중부지방에 비교적 집중되어있으나 전반적으로 해당 아동들은 일본의 모든 지역에 분포되어 있다. 이들 아동에 대한 일본 각 지역의 행정부서 시책으로는 '일본어 지도협력자의 파견', '외국인 아동교육 담당교원의 연수', '교원용 지도자료·지침서', '일본어지도 등을 위한 교원 추가수당', '외국인 자녀교육 연락협의회 등의 실시', '외국인 아동용 일본어지도교재' 등 일본어지도나 학교생활을 위한 적절한 지원이 중심이 되어있다.

3.2 외국인 아동을 위한 학습지원

커민즈(Clessie L. Cummins)는 제 2언어환경(모어 이외의 언어가 우세한 환경)에 놓여진 아이들의 언어능력에 대하여 생활언어능력(BICS : Basic Interpersonal Communicative Skills)과 학습언어능력(CALP : Cognitive Academic Language Proficiency)을 구별하여 그림1과 같이 '언어능력발달모델'을 제시하였다. 이 모델은 커뮤니케이션에서의 문맥의존도를 나타내는 가로축과 커뮤니케이션에 동반되는 인지적 필요도를 나타내는 세로축으로 되어있다. A는 문맥의존도가 높고 인지적 필요도가 낮은 생활언어를 나타낸다. 이런 인간관계, 주변상황, 목소리 상태 등 언어 이외의 정보가 풍부한 생활언어의 습득은 비교적 용이하여 1년에서 2년이면 습득가능하다고 한다. D는 문맥의존도가 낮고 인지적 필요도가 높은 학습언어를 나타낸다. 언어 이외의 보조수단이 거의 없거나 비교적 적으면서 언어정보의 추상도가 높은 학습언어를 습득하는 데에는 5년에서 7년 이상 걸린다고 한다. 실제로 어느 일정기간이 지나면 아이들은 일상생활에 지장이 없을 정도의 일본어능력을 갖추게 되는 경우가 많지만 국어·산수·과학·사회 등의 교과학습에 지장이 없을 정도의 일본어능력을 갖추는 것은 쉬운 것이 아니다.

　이러한 아이들을 지원하기 위해 외국인 아동이 많은 학교에서는 일본어교실이 만들어지기도 하고 특별반 수업이 이루어지기도 한다. 그러나 아이들의 일본어능력을 생각할 때 어느 연령층에서 일본에 왔든지 교과학습을 따라가는데 어려움이 많은 것은 사실이다. 그럼에도 불구하고 아이들은 충분한 지원을 받지 못하고 있다. 이러한 상황 속에서 교과학습지원의 방법으로 교과교육에 실험이나 조사, 견학 등을 도입, 아이들이 체험을 통해 학습함으로써 비록 인지적 부담은 크지만 문맥의존도를 높이는 방법이 실행되고 있다. 또한 아이들의 모어를 사용해서 교과내용의 이해를 돕는 지원방법도 시도되고 있다.

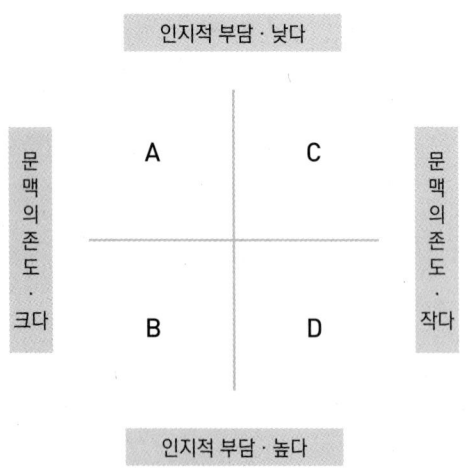

[그림1] 언어능력발달 모델 (Cummins 1996: 57)

3.3 앞으로의 연소자 일본어교육

외국인 자녀와 같은 참가자에 대한 언어교육에서는 주류언어(일본에서는 일본어)를 강요하는 듯한 이른바 동화(同化)교육이 되기 쉽다. 즉 대부분의 경우 수적으로 열세인 언어 화자가 우세인 언어를 사용할 수 있게 된다는 관점에서 교육·지원이 이루어지게 된다. 한편 서로 다른 언어나 문화를 가진 아이들이 확실히 증가하고 있는 현 시점에 있어서 단순히 언어의 문제만이 아니라 다문화교육의 중요성도 부각되고 있다. 이질적인 것을 배제하지 않고 소수가 사용하는 언어와 문화를 인정하고 소중히 여기는 자세가 사회전반에서 생겨나야 하며 학교뿐만 아니라 가정, 지역을 포함하는 형태로 아이들을 지원하는 방안이 필요하다. 물론 이러한 지원은 일방적인 것이 아닌 소수파 언어권에 속하는 아이들과의 상호교류에 의해서 서로가 변용되어가는 것이 바람직하다.

저출산 고령화에 의한 외국인노동력의 수용 혹은 유럽국가 만큼은 아니지만 난민 수용자 수의 증가는 피할 수 없는 상황이 되어가고 있다. 단일문화 단일민족으로서의 행보를 해온 일본이지만 향후에는 더욱 다양한 국적·문화·언어를 가진 외국인의 수용이 예상된다. 이러한 상황에서 개인, 정치 등의 다양한 수준의 노력을 통해서 다양한 언어를 말하는 사람들의 존재를 인식하고 그들을 존중하는 태도를 반드시 길러야 하며 수용하는 측이 복수의 언어나 문화의 공생을 점차적으로 인정하는 사회를 만들어가는 자세가 필요한다.

아이들의 학습권 보장

 일본어가 모어가 아닌 아이들이 다니는 학교교육 현장의 문제는 심각하다. 나카오 히로시(中尾宏) 씨는 '인권 캠페인 강좌'에서, '아이들이 하는 말을 못 알아듣는 선생님, 급식이나 제복을 입는 습관이 없고 피어싱을 하는 것이 일반화된 아이들, 보호자에게 어떻게 전달하고 의사소통을 해야 할지 모르는 학교, 소풍 도시락은 주먹밥으로 정했는데 주먹밥을 만드는 방법을 모르는 어머니들' 등의 문제를 들고 있다. 그리고 '지구의 어디에 있든 어느 민족이든 아이들에게는 교육을 받을 권리가 있고 지역이나 학교는 그것을 보장하지 않으면 안 된다. 이를 위해서는 서로 자신의 문화를 강요하지 않고 서로의 문화를 인정하는 것이 출발점이며 서로의 이점을 인정하고 더불어 살아가는 장을 만들어야 한다'고 말하고 일본어가 모어가 아닌 아이들이 교육을 받을 권리와 그들과 지역과의 공생의 중요성을 주장하고 있다.

(http://www.pref.kyoto.jp/jinken/magazine/kutikomi1/0101.pdf에서 발췌)

과제

❶ ( ) 속에 나라이름을 써넣으시오.

1. 유학생 출신지역 상위 5위는 (①), (②), 대만, 말레이시아, 베트남이며 아시아 지역에서 온 유학생이 유학생 수의 90% 이상을 차지하고 있다.

2. 일본어를 지도하는데 필요한 외국인 아동·중고등학생의 모어는 (③)어, (④)어, 스페인어 순으로 이들 세 언어가 전체의 70%를 차지하고 있다.

❷ 다음 ①~④ 중 아이들의 생활언어능력(BICS)를 설명하고 있는 것에는 B, 학습언어능력(CALP)을 설명하고 있는 것에는 C를 써넣으시오.

①문맥의존도가 낮다.
②습득하는데 5년에서 7년 이상 걸린다.
③문맥의존도가 높다.
④1년에서 2년이면 습득되는 경우도 있다.

독서안내

中島和子(2001)『バイリンガル教育の方法-12歳までに親と教師ができること』増補改訂版 アルク

✽필자는 캐나다에서의 이중언어교육 실천 및 연구 면에서 제1인자 중의 한사람이다. 이중언어교육에 대해 이론에서 실천까지 풍부한 사례와 함께 이해하기 쉽게 기술해놓고 있다.

과제의 정답
❶ ① 중국   ② 한국   ③ 포르투갈   ④ 중국
❷ ① C   ② C   ③ B   ④ B

제3장
일본어교육의 역사와 현황

여기에서는 일본어교육의 역사를 배우고 일본어교육과 국어교육에 대해서 그 차이를 중심으로 생각해보기로 한다.

키워드 예수회(イエズス会), 기독교자료(キリシタン資料), 동화(同化), 일본어, 국어, 커뮤니케이션

1 일본어교육사

여기에서는 16세기후반의 기독교 선교사의 일본어학습과 교육에서부터 1980년대에 일본어학습자가 급증하여 국내뿐만 아니라 세계 각지에서 일본어교육의 붐이 일어나기까지의 일본어교육의 역사를 되돌아본다.

1.1 근대 이전의 일본어 교육

일본어교육의 역사는 오래된 것으로는 16세기 말부터 17세기 초의 예수회(イエズス会) 선교사에 의한 기독교 전도를 목적으로 한 일본어학습과 교수에까지 거슬러 올라간다고 한다. 선교사들은 이하에서 다루게 될 기독교자료(キリシタン資料)로 알려진 책을 저술했다. 기독교자료는 당시의 일본어를 이해하는데 귀중한 자료이다.

17세기 초에 예수회 선교사 조안 로드리게스(João T. Rodrigues)에 의해 쓰

였다고 하는 '일포사전(日葡辭典)'은 표제어의 일본어가 포르투갈 식 로마자로 표기되어 있고 나머지는 모두 포르투갈어로 쓰여 있다. 표제어의 로마자표기는 당시 일본어의 발음과 청탁음, 촉음, 발음(撥音)을 이해하는데 매우 중요하다. 또 약 32,000개의 수록어구에는 당시의 구어체 언어를 중심으로 방언, 문서어, 시어(詩語), 궁중 여성어(女房詞) 등이 포함되어 당시 일본어의 실상을 잘 나타내주는 언어자료인 동시에 생활, 풍속을 이해하는데 귀중한 단서를 제공해 준다.

마찬가지로 로드리게스는 나가사키(長崎)에서 '일본대문전(日本大文典)'을, 그리고 그 후에 마카오에 추방당한 후 '일본소문전(日本小文典)을 썼다. 이들은 문법을 중심으로 와카(和歌)등 문학작품의 용례와 인명, 방언의 구체적인 기술을 포함하고 있어서 당시의 언어전반을 이해하는데 중요한 책이다. 일본어에 능통했던 로드리게스는 통역가로도 활약했다.

기독교자료에는 이외에도 '아마구사(天草)판 헤이케이야기(平家物語)', '아마구사판 이솝이야기(伊曾保物語)' 등이 있다. '아마구사판 헤이케이야기'는 로마자로 쓰여 있고 일본어를 배우는 사람들을 위하여 포르투갈 사람이 만들었다고 한다. '아마구사판 이솝이야기'는 이솝우화를 번역한 포르투갈 식 로마자로 쓰였다. 이들은 이 외의 기독교자료와 마찬가지로 당시의 일본어를 이해하는 단서를 제공해주고 있다.

한편 해외에서는 17세기말부터 18세기말에 걸쳐서 캄차트카(Камчатка)에 표류한 덴베이(伝兵衛)나 곤자(権左) 등이 스스로 러시아어를 배우고 러시아인들에게는 일본어를 가르쳤다. 1855년에 암스테르담에서 시볼트(Philipp F. B. von Siebold)와 만난 호프맨(Johann J. Hoffmann)은 일본어를 배움으로써 동양에 관심을 갖게 되었다. 후에 그는 네덜란드 라이덴대학의 교수가 되어 '일본어문전(日本語文典)'을 쓰고 그것이 유럽 일본어교육의 초석이 되었다.

막부(幕府) 말기부터 메이지 초기에 걸쳐 서양문명의 도입을 위해서 일본에서는 고용외국인이라 불렸던 사람들이 다수 고용되고 유럽의 기술과 학문, 제도 등을 소개하였다. 그들 중에는 일본어나 일본문화의 저명한 연구가가 되

어 많은 저작을 남기기도 했다. 예를 들어 막부 말기부터 메이지유신에 걸쳐서 격동하는 일본의 정치와 일본인들의 모습을 외국인의 시점에서 그린 영국 외교관 어네스트 사토(Y. Ernest Satow)의 '어느 외교관이 본 메이지유신(一外交官の見た明治維新)', 해군병학교의 일본어교사로 일본에 와 후에 도쿄대학 교수가 된 챔버레인(Basil H. Chamberlain)이 쓴 문법서 '일본어구어문전(A Handbook of Colloquial Japanese)' 등이 있다. 챔버레인은 일본어뿐만 아니라 일본의 문학, 역사, 풍속, 종교 등에 관해서도 조예가 깊어 도쿄대학에서는 우에다 카즈토시(上田万年), 하가 야이치(芳賀矢一) 등을 키웠다.

1.2 근대 이후의 일본어 교육

막부 말기부터 메이지에 걸쳐서 선교사·학자·외교관에 대한 일본어교육이 이루어졌는데 근대일본에서 본격적인 유학생교육이 시작된 것은 1881년에 조선으로부터 파견된 유학생 3명을 받아들이면서부터이다. 그 후 청일전쟁이 종결된 후인 1896년에 청나라로부터 13명의 유학생이 일본에 들어왔고 그 수가 점차 증가하여 1905년에는 8,000명을 넘어섰다고 한다. 그들에 대한 일본어교육은 가노 치고로(嘉納治五郎)가 세운 고분(弘文)학원에서 이루어졌다. 고분학원에서 교편을 잡은 마츠모토 가메지로(松本亀次郎)는 메이지, 다이쇼(大正), 쇼와(昭和)에 걸쳐 중국인 유학생을 위한 일본어교육에 종사하고 '언문대조·한역일본문전(言文対照·漢訳日本文典)'을 썼다.

해외에서의 일본어교육은 1895년의 대만강점기(強占期)로부터 1945년 2차대전 종결까지의 기간에 일본의 식민지정책과 함께 퍼져나갔다. 한반도, 중국, 대만, 싱가포르, 그리고 파라오 등의 남태평양의 섬들을 포함한 광범위한 지역에서 일본어교육이 이루어졌다. 이들 지역에서는 고유의 언어를 사용하고 있던 현지인들에게 초등학교 등의 교육기관에서 강제적으로 일본어를 가르쳤다.

1895년에는 대만에 대만총독부를 설치하여 대만에 대한 식민지정책을 시행하고 대만 주민에 대해서 일본인이 되기를 강요하는 동화(同化)정책이 실시되었다. 대만주민의 황민화(皇民化)를 목적으로 이사와 슈지(伊沢修二) 등에 의해서 타이베이 교외의 시바야마겐(芝山巖)학당에서 일본어교육이 시작되었다. 이사와 슈지의 뒤를 이어받은 야마구치 기이치로(山口喜一郎)는 대만에서 구안식 교수법(Gouin Method: Psychological Method)을 기초로 해서 학습자의 모어에 의존하지 않는 직접법에 의한 수업을 실천하여 그 후 한국, 광동주(廣東州), 북경, 대련에서 직접법의 이론화와 보급에 힘썼다.

조선에서도 대만과 마찬가지로 일본어를 모어로 하는 동화정책이 시행되었다. 즉, 1905년에 조선총독부가 설치된 후, 1910년 한일병합에 의해 조선이 식민지화되고 조선에서의 일본어교육도 본격화되었다. 일본어수업이 필수과목이 되었고 일본어를 조선의 국어로 만드는 국민교육으로서의 일본어교육이 시행되었다.

일본 국내에서는 1923년에는 나가누마 나오아니(長沼直兄)가 미국대사관에서 일본어를 가르쳤다. 1935년에는, 국제학우회(현 독립행정법인 일본학생지원기구 동경일본어교육센터)가 설립되고, 세계각지의 유학생들이 일본어를 배웠다. 2차대전 후 1948년에는 나가누마 나오아니가 동경일본어학교를 개교했다. 1951년에는 국제학우회에서도 일본어교육이 다시 시작되었다. 이들 학교는 교과서 간행 등 여러 가지 활동을 하면서, 2차대전 후 국내에서 일본어교육의 중심적 역할을 했다.

1950년대부터 60년대에 걸쳐서는 해외기술자연수협회(AOTS)가 1959년에, 국제협력사업단(현·독립행정법인국제협력기구 JICA)이 1963년에 설립되어 동남아시아 여러 나라로부터 많은 기술연구생들을 받아들였다. 이들 기관은 일본의 민간기업에서 산업기술을 배우고 귀국 후 모국의 생산공장에서 활약하는 기술연수생에 대한 일본어지도와 그들을 수용한 기업에서의 연수 원조를 시행했다.

또 1972년 중일국교정상화를 계기로 2차대전 이전 또는 2차대전 중에 일본에 살다가 주로 중국북동부에 이주한 사람들 중 전후의 혼란으로 어쩔 수 없이 중국에 머물게 된 사람들이 마침내 일본으로 돌아갈 수 있게 되었다. 이들 대부분이 일본어를 제대로 사용할 수 없었고 일본에 적응해서 살기가 어려웠다. 그들을 위해서 사이타마(埼玉)현 도코로자와(所沢)시에 '중국귀국고아 정착추진센터'(현 중국귀국자 정착촉친센터)가 신설되었다. 이 센터에서는 일본생활에 좀 더 잘 적응할 수 있도록 일본어교육과 생활지도 등을 담당했다.

2 일본어교육과 국어교육

일본어교육과 국어교육은 가르치는 대상이 모두 일본어라는 점에서 공통점이 많은 것으로 여겨져 왔지만 과연 그러한가? 우선 국어라고 하는 말이나 개념이 언제 생겨났는지에 대해서 알아보기로 하자.

메이지 초기의 일본에서는 지배자와 서민 간에 언어 차이가 보인다. 또한 각 지역 방언에도 차이가 있어서 지금 우리가 생각하는 일본의 어디서나 누구에게나 통할 것으로 여겨지는 '일본어'는 존재하지 않았다. 그러나 메이지시대에 들어서 쇄국(鎖國)의 문이 열리면서 외국 여러 나라 그 중에서도 특히 유럽과 대치할 수밖에 없었던 일본으로서는 하나로 통일된 공통언어인 일본어가 필수적이라는 인식이 생겨났다. 그리고 그것은 근대화 과정에서 지역사회를 초월한 집단을 형성하고 집단내의 일체감을 가져오는 수단으로 여겨졌다. 그 결과 언어와 민족과 국가가 동일한 것으로서 인식하게 되고 일본어라는 개념은 일본인, 일본이라는 나라와 함께 묶여서 「국어」라는 말로 쓰이게 되었다. 그리고 메이지 중기에는 국어는 국민을 만들어내는데 중요한 역할을 하게 되고 민족집단에 귀속하는 증표로서 인식하게 되었다. 이러한 주변정세를 이영숙(イヨンスク)은 '국어라는 사상(国語という思想)'이라는 저서에서 일본에는 '국어'라는 이념은 메이지 초기에는 전혀 존재하지 않았고 일본이 근대국가로서 스스로를 만들어내는 과정과 병행해서 '국어'라는 이념과 제도가 점차 만들어져 갔던 것이다.' (1996:v-vi)라고 기술하고 있다

다음으로 2004년 2월에 문부과학대신의 자문에 따라서 제출된 문학심의회의 답신(答申) '앞으로의 시대에 요구되는 국어능력에 대하여'를 기초로 현재의 국어교육에 대해서 생각해보고자 한다. 답신서에 있는 국어능력의 구조(모

델표)를 보면 국어교육은 다음과 같이 요약할 수 있다.

1. 일본어를 처음부터 배우는 사람이 아닌 이미 일본어를 어느 정도 습득한 사람을 대상으로 한다.
2. 일본인으로서의 인격·인간형성에 기여하는 것이 목적의 하나이다.

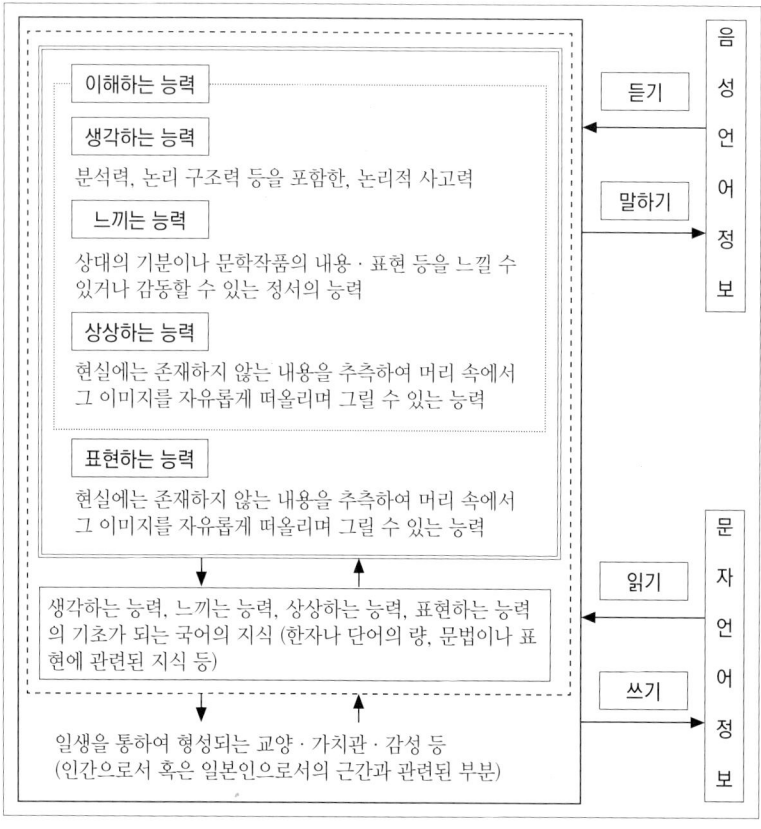

[자료] 앞으로의 시대에 요구되는 '국어능력'의 구조 (모델그림)[1]

1　문화심의회답신(2004) '앞으로의 시대에 요구되는 국어 능력에 대하여' http://www.mext.go.jp/b_menu/shingi/bunka/toushin/04020301/005.pdf

2에 대해서는 답신의 '②국제화의 진전과 국어'라는 항목에 '국제화가 급속히 진행되는 과정에서는 개개인이 모어로서의 국어에 대한 애정과 일본문화에 대한 이해를 가지고 <u>일본인으로서의 자각과 의식을 확립할 필요가 있다.</u> 그 위에 각국의 고유한 문화에 대한 이해와 그것을 존중하는 자세가 한층 더 필요하다. 이러한 의식과 이해심을 갖기 위해서 국어는 매우 중요한 역할을 하고 있다.'(p.4 밑줄은 필자)라고 하듯이 현재도 국어와 일본인, 일본문화는 깊은 관계가 있는 것으로 인식되고 있음을 알 수 있다.

하지만 나라와 문화를 이동하는 사람들과 정보교환이 비약적으로 증가함에 따라서 일본에 정착해서 사는 외국 국적의 외국인들이 전국적으로 증가하고 있다. 예를 들어 모어가 포르투갈어인 브라질인 취업노동자의 경우 그 가족이 일본어를 사용하는 등. 모어와 국적이 다른 사람들이 일본어를 사용해서 커뮤니케이션을 하는 장면을 많이 볼 수 있게 되었다. 따라서 지금까지 해온 '일본어를 말하는 사람은 일본사람이다'라는 말은 더 이상 할 수 없게 되었다. 또한 현재 일본어를 모어로 하지 않는 2만 명에 가까운 아이들이 초등학교나 중학교에서 '국어' 수업을 받고 있다.

이러한 시대에서는 일본어를 모어로 사용하느냐 안 하느냐에 집착하지 않는, 커뮤니케이션을 위한 도구로서의 일본어교육이 중요하게 된다. 전달 수단으로서 일본어를 재인식하고 대화체뿐만 아니라 듣고 말하고 쓰고 읽는 능력을 갖추고 누구든지 자신이 전달하고 싶은 내용이나 장면에 맞는 적절한 표현을 사용할 수 있도록 이끌어주는 일본어교육이 요구되고 있는 것이다.

과제

(1)독서안내에서 든 책을 한권 읽고 구 식민지시대의 해외에서의 일본어교육 혹은 국가어로서의 일본어의 성립에 대해서 정리해보자.

독서안내

川村湊(1994)『海を渡った日本語-植民地の「国語」の時間』青土社

✽각각의 지역 문학가의 발자취를 더듬어 남양제도, 만주, 싱가포르 등 일본의 식민지와 점령지에서 이루어진 일본어(국어)교육에 대해서 논하고 있다. 이 책을 통해서 '대동아공영권(大東亜共栄圏)'의 일본어에 대해서 생각해보자.

小森陽一(2000)『日本語の近代』岩波書店

✽오랜 옛날부터 존재했던 것처럼 생각하고 있는 '일본어'가 사실은 메이지 전반의 언문일치체에서 시작된다는 것을 국가어의 성립이라는 관점에서 논하고 있다.

鈴木義里(2003)『つくられた日本語、言語という虚構』右文書院

✽'○○어'라는 것은 일종의 허구에 불과하다는 것이 필자의 입장이며 메이지 이후의 국어교육을 되돌아보면서 '국어'의 형성에서 '일본어의 붐'에 이르기까지 폭넓게 논하고 있다.

【참고문헌】

イ ヨンスク(1996)『国語という思想』岩波書店

文化審議会答申(2004)「これからの時代に求められる国語力について」
http://www.mext.go.jp/b_menu/shingi/bunka/toushin/04020301.htm

제4장
일본어 교사의 자질·능력

여기에서는 우선 학습자의 다양화와 교수관의 변화에 대하여 언급한 후에 그에 따르는 교사의 역할 변화에 대해서 생각해보기로 한다.

키워드 ▶ 니즈, 레디니스(readiness), AL법, 협동학습, 촉진자(facilitator)

1 교수법/교수관의 변화

학습자의 다양화와 더불어 학습목적도 다양화하고 있다. 대학이나 대학원 진학을 목적으로 하는 경우 외에도 취업노동자나 그 가족들이 일본에서 생활하기 위해서 필요한 일본어를 배우기도 하고 또한 취업노동자의 자녀들이 학습에 필요한 일본어를 배우는 등 학습목적이 다양해지고 있다.

학습자의 다양화는 유학을 위한 일본어인지 업무를 위한 일본어인지 혹은 물건을 사거나 아이들 학교에서의 알림장을 읽는 등의 생활을 위한 일본어인지 등등 일본어학습의 필요성에 대한 다양화도 나타나고 있다. 또한 지금까지 어떠한 언어학습 경험이 있는지 하루 중에 어느 시간을 일본어학습에 사용할 수 있는지 과제를 할 시간이 있는지 등 레디니스(readiness)도 학습자에 따라서 다르다.

이러한 상황을 거쳐서 교수법이나 교수관에도 변화가 나타나게 되었다.

AL법의 대표적인 형태인 지식이나 기술 '전수형(傳授型)'에서 pairwork나 그룹활동(group work) 등의 학습자간의 상호작용(interaction)을 중시하는 언어학습으로 변화하고 있다. AL법은 행동심리학의 영향을 받아 자극과 반응의 원리를 기초로 하여 어떤 자극이 주어졌을 때 반드시 올바른 반응이 일어나는 것을 습관화하여 강화하는 것이 중요하다고 생각했다. 한편 상호작용을 중시하는 학습관에서는 대화적인 과정을 통해서 학습이 촉진된다고 생각한다. 이를 위한 교실활동으로서 현실의 어떤 상황을 모델화하고 단순화해서 모의 체험하는 시뮬레이션(simulation) 또는 어떤 상황을 설정해서 등장인물들의 역할을 연출하는 역할극(role play) 등이 있다.

또한 최근에 협동학습이라고 하는 학습자끼리의 상호작용을 중시한 교실활동이 주목을 받고 있다. 예를 들어 작문첨삭을 학습자끼리의 작문퇴고(推敲) 활동으로서 교실활동에 도입하거나(peer response) 독해를 학습자끼리 협동해서 수행하게 하는 활동(peer reading) 등이다.

2 교사의 역할 변화

일본 문화청은 2000년에 '일본어교육의 교사양성에 대하여'를 통하여 학습자의 다양화에 대응하는 일본어교사 양성을 위한 지침을 제시했다. 거기에는 일본어교사로서 바람직한 자질·능력으로서 일본어교사자신이 일본어를 정확히 이해하고 적절하게 운용할 수 있는 능력을 갖춘 후에 (가)학습자에 대한 실천적인 커뮤니케이션능력, (나)언어에 대한 깊고 폭넓은 관심과 예리한 언어감각, (다)풍부한 국제적 감각과 인간성, (라)자신의 직업 전문성과 그 의의에 대한 자각과 정열의 네 가지가 중요하다고 언급하고 있다.

또한 일본어교사의 전문적 능력에 대해서는 개별 학습자의 학습과정을 이해하고 학습자에 따른 적절한 교육내용 및 방법을 잘 판단하여 그에 맞는 효과적인 교육을 이루기 위해서 이하와 같은 세 가지 능력의 필요성을 들고 있다. 즉

(가)언어에 관련된 지식과 능력, (나)일본어교수법에 관련된 지식과 능력, (다) 그 외 일본어교육의 배경에 관련된 지식과 능력의 세 가지다.

이하에서는 일본 문화청의 지침을 일본어교사가 기본적으로 요구받는 자질과 능력이라는 전제 하에서 일본어교육의 주변상황과 관련해서 앞으로의 바람직한 일본어 교사의 역할에 대해서 구체적으로 생각해보기로 한다.

지금까지의 지식전수형 학습관에서는 학습자는 교사의 지시에 따라 배운 내용을 기계적으로 암기하는 존재로 인식되어왔다. 그러나 최근의 언어학습관은 학습자가 수동적인 입장이 아닌 주체적으로 배우는 존재로 여기게 되어 일본어교사의 역할에 변화를 가져왔다. 지식전수형 수업에서 사용하는 패턴 프렉티스(pattern practice) 등의 연습에서는 교사는 지시를 내리고 학습자를 통제하는 역할을 한다. 한편 학습자 중심의 학습관에서는 학습의 중심을 학습자로 보고 교사는 가르치는 존재에서 학습자가 학습하는 것을 도와주는 존재이며 학습자의 활동을 보좌해주고 촉진하는 역할을 한다. 즉 '촉진자(facilitator)'로서 학습자들 모두가 지식이나 경험, 의견을 이끌어낼 수 있도록 학습자들 상호간의 학습을 촉진하는 역할을 담당한다.

3 교실과 교실 밖과의 연계

다양화하는 학습자들의 자율적 학습을 지원해주기 위해서는 교실과 교실 밖과의 연계가 중요하다. 이를 위해서 앞으로의 일본어교사는 언어적 지식이나 기능에 대한 학습에만 초점을 두는 것이 아니라 학습자를 둘러싼 사회의 환경에도 눈을 돌리고 이들 학습을 구성하는 재료(resource)와 학습자가 어떠한 관계를 구축해나가는 것이 바람직한가에 대해서도 학습자와 함께 생각해나가는 자세가 필요하다. 이하에서 그러한 교사의 역할을 구체적인 활동 예와 함께 들어보기로 한다.

- 자율적 배움의 장을 만드는 제작자(producer)로서의 역할

> 예 교실이외의 장소에서도 학습자가 자율적으로 학습을 계속할 수 있도록 학습을 디자인한다. 이를 위해서 언어학습법에 대해서 뿐만 아니라 학습환경, 학습계획에 대해서도 조언을 해준다. 예를 들면 학습자가 이용가능한 도서관 등의 학습시설을 소개하고 이용방법을 지도하는 식으로 학습자를 위한 교실 밖에서의 일본어학습 재료를 풍부하게 만들어준다.

- 인적 물적 정보적 네트워크를 만들어주기 위한 조정자(coordinator)로서의 역할

  > 예 학교나 가정 혹은 지역사회를 묶는 네트워크 만들기를 지원한다. 예를 들면 일본어를 모어로 하지 않는 연소자의 학습지원을 위해 학교에서 자원봉사활동을 하고 있는 일본어교사가 아이들과 선생님, 아이들의 부모와 선생님, 또는 학부모끼리의 네트워크 만들기를 지원한다.

과제

❶ 교사의 역할 변화를 '가르친다' '지원한다' '공생한다'를 키워드로 해서 정리하시오.

독서안내

岡崎敏雄・岡崎眸(2001)『日本語教育における学習の分析とデザイン-言語学習過程から見た日本語教育』凡人社

✽일본어학습과 교실활동 분야에 관한 많지 않은 일본어 문헌 중 하나로 연구동향을 중심으로 한 학습 디자인을 아는데 도움이 된다.

国立国語研究所(2006)『日本語教育の新たな文脈-学習環境、接触場面、コミュニケーションの多様性』アルク

✽'일본어교육의 확대' '학습환경' '접촉장면' '커뮤니케이션능력' '패러다임전환(paradigm shift)을 위해서' 라는 관점에서 다양화하는 일본어교육을 위한 제안을 제시하고 있다.

제2부
언어와 사회

제5장
언어와 사회의 관계

사회의 글로벌화와 함께 다른 문화, 다른 언어와의 접촉은 우리들에게 있어서 익숙한 일이 되었다. 여기에서는 다른 문화와의 접촉으로 인해 생기는 언어현상이나 각국의 언어정책 등을 다루기로 한다.

키워드 다이글로시아(diglossia), 피진(pidgin)/크레올(creole), 코드 스위칭(code switching), 이중언어사용(bilingualism) / 다중언어사용(multi-lingualism)

1 세계의 언어사정과 언어정책

민족의 이동, 접촉, 교류는 주로 북미, 중남미, 오스트레일리아 등에서 많이 볼 수 있는 현상으로, 일본은 지금까지 이민대상국으로 분류되는 일은 없었다. 그러나 사회가 글로벌화 함에 따라 사람들의 이동은 지구 전체의 현상으로 확대 되어, 일본에서도 급속하게 외국인이 증가하고 있다. 특히 1980년대 이후 일본에서 살고 있는 외국인 인구는 급격히 증가하고 있다. 1990년대 입국관리법 개정이후에는 브라질인, 중국인, 필리핀인 등이 현저히 증가했고, 현재는 전체 인구에서 차지하는 외국인 비율이 1.5%가 되었다. 또 단지 외국인 인구가 증가하고 있는 것뿐만이 아니라, 그 형태도 취로형에서 정착지향형으로 변화하고 있다. 현재 도쿄의 혼인건수 중 10쌍 중 1쌍은 국제결혼 커플이다.

인구 이동에 따라 언어도 경계상실(borderless)의 시대를 맞이하여, 언어 간의 접촉은 계속 증가해 왔다. 따라서 여기에서는 사람이나 언어의 이동이나 접촉에 의해 지역이나 개인에게 어떠한 변화나 새로운 현상이 생기는지에 대해 살펴보기로 한다. 우선 지역이나 국가 차원의 현상으로서 각각의 지역이나 나라의 언어사정 및 언어정책, 나아가 언어접촉으로 생기는 언어 변화 등을 다룬다. 다음으로 개인 차원으로서 이중언어사용(bilingualism), 모어의 상실, 코드 스위칭(code switching) 등에 대하여 살펴보기로 한다.

2 언어접촉에 의해 생기는 언어현상

2.1 이중언어/다중언어

언어접촉 등의 이유로 자신의 모어 이외의 언어를 모어 수준으로 습득한 사람을 일반적으로 이중언어사용자(bilingual)라고 부른다. 예를 들면 복건어(福建語, 중국어 방언중 하나)를 쓰면서 자란 싱가포르의 어린이가 학교에 들어가 영어교육을 받고, 복건어와 영어의 이중언어사용자가 되는 경우이다. 더욱이 그 어린이가 말레이어 등의 다른 언어도 사용할 수 있게 된다면 다중언어사용자(multi-lingual)가 된다. 또 최근에는 일본어를 모어로 하는 많은 어린이들이 해외에서 자라고 있는데, 예를 들면 일본어를 모어로 하는 어린이가 부모의 일 때문에 미국에 사는 경우 가정에서는 일본어를, 학교나 지역에서는 영어를 사용하는 이중언어사용자가 되는 경우를 볼 수 있다. 이중언어사용자나 다중언어사용자의 언어능력에 대해서 학문적으로는 확실한 정의는 없으며, 모어 이외의 언어능력이 4기능(읽기, 쓰기, 듣기, 말하기)중 하나라도 가능하다면 이중언어사용자라고 부르는 경우도 있다.

그러나 실제로는 진정한 이중언어사용자는 없다고 할 만큼 몇 개의 언어를 똑같이 구사하는 것은 어려운 일이다. 일본에서는 최근 성인뿐만 아니라 연소자 외국인 인구가 증가하고, 그들을 대상으로 한 연소자 일본어 교육의 중요성이 지적되고 있다. 어린이의 경우 일본에 온 나이에 따라서는 모어도 충분히 발달되어 있지 않다. 새로운 언어를 사용함으로 인해 모어가 부자연스럽게 되어 버린다거나(감산적 이중언어사용자), 새로운 언어를 충분히 습득하지 못한 채 지역이나 학교에 적응하는 것이 어려워지는 사례도 많이 볼 수 있다.

어린이의 경우 말하거나 듣거나 하는 일상적인 생활언어는 1~2년 사이에 습득한다. 그러나 언어 이외의 문맥정보가 적은 학습언어는 습득하는데 5~7년 혹은 그 이상이 걸린다는 어려움이 지적되고 있다. 이 때문에 지금까지는 이주지에서의 생활언어나 학습언어의 습득이 교육의 주요 관심사였다. 하지만 최근연구에서는 어린이의 언어능력 발달은 모어의 언어능력과 관계있다는 사실이 밝혀지고 있다. 또 가정 내의 공통언어로서 모어는 어린이들이 정상적인 정신생활을 유지하는데 중요하다고 한다. 따라서 어린이들의 모어 실력을 키워가며 한편으로 모어를 잊어버리지 않도록 모어의 육성/유지도 고려한 교육이 중요하다고 할 수 있다.

2.2 코드 스위칭

이중언어를 사용하는 사람은 두 언어를 어떻게 구분하여 사용하는 것일까? 코드 스위칭이란 이중언어사용자가 회화 등에서 두개의 언어를 구별하여 사용하는 것을 말한다. 코드 스위칭은 문장 사이나 문장 안에서도 볼 수 있으며, 문장이나 단어 레벨에서 발생한다. 단어 레벨에서 다른 언어를 사용하는 경우를 차용이라 불리며 코드 스위칭과는 구별되는 경우도 있다. 예를 들면 브라질에서 온 이민자들이 일본어로 말할 때 그 일본어의 의미를 아느냐 모르느냐에 관계없이 포르투갈어를 사용하는 경우가 있다.

코드 스위칭은 이민사회에서는 흔히 볼 수 있는 현상이다. 이주국의 언어로 말하고 있을 때 모어를 섞거나 혹은 모어로 말할 때 이주국의 언어를 섞어 사용하는 일이 일상화 되고 있다. 그러면 왜 이런 현상이 나타나는 것일까.

코드 스위칭은 다른 언어 표현이 떠오르지 않을 때 어휘의 차이를 메우려는 보상적인 목적으로 사용되는 경우가 있으나 인용, 반복, 정보 전달의 명확화, 강조, 동료의식을 나타낼 때처럼 보다 적극적인 목적으로 사용되는 경우도 있다. 이민사회에는 이주국의 언어에 자신의 모어를 섞어 사용한다는 점에서 코드 스위칭은 다른 공동체와 구분을 하거나, 자신들의 동료의식을 높이거나, 자신들의 동일성을 확인하는 등 중요한 기능을 하고 있다.

2.3 피진/크레올

다른 언어를 사용하는 사람들이 접촉할 때 다양한 방법으로 의사소통을 도모하고, 서로의 언어가 혼합되어 새로운 언어가 생기는 경우가 있다. 그 초기 단계의 언어를 피진(pidgin)이라 한다. 피진은 '바탕이 되는 언어의 문법을 간략화하거나, 서로의 어휘나 새로이 만들어지는 어휘를 변형된 문법으로 적용시키거나, 본래의 발음을 발음하기 쉽게 하거나' 하는 경우에 사용된다. 대부분의 경우 피진은 바탕이 된 언어보다도 간략화 된 문법체계를 가진 것으로 알려져 있다.

대부분의 피진은 미국과 유럽 여러 나라의 교역이나 영토 확장을 목적으로 한 해외진출이나 식민지정책에 의해 탄생했기 때문에 카리브해, 동남아시아, 중남미 등의 해안가에서 많이 볼 수 있다.

어느 특정 집단과의 의사소통이 목적인 피진은 필요성이 없어지면 바로 소멸해버리는 경우도 있다. 한편 피진이 여러 세대를 거치며 이어져 그것을 모어로 하는 사람들이 생기는 경우도 있는데 그와 같은 모어 화자를 갖게 된 피진을 크레올(creole)이라 부른다. 그러나 피진으로부터 크레올로 변화되는 단계를 확실히 구별하는 것은 어렵다. 잘 알려진 크레올로는 영어를 기반으로 하는 파프아뉴기니아의 도크 피진과 하와이 크레올, 프랑스어를 기반으로 한 하이티, 세이쉘, 모리샤스 크레올 등이 있다.

2.4 다이글로시아

　필리핀에는 100개가 넘는 언어가 있고 지방에 따라 다른 언어를 사용하고 있다. 현재는 마닐라 주변에서 사용되고 있는 언어인 타갈로그어를 기본으로 한 필리핀어와 영어가 공용어로 사용되고 있다. 필리핀에서는 사람들이 필리핀어와 영어를 구별하여 사용하고 있다. 이처럼 서로의 기능을 달리한 두 개의 언어, 혹은 언어변종이 동시에 존재하는 상황을 다이글로시아(diaglossia)라 하며 사회언어학자인 퍼거슨(Charles Ferguson)이 제창한 용어이다.

　필리핀 대통령은 어떤 언어로 연설을 할지 화제가 되곤 하는데 필리핀에서는 영어는 교양이나 지위를 나타내는 언어이고, 필리핀어 등 토착 언어는 민족의식을 보여주는 언어라고 한다. 다이글로시아에서는 두 개의 언어 사이에 지위의 높낮이 차이가 생기는데, 필리핀의 경우 사법, 행정, 교육, 매스컴 등 공적인 장소에서 사용되는 영어가 고위언어(High변종), 주로 가정이나 지역에서 사용되는 필리핀어가 저위언어(Low변종)로 인식되고 있다.

　필리핀의 예는 국가차원의 다이글로시아지만, 한 국가의 일부 지역에서 이런 언어 환경을 볼 수 있는 경우도 많다. 미국의 플로리다 반도의 마이애미에 있는 도시에서는 스페인어 화자가 다수를 차지하여 영어와 스페인어의 다이글로시아가 나타난다. 현재 일본은 국어도 공용어도 일본어뿐이지만 앞으로 다른 언어 화자가 증가함에 따라 새로운 피진/크레올 언어가 생겨나거나 일본어와 이주자의 언어 간의 다이글로시아 상황이 생겨날 가능성이 있다.

3 언어정책

　하나의 공동체 중에서 복수 언어나 언어변종이 존재하는 경우에 국가가 그에 대해 조직적으로 통제를 가하여 어떤 특정한 사회적 기능을 부여하는 언어정책을 시행할 필요성이 나타나고 있다. 언어정책으로서 상징적 기능을 하는 '국가어'와 실질적인 기능을 하는 '공용어' 등을 정한다.

일본은 국가어와 공용어가 모두 일본어인데 이것은 드문 경우이다. 일본에 살고 있으면 국가와 그 국가에서 사용되는 언어가 1대1로 대응한다고 생각하기 쉽다. 그러나 세계에는 약 200여개의 나라가 있고 언어는 5000개 이상이 있다는 것을 생각해 볼 때 한 나라에서 두 언어 이상을 사용하는 국가가 많음을 알 수 있다. 다음으로 우리와 가까운 아시아 중에서 필리핀과 싱가포르를 예로 언어사정 및 언어정책을 살펴보도록 하자.

3.1 필리핀/싱가포르의 언어정책

3.1.1 필리핀의 언어정책

민족의식의 고취나 단결을 촉구하기 위해서는 각 지역의 토착 언어를 통합한 필리핀어가 만들어지기를 기대하지만 현재는 마닐라 주변에서 사용되는 타갈로그어가 국어인 필리핀어에 가까운 언어로 사용되고 있다. 다음에 제시하는 것은 필리핀 헌법 제14조 제6절과 제7절(가와하라(河原)2002에서 인용)인데, 필리핀의 공용어로서 그 지위를 높이는 것을 언어정책으로 하고 있음이 제6절에 명시되어 있다. 또 세계 공통어라고 불리는 영어의 중요성에 대해 특별히 설명한 것이 제7절이다.

> 제6절 필리핀의 국어는 필리핀어이다. 그 발달은 현재 필리핀 언어를 기반으로 하여, 한층 더 발달시켜 많이 사용하도록 하기 위함이다. 법 규정에 따라 또한 국가가 타당하다고 인정하는 경우에 한해서 정부는 필리핀어를 공적인 커뮤니케이션 및 학교교육 현장에서의 교육언어로 만들기 위해서 다양한 방책을 취해야만 한다.
>
> 제7절 커뮤니케이션과 교육 이라는 목적 때문에 필리핀의 공용어는 필리핀어이지만 법률로 정해진 기간 동안은 영어도 공용어이다. 지역 언어는 해당 지역의 보조 공용어이며 동시에 보조교육언어이기도 하다. 스페인어와 아랍어의 사용은 선택적으로 사용하기로 한다.
>
> (가와하라(河原)2002:86)

3.1.2 싱가포르의 언어정책

19세기 초의 영국 동인도회사 설립 이래 싱가포르는 자유무역항으로 발전해왔다. 그 발전과 함께 중국, 말레시아, 인도 등으로부터 많은 사람들이 이주해 왔다. 이 사람들은 문화와 종교와 함께 언어도 가져왔다. 그 때문에 싱가포르는 현재 다양한 언어와 문화가 혼재하는 나라가 되었고 중국어(북경어), 말레이시아어, 타밀어, 영어의 4언어를 공용어로 사용하는 다언어국가가 되었다.

싱가포르는 1959년에 영(英)연방내 자치구로서 독립했는데 당시 취한 언어정책은 말레이시아어, 영어를 중심으로 한 3언어 정책이었다. 말레이시아어는 국어, 영어는 국제어로 다른 민족끼리의 의사소통을 도모하기 위한 언어로 정해져 있었다. 한편 중국어나 타밀어는 제3언어가 되었고 이들 언어가 모두 필수였다. 이러한 정책 하에서 중국방언권에서 자란 어린이들은 학교교육을 받기 시작되면 자신의 익숙한 중국어(방언)와 발음이 다른 중국어(북경어), 영어, 말레이시아어도 배워야했다. 그것은 많은 어린이들에게 대단한 부담이 되었으며, 결국 3언어 정책은 실패로 끝났다.

다음으로 취한 것은 2언어 정책이었다. 1965년에 독립국가가 된 싱가포르는 그 후 영어, 말레이시아어, 타밀어, 중국어를 공용어로 하고, 출신지의 모어와 실제 공통어인 영어와의 2언어 정책을 취하고 있다. 그 결과 현재는 국민 과반수이상이 영어와 자신의 모어를 둘 다 사용하는 이중언어사용자라고 한다. 그리고 공통어로서의 영어의 지위와 역할은 점점 더 커지고 있다.

3.2 오스트레일리아/캐나다/미국의 언어정책

지금까지는 아시아 중심으로 언어 사정이나 언어정책을 살펴보았는데 다음으로는 이민선진국인 오스트레일리아, 캐나다, 미국의 언어사정과 언어정책에 대해서 살펴보자. 이들 나라에서는 초기 이민의 대부분은 유럽에서 온 이민이었다는 점, 이민의 수가 먼저 살고 있던 사람들보다 압도적으로 다수였다는 점, 많은 이민자가 영어 화자였다는 점이 공통점이다. 이 때문에 이들 나라에서는 영어가 공통어로서 사용되었다. 그 후 경제 발전과 더불어 이웃 나라와 아시아의 여러 나라로부터 많은 이주자가 오게 되었고 그들의 언어나 문화를 인정해 나가는 정책이 채택되게 되었다.

3.2.1 오스트레일리아의 경우-백호주의에서 다문화주의로

오스트레일리아는 총인구의 4분의 1은 해외출신자, 또한 인구의 반은 부모 또는 한쪽이 해외출신자로 전체 인구에서 이민자의 비율이 높은 나라이다. 특히 최근에는 비영어권으로부터의 이민이 눈에 띄게 늘었다. 이러한 이민자의 증가에 따라 1970년대 후반부터 그때까지 취했던 이민을 차별하는 '백호주의'에서 '다문화주의'로 국가정책이 전환되었다. 다문화주의의 특징으로서는 다양한 가치관을 인정한 상태에서의 다른 사람에 대한 존중, 문화적 차이에 의한 차별의 시정, 다양한 능력이나 재능을 가진 인재의 활용 등을 들 수 있다.

언어정책으로는 이민자에 대한 제 2언어로서의 영어(English as a Second Language)교육이 시행되고 있다. 한편에선 LOTE(Languages Other Than English)로 불리는 영어교육 이외의 언어교육이 진행되고 있다. 영어 이외의 언어를 배움으로써 다른 언어 화자나 다른 문화에 대한 이해가 촉진된다고 생각하고 있다. LOTE에는 아랍어, 중국어, 프랑스어, 독일어, 그리스어, 인도네시아/ 말레이시아어, 이탈리아어, 일본어, 스페인어 등 9개 언어가 포함되어 있다. 이 언어정책에는 비영어권 이민의 권리 보장과 함께 이민자와 오스트레일리아계 주민의 대다수를 차지하는 영어권 사람들과의 공생이라는 목적이 있다고 판단된다.

3.2.2 캐나다의 경우-다문화를 허용하는 모자이크 사회

캐나다는 광대한 국토를 가지고 있으며 10개의 주와 3개의 준주(準州)로 구성되어 있다. 그곳에는 애초부터 살고 있던 원주민, 캐나다를 개척했던 영국계, 프랑스계 사람들이 살고 있다. 또 20세기 초부터는 유럽, 아시아의 여러 나라로 부터 많은 이민을 받아들이고 있다.

캐나다는 영어와 프랑스어를 공용어로 하는 2언어주의를 채택했으며, 그와 함께 영어와 프랑스어 이외의 언어를 사용하는 사람들의 문화도 같이 존중해 주는 다문화주의가 채택되었다. 미국이 다양한 문화를 녹여 동화하는 '용광로'(Melting Pot)로 표현되는데 반해, 캐나다는 다양한 민족의 문화나 가치를 동등하게 존중하는 「모자이크」로 표현된다.

3.2.3 미국의 경우-English Only로부터 English Plus로

이주자, 특히 히스페닉계 이주자의 증가에 따라 1970년대에 이주자의 모어에 의한 교육도 인정한다는 2언어 사용 교육법이 시행되었다. 그러나 이것은 어디까지나 영어를 사용 하도록 하는 중간단계로 궁극적으로는 영어 습득이 목표였다. 이러한 공용어로서의 영어를 추진하는 움직임은 'English Only'로 불린다. 그에 반해 영어만이 아니고 동시에 이주자의 모어나 모문화(母文化)의 유지와 발전을 추진하는 움직임은 'English Plus'로 불린다. 이것은 소수파 어린이들이 자기 민족의 언어를 계승할 권리를 보장하려는 것이다.

그러나 이러한 움직임에 대해서 1980년대에는 다언어·다문화주의는 미국을 분열시킨다는 비판도 생겨 영어 공용어화 논쟁으로 발전해 갔다. 이 논쟁은 단순히 언어 사용의 문제만이 아니라 동화주의를 선택할 것인가 혹은 다문화주의를 선택할 것인가 라는 정치적인 대립이기도 하다.

과제

❶ 벨기에, 스위스, 스웨덴 등의 유럽 여러 나라들의 언어사정을 비교해 보시오.

독서안내

河原俊昭編著(2002)『世界の言語政策ー多言語社会と日本』くろしお出版

✽다언어주의에 바탕을 둔 언어정책이라는 입장에서, 다언어사회의 선진국인 미국, 호주, 필리핀 등 여러 나라의 언어정책이 소개되어 있다. 그들 지역의 문화나 역사등과 함께 쉬운 문장으로 설명되어 있기 때문에 흥미를 갖고 읽을 수 있을 것이다.

河原俊昭・山本忠行編(2004)『多言語社会がやってきたー世界の言語政策Q&A』くろしお出版

✽국제화/ 다언어화하는 사회와 어떻게 대처해 갈 것인가를 알기 쉽게 해설하고 있다. Q&A 형식으로 되어있기 때문에 자신이 흥미를 갖고 있는 부분만을 골라 읽을 수 있다.

真田信治・庄司博史編(2005)『日本の多言語社会』岩波書店

✽언어정책이나 사회언어학의 기본적인 키워드를 알기 쉽게 해설해 놓은 사전.

제6장
언어사용과 사회

언어는 그 언어가 사용되는 사회와 밀접한 관계가 있다. 여기에서는 문법 이외에 사회문화적 배경, 언어외의 규칙 등과 함께 언어에 대해 살펴본다.

키워드 ▶ 언어변종, 성차(性差), 지역 차, 레지스터(register), 담화분석, 회화분석, 발화의 순서(turn), 화자교체, 인접 페어, 우선응답체계, 수정, 커뮤니케이션 능력, 사회문화능력

1 언어변종

우리들이 평소에 사용하고 있는 말은 일정하지 않다. 같은 사항을 표현하는 데도 남성인지 여성인지 혹은 지역에 따라서도 말투가 다르다. 여기서는 지역 차, 성차(性差)에 의한 여러 가지 언어변종(variation)에 초점을 맞춰 일본어의 지역적, 사회적 다양성을 살펴보고자 한다.

1.1 지역차(방언)

언어의 지역 차를 가리키는 말로서 '방언'이 있다. 방언의 반대 용어로서 '표준어' '공통어'가 있다. 표준어는 규범이 되는 언어로서 제정된 것을 말하며 도쿄 야마노테(山の手)지역의 중류 가정에서 사용되던 이상적이며 세련된 말을

가리킨다. 한편 공통어는 도쿄에서 사용되는 말을 기초로 하여 자연스럽게 전국적으로 사용하게 된 말을 가리킨다. 근대 국가 형성 과정에서는 방언이 멸시받기도 하고 사용이 금지되기도 하는 시기도 있었다.

지역 차는 음성, 문법, 어휘 등에서 나타난다. 음성에 대해서는 같은 「う」발음에서도 도쿄의 「う」는 입술을 둥글게 하지 않은 「う」이며, 그에 반해 교토보다 서쪽에서는 입술을 둥글게 하는 것으로 알려져 있다. 또 악센트에 따라 말을 구별하는 '유악센트' 지역과 고유의 악센트를 가지지 않고, 혹은 단지 하나의 형태밖에 없는 '무악센트' 지역이 있다. 무악센트는 동북의 일부인 미야자키(宮崎)현 등에서도 볼 수 있다. 어휘에서는 예를 들면 일본 서쪽 지방의 어느 지역에서는 「なおす」가 「片づける」의 의미로 사용되는 등의 예가 있다.

일본 서쪽 지방에서는 「来ない」를 나타내는 원래의 말투는 「キーヘン」이었으나, 표준어의 「コナイ」의 영향을 받아서 「コーヘン」으로 변화해 왔다. 그렇게 표준어와 방언의 상호 간섭에 의해 새롭게 생긴 새로운 표현형식을 네오(neo)방언이라고 한다.

일본어는 세계의 다른 언어에 비해 면적대비 지역차가 큰 언어라고 할 수 있다. 그리고 그 확산 방법은 중앙에서 생긴 말이 점차 지방으로 확대되는 '주권분포(周圏分布)' 형태로 되어 있다. 한편 중국은 국토도 크고 각 지역에 여러 가지 방언이 있어 방언의 지역 차도 크다. 예를 들면 공용어인 북경어 외에 상해어, 광동어, 복건어 등 발음이 다른 다양한 방언이 있고 북경어 화자와 광동어 화자는 말이 통하지 않는 경우도 있다.

1.2 성차

일본어의 경우 성별에 의한 언어사용의 차이는 인칭대명사, 조동사, 경어 등에서 현저하게 나타난다.

「ボク」「オレ」등은 남성이 주로 사용하는 인칭대명사이며 여성이 주로 사용하는 것으로는 「ワタクシ」등이 있다. 조동사의 경우 「ぞ」「ぜ」「な」등은 남성이,「わ」「のよ」「かしら」등은 여성이 주로 사용한다. 또「お話」등 어두에「お」를 붙이는 등의 미화어(美化語)와 같은 정중한 말은 일반적으로 여성이 많이 사용한다. 그러나 최근에는 여성이 점차 여성어를 사용하지 않게 되었고, 젊은 사람들을 중심으로 언어표현의 성차(性差)는 소멸되어 가는 경향이 있다.

언어표현뿐만이 아니라 상호행위에 있어서도 다양한 남녀차이가 있다. 예를 들면 이성 간에 대화를 할 때 남성은 새로운 화제를 도입하거나 이야기 도중에 끼어들거나 하는 경향이 있고, 여성은 자주 맞장구를 치면서 공감을 표현하며 이야기를 듣는 경향이 있다.

1.3 레지스터

우리들은 언어이외의 주변정보, 예를 들면 대화 상대의 친소관계나 연령, 혹은 말하는 장소나 상황 등 대화를 주고받는 문맥에 따라 말이나 표현스타일을 선택한다. 예를 들면 다음과 같이 구별해 사용한다.
- 도쿄에서는 표준어를 사용하던 화자가 출신지에 가면 지역어로 말한다.
- 가정에서는 보통체로 말하는 화자가 직장에서는 경어체(デス・マス체)로 말한다.
- 친한 사람과 말할 때에는「オレ」「オマエ」라는 인칭대명사를 쓴다. 화자와 친하지 않은 상대에게는「～さん」으로 부른다.

화자가 속한 지역적 속성에 의한 변종인 지역어나 성차 등의 속성에 의한 변종과는 달리 이러한 문맥에 따라 선택된 언어변종을 레지스터(register, 언어사용역)라고 한다.

2 언어운용의 규칙

강연회나 콘서트 등에서 자신의 옆 자리가 비어있는 경우, 나중에 온 사람이 'ここあいていますか?'라고 물으면, 'ええ、どうぞ' 혹은 'いえ、ちょっと…。後で

連れが来るものですから'라고 대답하기도 한다. 「~か」라는 의문문 형식의 발화라도 그것이 단순히 그 자리가 비어있는지 아닌지를 묻는 것이 아니라 그 자리에 앉아도 좋은지 아닌지 허가를 구하는 것을 우리들은 문맥으로부터 이해할 수 있다. 물론 우리들은 언어를 사용해서 다양한 커뮤니케이션을 하고 있지만, 그 행위의 의미를 이해하려면 언어형식만이 아니고 대화를 주고받을 때의 문맥도 중요한 역할을 하고 있는 것이다.

지금까지 언어학에서는 오랫동안 음운론이나 통어론(문법)이 중심적인 관심사였다. 촘스키의 생성문법에서 알 수 있듯이 그 문장이 문법적으로 정확한지 아닌지가 문제가 되며, 문법적으로 정확한 문장만이 연구 대상이 되는 시대가 계속되었다. 그러나 현실의 언어 사용에 눈을 돌려보면 음운이나 통어상의 규칙 이외에 우리들이 언어를 사용하여 커뮤니케이션을 할 때 무의식적으로 따르는 언어운용상의 다양한 규칙이 있다는 것을 알게 된다. 이러한 규칙을 밝히기 위해서 1960년대 이후는 문장보다도 큰 단위의 언어를 대상으로 하여, 실제로 사용된 언어나 언어에 영향을 주는 문맥이나 문화에도 관심을 돌린 연구가 이루어지게 되었다. 이것은 넓은 의미의 **담화분석**(discourse analysis)이라 일컬어지는 연구 분야로, 그 안에는 언어가 실제 장면에서 어떻게 사용되고 있는지를 언어의 기능에 주목함으로써 화용론, 담화 구조나 담화에서 볼 수 있는 규칙을 밝히는 것을 목적으로 하는 좁은 의미의 담화분석, 회화에서 볼 수 있는 규칙을 밝히려는 회화분석, 언어와 그 사용을 비판적으로 분석함으로써 담화 속에 묻힌 이데올로기나, 권력관계, 젠더 등을 밝히는 비판적 담화분석(critical discourse analysis) 등이 있다. 다음으로 담화분석 및 회화분석에 대해서 살펴보자.(화용론에 대해서는 18장 참조)

2.1 담화 분석

담화분석은 1960년대 후반에 언어학을 중심으로 성립한 분야이다. 좁은 의미의 담화분석이란 「문」보다 상위에 있는, 유기적으로 연결된 문장에서의 언어구성 패턴의 분석을 가리킨다. 문을 넘어선 담화라는 단위를 만들어 종래의 문문법에서는 다룰 수 없는 담화 구조의 규칙이나 의미의 통합을 가져오는 대응이나 반복, 생략 등에 대해서 연구를 하고 있다. 하리디(M.A.K. Halliday)와 핫산(Ruqaiya Hasan) 등이 이와 관련된 많은 연구를 하고 있다.

2.2 회화분석

회화분석은 삭스(Harvey Sacks)에 의해 창시됐고 삭스, 쉐그로프(Emanuel A. Schegloff), 가핑켈(Harold Garfinkel) 등에 의해서 연구의 기반이 세워졌다. 실제 회화에서 반복해서 나타나는 언어사용의 패턴을 찾아내어 그 규칙을 밝히려고 하는 것이다. 회화분석에서는 회화의 기본적 단위를 하나의 발화의 순서(turn)로 규정하고, 녹음된 회화를 상세하게 문자화하여 그것을 토대로 화자 교대(turn-taking), 인접 페어(adjacency pair), 우선응답체계(preference organization), 수정(repair)등을 근거로 얼핏 무질서하게 보이는 회화의 짜임새나 규칙을 밝히려고 한다. 예를 들면 우리들의 일상회화에서는 복수의 사람이 동시에 이야기하는 일은 거의 없고 화자는 자연스럽게 바뀐다. 그런 화자 교대에는 다음과 같은 두 개의 규칙이 있다는 것이 삭스, 쉐그로프, 제퍼슨 등에 의해 밝혀졌다. 결국 다음에 말할 사람이 현재 말하는 사람에 의해 선택되어지는 타자선택(예1)과 다음 말할 사람이 스스로 이야길 꺼내는 자기선택(예2)이 있다.

예 1 [타자선택]
　　A：Bちゃん、明日ひま？
　　B：う〜ん、明日はちょっと。

예 2 [자기선택]
　　A：最近、すごく忙しいんだ。
　　B：そう。大変だね。

　　(2초간의 침묵)

B：最近話題になっている××映画見た？

인접 페어는 예를 들면「おはよう―おはよう」과 같은 인사,「元気?―うん、元気」와 같은 질문과 대답, 혹은 '의뢰-수락・거절'처럼 인접해서 나타나는 서로 다른 화자에 의한 제1 발화와 제2 발화의 조합을 가리킨다. 인접 페어는 회화의 개시나 종결에 있어서 중요한 역할을 하고 있다. 예를 들면 회화는 '인사와 인사에 대한 대답'이라는 인접 페어로 시작되어「どうも―どうも」등의 인접 페어로 종결하는 것으로 알려져 있다.

이런 화자교대 및 인접 페어의 규칙에 의해 우리의 일상회화에서 말하는 도중에 끼어드는 행위나 오버랩, 혹은 침묵 등에 대한 설명이 가능하게 된다. 예를 들면 예1에서 질문응답이라는 인접 페어의 응답이 기대되는 A의 발화 뒤에 침묵하면, 그것은 B의 침묵이며, A는 다시 질문을 반복하기도 한다. 다른 한편으로 A는 그 침묵에 의해 자신이 기대하는 응답을 B가 하지 않을 것을 예상하기도 한다.

권유나 의뢰의 발화에 인접한 응답발화에는 상대의 기대대로 반응(우선응답)하는 경우와, 기대와는 반대로 응답을 하는 경우가 있다. 예를 들면 일을 도와줄 것을 부탁받았을 때 수락 할 경우, 즉 우선응답을 할 경우는「はい」로 간단하게 대답할 수 있다. 그러나 거절할 경우 즉 비우선 응답의 경우에는 말을 더 듣거나, 이유를 설명하거나,「申し訳ないのですが」라는 전제표현을 사용하는 등 발화가 길어지는 경향이 있다(예1참조).

수정에는 말하는 사람 자신이 스스로 알아서 스스로 수정하는 것(예3)과 듣는 사람의 지적에 의해 수정(예4)하는 것이 있다.

예 3 [말하는 사람 자신에 의한 수정]
　　A：江ノ島博物館に、あ、江ノ島博物館じゃない、江ノ島水族館に
　　B：行ったの？
　　A：うん。

예 4 [듣는 사람의 지적에 의한 수정]

A：22日の土曜日の花火大会に行かない?
　　B：22日は金曜日じゃない?
　　A：あ、ごめん。23日の土曜日だ。

　이제까지 일상회화에서의 규칙을 살펴보았는데 의료, 학교, 법정 등의 제도적 장면에서의 회화분석도 이루어지고 있다. 예를 들면 학교에서 교사와 학생의 대화는 교사의 '발문(initiation)', 학생의 '응답(reply)', 그 응답에 대한 교사의 '평가(evaluation)'라는 I-R-E 발화의 순서로 이루어져 있고, 그것이 지식을 전달하고 교실을 질서 있게 하는 장치가 된다고 한다.

2.3 사회언어능력/사회문화능력

　발음, 문법 등의 언어능력에 대해서 언어를 실제의 장면에 대응시켜 적절하게 사용하는 능력을 사회언어능력이라고 부른다. 상대나 장면 등, 언어가 사용되는 '문맥에 의해 적절하게 표현을 구사하는' 능력이다. 이것에 반해서 사회문화능력은 사회·문화배경을 이해하고, 사회가 결정한 것에 따라 행동하거나 커뮤니케이션을 하는 능력을 가리킨다. 이처럼 음운이나 문법 등 언어에 관한 능력이 아니고, 그 언어를 실제의 커뮤니케이션에서 적절하게 사용하는 능력을 사회언어학자인 하임즈(Dell Hymes)는 '커뮤니케이션능력(communicative competence)'이라는 말로 설명했다.

　예를 들면 레스토랑 예약을 했는데, 예약 시간에 레스토랑에 갈수 없게 되어 전화를 하는 경우를 생각해보자. 「すみません、ちょっと時間に遅れそうなんですが…」와 같이 우선 사과의 표현을 사용하는 것이 좋다는 문화권도 있을 것이다. 그러나 다른 문화권에서는 사과할 필요가 없다고 생각하여 「遅れます」만 말하든지 혹은 애초에 연락할 필요가 없다고 생각할지도 모른다.

　사죄는 말하는 사람이 듣는 사람에게 무엇인가 폐를 끼치는 행위나 상대의 체면을 깎는 행위를 한 경우에, 그것을 보상하기 위한 언어행위이며 사죄함으로써 상대와의 관계를 회복하는 것이 목적이다. 그것이 적절히 이루어지지 않으면 오해를 받기도 하고 상대에게 불쾌한 감정을 줄 가능성이 있다.

이처럼 우리들은 일상생활에서 사죄, 인사, 요구, 초대, 거절, 불만의 표명 등의 행위를 언어를 사용해서 표현하고 있고 이러한 발화행위는 커뮤니케이션에 있어서 중요한 기능을 하고 있다. 제 2언어의 화자는 자신의 모어 이외의 언어로 발화행위를 할 때 모어의 화용론적 규칙을 전이시키는 경우가 있는데 이것을 화용론적 전이(Pragmatic transfer)라 한다. 그러나 언어가 다르면 모어의 규칙을 적용할 수 없는 경우가 있다. 또, 화용론적 전이는 문 레벨의 경우에도 있으나 담화 레벨의 경우에도 있고 목표언어의 어휘나 문법에 숙달되어 있는 화자라도 무의식적으로 모어의 지식을 사용하여 오해를 가져오는 경우가 있다.

「いいです」는 어떤 의미?

유학생들은 '일본인의「いいです」는 알기 어렵다'고 한다. 다함께 생각해보자.

- 아르바이트하는 곳에서「お砂糖はお使いになりますか?」라고 물으면,「いいです」라는 답을 듣게 된다. 이 사람은 설탕이 필요한가? 필요하지 않은가?
- 「今度一緒に映画を見に行きませんか?」라고 권하면,「いいですね」라고 한다. 이 사람은 영화를 보러 가고 싶은가? 가고 싶지 않은가?

3 언어 · 비언어 행동

인간의 커뮤니케이션은 주로 언어에 의해 이루어진다. 그러나 실제로는 커뮤니케이션 수단에는 언어 이외에도 다양한 것들이 있다. 예를 들면 얼굴을 마주보고 음성에 의한 커뮤니케이션을 하는 경우, 얼굴 표정, 자세, 시선 등의 비언어 정보가 풍부한 커뮤니케이션 기능을 맡고 있다. 그러나 이러한 언어 · 비언어 정보의 종류나 의미는 문화에 따라 다르다.

　예를 들면 마주보고 이야기를 할 때 일본인은 상대와 시선을 맞추지 않고 맞장구를 치거나 여러 번 고개를 끄덕이거나 한다. 일본인은 맞장구나 고개를 끄덕이는 것에 의해, '찬성'이나 '동의'의 의미를 표시하는 경우도 있지만 그 외에 '상대의 말을 듣고 있다 혹은 '계속 얘기해도 괜찮다'라는 사인을 보내고 있는 것이다. 그러나 이러한 맞장구의 습관에 익숙하지 않은 외국인은 자기 나름대로 '동의'로 받아들이거나 혹은 말을 순서대로 교대하면서 해야 한다는 압박감 때문에 안정된 상태에서 대화를 하지 못하게 된다. 또 침묵에 대한 허용도도 문화에 따라 다르며, 사람을 대하는 커뮤니케이션의 경우 일본인의 침묵 시간은 미국인의 그것과 비교해서 매우 길다고 한다.

　또, 음성언어에는 무엇을 말하고 있는지를 전달하는 언어정보와 더불어 말하는 사람의 심적 태도를 전달하는 파라언어정보가 있다. 파라언어는 음성의 크기, 빠르기, 음성의 고저·억양 등을 가리키며 풍부한 정보를 전달한다. 이전에 어느 신문에서 NHK방송의 여성 아나운서의 낮은 음성은 재해시의 보도에서는 호감이 간다라는 기사가 있었다. 이 경우에도 음성의 고저나 목소리 상태로부터도 정보를 얻는다는 것을 알 수 있다. 편지나 메일, 메모 등 문자만의 커뮤니케이션에서는 파라언어정보가 전달되지 않기 때문에 뜻하지 않은 오해를 부르는 경우도 있다.

과제

❶ 어떤 장면에서 사과할 것인지에 대해서, 다른 나라 사람들에게 인터뷰하고 자신의 경우와 비교하시오.

❷ 다음의 ①~③은, 아래의 a~f 중, 어느 것에 대해서 설명한 것인지 기호로 답하시오.
  ① 이중언어사용자가 장면이나 상대에 따라 두 언어를 나누어 사용하는 현상.
  ② 다른 두 언어가 접촉했을 때 새로이 생기는 문법이나 어휘가 간략화 된 언어.
  ③ 말을 할 때 상대나 장면, 혹은 문장어인지 구어인지에 따라 같은 말이 다른 말투로 나타내어진다.
  a 폴라이트네스   b 레지스터   c 크레올   d 피진   e 코드 스윗칭   f 다이글로시아

독서안내

中井精一(2005)『社会言語学のしくみ』研究社
✻사회언어학에 대한 전반적인 지식이라기보다는 사회언어학자가 어떠한 부분에 관심을 갖고, 그것을 어떤 방법으로 연구하는지를 가르쳐 준다. 필자가 실제로 대학 수업에서 사용한 조사방법이 소개되어 있고 사회언어학적 언어조사법에 대해서 이 책을 통해서 배울 수 있다.

橋内武(1999)『Discourse 談話の織りなす世界』くろしお出版
✻담화 분석의 입문서. 이 책을 통독하면 담화 분석의 개략을 알 수 있고, 흥미 있는 분야에 대해서는 매 장마다의 과제를 하거나 소개되어 있는 관련문헌을 읽거나해서 보다 이해를 넓힐 수 있다. 구성도 알기 쉬운 양서(良書).

好井裕明・山田富秋・西阪仰編(1999)『会話分析への招待』世界思想社
✻제1장 [회화 분석을 시작하자]를 읽으면 회화의 순번 정하기 시스템, 인접 페어, 회화의 개시와 종결 등의 회화 분석의 최소한의 기초지식을 얻을 수 있다.

マイケル マッカーシー(1995)『語学教師のための談話分析』(安藤貞雄・加藤克美訳) 大修館書店
✻지식으로서의 담화분석이 아닌 담화분석을 응용해서 학습자의 문제를 이해할 수 있는것이나 문제 해결 방법의 방안도 제시되어 있어 어학 교사나 어학 학습에 관심이 있는 분에게 권하고 싶은 책.

M.A.K.ハリデー・R.ハッサン(1991)『機能文法のすすめ』(筧壽雄訳) 大修館書店
✽언어를 실제 사용 장면이나 기능과의 관련으로부터 더욱 깊이 배우고 싶은 분에게 추천하는 책.

P.トラッドギル(1973)『言語と社会』((土田滋訳) 岩波新書
✽사회언어학 입문서의 고전적 명저. 언어와 사회계층, 민족, 국가, 지리 등과의 관계에 대해 설명되어 있다.

과제의 정답 ❷ ① c   ② d   ③ b

제 3 부

언어와 심리

제7장
언어이해의 과정

여기에서는 언어이해를 정보처리의 과정으로 생각하여 문장(담화)을 이해하는 프로세스가 어떻게 이루어져 있는지를 살펴본다. 또 예측·추측능력이나 기억이라는 것은 어떤 것인가에 대해서 생각해 보고 언어 이해와 어떤 관련이 있는지를 설명한다. 마지막으로 언어습득이나 운용을 인지적으로 연구하는 심리언어학에 대해서 인지언어학을 중심으로 소개한다.

> **키워드** ▶ 기억, 이중저장 모델, 작동기억 모델, 심리언어학, 행동주의심리학, 자극과 반응의 연합 이론, 생성문법, 보편문법, 인지언어학(인지의미론), 원형(prototype), 용법 기반 모델

1 머리말

언어는 그 구성요소가 의미적으로 통합되어 보다 큰 구성요소를 만들어 간다. 음소가 모여 하나의 형태소를 형성하고, 그것이 하나 또는 여러 개 모여서 단어가 되고, 문(文)을 형성한다. 더욱이 이 문이 의미적으로 통합된 단위를 문장 또는 담화라고 한다. 보통 '문장'이라고 하면 독해나 작문과 같은 문어체를, '담화'라고 하면 구어체를 연상하지만 언어학 분야에서는 그러한 구별은 그다지 중요하지 않다. 여기서는 문장체인 독해를 중심으로 이야기를 전개하나 이것은 구어체에도 해당된다.

독해는 쓰여 진 문장을 읽고 이해하는 것이고, 청해는 문장을 듣고 이해하는 것인데 이 정보처리의 프로세스에는 탑다운(Top down) 처리와 바톰업(Bottom up) 처리가 있다.

2 탑다운 처리

이 책을 읽고 있는 여러분은 책을 읽을 때 과연 목차를 읽을까? 목차를 읽으면 그 책 전체의 구성을 파악할 수 있으며 그것이 전체를 이해하는데 도움이 된다고 한다. 목차를 읽는 것이 책 내용 전체를 예측·추측하고 나아가 전체를 이해하게 되는 것이다. 이것은 목차가 선행개념의 파악을 유도하는 역할을 함으로서, 탑다운의 문장 이해를 촉진하고 있는 것이다. 마찬가지로 각 장이나 절 앞에 쓰여 있는 제목은 그 장이나 절의 내용을 이해하는데 있어서 선행 개념파악 유도의 역할을 담당한다. 따라서 읽는 사람으로서는 목차나 제목을 유용하게 활용하여 문장 이해를 탑다운 식으로 진행하는 것이 중요하며, 글을 쓰는 사람 쪽에서는 읽는 사람이 목차나 제목을 선행 개념파악유도로 하여 문장 전체 이해에 유용하게 활용하도록 최대한의 노력을 하지 않으면 안 된다.

독해는 문장을 이해하는 것이지만 그것은 읽은 문장에 대한 심적 표상을 만드는 작업이라 할 수 있다. 이 심적 표상의 구축에는 위에서 언급한 것처럼 예측·추측과 같은 탑다운 식의 처리와 문장 구성요소를 연결해서 결속력 높은 심적 표상을 만들어가는 바톰업 식 처리가 있다.

탑다운 처리라는 것은 예측·추측 등과 같은 인지의 과정이 입력정보처리에 대하여 틀이나 제약을 부여하여 단어의 인지나 문장의 의미 파악에 도움이 되는 영향을 주는 것이다. 목차를 읽는 등 문장 전체의 구조를 파악하거나 문장의 서두에 적절한 제목이나 머리말을 첨부한다. 이미 가지고 있는 지식을 활용함으로써 중요한 부분에 선택적으로 주의를 돌려 그 문장의 이해, 다른 말로 표현하면 심적 표상의 구축을 촉진하게 된다.

또 이야기라면 이야기 논문이라면 논문의 전형적인 구조(구성법) 라는 것이 있어서 그러한 구조를 미리 이해한 후에 그것을 탑다운 식으로 활용해 가는 것도 문장이해를 높이는 방법이다. 글을 쓰는 사람의 입장에서 보면 쓸 때 이야기 구조, 논문구조를 근거로 하여 이론을 진행시킴으로써 독자에게 문장에 있어서의 심적 표상의 결속력을 높여 명확하고 설득력 있는 문장을 쓰게 되는 것이다.

활성화 확산이론

이 이론은 어떤 선행하는 어구가 입력되면 그 단어의 의미나 음운이 활성화됨과 동시에, 연관성 높은 다른 어구의 의미나 음운의 활성화를 촉진시켜, 문장의 독해를 돕는다는 것이다. 예를 들면 '컴퓨터는 오늘날 우리에게 없어서는 안 될 물건이 되었다'라는 앞문장이 있다면 그 후의 문장 중에 '바이러스'라는 말이 나온다고 해도, 그것이 컴퓨터에 피해를 주는 바이러스이며, 우리들의 건강을 저해하는 바이러스가 아니라는 것을 이해하기 쉽다. 또 컴퓨터에 관한 지식을 가지고 있는 사람은 그렇지 않은 사람에 비해 '바이러스'에 대한 이해가 훨씬 빠를 것이다. 이런 것은 앞 문장이나 기존의 지식 등이 선행 개념파악유도의 역할을 해 관련된 정보(여기서는 '바이러스')를 상기하기 쉽게 만들기 때문이다.

3 바톰업 처리

한편 바톰업 처리도 문장전체의 이해를 촉진한다. 예를 들면 절과 절, 글과 글, 문장과 문장을 적절한 접속사나 접속조동사 등으로 연결함으로써 문장전체 요소간의 결속력을 높이고, 그것이 문장전체의 이해파악으로 연결된다 (단지 이러한 접속어의 존재는 추측능력이 낮은 학생에게는 유효하지만 높은 학생에게는 역으로 지장을 준다는 실험결과도 있다). 문장을 구성하는 요소간의 결속력을 높이는 것으로 바톰업 식으로 문장 전체의 심적 표상의 구축을 이루고 문장전체의 이해로 연결되는 것이다.

구성 요소간의 관계에는 다양한 것이 있으나 지시 관계, 공간 관계, 시간 관계, 인과 관계 등이 대표적인 것이다. 예를 들면 이, 그, 저라는 지시어를 적절하게 사용하는(지시 관계, 공간관계), 글의 배열을 시간 순으로 맞추거나 시간적인 전후관계를 명시하는 어구를 적절히 사용하는 (시간관계), 인과관계를 나타내는 어구를 사용하는 (인과관계) 등에 의해 절과 절, 글과 글, 문장과 문장과의 사이의 결속력은 높아진다.

일반적으로 문장을 이해하기 위해 글을 읽는 경우 뇌 속에 남은 기억은 그 형식 그대로가 아니고 의미에 의해서 재구성된 것이라고 한다. 결국 결속력이 높은 심적 표상은 그것이 수많은 문장으로부터 성립되었다고 해도 하나의 통합된 의미가 되고 보다 낮은 인지적 부하를 가지고 기억되며 또한 상기된다. 결국 기억하기 쉽고 상기시키기 쉽게 된다. 그 결과 이번엔 그것이 선행 개념파악을 유도해 탑다운 식으로 문장이해를 촉진하기도 한다. 문장이해라는 것은 이처럼 바톰업 식 처리와 탑다운 식 처리와의 연계에 의해 이루어져 간다.

4 기억

인간의 인지활동은 정보처리에 비유되는 경우가 많다(정보처리 모델). 그 중심적 역할을 맡고 있는 인지능력중 하나가 기억이다. 제2절에서도 기억된 정보가 선행 개념파악유도로서 탑다운 식으로 문장이해에 공헌하는 것을 서술했다. 기억에 대해서는 아직 불명확한 점도 많고 다양한 모델이 제시되어 있지만 여기서는 대표적인 모델로서 이중저장 모델과 작동 기억모델을 소개하고 마지막에 외국어 학습과의 관계에 대해서 서술한다.

4.1 이중저장모델

단기기억을 저장하는 단기저장고와 장기기억을 저장하는 장기저장고를 가정해서 이처럼 부른다. 대표적인 것으로는 애킨슨과 쉬프린(Atkinson & Shiffrin)(1968)이 제시한 모델이 있다.

이에 의하면 눈이나 귀 등을 통해서 들어온 정보는 우선 감각기억으로서 있는 그대로의 상태에서 매우 짧은 기간(1/2초정도) 유지되는 감각정보저장고로 보내진다. 눈을 감았을 때의 아련한 잔영이 이것이다. 이 중 주위를 기울인 정보만이 패턴인지를 거쳐 단기저장고로 보내진다. 여기서는 정보를 유지하기위한 리허설(의식적 또는 무의식적으로 정보자극을 반복하여 일으키는 것)이나

부호화(기억유지를 위해 음운적 코드나 시각적 코드로 변환되는 것)라는 기명(記銘)처리가 행해지고, 단기기억(보통 15~30초의 기억)이 된다. 이러한 단기기억은 재부호화(예를 들면 5963을 ゴクローサン(ご苦労さん)으로 기억하거나, 305305를 305가 두 개 있다고 기억하는 것처럼, 기억항목에 의미를 붙이거나 그룹화를 하는 것)를 함으로서 장기기억이 되어 장기저장고로 보내진다. 일단 장기기억이 되면 그 정보는 잃어버릴 염려가 없다고 한다. 우리들이 일상적으로 경험하는 망각은 검색의 실패에 의한 것이라고 한다.(검색 실패설)

4.2 작동기억 모델

이중저장모델에서는 저장고처럼 정적인 장치를 상정해 기억 유지 메커니즘을 설명했으나, 정보처리의 '처리'라는 동적인 측면을 중시한 베들리(Baddeley) 등은 작동기억(워킹메모리)이라는 항상 작동하는 동적인 장치를 상정해 새로운 작동기억 모델을 제시했다. 작동기억이라는 것은 인지적인 과제처리를 위한 단기적인 기억 유지와 정보처리를 동시에 행하는 조직이다. 이 모델에도 여러 가지가 있으나 여기에서는 대표적인 것으로서 베들리와 히치(Baddeley&Hitch)(1974)가 제시한 모델을 소개한다.

이 모델을 음운루프(phonological loop)와 시공간적 기명(記銘) 메모라는 두 개의 종속 시스템과 그것들을 관리하는 중앙실행계(中央實行系)를 상정한다. 음운 루프라는 것은 음성적 코드에 기초하여 발화정보의 단기 유지를 맡은 시스템이며, 시공간적 기명 메모라는 것은 시각 이미지를 포함한 시공간적 정보의 단기유지를 맡은 시스템이다. 중앙실행계라는 것은 이것들을 정리하여 단순히 단기기억 유지만이 아니고 다른 정보처리를 동시에 행함으로써 암산이나 암기, 논리적 추론, 검증, 장기기억으로부터의 정보 검색 등의 고차원적 인지활동을 하게 하는 조직이다. 단순히 두 개의 종속시스템을 조화시키면서 컨트롤하는 것이 아니라 주의 집중이나 전환, 장기 기억 표시의 활성화 등의 역할을 담당하는 것으로 여겨지게 되었다.

4.3 외국어 학습과 기억

지식에는 선언적 지식과 수속적 지식이 있다. 전자는 사물에 관한 지식이며, 후자는 수단이나 방법에 대한 지식이다. 예를 들면 일본어에 관한 지식은 선언적 지식이며, 일본어를 능숙하게 말하기 위한 노하우가 수속적 지식이다.

장기기억에는 선언적 기억과 수속적 기억이 있다. 선언적 지식은 선언적 기억에 의해 지식이 되고 수속적 지식은 수속적 기억에 의해 지식이 된다.

선언적 기억에는 에피소드 기억과 의미 기억이 있다. 전자는 경험에 기초한 경우가 많고, 사실과 문맥을 가진 스크립트와 같은 개인적인 지식이다. 이것과 반대로 후자는 진리나 사실에 의한 지식으로 일반적인 지식이다.

외국어 습득이라는 것은 외국어 대한 지식(언어지식)과 운용(언어운용)의 능력을 갖는 것이다. 전자는 외국어에 대한 선언적 지식의 축적이며 후자는 수속적 지식의 축적이라고 할 수 있으므로, 외국어 습득이라는 것은 깊이 파고들면 장기기억을 구성하는 두 개의 지식을 원어민들처럼 축적해가는 프로세스라고 할 수 있다.

5 심리언어학

이상과 같이 인간이 언어를 습득하거나 운용할 때 뇌 속에서 어떤 일이 일어나고 있는가에 대한 관심이 높아지고 그 메커니즘을 심리적, 인지적으로 연구하는 학문분야가 발달했다. 이것이 심리언어학이다. 언어학과 심리학 거기에 뇌 과학, 정보 과학 등의 연구 성과가 학제적으로 도입되고 있다.

심리언어학이라는 용어가 사용되기 시작한 것은 1950년대로 당시 언어학에서는 구조주의 언어학, 심리학에서는 행동주의 심리학이 발달했던 시대였다. 그러나 1950년대 말에 촘스키(Chomsky)가 나타나 행동주위에 대한 저항으로서(Antithese) 생성문법을 제창하자 심리언어학은 생득주의(生得主義, Innatism)로 발전되어 인간의 선천적인 언어능력 연구로 초점이 맞춰져 간다.

지금까지의 언어이론을 돌아보면 언어능력을 그 밖의 인지능력과는 다른 것으로 나누어서 생각한 그룹과 언어능력은 인지능력의 하나이며 양자는 일체불가분한 것으로 취급한 그룹이 존재해왔다. 전자가 촘스키를 선두로 하는 생성문법 그룹으로 인간은 선천적인 언어능력(보편문법)을 가지고 태어났다고 생각한다. 이것에 대해 후자는 피아제(Piaget)의 이론을 따른 그룹으로 최근에는 생성문법으로부터 분파되어 생긴 인지언어학(인지의미론) 그룹 등이 있다. 그들은 언어능력은 인지능력으로 환원할 수 있다고 생각하여 그 메커니즘을 밝히고 있다.

여기서는 이 중 우선 행동주의 심리학에 대해서 간단하게 서술하고, 그 다음에 생성문법 그리고 마지막으로 인지언어학에 대해서 서술하기로 한다.

5.1 행동주의 심리학

행동주위 심리학은 1910년대 왓슨(Watson)에 의해 시작된다. 그는 그때까지의 **내관법(內觀法)**으로 불리는 방법을 배제하고 심리학이 객관적 과학을 지향하려면 누구에게나 관찰이 가능한 행동을 연구대상으로 해야만 한다고 주장했다. 행동주의의 특징은 자극과 반응의 연합이론으로서 다음과 같이 정리할 수 있다.

① 행동은 학습에 있어서의 세 가지 요건, 즉 행동을 일으키는 외부 조건으로서의 **자극**, 자극에 의해 일어나게 되는 **반응**, 그리고 반응이 적절하다고 각인시켜 장래 그 반응을 반복(혹은 반대로 부적절하다고 각인시켜 장래 그 반응을 억제하는 것) 하게하는 **강화(强化)**에 의해 형성된다.
② 반응 중에서 긍정적 강화를 받은 반응이 다시 일어날 가능성이 높으며, 그것이 결국 습관이 된다.

스키너(Skinner)는 언어학습도 이러한 자극과 반응의 연합이론으로 설명할 수 있다고 생각했다(Skinner 1957). 즉 언어학습이라는 것은 외부로부터 받은 언어 자극에 대해서 언어반응을 형성하는 과정이라고 했다. 따라서 학습을 가능하게 하는 요인은 학습자 자신이 아니고 외부로부터 주어지는 자극이라고 생각했다.

또 제 2언어 습득이라는 것은 모어의 오랜 습관을 타파하고 제 2언어의 새로운 습관형성을 하는 프로세스라고 생각했다. 따라서 모어는 새로운 습관 형성을 방해하는 존재이며(모어의 간섭) 언어 습득에는 새로운 습관형성이 필요한 제 2언어의 입력을 다양하게 주는 것이 중요하다고 했다. 이러한 발상이 교수법에 응용된 AL법은 많은 양의 입력을 반복하게 하여 새로운 습관형성을 구축하는데 중점을 둔다.

또 이러한 사고로부터 모어와 제 2언어가 같은 부분은 이미 모어를 습득할 때 습관형성이 되어있으므로 습득이 용이하며, 다른 부분은 오랜 습관을 버리고 새로운 습관을 형성할 필요가 있기 때문에 습득이 어렵다고 생각했다. 이 생각을 대조분석가설이라고 하여 제 2언어를 습득하는데 있어서 무엇이 쉽고 무엇이 어려운지를 예측하는 것으로 생각했다.

5.2 생성문법

환경적 요인을 중시하는 행동주의적 언어 습득이론에 대항해서 촘스키는 생득주의를 가지고 정면으로 대립했다. 그는 생성분법의 과제로서 아래의 세 가지를 제시하고 있다.

- 언어지식의 내용은 어떤 것인가
- 언어지식은 어떻게 획득 되는가
- 언어지식은 어떻게 사용 되는가

촘스키가 생성문법의 존재를 생각하게 된 가장 큰 이유는 자극의 빈곤성에 있다. 이것은 외부로부터의 언어적 자극을 입력이라 하고 이에 대한 반응의 습관형성으로서 언어습득을 생각하는 행동주위적인 언어 습득이론에 대한 대응으로서 제시되었던 것이다. 자극의 빈곤성이라는 것은 언어습득에 있어서 인간의 생득적인 언어능력이 외부로부터의 자극 이상으로 중요하다는 것, 바꿔 말하면 언어자극은 언어지식형성에 충분하지 않기 때문에 한정적인 역할밖에 할 수 없고, 따라서 언어습득을 '자극에 대한 반응의 습관형성'으로서 설명하기에는 무리가 있다고 하는 견해로 행동주의 입장을 비판하였다.

촘스키가 말하는 자극의 빈곤성이라는 것은 일반적으로 다음 세 가지를 포함하고 있다. 이를 근거로 언어습득을 유도하는 것은 입력으로서의 언어 이외에 생득적인 언어능력을 상정하지 않을 수 없다고 한 것이다. 이하 간단히 설명하겠다.

① 자극의 결정 불확정성

이것은 우리들이 가진 언어능력은 개개인이 그때까지 접촉해온 언어입력으로는 설명할 수 없는 특성을 포함하고 있고 언어입력은 능력 결정에 있어 불충분하다는 것이다. 예를 들면 다음의 (1)과 같은 글을 경험한 어린이들은 (2)와 같은 글을 만들지만 (3)과 같은 글은 결코 만들지 않는다.

   (1) a. The man is tall.
       b. The man who is tall is in the room.
   (2) a. Is the man tall?
       b. Is the man who is tall in the room?
   (3) *Is the man who tall is in the room?   (White 1981:243)

언어습득을 단순히 자극에 대한 반응의 습관 형성으로서 받아들인다면, (1a)부터 (2a)로의 반응과 같이 최초의 is를 어두로 이동시켜 (1b)로부터 (3)과 같은 글을 만들어도 좋을 것 같으나, 어린이들의 작문에는 이러한 것은 존재하지 않는다. 촘스키에 의하면 이것은 어린이들이 선천적으로 (3)의 비 문법성을 알고 있기 때문이라고 한다. 이처럼 입력은 능력을 결정하기에 불충분하며 그것을 보충하기 위해서는 선천적인 언어능력(보편문법)을 상정하지 않을 수 없다고 했다.

②자극의 둔질성(鈍質性)

자극의 둔질성이라는 것은 어린이들의 모어 습득에 있어서의 언어입력에는 부적절한 표현, 도중에 고쳐 말하기 등이 포함되며, 결코 양질의 것은 아니다라고 하는 것이다. 그럼에도 불구하고 어린이들은 이러한 데이터를 그대로 자극으로서 사용하지 않고, 그 밑바닥에 있는 언어체계를 정확하게 이끌어낸다. 이처럼 어린이들이 언어입력을 주체적으로 선택하고 거기서 언어체계를 이끌어내는 것이 가능한 것은 선천적인 언어 능력이 있기 때문이라고 설명한다.

③비존재성

비존재성이라는 것은 언어자극 중에서 **부정정보가 존재하지 않는다는 것을** 의미한다. 언어습득은 학습자가 세운 모어에 대한 가설검증의 반복이다. 가설검증에는 긍정정보뿐만 아니고 부정정보도 필요하다. 그런데 어린이들은 그러한 부정정보 없이 가설을 검증하고 정확한 언어체계를 이끌어 낼 수 있다. 이것은 어린이들이 가지고 있는 선천적인 언어능력의 영향이라고 한다.

부정정보가 필요한 예로서 영어의 과거형을 만드는데 있어서 comed 나 goed 처럼, 불규칙동사를 규칙동사처럼 지나치게 일반화하여 변형시켜버리는 예를 들 수 있다. 긍정정보만으로는 지나치게 일반화된 형식이 틀리다는 것을 지적하지 못하고, 최종적으로 지나치게 일반화된 형식을 배제시키기 위해서는 부정정보가 필요하게 된다. 그런데 어린이들은 그러한 부정정보 없이도 지나치게 일반화 형식을 배제할 수가 있다.

또 하나 부정정보가 필요한 예로서 이중 목적어구문이 있다. 학습자는 (4),(5)를 배운 후 부정정보가 없이도 (7)과 같은 글을 생성하지 않게 된다.

(4) John told problems to Mary.

(5) John told Mary his problems.

(6) John explained his problems to Mary.
(7) * John explained Mary his problems.　　　　　(White 1990:274)

이것도 사람이 선천적인 언어능력을 가지고 있기 때문이라고 하는 것이다.

이렇게 해서 촘스키는 환경적 요인인 자극에 의해 언어습득이 되어 진다고 하는 그때까지의 행동주의적 입장에 반론을 제기했던 것이다.

5.3 인지언어학
5.3.1 성립의 배경

생성문법은 그 등장 이후에 일관되게 통어론의 우위를 주장하고 언어습득 연구 등에도 많은 영향을 끼쳐왔으나 이것과 반대로 의미론을 중시하는 그룹이 1960년대에 나타났다. 이렇게 해서 통어론과 의미론의 관계를 둘러싼 논쟁이 시작되고, 그것이 계기가 되어 후에 인지언어학으로 이어지는 생성의미론이 파생되게 된다.

이처럼 인지언어학은 생성문법에서 파생된 생성의미론을 모태로 생겨났다. 1960년대에 생성문법이 본격적으로 의미연구를 시작한 것을 계기로 레이코프(Lakoff) 등은 통어론이 의미론으로부터 자율적으로 우위성을 갖는다는 생각을 부정하고, 반대로 의미에 의해서 통어현상을 설명하려고 했다. 그렇지만 생성의미론은 통어론의 개념을 이용하여 의미를 설명하려고 했기 때문에 무리가 있고 결국 좌절에 이르렀다. 그 결과 생성의미론은 의미를 설명하는데 필요한 본격적인 개념구축과 연구방법의 모색을 시작하여 언어철학이나 뇌 과학, 인지심리학(프로트타입 카테고리관(觀)이나 프레임 등의 개념)의 이론이 도입되었다. 그 결과 의미야말로 언어의 기초라고 가정하고 언어를 사람의 인지를 바탕으로 설명하려고 한 공통인식에서 발생한 언어연구의 흐름이 인지언어학이라는 하나의 학문분야를 형성시킨 것이다.

5.3.2 인지언어학이란

생성문법은 언어능력을 인지능력과는 다른 것으로 생각하지만, 인지언어학은 언어능력을 사람의 인지능력의 하나로 생각하기 때문에 언어 연구를 사람의 정보처리인 인지프로세스와 관련지어서 다룬다. 이러한 이유로 생성문법과는 대조적으로 다음과 같은 특징을 가지고 있다.

①인지프로세스의 중시

인지언어학은 언어가 인지 프로세스에 기초를 두고 있다고 가정하고, 언어현상의 설명을 그것과 대응하는 인지 프로세스와 관련지어서 다룬다. 따라서 인지언어학은 언어자체의 기술(記述)을 넘어서 두뇌의 내적인 인지프로세스를 밝히는 것을 목표로 하고 있다.

인지언어학의 여러 연구

인지언어학의 대표적인 연구자 및 그 연구로서는 프레임 의미론을 제창한 필모어, 의미형성에 있어서의 은유(metaphor)의 기능을 연구했던 레이코프와 존슨, 멘탈·스페이스이론을 제시했던 포코니에, 언어에 있어서 의미와 형식과의 관계를 밝히고, 의미를 바탕으로 한 인지문법을 구축한 라네카, 은유에 의한 모달리티 연구를 한 스윗츠아, 구문문법을 제창한 골드버그 등이 있다.

②언어능력의 자율성과 모듈(module)성의 부정

생성문법에서는 언어능력은 다른 인지능력으로부터 독립된 모듈을 이루고 자율성을 가진다고 가정하지만, 인지언어학은 이러한 발상에 의문을 제기하고 있다. 따라서 언어현상은 단순히 언어능력만으로 실현되고 있는 것이 아니라 지각, 이미지형성이나 이미지 조작, 추론처럼 일반적인 인지능력에 의해 유지되고 있다고 생각하고 언어능력과 다른 인지능력의 협조성을 중시하고 있다.

③프로토타입(prototype)적 언어이론

인지언어학에서는 로슈(Rosch) 등이 현대 인지심리학의 지식을 근거로 고전적 카테고리관이 아니고 프로토타입적 카테고리관을 채용하고 있다.

고전적 카테고리관에서는 카테고리를 다음과 같이 생각한다.

(a)모든 구성원에 공통적인 속성이 있다
(b)카테고리에는 명확한 경계가 있다
(c)카테고리는 인간적 요인을 개재하지 않고 객관적으로 정의할 수 있다
(d)카테고리의 구성원은 같은 자격으로 카테고리에 속한다

예를 들면 bachelor(독신남성)라는 카테고리는, '남성' '성인' '미혼'이라는 공통의 속성을 가진 사람들의 집합이고, bachelor인지 아닌지의 경계는 그 세 가지의 속성을 만족하는지 아닌지로 명확하게 구별되며, 그러므로 카테고리는 속성에 의해 객관적으로 정의할 수 있고, 구성원은 같은 자격으로 이 카테고리에 속한다고 생각한다.

그러나 (a)에 대해서는 위트겐슈타인(Wittgenstein)이 가족적 유사성이라는 생각을 가지고 그 한계를 지적했다. 가족 구성원은 반드시 공통의 속성을 가진다고 할 수 없으나, 구성원끼리 어떤 유사성에 의해 이루어져 있다. 이것이 가족적 유사성이다. 그는 카테고리가 구성원의 공유속성에 의해 결정된다는 생각이 반드시 성립한다고는 할 수 없다는 것을, Spiel(놀이)를 예로 밝혔다. Spiel이라는 카테고리는 구성원의 공유속성을 추출할 수 없으나, 어떤 유사성으로 구성원끼리는 뭉쳐있다.

(b)(c)에 대해서는 라보프(Labov)가 cup에서 bowl까지 다양한 용기를 준비하여 실험을 하여, 카테고리의 경계가 명확하다고는 할 수 없는 것, 비 객관적인 요인에도 좌우된다는 것을 보여줬다. 경계의 불명료성은 cup과 bowl의 경계가 피실험자에 의해 개인차가 있는 것을 보여주고, 비 객관성은 예를 들면 용기에 커피를 넣으면 cup이라는 답이 늘고, 머슈룸이 들어있으면 bowl이라는 답이 증가하는 것처럼 카테고리가 용기의 모양만이 아니라 사람이 그것을

어떻게 사용하는가 하는 주관적 요인이 카테고리 형성에 영향을 끼친다는 것을 보여주었다.

(d)에 대해서는 로슈가 카테고리 안에 중심적 멤버(프로토타입/prototype)와 주변적 멤버가 존재하는 것을 밝혔다. 예를 들면 로미오와 타잔을 비교해보면 둘은 같은 '남성' '성인' '미혼'이지만, 영어를 모어로 하는 화자의 직감으로는 전자가 훨씬 전형적인 구성원이며 후자는 bachelor의 구성원이 될지 어떨지도 미묘하다. 그리고 프로토타입의 구성원은 그 이외의 구성원과 비교해서 아래와 같은 효과(prototype효과)를 볼 수 있다고 했다.

- 카테고리의 귀속 판단에 필요한 시간이 짧다
- 카테고리의 전형적 예로서 떠올리기 쉽다
- 습득이 빠르다

또 카테고리 안에서만이 아니라 카테고리 간의 관계에 있어서도 카테고리 형성의 비 객관성이 나타나 고전적 카테고리관에 대한 반증으로 작용했다. 그것은 카테고리 계층 안에 기본레벨이라는 특별한 카테고리 계층이 존재한다는 사실이다. 일반적으로 카테고리에는 상위의 것이 그보다 하위의 것을 포함한다는 계층성(taxonomy)이 보인다. 그러나 이 계층 간의 관계는 고전적 카테고리관과는 달리 어떤 레벨이 사람의 카테고리화에서 특별하게 중요시되고 있는가를 명확히 밝혔다. 이 레벨을 기본레벨이라 부른다. 구체적으로는 '침팬지〈원숭이〈포유류〈동물〈생물'이라는 카테고리 계층 안에서 원숭이 레벨의 카테고리가 기본레벨이다.

기본레벨은 다음과 같은 점에 있어 다른 레벨의 카테고리와는 다른 특징을 가지고 있다.

(a) 다른 계층레벨과 비교해서 알려져 있는 정보량이 많고, 정보가 집중되어 있다
(b) (특히 유아기에) 먼저 습득 된다

(c) 일상적으로 사용빈도가 높다
(d) 단일어로 표현되고 형태가 간략하다
(e) 이 레벨의 카테고리는 언어 간에 그다지 차이가 없다

이러한 것은 카테고리화가 사람과의 관계 속에서 주관적으로 이루어지고 있는 것을 보여주며 카테고리라는 것이 객관적이며 카테고리 형성은 사람의 인지 프로세스와는 무관하게 형성된다는 지금까지의 고전적 카테고리관으로는 설명할 수 없다.

④ 비환원주의

인지언어학에서는 '전체의 의미는 부분의 합으로 이루어지고 부분의 의미로 환원할 수 있다'라는 환원주위의 입장을 취하지 않고 '전체는 부분의 합 이상이다'라는 게슈탈트(gestalt)라는 입장을 취했다. 예를 들면 printer는 'print(인쇄하다)'와 '-er(~하는 것, 사람)'에 의해 성립하지만, 그 의미는 '인쇄하다+물건(기계)'이라는 의미만이 아니라 컴퓨터의 주변기기이고 크기는 어느 정도인 것 등 다양한 의미를 가지고 있고, 이것들의 의미는 부분으로 환원되지 않고 사람의 일상적인 관계 속에서 형성된다.

⑤ 경험적 실재론

인지언어학에서는 우리 주변의 외계에 사물이 객관적으로 존재한다는 것(실재론)도 인정하지만, 카테고리나 의미의 형성에 우리 인간의 일상적인 경험이 큰 역할을 하고 있다는 점도 강조하고 있다. 그 때문에 레이코프는 이와 같은 입장을 경험적 실재론이라 부르고 있다.

⑥ 백과사전적 의미론

다음으로 의미결정에 대한 배경지식의 역할에 대해서 생각해보자. 지금까지는 단어의 의미라는 것은 사전적 의미를 가리키는 경우가 많았고, 배경지식은 그다지 중요하게 여겨지지 않았다. 그러나 인지언어학에서는 단어의 의미에는 사전적 의미뿐만 아니라 배경지식이 중요한 의미의 한 부분을 차지한다

고 생각해서 백과사전적 의미론을 주장하고 있다. 앞의 printer를 예로 들면 '인쇄하는 기계'가 사전적 의미이고, 그 이외의 의미는 배경지식이다. 필모어(Filmore)는 이 배경지식을 프레임으로 이름 붙이고 레이코프는 이상인지모델(ICM:idealized cognitive model), 라네커(Langacker)는 인지도메인(cognitive domain)이라 명명하고, 의미결정에 중요한 역할을 하고 있는 것을 제시했다.

예를 들면 'The Pope is a bachelor.'(교황은 독신남성이다)라는 문의 의미가 부자연스러운 점에 대해서는 '남성' '성인' '미혼'으로 정의되는 bachelor의 사전적 의미로는 설명할 수 없다. 이 글이 부자연스러운 것은 bachelor라는 말이 '남성은 성인이 되어 적령기가 되면 당연히 결혼하는 것'이라는 배경지식을 전제로 하는데, 주어인 교황은 그 전제에 맞지 않기 때문이다.

⑦인지능력으로서의 은유(metaphor)·환유(metonymy)

더욱이 레이코프 등은 단어의 의미 확장은 카테고리의 확장을 배경으로 하고 있으나, 거기에 사람의 인지능력으로서의 은유나 환유 등이 깊이 관여되어 있는 것을 보여준다. 예를 들면 눈 앞의 치와와라는 개를 개의 카테고리에 넣을 때에는 기존의 카테고리와 눈 앞에 있는 치와와라는 개 사이에 유사성을 찾아내고 그 유사성에 의해 치와와가 개의 새로운 구성원이 되는 것이다. 여기서는 둘 사이에 유사성을 찾아내어 하나로 묶는 은유라는 인지능력이 작용하고 있다. 또 '머리 긴 사람'을 '장발'이라는 단어로 카테고리화하거나 '안경 쓴 사람'을 '안경'이라는 단어로 카테고리화하는데 이것은 근접성에 의해 둘을 묶고, 하나로 모으는 환유라는 인지능력이 작용하고 있다. 이처럼 카테고리는 사람의 인지능력으로서 은유나 환유 등의 힘을 빌리면서 카테고리를 확장하고 방사형 카테고리를 형성하게 된다(제17장 3절도 참조).

⑧용법 기반 모델

인지언어학은 언어습득에 관해 용법 기반 모델(usage-based model)을 제시하고 있다. 이 모델은 언어습득의 프로세스라는 것을 사용 중에 구체적인 단어나

문(文)으로부터 차례로 공통성(스키마/schema)을 추출하여 그것이 규칙으로서 정착(습득)해 가는 바톰업의 프로세스라고 생각한다.

 예를 들면 영어의 이중목적어 구문은 처음에는 'Gimme milk.'라는 구체적인 문을 덩어리체로 습득해 사용하고, 그것이 차츰 목적어를 바꾸는 중에 'Gimme~.'라는 스키마를 찾아내고 또다시 send를 중심으로 만들어진「Send me~.」라는 표현과의 사이에서 보다 추상도가 높은 스키마 'V + me + NP' 그리고 'V + NP + NP'가 추출되어 습득된다고 생각한다.

과제

❶ 독해에는 바톰업 처리와 탑다운 처리가 필요하다고 하나, 이것을 독해 지도나 작문 지도로 어떻게 활용할 수 있는지 생각하시오.

❷ 밑의 설명을 읽고, 생성문법을 설명한 것에는 '생', 인지언어학을 설명한 것에는 '인'을 기입하시오.

① 경험이나 환경의 달성할 역할
( )경험이나 환경(입력)이 중시되어, 그것들이 개념이나 언어 형성의 기초가 된다.
( )경험이나 환경(입력)은 어디까지나 방아쇠의 역할을 완수할 뿐이다.

② 카테고리관
( )전통적인 고전적 카테고리관을 답습하고 있다.
( )인지심리학의 지견을 기초로 프로토타입적 카테고리관을 채용하고 있다.

③ 다른 인지 능력과의 관계
( )언어능력은 다른 인지능력으로부터 독립되어 있다.
( )언어능력은 인지능력과 밀접한 관련을 가지고 있다.

④ 연구대상
( )언어와 인지와의 관련이나, 의미와 형식과의 관련(동기부여)을 해명하는 것에 목표가 있 고, 연구대상은 오히려 언어와 인지의 운용면을 지향하고 있다.
( )언어능력의 해명을 목표로 하고 언어운용은 연구대상에서 제외되었다.

⑤ 언어의 본질
( )통어론을 본질로 보고, 의미론은 경시되어 있다.
( )의미론을 본질로 보고 있다.

⑥ 언어습득
( )언어습득은 보편문법에 의해 이루어진다.
( )구체적인 단어나 문이 먼저 습득되고 거기서부터 문법이나 통어 등의 규칙이 추출되어 가는 바톰업 프로세스이다.
( )언어습득은 추상적인 것으로부터 구체적인 것으로 진행되는 탑다운 프로세스이다.
( )언어습득은 카테고리 형성과 표리일체로 진행된다.
( )통어나 문법 등의 규칙도 추상도 높은 어휘로서 어휘 습득의 연장으로 생각한다.
( )생득적인 언어지식이 통어나 문법 등의 규칙을 유도하지만, 어휘 습득은 하나씩 학습하지 않으면 안 된다.

> ## 독서안내
>
> 海保博之・柏崎秀子(2002)『日本語教育のための心理学』新曜社
> ✽우리들에게 생소한 심리학에 대해서 일본어 교사용으로, 일본어교육에 필요한 부분만을 구체적인 이야기도 섞어가면서 쉽게 정리한 입문서이다.
>
> 池上嘉彦(2000)『日本語論への招待』講談社
> ✽일본어의 유형론적인 특징에 대해서 특히 ナル형 언어, 주관적 파악형 언어, 주제우세언어로서의 일본어의 유형론적인 특징을 논하고 있습니다. 제3부를 특히 권한다.
>
> 原口庄輔・中島平三・中村捷・河上誓作(2000)『ことばのしくみをさぐる-生成文法と認知文法』研究社
> ✽생성문법과 인지문법(인지언어학)을 비교하고 싶은 분에게 권하고 싶다. 특히 제2부(생성문법)과 제4부(인지문법)을 읽어 비교해 보자.
>
> 河上誓作編(1996)『認知言語學の基礎』研究社
> ✽인지언어학을 매우 쉽게 개관할 수 있는 입문서이다.
>
> 辻幸夫編『認知言語學キーワード事典』研究社
> ✽인지언어학의 용어를 모를 때뿐만 아니라 독서용으로도 알기 쉽게 정리 되어 있다.
>
> 小池生夫編(2003)『応用言語学事典』研究社
> ✽본장의 내용도 응용언어학에서 다루는 범위이므로, 해당하는 부분을 읽어보면 좋을 것이다.

【참고문헌】

Atkinson, R. C. & shiffrin, R. M.(1968) Human Memory: A proposed system and its control process. In K. W. Spence & J. T. Spence(Eds.) *The psychology of learning and motivation: advances in research and theory.* New York: Academic Press.

Baddeley, A. D. and Hitch, G.(1974) Working Memory. In G. H. Bower (Ed.) *The psychology of learning and motivation: advances in research and theory, Vol.8.* New York: Academic Press.

Skinner, B. F. (1957) *Verbal Behavior.* New York: Appleton-Century-Crofts.

White, L. (1981) The responsibility of Grammatical theory to acquisitional data. in N Hornstein and D. Lightfoot (Eds.) *Explanation in Linguistics: The Logical Problem of Language Acquisition.* London: Longman.

White, L. (1990) Implications of learnability theories for second language learning and teaching. In M. A. K. Halliday, J. Gibbons and H. Nicholas (Eds.) *Learning, Keeping, and Using Language, Vol.1.* Amsterdam: John Benjamins.

과제의 정답 ❷ ① 인 / 생 ② 생 / 인 ③ 생 / 인 ④ 인 / 생 ⑤ 생 / 인
⑥ 생 / 인 / 생 / 인 / 인 / 생

제8장
언어습득 · 발달

여기에서는 언어습득 · 발달의 메커니즘에 관해 생각해 본다. 언어습득의 구조에 관한 지식 없이 일본어교육에 임하는 것은 의학을 공부하지 않고 환자를 진찰하는 것과 같다. 지금까지 알려진 내용을 여기에서 이해해두도록 하자.

> **키워드** 오용분석, 중간언어분석, 학습자언어의 자율성, 교수가능성 가설, 처리가능성 이론, 자연스런 습득순서, 언어전이, 모니터 · 모델, 이해 가능한 입력, 비 접촉적 입장, 자동화 이론, 용량의 한계, 상호작용가설, 출력가설, 몰입교육, 결정적 시기 가설, 동기부여, 외국어(학습)적성, 일상언어능력, 인지학습언어능력, 학습 전략, 의사소통 전략, 2언어기저공유설, 문지방가설

1 모어의 습득

1.1 언어습득의 논리적 문제

인간은 언어를 어떻게 습득하는 것일까? 이것은 그리스 철학시대부터의 과제였다. 언어의 규칙이라는 것은 예외 없이 고도로 복잡한 것이다. 적어도 언어의 규칙을 학습해보면 그것을 바로 알 수 있다. 그런데 그 복잡한 언어를 어린 아이들은 거의 예외 없이 습득한다. 더군다나 부모가 문법규칙 등을 가르쳐주지도 않으며 문법 상의 오류를 정정해주는 일 또한 거의 없다. 인지적으로 미발달 상태인 유아에게 왜 이 같은 일이 가능한가를 설명하는 것은 용이한 일이 아니다. 아이들이 한정된 언어데이터를 바탕으로 복잡한 언어 규칙을 습득하는 이 문제를, 언어습득의 논리적 문제(the logical problem of language acquisition)라고 한다.

이 문제에 대한 답으로서 생성문법학자 촘스키(Chomsky)는 생득적 지식(보편문법=Universal Grammar=UG)을 상정했다. 즉 아이들이 언어습득에 성공할 수 있는 것은 태어나면서부터 언어에 대한 어떤 지식을 갖고 있기 때문이라는 가설이다. 그래서 주어진 언어데이터가 불충분하더라도 아이들은 언어습득에 성공할 수 있게 된다는 것이다.

이에 대해 심리학자 마이클 토마셀로는 언어지식의 생득성에 의문을 던지면서 유아는 언어 사용의 패턴을 바탕으로 서서히 지식을 쌓고 규칙성을 일반화하면서 습득해간다는 용법 기반 모델(usage-based model)에 근거한 언어습득이론을 제안하였다.(Tomasello 2003) 앞으로 두 사람이 어떻게 언어습득의 메커니즘을 해명해 갈지가 주목된다.

1.2 언어습득의 과정

언어습득의 메커니즘에 관해서는 아직 해명되지 않은 부분이 많지만 언어습득의 기본적 사실에 관해서는 많은 연구 결과물들에 의해 어느 정도 밝혀져 있다. 예를 들어 유아의 모어습득에서는 거의 대부분의 아이들이 1어문, 2어문이라는 단계를 거쳐 보다 복잡한 문을 형성하게 된다. 또한 다양한 문법항목의 습득 순서도 아이들에 따라서 크게 다른 경우는 별로 없으며 공통된 부분이 많다. 또한 아이들은 오류를 반복하면서 언어를 습득해 나간다. 자주 볼 수 있는 것이 과잉 일반화(overgeneralization)라는 오류로 어떤 규칙을 적용함에 있어 그것이 적용되지 않는 것까지 적용시켜버리는 것을 말한다.(예:comed, goed, 赤いの本)

2 제 2언어의 습득

제 2언어습득연구는 제 1언어습득(획득)연구의 영향을 받아 발전해 왔고 아울러 외국어교육과 밀접한 관계를 갖으며 발전해 왔다는 경위가 있다. 여기에서는 그 역사적인 흐름을 살펴보자.

2.1 제 2언어습득연구의 역사

2.1.1 언어학과 심리학에 의한 학습이론과 교수법

제 2언어학습을 처음으로 과학적으로 취급하려고 한 것은 심리학과 언어학이었다. 제 2차 세계대전 때부터 첩보활동의 필요성에서 효율성이 높은 외국어교육의 필요성이 요구되었다는 배경 하에 특히, 미군관계의 언어교육기관에서 보다 과학적으로 외국어교육에 임하려는 움직임이 활발해졌다. 그래서 제 2언어학습에 가장 관련있는 분야로서 심리학과 언어학이 동원되었는데, 그 당시 언어학에서는 '구조주의 언어학', 심리학에서는 '행동주의 심리학'이 주류를 이루고 있었다.

구조주의 언어학은 '개개의 언어는 서로 무한정 다를 수 있다'는 신념 하에 많은 언어의 음성, 문법체계를 기술하는 것이 주된 목적이었다. 또한 행동주의 심리학은 '자극-반응'이라는 학습이론을 내걸고 모든 학습은 자극-반응에 의한 '습관형성'이라는 견해를 가지고 있었다.

이 두 이론에 근거하여 '전혀 다른' 제 1언어와 제 2언어의 차이를 비교하여 (이것을 '대조분석'이라고 한다)그 차이점을 철저하게 연습하고, 제 2언어에서 새로운 '습관'을 몸에 익히게 되면 그 언어(제 2언어)는 사용할 수 있게 된다는 교수법이 확립되었다. 이것이 'AL법(Audio Lingual Method)'이다. 이 교수법은 일본의 영어교육에도 활용되어 구두 교수법이라는 이름으로 당시 널리 보급되었다. 습관형성을 목적으로 하는 '패턴 프랙티스(pattern · practice)'의 기술로서 학생들에게 계속해서 문장 전환(예를 들어 긍정문→부정문) 연습 등을 시키는 교수법이다.

그런데 1960년대에 출현한 생성언어학자 촘스키가 구조주의 언어학과 행동주의 심리학의 기반을 뒤바꿔 놓음으로서 AL법의 이론적 배경이 무너졌고, 더욱이 실제로 AL법으로 가르쳐도 외국어를 잘 사용할 수 있게 되지는 않는다는 것이 알려지면서 이 대조분석과 AL법은 힘을 잃게 되었다.

이론적인 배경을 상실한 후에는 음악을 들려주면서 공부하는 암시식 교수법이나 교사가 거의 말없이 가르치는 **침묵식 교수법**, 학습자의 정의적인 면을 중시하는 이른바 **인간중심 접근법**(Humanistic Approach) 등 여러 교수법이 등장하였으나 완벽한 것은 없어 교수법에 관해서는 결정판이 없는 시대가 계속되고 있다.

그러나 제 2언어습득이나 응용언어학의 연구 성과로 현재 바람직하다고 생각하는 원칙이 없는 것은 아니다. 그것은 '언어의 형식에 초점을 맞춘 것이 아니라 언어의 의미 즉, 언어를 사용해서 메시지를 전달한다'는 것에 학습활동의 중점을 놓는 것이다. 이것은 '**의사소통중심 접근법**', 혹은 '**전달중심 교수법**' 등으로 불리고 있다.

2.1.2 '제 2언어습득연구'의 탄생

구조주의 언어학, 행동주의 심리학에 근거한 AL법의 전성시대가 지난 후에 제 2언어교육, 제 2언어학습에 관한 과학적인 연구는 '제 2언어습득(SLA=Second Language Acquisition)'이라는 분야로 넘어가게 된다. 에딘버러 대학의 응용언어학자 **피터 코더**(Pit Corder)의 1967년 논문 '학습자의 오용의 중요성(The significance of learners' errors)이 학문분야로서의 제 2언어습득연구의 탄생이라고 알려져 있다. 이 코더의 논문에서는 학습자가 범한 오용은 학습자의 심리적인 과정을 반영하여 출현하는 것이라고 한다. 그것을 연구하는 것이 제 2언어학습의 메커니즘의 해명으로 이어진다는 것이 코더의 제안이다.

왜 이것이 획기적이었는가 하면 그때까지의 제 2언어학습에 대한 '과학적' 방법, 즉, 대조분석과 AL법은 언어학·심리학 이론에서 탑다운 방식으로 제창된 것으로 학습자에게는 관심을 기울이지 않았기 때문이다. 실제 대조분석과 AL법에서는 습득대상의 언어를 분석하는 것과 그 당시 유력했던 행동주의 심리학의 학습이론에 근거해서 학습자의 습득 난이도를 추측했던 것이다. 그러나 그 추측 내지는 가설이 맞는가에 관한 검증은 그다지 이루어지지 않았고 검증을 위해 학습자의 데이터를 수집해 본 결과 가설은 입증되지 않았

다.(Whitman & Jackson 1972)

코더의 논문이 이 제 2언어습득연구의 탄생이라고 불리는 것은 이 논문을 경계로 제 2언어학습의 연구가 학습자의 실제 학습과정 그 자체를 연구하는 방향으로 전환되었기 때문이다.

2.1.3 오용분석의 공적과 한계

코더 등이 했던 학습자언어의 분석은 '오용분석(error analysis)'이라고 불린다. 대조분석 · AL법의 전성기에는 학습자의 오류는 모두 모어 간섭(interference)의 결과로 생기는 것이라는 전제에서 교수이론을 구축하였으나 오용분석의 결과 학습자가 범한 오류는 반드시 모어의 영향에 의한 것(언어 간 오류 interlingual error)만이 아니라 언어 내의 규칙을 과잉 적용하는 등 언어 내 오류(intra-lingual error)가 상당수 존재한다는 것이 밝혀졌다. 예를 들어 comed, goed 등과 같은 오류는 영어학습자가 범하기도 하지만 이것은 위에서 기술한 바와 같이 유아의 제 1언어습득에서도 볼 수 있는 오류로서 이것은 모어간섭이라고 할 수 없다. 실제로 학습자가 사용하는 언어를 관찰해보니 지금까지의 전제가 틀렸다는 것을 알게 되었다는 것이다.

그런데 오용을 보다보면 학습자의 습득패턴과 같은 것은 어느 정도 알 수 있으나 그것만으로는 알 수 없는 다양한 문제가 존재하는데, 그것이 오용분석의 한계로서 차츰 밝혀지게 된다. 우선 당시의 오용분석에서는 학습자의 오류를 언어 간의 오류, 언어 내의 오류, 교사 유도의 오류(teacher-induced error)등으로 분류하는 방법이 행해졌으나 학습자의 오류를 분류하는 것은 용이한 일이 아니다. 특히 오류가 단 한가지의 원인에서 발생한다고는 볼 수 없기 때문에 오류를 분류하는 것 자체에 무리가 있다고도 할 수 있다. 예를 들어 '大きいの本'과 같이 'の'의 과잉사용에 의한 오류의 경우는 이것이 언어 내 오류인지 언어 간 오류인지를 결정하는 것이 쉽지 않다. 예를 들어 중국어 모어 학습자가 자주 이것을 틀리기 때문에 중국어의 '的'의 영향이라고 추측할 수 있으나 실제

이 오류는 일본어의 모어습득에서도 볼 수 있기 때문에 언어 내의 오류로도 볼 수 있다. 아마도 중국어모어학습자에게는 양쪽 모두의 영향일 것이다. 따라서 어느 쪽인가를 확정하는 것은 불가능하다고 할 수 있다. 또한 오류(error, 반복해서 일어나는, 지식의 오류에서 근거한 것)와 실수(mistake, 일시적인 말실수)를 분류하거나, 일상회화에 장애를 초래하는 총체적 오류(global error)와 그렇지 않은 국부적 오류(local error)라는 분류도 있는데 이것들도 정도의 문제로서 확실히 선을 긋기는 어렵다. 단지 이 개념은 교사로서는 알고 있다고 해서 손해는 보지 않을 것이다. 학습자의 오류를 바로 잡을지 어떨지에 대해 판단할 때 완전하지는 않을지라도 에러와 실수를 구별해 두는 것은 중요하다. 단순한 실수를 일일이 지적받게 되면 학습자는 기분이 좋지 않을 것이기 때문이다.

그런데 오용분석의 보다 심각한 한계는 학습자가 사용하기 어려운 표현을 '회피(avoidance)' 하기도 한다는 것이다. 예를 들어 어떤 학습자가 '영어의 전치사가 붙은 관계 대명사(예:in which)는 쓰기 어렵기 때문에 그 표현은 쓰지 않고 다른 표현으로 하자'고 회피를 하면 그 학습자가 in which를 실제로 쓸 수 있는가에 대해 알 수가 없다.

오용분석만을 해서는 실제 학습자언어의 전체상을 알 수 없다는 것을 명확히 지적한 것이 샤흐터(Schachter, 1974)의 유명한 논문, '오용분석의 오류(An error in analysis)'이다. 샤흐터는 중국어, 일본어모어학습자 보다도 페르시아어, 아라비아어 모어 화자 쪽이 영어를 쓸 경우, 관계절의 오류가 많다는 것에 주목했다. 오용분석만으로는 중국어, 일본어 모어학습자 쪽의 습득이 보다 더 잘 진행되는 것처럼 보인다. 그러나 실제로는 페르시아어, 아라비아어 모어 화자 쪽이 관계절을 많이 사용하고 있고, 그로 인해 오류도 많아진다는 것이다. 이것은 일본어와 중국어는 관계절이 명사 앞에 오기 때문에 영어와 다른 데 비해 ([けんが買った]本=the book[that Ken bought]), 페르시아어, 아라비아어에서는 영어와 마찬가지로 관계절이 뒤에 오기 때문에 사용하기 쉽다는 것이다. 이로 인해 일본어, 중국어 모어 화자는 관계절을 자연히 회피하게 된다. 이와 같이 오용분석에서는 회피의 문제를 다루는 것이 불가능하고 학습자언어의 실

제를 밝히기에는 근본적으로 문제가 있다는 것이 밝혀졌다. 이렇게 해서 학습자언어에 관한 분석이 '오용분석'에서 '중간언어 분석'으로 바뀌게 되었다.

2.1.4 중간언어분석

우선 '중간언어(interlanguage)'란 무엇인가에 관해 설명해 둘 필요가 있다. 중간언어라는 것은 래리 세린카(Larry Selinker, 1972)가 사용한 용어로서 학습자언어는 학습자가 모어에서 학습하고 있는 제 2언어에 서서히 다가가는 것으로 어느 단계를 보더라도 그 2개의 중간 어딘가에 있다는 발상을 근거로 하고 있다.

그런데 중간언어분석이 오류 분석과 다른 점은 오류 분석의 시점이 '학습자가 틀렸는가 어떠한가' 즉, 타겟(목표언어의 '올바른' 용법) 과의 비교에서 이루어지는 것에 비해 중간언어분석이라는 것은 타겟과 맞는지와는 상관없이 '학습자언어의 자율성'에 주목하여 '학습자가 만들어낸 언어에서는 타겟과는 별도로 학습자 나름대로의 규칙을 만들어내고 있다'는 관점에서 학습자 언어를 본다는 점이다. 예를 들어 앞에서 기술한 '大きいの本'이라는 오류는 중간언어분석에서는 이 용법이 일본어로서 틀렸는지 맞는지는 문제가 되지 않는다. 이보다 중요한 것은 학습자가 어떠한 규칙을 만들고 있는가이다. 예를 들어 어떤 학습자가 '大きいの本, 小さいの本, 綺麗の本, 先生の本, 昨日買ったの本'이라고 했다고 하자. 이 데이터에서는 학습자의 중간언어에서 'の'를 명사수식의 표식으로 사용하고 있다는 가설을 세울 수 있다. 문법적으로 맞는 것은 '先生の本' 뿐이지만 그것은 목표언어의 규칙이 우연히 그렇게 되어 있을 뿐으로 학습자의 중간언어규칙과 맞는가 어떤가는 문제가 되지 않는다.

물론 중간언어의 시스템을 밝히는 것과 그 중간언어가 어떻게 목표언어에 가까워지는가(혹은 어떻게 가깝게 만드는가)라는 문제는 별개로서 후자도 당연히 제 2언어 습득의 중요한 연구과제이다. 단지 우선 중간언어 시스템을 밝히지 않으면 목표언어에 근접하는 수단도 불충분한 것이 될 수 밖에 없다.

1980년대 이후는 학습자의 중간언어 시스템이 어떻게 되어 있는가, 그것은 어떻게 발달해 가는가, 어떠한 이유에서 그와 같은 습득이 보이는가, 등을 밝히는 것이 제 2언어습득연구의 중심과제가 되어 현재까지 연구가 진행되고 있다.

2.2 제 2 언어습득연구에서의 중요한 발견

2.2.1 습득순서

'습득순서(acquisition order)'라는 것은 학습자가 어떤 순서로 다양한 문법항목을 습득해가는가를 말한다. 이에 대해서는 주로 영어의 문법형식의 습득순서 연구가 1970년대에 상당히 이루어져 어느 정도는 알려져 있다. 이와 더불어 '발달순서(developmental sequence)'라는 것도 있다. 문법형식의 '습득순서'와 이 '발달순서'는 어떻게 다른가 하면 확실한 차이가 있다고는 말할 수 없지만 문법형식의 습득순서는 구체적으로 몇 가지 형식(예를 들어 관사, 복수형, 과거형, 진행형, be동사 등)이 습득되는 순서인데 반해 발달순서는 의문형이나 부정형 등 어떤 하나의 언어형식에 관한 발달 과정을 가리킨다. 그리고 발달순서는 기본적으로 바꿀 수 없다는 전제가 암묵적이긴 하지만 있는 듯 하다.

습득순서연구의 대표적인 것이 70년대에 활발하게 이루어진 영어의 형태소 습득순서 연구이다. 영어의 여러 문법형식(형태소)을 어떠한 순서로 마스터하는가에 대한 연구가 다수 이루어져, 학습자의 모어에 관계없이 보편적인 순서로 습득된다는 주장이 있다.(이 점에 대해서는 언어전이부분에서 자세히 기술한다)

한편 발달순서연구의 대표적인 것은 부정문·의문문 등에 관한 연구이다. 존 슈만(John Schumann) 등의 하버드대학 연구그룹이 행한 부정문의 발달연구에 의하면 영어의 경우 올바른 동사부정문은 I don't go인데 학습자는 예를 들어 'I no go'라고 하며, 모든 학습자가 설령 일본어와 같이 부정사('ない')가 동사 뒤에 오는 ('行か+ない')언어를 모어로 하는 학습자일지라도 예외 없이 'no+go'라 부정사 'no'를 동사 앞에 놓는 단계를 거친다는 것이다.(Schumann 1979)

　이 부정표현의 발달순서에 관한 연구는 제 1언어가 다를지라도 발달순서는 보편적이라는 증거로서 자주 인용된다. 마찬가지로 의문문은 어떤 순서로 습득되는가에 관한 연구나 독일어 어순의 규칙을 습득할 때에도 바꿀 수 없는 단계를 거친다는 연구결과가 발표되어 있다.

　이와 같은 연구는 제 2언어의 교사나 학습자에게 중요한 점을 시사하고 있다. 예를 들어 중학교 영어에서는 3인칭 단수 현재의 동사접미사의 -s는 상당히 빠른 시기에 도입된다. 그러나 3인칭 단수 현재의 -s를 실제로 사용할 수 있게 되는 것은 꽤 나중이라는 것이 수많은 연구에 의해 증명되어, 아무리 규칙을 확실히 알고 있더라도 실제로는 바로 쓸 수 있게 되지는 않으며, 상급자도 완전하게는 마스터할 수 없는 경우가 대부분이다. 그러한 사실을 영어 교사가 알고 있는가 모르고 있는가는 큰 차이이다. 선생님이 3인칭 단수 현재의 -s가 상당히 어렵다는 것을 알고 있다면 학습자가 회화 중에 3인칭 단수 현재의 -s를 빠뜨렸을 때 ' 당신은 3인칭 단수 현재 -s를 빠뜨렸어요' 라고 혼을 내도 소용이 없다는 것을 알 수 있다. 또한 학습자 쪽도 '아! 이런 간단한 문법을 못하다니, 한심하군' 이라고 생각할 필요가 전혀 없다.

　일본어학습에서 예를 들면 부정형의 발달순서도 어느 정도 밝혀져 있다. (Kanagy 1994) 예를 들어 イ형용사의 과거형 'おいしくなかった'는 상당히 어렵고 동사 현재형의 '食べない'쪽이 훨씬 쉽다. '食べない'도 아직 못 하는 외국인이 'おいしくなかった'를 말하지 못했다고 해서 일본어 선생님이 일일이 'おいしくなかった'라고 고쳐준다고 해도 별로 효과를 기대할 수 없을지도 모른다.(물론 엄밀하게 말하면 이것도 실험으로 검증해야 할 필요가 있지만)

　단지 그렇다고 해서 절대로 학습자의 오류를 고쳐서는 안 된다는 것은 아니다. 실제 수업에서는 그 날 수업의 핵심은 무엇인가 등, 여러 가지 요소를 고려해서 결정하게 되기 때문이다. 여기에서 강조하고 싶은 것은 일본어교사는 이와 같은 제 2언어습득의 기본원리를 알고 있는 것이 바람직하다는 것이다.

또한 교수가능성가설(Teachability Hypothesis 1985)은 피네만(Pienemman)에 의하면 학습자에게 어려운 문법항목은 가르쳐도 효과가 없고, 학습자의 현 수준보다 조금 어려운 수준의 항목을 가르치는 것이 효과적이라는 것이다. 물론 모든 문법항목이 절대적인 순서로 발달하는지는 알 수 없어서, 가르치면 바로 할 수 있게 되는 것도 있는 듯 하지만 적어도 가르치면 바로 할 수 있게 될 것이라는 착각은 버려야 한다. 또한 피네만의 이론은 '처리가능성 이론(Processability Theory)'이라 불리며 언어처리수준이 복잡한 것일수록 나중에 습득된다는 제안으로 일본어에서도 응용되고 있다.(미네(峯) 2002, Kawaguchi 2005 참조)

2.2.2 모어의 영향

대조분석의 시대에는 모어의 영향을 너무 강조하는 경향이 있었으나 그 반동으로 70년대에 들어와서는 모어의 영향을 경시하고 제 2언어습득의 보편적인 부분을 강조하는 움직임이 강해졌다. 그 하나가 크라센 등의 '자연스런 습득순서(natural order)'이다. 이 보편적 순서에 의하면 영어의 습득에서는 복수의 -s 쪽이 먼저 학습되고 다음에 소유격 's가 습득된다.

[그림] 크라센이 제안한 '자연스런 순서'

그런데 이 '자연스런' 습득순서에 맞지 않는 사례가 보고되고 있다. 하쿠다 켄지(白田賢二)가 연구한 휘파람새라는 일본인 여성에서는 이 순서가 반대로 소유의 's 쪽이 먼저 습득되었다. 그 후 일본인 학습자의 학습순서를 조사해 보니 거의 모두 '소유의 's ⇒ 복수의 -s '가 되었는데 이것이 일본인학습자의 영어학습 순서라는 것이다.(데라우치(寺内 1994))

이 현상은 다음과 같이 설명할 수 있다. 일본어에는 영어와 같은 복수형이 없다. 그러나 소유의 's에 대해서는

Ken's book
ケンの本

과 같이 일본어와 영어 간에 소유표현의 대응관계가 매우 간단하기 때문에 일본인학습자에게 학습이 용이한 것이다.(Andersen 1983) 언어습득에는 보편적인 부분과 개별적인 부분이 있어 그 개별적인 부분에 제1언어의 영향이 당연히 나타나게 된다.

①언어전이(language transfer)
그런데 대조분석 · AL법 시대에서는 악역으로 취급되었던 모어의 영향은 관점을 전환하면 모어를 알고 있기 때문에 단기간에 외국어를 학습할 수 있다고도 말할 수 있을 것이다. 즉 모어습득은 제로에서 시작하는 반면 제2언어는 제1언어 위에 축적하면 되기 때문이다. 예를 들어 유사한 언어의 습득을 생각해 보자. 관서지방 말을 모어로 하는 젊은이가 표준어(동경방언)를 습득하는 것은 그다지 어려운 일이 아니다. 마찬가지로 스페인어 화자가 매우 유사한 포르투갈어를 습득하는 것도 비교적 용이하다. 이에 비해 스페인어 화자가 일본어를 학습하는 것은 훨씬 더 많은 시간과 노력이 필요하다. 이와 같이 닮은 기능을 습득할 때에 이전부터 가지고 있던 지식을 사용할 수 있다는 것은 언어학습 이외에서도 마찬가지이다. 예를 들어 핸드볼과 농구는 필요로 하는 기술에 중복되는 부분이 많기 때문에 농구선수는 핸드볼을 하면 금방 잘 할 수 있게

된다. 이것은 전부터 가지고 있던 기술이 전이되기 때문이다.

언어학습에서 지금까지 가지고 있던 언어능력이 전이되는 것을 언어전이(language transfer)라고 한다. 이것은 주로 제 1언어가 제 2언어로 전이되는 것이지만 제 2, 제 3언어가 제 3, 제 4언어의 습득에 전이되는 경우도 물론 있다. 일본어학습자에게 일본어가 제 2언어라고는 단정할 수 없고 제 3언어인 경우도 많기 때문에 언어전이에 관한 문제를 생각할 때에는 학습자의 모어 뿐만 아니라 일본어 이외에 알고 있는 언어에 대해서도 고려할 필요가 있다.

②긍정적 전이(positive transfer)와 부정적 전이(negative transfer)

말할 필요도 없이 언어전이에는 플러스가 되는 것과 마이너스가 되는 것이 있다. 유사한 언어를 배우면 닮은 부분이 많기 때문에 모어를 그대로 번역하면 되는 경우가 많다. 이것을 긍정적 전이(正の轉移)라고 한다. 이에 비해 모어를 그대로 번역하면 틀리게 되는 경우는 부정적 전이(負の轉移)가 된다. 어느 쪽이든 모어(혹은 기타 알고 있는 모든 언어)의 영향이 나타난다는 심적 과정은 동일하지만 결과로서 목표언어에 맞기도 하고 틀리기도 한다는 것이다. 견해를 달리하면 모어와 외국어가 유사할 때에는 언어전이가 긍정적 전이가 되는 경우가 많고 그렇지 않을 때에는 부정적 전이가 많아진다는 것이다. 일본어학습에서 가장 유리한 것은 문법이 일본어와 매우 유사한 한국·조선어모어 화자이다. 중국어모어 화자도 읽기 쓰기에는 한자의 지식이 전이되기 때문에 상당히 유리하지만 음성·문법 등은 매우 다르기 때문에 한국어화자만큼 유리하다고는 볼 수 없다.

---

column

언어전이

일본어의 소유의 'の'에 관해서도 영어화자 쪽이 스페인어나 포르투갈어화자 보다는 용이하게 습득할 수 있을 것이라는 예측이 가능하다. 영어와 일본어는 健の本＝Ken's book과 같이 어순이 동일하지만 로망스어에서는 book of Ken과 같이 '健の'가 후치되어 어순이 달라지기 때문이다.

2.3 제 2언어습득의 이론

제 2언어습득의 메커니즘에 대해서도 여러 가지 제안이 제시되고 있다. 여기에서는 몇 가지 대표적인 것을 소개한다. 우선 제 2언어습득에서 첫 포괄적 모델로서 70년대에 제안된 크라셴의 이론부터 살펴보자.

2.3.1 크라셴의 모니터 모델

크라셴의 이론은 몇 가지 버전이 있으나 여기에서는 가장 많이 알려진 5가지 가설로 된 것을 소개한다. 그 5가지란 (1)습득·학습의 가설 (2)모니터 가설 (3)자연스런 순서의 가설 (4)입력가설 (5)정의(情意)필터의 가설이다. 우선 습득·학습의 가설은 언어지식을 몸에 익히기 위해서는 2가지 방법이 있는데, 유아가 모어를 학습할 때와 같이 자연스럽게 '무의식적'으로 일어나는 '습득'과 주로 교실학습에서 일어나는 '의식적'인 '학습'으로 나뉜다. (2)모니터 가설은 '학습'에 의해 몸에 익힌 지식은 발화가 맞는지 어떤지를 체크하는 기능(즉 모니터)밖에 가지지 못하며 자연스런 의사소통에는 도움이 되지 않는다고 한다. (3)'자연스런 순서의 가설'에서는 문법항목의 습득에는 '자연스런 순서'가 있는데 그것은 어떤 순서로 가르치든 간에 바꿀 수 없다는 것이다. (4)입력가설에서는 언어습득은 단 1가지의 방법, '이해가능한 입력(comprehensible input)' 즉, 메시지를 이해함으로서 일어나는 문법학습이나 말하기(아웃풋), 그 자체는 '습득'에는 필요하지 않다고 주장한다. 그리고 (5)정의(情意)필터의 가설에서는 언어습득의 필요조건은 입력을 이해하는 것이지만 그것은 충분조건이 아니어서 정의필터가 낮은 상태에서 입력을 이해하지 않으면 습득은 일어나지 않는다고 한다. 정의필터는 불안도(不安度) 수준이 높다거나 동기부여가 낮거나 하면 높아져서, 습득에 방해가 된다는 가설이다. 그리고 이들 가설들로 구성된 크라셴의 이론을 모니터·모델(혹은 입력가설, 입력이론)이라고 부른다. 크라셴의 이론은 교수법으로서는 '자연식 교수법'으로서 구체화되어 있다.(Krashen & Terrell 1983) 기본적인 원칙은 '교실은 자연스런 인풋을 제공하는 장소로 취급하고, 문법학습은 가정학습으로 돌린다'

또한 '말하기는 (정의필터가 높아지기 때문에) 강요하지 않는다'는 것이다.

크라센의 모니터 · 모델은 제 2언어습득연구 초기에 제안된 포괄적인 모델로서 70년대에 이론과 응용 모두에 막대한 영향력을 가지고 있었으나, 문제점 또한 많다. 이론적으로는 이론의 중심인 구성개념이 애매하고, 실제 데이터에 근거한 이론 실험을 할 수 없다는 단점이 있다. 예를 들어 학습자의 학습 단계가 다음 단계로 진행하기 위해서는 이해가능한 입력 중에서 학습자의 현재 수준보다 조금 높은 수준의 문법항목(i+1)이 포함되어야 한다고 크라센은 주장하고 있으나 이 i+1이 구체적으로 무엇인가를 정의하는 것이 어렵다. 또한 크라센은 습득과 학습은 전혀 별개의 것으로 학습된 지식이 습득으로 이어지는 것은 아니라고(비접촉적 입장) 하지만 이 주장에는 많은 연구자가 의문을 가지고 있다. 다음에 소개하는 자동화이론도 이 점에 정면으로 반론을 제기하는 것이다.

2.3.2 자동화 이론

위에서 기술한 바와 같이 50년대 심리학의 외국어학습이론으로의 응용은 행동주의 심리학을 근거로 하고 있었다. 그 후 심리학 분야에서는 패러다임의 전환이 일어나, 제 2언어습득연구가 활발해진 70년대에는 이른바 '인지심리학'이 주류를 이루었다. 행동주의 심리학과 인지심리학의 근본적인 차이점은 행동주의가 '관찰할 수 있는 것' 즉 행동만을 연구대상으로 삼는 것에 반해, 인지심리학은 단기기억, 장기기억, 심적표상이라는 '관찰할 수 없는' 추상적인 구성개념을 사용하여 인간의 인지활동을 설명하려고 했다는 점이다.

인지심리학으로부터의 제 2언어습득에 관한 영향은 크라센 이론의 비판이라는 형태로 70년대에 나타나 제 2언어습득을 수비범위로 하는 인지심리학자 맥러플린이 중심이 되었다.(McLaughlin 1978, McLaughlin et al.1983, McLaughlin 1987) 특히 문제가 된 것은 '학습과 습득의 구별' 가설에서 크라센은 의식적으로 '학습'된 지식은 무의식적인 '습득'으로 바뀌는 일은 없다고 주장하고 그 구별 기준으로 '지식으로서는 알고 있으나 실제로는 쓸 수 없는 지식'을 설명했다. 한편 이 현상을 맥러플린은 인지심리학의 '용량의 한계(capacity limitation)'와 '자동화(automatization)'라는 개념을 사용하여 설명하고 있다. 즉 인간이 한번에 주의를 기울일 수 있는 것에는 한계가 있어서 말을 할 때 의미를 전달하는 것에 초점을 맞추게 되면 형식이 맞는지까지 주의를 기울일 수 없어서 의미를 전달한다는 점에서는 우선 순위가 낮은 3인칭단수현재의 -s 등은 (지식으로서 알고 있다 하더라도) 놓칠 수 있다. 그러나 어떤 행위가 몇 번이고 반복되는 과정에서 자동화가 되면 그 행위는 주의를 기울이지 않아도 할 수 있게 되고 그 만큼 다른 일에 주의를 기울일 수 있게 된다. 한 부분의 자동화가 진행되면 다른 부분의 행동 기술이 높아진다는 설명이다.

더욱이 오말리(O'Malley, 1987) 등은 인지심리학자 앤더슨(Anderson, 1983)의 ACT*라는 인지모델을 제 2언어습득의 모델로 응용하였는데 이것도 기본적으로는 자동화 이론에 근거한 것이라고 할 수 있다. 이 모델에서는 지식을 '선언적 지식(declarative knowledge)'과 '절차적 지식(procedural knowledge)'으로 나누고 언어능력 뿐만 아니라 모든 기술의 획득에 관한 통일적 설명을 시도하고 있다. '선언적 지식'이란 언어로 설명할 수 있는 지식으로서 아직 자동적으로 사용할 수 없는 상태의 지식이다. 한편 '절차적 지식'은 어떤 행위를 할 수 있도록 자동화된 지식이다. 우선 키를 꽂는다, 브레이크를 밟는다, 키를 돌린다, 등 일련의 동작을 처음에는 선언적 지식으로 배운다. 그 단계에서는 상당히 의식을 집중해야 할 필요가 있다. 그리고 그것을 몇 번이고 반복해서 행동함에 따라 아무 것도 생각하지 않아도 자동적으로 할 수 있게 된다는 것이다. 이와 같이 지식은 처음에는 '선언적 지식'으로 획득되고 서서히 자동화되어 '절차적 지식'으로 바뀐다는 것이 이 모델의 주장이다.

크라센의 모니터·모델의 비판으로서 SLA에 적용된 자동화모델로, 양자 간의 차이를 정리해 보자.

모니터·모델 : '학습'은 메시지를 이해하는 것만으로 이루어지며 '학습'된 지식은 발화가 맞는지를 체크하기 위해 사용할 수 있을 뿐이다.

자동화모델 : 기술은 처음에는 의식적으로 학습되지만 몇 번이고 행동을 반복하는 과정에서 자동화되어 주의를 기울이지 않아도 무의식적으로 할 수 있게 된다.

이 두 입장은 어느 쪽도 극단적이다. 우선 크라센의 '의식적으로 학습되는 지식이 발화로는 이어지지 않는다'는 비접촉 입장에는 문제가 있다. 사실 많은 학습자가 자동화에 의해 유창하게 말할 수 있게 된다. 또한 의식적인 학습에 의해서 자연스럽게 듣고 있는 것만으로는 알 수 없는 언어항목에 주의하게 되어(주의(noticing)), 청해를 할 수 있게 되고, 그것이 또한 자연스런 습득을 촉진한다는 효과도 생각할 수 있다. 예를 들어 일본어의 장음과 촉음의 구별(예를 들면 'ようか(八日)'와 'よっか(四日)'은 알아듣기 어렵지만 교실에서 지식으로서 배우면 들리게 된다는 것과 같다.

또한 인풋만으로는 정확성이 몸에 베이지 않는다는 문제도 있다. 예를 들어 크라센이 입력가설의 근거로 삼고 있는 몰입교육(외국어에서 교과를 가르치는 교육방법, 뒤에 기술한다)으로 학습한 학생의 청해 능력은 원어민과 차이가 나지 않는 수준이지만 문법적인 정확성이나 사회적으로 적절한 표현(예를 들면 친구와 이야기 할 때와 선생님과 이야기 할 때 사용하는 표현을 바꾼다)을 사용하는 능력은 뒤떨어진다는 결과가 보고되어 있다.

한편 자동화모델에도 문제가 있다. 언어의 지식이라는 것은 일반인에게는 설명이 불가능한 것으로 언어학자조차 완전히 설명할 수 없는 것도 수없이 많다.(예를 들어 'は', 'が'의 문제) 그것들을 모두 의식적으로 이해하고 더욱이 그것을 자동화해 간다는 것은 사실상 불가능하다. 따라서 모든 언어항목이 선언적 지식에서 절차적 지식으로 바뀌는 과정을 거쳐 학습된다는 주장에는 무리가 있으며 인풋만으로 학습되는 부분이 상당수 있다.(Anderson 1995도 그 점은 인정하고 있다) 어떤 항목이 자동화에 의해 사용할 수 있게 되는가 혹은 입력만으로 학습 가능한 항목은 무엇인가의 문제가 금후의 연구과제가 될 것이다.

2.3.3 상호작용가설과 출력가설

위에서 살펴본 바와 같이 크라셴의 제 2언어교육이론은 80년대에는 '자연식 교수법'으로 확립되고 제 2언어교수법에도 영향을 미쳤다. 당연히 크라셴의 이론은 메시지를 이해하는 것에 중점을 두는 청해우선 교수법(comprehension approach)으로서 아웃풋에 중점을 두는 교수법과는 구별된다. 크라셴의 이론에서는 아웃풋(=언어 산출 즉 말하기·쓰기)은 습득에 필요가 없기 때문이다.

이 입장에서는 제 2언어에서 아웃풋의 역할이 확실하지 않다. 이 점을 보다 확실하게 한 것이 롱(Long, 1981)의 상호작용가설로서 이 가설에서 학습자는 타인과의 회화를 통해 거기에서 의미교섭을 하고 그것에 의해 학습자에게 적절한 인풋이 전달되어 언어습득이 촉진된다는 것이다. 의미교섭의 과정에서는 되풀이 하기, 되 묻기, 바꿔 말하기 등, 양자 간 회화의 질을 높이는 다양한 요소가 보이고 그것들이 의미의 이해를 더욱 높여 그로 인해 언어습득에 공헌한다는 입장이다.(이것과 관련하여 모어 화자가 학습자에게 말투를 바꿔 말하는 것, 즉 외국인 말투(foreigner talk)의 특징에 관해 여러 연구가 있다. 교사가 학습자에게 하는 특수한 말투는 교사 말투라 불린다)

이에 대해 보다 적극적으로 아웃풋의 효과를 주장한 것이 스웨인(Swain)의 아웃풋 가설이다. 원래 크라셴의 '이해가능한 인풋'만으로 학습이 일어날 수 있다는 입장에 대항하여 '이해 가능한 아웃풋'이 필요하다는 제안이 있었으나(Swain 1985), 현재는 아웃풋 가설로 불리고 있다. 앞에서 기술한 바와 같이 크라셴은 몰입교육의 성공을 인풋가설의 근거로 삼고 있다. 몰입교육에서는 '외국어를' 가르치는 것이 아니라 '외국어로' 교과를 가르치는 것이지만 그 결과 캐나다의 프랑스어 몰입교육을 종료한 학생은 프랑스어 모어 화자와 청해 능력에서는 차이가 없어졌다는 것이다. 원어민과 차이가 없어질 만큼의 능력을 익힌다는 것은 외국어교육에서 얼마나 어려운 일인가는 너무도 자명히기 때문에 그 의미에서는 몰입교육의 효과는 높다고 할 수 있으나, 한편으로 스웨인은 몰입교육을 받은 학생들이 문법적 정확성이나 사회언어능력(사회적으로 적절한 표현을 쓸 수 있는 능력)은 뒤떨어진다는 것을 중시하고 인풋만으로는 불충분하다고 주장하고 있다. 또한 그 이유가 아웃풋의 부족이라 규정하고, 내용을 이해하는 것 만이라면 단어의 의미를 단서로 어떻게든 할 수 있지만, 말을 하기 위해서는 문법적 정확성이 필요하고 말을 해봄으로서 자신의 현재 능력의 불충분함 즉, 자신의 언어와 목표언어와의 차이를 알게 되어 그것이 보다 정확한 언어능력의 습득으로 이어진다는 가설을 제안했다.

인풋만으로 충분하다는 크라센의 생각, 그리고 아웃풋, 상호 작용도 중요하다는 스웨인, 롱의 생각은 모두 의미를 중시하는 교실의 의사소통활동을 중심으로 하는 의사소통중심 접근법의 방침과 공통되는데 그것만으로는 아무래도 학습자 언어의 '정확성(accuracy)'이 경시된다는 인식이 연구자, 교사 사이에서 확산되어 90년대에는 언어형식에 대한 초점화(Focus on form)라는 것이 일정한 영향력을 갖게 되었다.(Long 1991) 의미전달에 중점을 두는 활동이라는 것에는 변함이 없으나 그 중에서 학습자의 주의를 언어형식으로 향하게 함으로서 보다 정확한 언어습득의 지식을 지향한다는 것이다. 현재로는 어떠한 방법으로 언어형식에 대한 초점화를 하면 효과적인가, 예를 들면 교사에 의한 피드백에 대해서도 어떤 방법이 효과적인가(예를 들면 명시적인가 암시적인가)에 대한 연구가 활발하게 이루어지고 있다.

2.4 제 2언어습득에서의 개인차 요인

일본어 교사가 항상 의식하고 있어야 하는 것은 학습자에게는 다양한 개인차가 있다는 것이다. 외국어 학습 적성이 높은 학생도 있으나 그렇지 않은 학생도 있다. 눈으로 확인하지 않으면 안 되는 학생이 있는가 하면 소리만으로 기억할 수 있는 학생도 있다. 외향적으로 말하는 것을 좋아하는 사람과 반대로 혼자서 공부하는 것을 좋아해서 의사소통 활동은 싫어하는 사람도 있다. 연령이 많은 학습자도 있고 어린 아이가 학습자인 경우도 있다. 의욕적인 학습자, 그렇지 않은 학습자 등 다양하다. 이러한 개인차를 모두 고려하여 수업을 하는 것은 매우 어려운 일이지만 적어도 교사는 개인차를 의식해서 수업계획을 세워야 한다. 예를 들어 새로운 항목을 도입할 때에는 소리에만 의존하는 것이 아니라 반드시 칠판 등을 사용해서 문자로도 확인시키는 등의 노력이 필요하다. 여기에서는 알아두어야 할 개인차 요인에 대해 알아보자.

또한 이 같은 개인차는 어떤 학습자가 제 2언어학습에 성공하는가라는 제 2언어습득연구의 중요한 연구과제가 된다. 제 1언어습득은 거의 대부분의 사람이 성공하는 것에 비해 제 2언어 습득은 완벽하게 습득되는 경우가 거의 없다. 그 이유가 무엇인가를 검증하는 것이 이 개인차, 학습자 요인의 연구라고 말할 수 있다. 이하 언급하는 개인차 요인은 (1)연령, (2)동기부여, (3)적성, (4)학습자 타입이다.

2.4.1 연령요인(결정적 시기 가설)

학습의 성공여부의 개인차를 설명하는 하나의 요인으로서 제 2언어습득연구에서 언급하고 있는 것이 연령이다. 이에 관해서는 '결정적 시기 가설'이라는 이름으로 외국어학습에는 결정적 시기 즉, 그 시기를 지나면 학습이 불가능해지는 시기가 있다는 생각이다. 이 결정적 시기는 사춘기(12,3세)까지로 여겨지는데 그 시기가 지나면 모어 화자와 같은 언어능력을 익히는 것은 불가능하게 된다는 가설이다. 일본에서도 초등학교 시절에 영어교육을 도입하려는 움직임이 있는데 그 배경이 되는 것이 이 이론이다.

실제로 이 연령요인이라는 것은 상당히 강력한 제약으로 어른이 원어민처럼 되는 것은 거의 불가능하다고 할 수 있다. 그에 비해 어렸을 때 습득을 시작하면 제 2언어를 상당히 자연스럽게 말할 수 있게 되는 경우가 많다. 일본에 이민을 온 어른들의 일본어는 그다지 늘지 않지만 아이들은 곧 바로 어른보다 잘 하게 된다는 이야기를 자주 듣는다.

그러나 제 2언어의 습득이 반드시 젊을수록 좋다고 만은 말할 수 없다. 일반적으로는 '외국어 학습은 젊을수록 유리하다'는 것이 이른바 상식적인 이해이지만 제 2언어습득연구자가 데이터를 수집하여 검증해 본 결과, 좀 더 정밀한 일반화가 제시되었다. 그것은 아이들과 어른들을 비교해보면 '어른들은 빠르지만 아이들은 뛰어나다(Older is faster; younger is better)'는 것이다. (Krashen, Scarcella & Long 1979) 즉, 어른들 쪽이 자신이 가지고 있는 인지능력을 사용하여 단기적으로는 빨리 학습할 수 있다. 그런데 몇 년이 지나면 어렸을 때(사춘기 이전) 시작한 사람 쪽이 보다 모어 화자에 가까운 외국어를 익힐 수 있게 된다는 것이다. 또한 이중언어사용의 항목에서 기술하겠지만 인지적으로 복잡한 언어사용에 대해서는 어느 정도 모어가 완전해진 후가 좋다는 보고도 있다.

또한 '외국어'도 일괄적으로 말할 수 있는 것이 아니라 개개의 언어영역에 따라 다른 결정적 시기가 있다는 입장을 취하는 연구자도 있다. 예를 들어 발음에 대해서는 6세까지가 결정적 시기라는 주장이 있다.(Long 1990)

제 2언어습득연구자 사이에서는 습득이 성공하느냐 그렇지 못하느냐는 연령의 영향이 강하다는 점에서는 거의 의견이 일치하고 있다. 단지 그것이 정말로 '결정적 시기'인가에 대해서는 의견이 나뉘는데, 우선 첫 번째로 사춘기로 불리는 12,3세를 넘기면 학습가능성이 크게 저하되는 것인가 아니면 그렇게 확실한 결정적 시기가 있는 것이 아니라 연령이 높아짐에 따라 서서히 학습가능성이 저하되어 가는 것인가에 대한 의견이 대립하고 있다.

다음으로 왜 연령의 영향이 그 정도로 강한가에 대한 문제에 대해서도 의견은 일치하지 않아서 다양한 제안이 제시되어 있다.

우선 뇌신경생물학적인 설명이 있다. 뇌의 구조는 특정 연령에서 변화하고 그 이후는 제 2언어를 학습하는 능력이 떨어져버린다는 생각이다. 뇌가 가진 유연성이 일정 연령이 되면 없어져 버린다고 말할 수도 있다. 모어에 관해서는 어렸을 때, 사고 등으로 뇌가 손상을 입어 언어장애가 생겼다고 해도 다른 부분이 그 기능을 담당하여 언어가 회복되는 경우가 있지만 어른의 경우는 그리 간단하지 않다는 보고가 있고 이것이 언어습득에 관한 뇌의 유연성, 가능성이 어른이 되면 저하되는 증거로 자주 거론된다.

다음으로 인지적인 설명에 의하면 '어른들은 모두 추상적 분석능력을 몸에 익히고 있기 때문에 언어습득이 자연스럽게 이루어지지 않지만 아이들은 그다지 분석하지 않기 때문에 제 1언어를 배우는 것과 마찬가지로 자연스럽게 습득할 수 있다'는 것이다. 위에서 기술했듯이 '언어습득은 입력을 이해하는 것으로 많은 부분이 무의식적으로 습득되기 때문에 너무 분석적으로 생각하는 것은 좋지 않다' 는 생각이다.

심리적 태도의 차이에 따른 설명도 있다. 아이들은 제 2언어를 습득할 때 자의식이 발달해 있지 않기 때문에 다른 아이들과 자연스럽게 교류를 하는 것이 가능하다. 그에 비해 어른은 쉽게 새로운 환경에 융화되지 못하고 자아가 발달해 있기 때문에 외국어환경에 적응하기 어렵다. 즉 아이들과 어른들의 외국어에 대한 심리적 태도가 다르기 때문에 학습환경에 차이가 난다는 것이다.

이 외에도 다른 가설이 있으나 현재 결정적인 답은 나와 있지 않으며 여기서 거론한 것이 원인일 가능성도 있다. 어쨌든 일본어교사는 이와 같은 연령 원인을 의식하여 연령을 고려할 필요가 있다고 할 수 있다.

2.4.2 동기부여

외국어교육의 동기부여는 다양하다. 일본인의 영어학습의 경우는 거의 학교 교과로서 시작하기 때문에 학교에서 좋은 성적을 거두고 싶다는 일반적인 동기가 우선 존재한다. 또한 영어는 거의 대부분 입시과목으로서 피할 수 없기 때문에 그 점에서도 학습 동기는 높아진다. 일본어학습의 동기는 어떠할까?

제 2언어습득에서 동기부여에 관한 연구는 1950년대 후반 이후 서 온타리오 대학의 로버트 가드너(Robert Gardner)를 중심으로 진행되었다. 가드너(1986) 등의 연구는 자신이 좋은 인상을 가지고 있는 외국인에 대해 공감을 나타내고 높은 가치를 부여하는 외국어학습자는 학습 대상 언어를 말하는 사람들과 그 문화를 이해하고 싶다, 그 사람들처럼 행동하고 싶다, 그 문화에 참가하고 싶다고 생각하는 경향이 강하고 그것이 장기적, 계속적인 학습의욕으로 이어진다는 가설에 근거하고 있다. 가드너는 학습자의 이와 같은 지향을 '통합적 동기부여'라 부르고 이 가설을 입증하는 몇 가지 연구를 발표했다. 간단히 말하면 학습대상 언어에 호의를 가지고 있는 학습자가 외국어 학습에 성공한다는 것이다. 일본어학습자로 말하면 일본문화, 일본인에 대해 호감을 가지고 있으면 통합적 동기가 높다고 말할 수 있을 것이다. 예를 들어 일본에서가 아니라 외국에서 일본어를 공부하고 있는 학생은 일본의 대중문화(예를 들어 애니메이션, 게임, 일본 노래 등)에 흥미를 가지고 있는 경우가 많다. 이것은 통합적 동기라고 할 수 있다.

그러나 외국어학습의 동기는 이것만이 아니다. 가드너는 그 외에 실리적인 결과를 위해 외국어를 학습하는 동기를 거론하며 '도구적 동기부여'라 부르고 있다. 예를 들어 그 외국어를 할 수 있으면 취직에 유리하다, 금전적 이익이 생긴다는 식이다. 외국어를 무엇인가 실리적인 목적을 달성하기 위한 '도구'로서 취급하는 것이다. 1980년대 후반 일본경제가 호황이었을 때 일본어 학습자가 증가하는 현상이 있었는데 이것은 아마도 도구적 동기부여에 기인한 것일 것이다. 중국경제의 성장에 따라 중국어를 공부하는 사람이 증가하고 있는 것도 같은 이유에서이다.

가드너 등의 초기 캐나다에서의 연구는 통합적 동기부여가 중요해서 도구적 동기부여는 그다지 중요하지 않다는 결과가 나와 있었으나, 이것은 조금 의심스럽다. 왜냐하면 싫어하는 나라의 언어도 공부하지 않으면 안 되는 경우가 있기 때문이다. 과거 일본이 점령 통치했던 지역에서 일본어로 교육을 강요한 결과, 유창하게 일본어를 말하는 세대가 나타난 것을 보면 도구적 동기부여만으로도 학습에 성공할 수 있는 것은 확실하다.

그 후의 가드너 등의 필리핀 영어학습자를 대상으로 한 연구에서는 도구적 동기가 중요하다는 결과가 나와 있으며 최근에는 싱가포르의 일본어 학습에서 통합적 동기부여 보다 도구적 동기부여가 중요하다는 결과도 나와 있다. 따라서 그 언어를 말하는 사람들이 근처에 별로 없는 상황에서는 도구적 동기가 중요해진다는 일반화가 가능할지도 모르겠다. 단지 가드너의 논점에서 중요한 것은 도구적 동기부여는 외국어학습의 성공과 연결되지만 그 성공은 단기적인 것으로, 장기적으로는 통합적 동기부여가 중요해지고 또한 통합적 동기부여는 거의 모든 연구에서 외국어 학습의 성공과 연결되어 있다는 것이다. 어쨌든 어떤 형태이든 간에 동기부여를 높이는 것이 중요하다.

2.4.3 외국어학습의 적성

'저 사람은 어학에 재능이 있다.' 등의 이야기를 자주 듣는데 이때의 '어학'이란 것은 언어학이 아니라 외국어를 학습하는 능력을 말한다. 이것은 외국어학습에 적성이 있는 사람, 적성이 없는 사람이 일반적으로 있다고 믿고 있다는 것을 말하는데, 실제로 이와 같은 '외국어(학습)적성(foreign language aptitude)이라는 것이 있다.

외국어학습이 적성에 맞지 않는 사람은 실제로 있는 것 같다. 최근 미국에서는 '외국어학습장애'라는 것을 인정하고 있는 추세로 다른 과목의 학습은 별 문제 없이 할 수 있으나 외국어만은 안된다는 학생이 가끔 있다는 것이 알려졌다. 몇 개의 대학에서 외국어학습장애로 인정되면 필수외국어를 면제시켜주는 경우도 있다. 인정해주지 않으면 그 학생은 대학을 졸업할 수 없기 때문에 사활을 건 문제이다.

단지 이 외국어학습장애라는 것이 왜 생기는가에 대한 것은 아직 밝혀진 바가 없다. 예를 들어 이 학습장애가 외국어학습적성이 극단적으로 낮은 것 뿐인 건지 그렇지 않으면 본질적으로 다른 것인지 금후의 연구가 기대되는 대목이다. 또한 이와 같은 학습자를 이해하는 것이 외국어학습적성의 본질을 해명하는데 도움이 될지도 모른다.

제 2언어습득에서 적성에 관한 연구는 MLAT를 시작으로 외국어학습적성테스트와 학습 결과인 외국어테스트의 득점과의 관계를 조사하는 쪽으로 진행되어 왔다. MLAT는 4가지 다른 타입의 능력을 측정하도록 만들어져 있는데 그것은 (1)음에 대한 민감성 (2)문법에 관한 민감성 (3)의미와 형태의 관련패턴을 찾아내는 능력 ⑷통째로 암기하는 능력 이 4가지이다. 적성에 대해서는 상당히 많은 연구가 이루어져 MLAT 등의 적성테스트에 의해 측정된 적성이 교실에서의 외국어학습의 성공여부를 상당부분까지 예측하는 것으로 알려져 있다.

그런데 그 나라의 말을 할 수 없으면 지적능력까지 의심받는다는 것은 유감스럽지만 사실이다. 확실히 일본인 중에서도 외국인과 접촉하지 않은 사람은 외국인이 서투른 일본어로 말하는 것을 들으면 지적 수준까지 낮게 보는 사람이 있다. 슈퍼 등에서 열심히 일본어로 말을 하면 우습게보면서, 영어로 바꾸면 갑자기 대우가 좋아진다는 것은 이 같은 이유에서 일지도 모른다.

실은 '지능·지성(inteligence)'과 '외국어학습적성'의 관계는 전문가 사이에서도 다양한 논의가 있다. 이 분야의 연구에서는 지능에 관해서는 이른바 IQ 테스트를 측정한 득점을, 그리고 적성에 대해서는 MLAT 등의 적성테스트의 득점을 사용한다. 그 결과 이 두 능력에는 상당수 중복되는 부분은 있으나 같은 것은 아니며 '외국어학습 특유의 적성'이라는 독립된 능력이 있다는 결과가 나와 있다. 이것은 우리들의 직관과도 일치하는 결과로서 대부분의 경우 성적이 좋은 사람은 영어 성적도 좋지만 예외도 있으며, 다른 성적이 시원치 않은데 영어를 매우 잘하는 사람도 있다.

또한 몇 가지 연구에서 재미있는 결과가 나와 있다. 언어습득연구에서 자주 사용되는 개념에 '일상언어능력(생활언어능력 BICS=Basic Interpersonal Communicative Skills)과 '인지학습언어능력 (학습언어능력 CALP=Cognitive Academic Language Proficiency)'이라는 것이 있는데, 간단히 말하면 전자는 일상회화적인 능력이고 후자는 교과학습 등에 필요한 인지면의 언어능력이다. 그리고 지능테스트에 관계하는 것은 보다 인지학습언어능력에 관련된 문제의 득점으로, 일상언어능력적인 문제의 득점과는 상관관계가 낮다는 것이다.

이것은 어떤 의미에서는 납득할 수 있는 결과로 원래 IQ테스트는 학교에서의 학업성적을 예측하기 위해 만들어진 것이기 때문에 보다 학업적인 능력과 서로 연관되어 있다고 볼 수 있다. 더욱이 의식적 학습은 IQ와도 관련이 있으나 무의식적인 학습은 반드시 그런 것만은 아니라는 연구도 있다.(Robinson

2002 참조) 이들에 대해서는 모든 연구에서 동일한 결과가 나와 있는 것이 아니기 때문에 일관적으로 말할 수는 없지만, 어쩌면 교실학습에서 외국어 성적이 나빴던 사람도 회화 등은 잘 할 수 있다는 가능성을 말하는 것인지도 모른다.

어찌되었든 일본어교사로서는 학습자가 가진 외국어학습적성에 차이가 있으며 모든 학습자에게 동일한 결과를 기대하는 것은 무리라는 것을 명심해 둘 필요가 있다.

2.4.4 학습자 유형

학습자 유형은 다양하다. 제 2언어습득연구의 분야에서는 어떤 타입의 학습자가 외국어 학습에 성공하는가에 대한 연구가 70년대에 활발히 이루어져, (이른바 Good language learner research; Naiman et al. 1978) 여기에서 얻은 정보를 외국어교수법의 향상에 연결시키려는 시도가 있었다. 예를 들어 미지어(未知語)를 예측하는 학습자 쪽이 그렇지 않은 학습자보다 외국어 성적이 좋다는 것이 밝혀짐에 따라 그것이 보다 좋은 학습 방법이라 생각하여 학습자가 미지어를 예측할 수 있도록 촉구하는 것이다. 이와 같은 흐름은 뒤에 기술하는 학습 전략 연구의 기틀이 되기도 하는데 좋다고 생각하는 전략을 학습자에게 익히게 하려는 **전략 훈련**의 바탕이 되었다. 단지 이와 같은 훈련의 성과에 대해서는 확실하게 밝혀지지 않은 상태이다.

그 후 학습자타입의 연구도 더욱 세분화되어 가는데 아직까지도 어떤 타입의 학습자가 외국어학습에 유리한가에 대해서는 그다지 알려진 바가 없다. 단지 교사는 이와 같이 다양한 학습자타입이 있다는 것을 알아 둘 필요는 있을 것이다. 또한 최근에는 학습자의 타입에 맞춘 사고방식을 모색하는 연구도 있어서 앞으로의 발전이 기대된다. 여기에서는 과거의 연구에서 주목했던 학습자타입에 대해 몇 가지를 간단하게 언급한다. 우선 성격요인에 대해, 다음은 인지유형에 대해 알아보자.

①성격요인

외향·내향성과 외국어학습의 관계에 대해서도 몇 가지 연구가 있다. 외향적인 사람 쪽이 외국어에 성공한다는 것은 직관적으로 있을 법한 일이다. 외향적인 사람은 내향적인 사람에 비해서 회화의 기회가 증가한다고 생각할 수 있기 때문이다. 단지 위에서 기술한 일상언어능력(BICS)과 인지학습언어능력(CALP)의 구별을 고려하면 자연스럽게 회화할 수 있는 능력(일상언어능력)은 외향성과 상관관계에 있지만 필기시험에서 측정하는 것 같은 외국어능력(인지학습언어능력)은 내향적인 사람이 높을 것이라는 가설을 세울 수 있다. 그러나 실제 연구 결과를 보면 외향성이 일상언어능력과 상관관계에 있다는 경향은 많은 연구에 의해 입증되었으나 내향성이 인지학습언어능력과 상관관계에 있다는 가설은 실증데이터에 의해 입증되지 않았다. 따라서 외향성의 이점은 있으나 내향성은 그다지 관계없다고 말할 수 있을 것이다.(Ellis 1994:Ch.6)

단지 일본인 영어학습자를 대상으로 한 연구에서는 외향성과 일상언어능력의 상관관계조차도 없었다.(Busch 1982) 그러나 이러한 연구가 이루어진 시기가 일본에서는 그다지 회화연습을 하지 않았다는 점을 고려하면 이것도 납득할 수 있는 결과로 그 때문에 외향성의 이점이 별로 없었을 것이다. 사실 어떤 연구에서는 질문지에 의해 측정된 외향성보다도 연구자가 교실에서 관찰한 '외향적 행동' 쪽이 일상언어능력과 보다 강한 상관관계를 보이고 있다.(Strong 1983) 즉, 외향적이라는 성격 그 자체보다도 '외국어로 회화를 한다'는 것을 포함한 외향적 행동을 실제로 하는 것이 중요하다는 것이다. 외향적인 사람이라도 회화 훈련을 할 수 없는 상황에서는 외향성을 발휘할 수 없다.

그 외에도 **자존심**(self-esteem), **억제**(inhibition), **감정이입**(empathy) 등이 성격요인으로 외국어학습의 성공여부와 관련하여 연구되어 왔다. 모두 외국어학습자에게 변수로 여겨지기 때문이다. 외국어학습이라는 것은 모어로 이야기하면 범하지 않아도 되는 오류를 범하게 되기 때문에 아무래도 정신적으로 부담이 되고 창피한 경험을 하는 경우도 많다. 그 때 자존심이 세고 자신에 대한 이미지가 긍정적인 사람이라면 그 마이너스 면을 그다지 강하게 느끼지 않고 학습활동에 임할 것이라는 예측을 세울 수 있다. 억제도 마찬가지로 외국어를 사용한다는 점에서 평소와는 다른 인격을 나타내지 않으면 안 되는 경우 자기억제만을 하고 있다면 아무래도 외국어에서의 의사소통에는 마이너스가 된다고 생각하기 때문이다. 또한 감정이입(즉 다른 사람의 입장에 자신을 놓을 수 있는 능력)은 자신과 전혀 다른 언어, 문화를 가지고 있는 사람들과 의사소통을 하는 것을 목적으로 하는 외국어학습에서는 플러스가 되지 않을까 라는 생각이다. 유감스럽게도 어느 변수에 대해서도 일치하는 결과는 나오지 않고 있어 이들 요인이 외국어학습에 어떻게 관련되는가에 대해서는 아직 밝혀진 것이 없다.

②인지유형
 사람은 정보를 처리할 때 선호하는 방책이 있는데 이것을 인지유형이라고 한다. 예를 들어 어떤 문제가 발생했을 때 곧 바로 판단하여 행동으로 옮기는 사람도 있으나 천천히 생각하고 나서 결론을 내는 사람도 있다. 이와 같은 인지유형은 제 2언어학습·사용의 모든 장면에 영향을 미칠 것이다. 지금까지의 제 2언어습득연구에서도 이와 같은 관계에 대해 연구하고 있다.(더불어 인지유형과 학습유형을 나누어 논의하는 연구자도 있지만 실제로는 구별이 어렵기 때문에 여기에서는 함께 논한다)
 가장 잘 알려져 있는 것이 장면 독립성(field indendence), 장면 의존성(field dependence)이라는 변수이다. 일반적인 말로 하면 분석적으로 볼 것인가, 전체적으로 볼 것인가의 문제로, 나무를 보고 숲을 보지 않는 것이 장면 독립성 학습자이고, 숲만 보고 있어 나무가 보이지 않는 것이 장 의존성 학습자이다. 또한 장면 독립성인 사람은 혼자서 학습하는 것을 선호하고 장 의존성인 사람은 다른 사람과 함께 학습하는 것을 선호하여 그 결과, 장면 독립성과 교실에서의 외국어학습, 장 의존성과 자연스러운 의사소통과의 상관관계가 보이기도 한다. 이에 관한 몇 가지 연구에서는 결과가 동일하나 그렇지 않은 연구도 많아서 실제로는 어떠한지, 확실한 것은 아직 모르는 상태이다.
 그 외에 인지유형의 요인으로서 숙고성(reflexivity)과 충동성(impulsivity), 애매함에 대한 관용성(tolerance of ambiguity), 시각적(visual)이나 청각적(auditory) 학습을 선호하는가 등의 연구가 있다. 이에 관해서도 확실한 연구결과가 나와 있는 것은 아니다.

③학습전략

학습전략이란 학습자가 제 2언어의 지식을 익히기 위해 사용하는 여러 가지 방책을 말한다. 옥스퍼드(Oxford 1990)의 분류에서는 우선 언어자료에 직접 관계하는 직접전략과 그렇지 않은 간접전략으로 나뉘는데, 직접전략에는 말장난(고로 아와세)이나 유의어를 정리해서 외우는 기억 전략, 배운 항목을 정리하는 등의 인지전략, 문맥에서 미지어를 추측하는 등 제 2언어를 사용할 때의 능력부족을 보충하기 위해 사용하는 보상전략이 있다.

간접전략에는 학습을 계획하거나 평가하는 메타인지전략, 불안이나 긴장 등의 감정을 조절하는 정의(情意)전략, 타인과 협조해서 학습효과를 높이는 사회적 전략이 있다.

그에 비해 의사소통 전략은 제 2언어를 사용하는 장면에서 주로 능력부족을 보충하기 위해 사용하는 전략을 말한다. 예를 들어 시간을 벌기 위해서 'あのう、えーと'등 망설이면서 다음에 할 말을 생각한다, 어려운 말을 쉬운 다른 단어로 바꾼다, 어려운 화제를 피하는 회피 등이 있다.(또한 이 의사소통전략은

위의 보상전략과 중복되는 부분이 있다)

　이상 개인차 요인에 대해 개관하였다. 개인차를 알고 있더라도 곧 바로 '자 이렇게 하면 된다'는 구체적인 방법이 나오는 것은 아니지만 교사는 모든 지도 장면에서 개인차를 의식해 둘 필요가 있다.

3 이중언어사용

　이중언어사용(2언어병용)이란 사회 내지는 개인이 2개 언어를 사용하는 것으로 2언어를 구사하는 사람을 이중언어사용자라고 부른다. 그에 비해 1개 언어 밖에 사용하지 않는 사람을 단일언어사용자라고 한다. 즉 일본어밖에 말하지 않는 사람은 단일언어화자이다.

　이중언어화자도 여러 가지가 있다. 어렸을 때부터 2개 언어에 균등하게 접촉하면 양 언어를 동일하게 사용할 수 있는 균형이중언어사용자로, 그렇지 않은 경우에는 한쪽을 잘 하는 편중이중언어사용자가 되기 쉽다. 또한 제 1언어를 습득하고 나서 다음으로 2번째 언어를 습득한 경우는 계속이중언어사용자라고 불리며, 2개 언어를 동시에 습득하면 동시이중언어사용자가 된다. 동시이중언어화자라 해도 항상 균형이중언어화자가 되는 것은 아니어서 예를 들면 아버지가 미국인, 어머니가 일본인으로, 태어나면서부터 각각의 언어로 아이에게 말을 하면서 키웠다고 해도 미국에서 자라면 영어가, 일본에서 자라면 일본어가 보다 유창한 이중언어화자가 되는 것이 보통이다.

　일본에서도 '영어조기교육'이 유행하여 아이를 이중언어화자로 키우려는 시도가 유행하고 있으나 양 언어가 유창한 이중언어화자를 육성하는 것은 그리 간단한 것이 아니다. 충분한 언어접촉, 가족, 사회적 지원 등 많은 요소가 관계되어 있다. 또한 이중언어화자라고 해도 단지 일상회화를 할 수 있는 수준과 복잡한 내용을 논의할 수 있는 수준에서는 이야기가 다르다. 어떠한 조건에서 양 언어에서 모어 화자에 가까운 능력을 익힌 균형이중언어화자가 육성되는가. 이 문제에 대해서는 현재 가장 영향력 있는 커민스(Cummins)의 이론을 보도록 하자.

　뇌의 처리 능력에 한계가 있다고 보면, 2개 언어를 높은 수준에서 구사하는 것은 매우 어려운 일일 것이다. 그러나 실제로는 이와 같은 이중언어화자가 존재한다. 그것이 가능하기 위해서는 뇌가 2개의 언어를 따로따로 기억, 처리하는 것이 아니라 2개 언어의 공통된 부분은 공유하고 있다고 생각하는 것이 현재 유력한 이론이다. 이것을 2언어 기저공유설, 내지는 2언어 상호 의존설이라고 한다. 그리고 주로 공유하는 것은 일상언어능력(BICS)이 아니라 인지학습언어능력(CALP)이라고 한다. 이것은 어떤 의미에서는 납득할 수 있는 이야기로 예를 들어 한쪽 언어에서 읽는 능력을 익히면 다른 한쪽 언어에서 다시 한 번 처음부터 읽는 능력을 익힐 필요가 없는데 이는 상당 부분 기술이 전이되기 때문이다. 여기에서 주의해야 할 것은 BICS에 대해서는 1,2년으로 익힐 수 있지만 CALP가 연령에 상응하는 수준에 도달하는 것은 적어도 5,6년이 걸린다는 것이다. 예를 들어 유소년기에 일본에 이주한 외국인 자녀가 1,2년 사이에 일상회화를 구사할 수 있게 되었다고 하자. 그것을 보고 이제 이 아이의 일본어는 문제없다고 과신해서는 안 된다는 것이다. 사실 일본어로 일상회화를 유창하게 구사할 수 있는 아이가 CALP적인 언어사용, 예를 들면 수학의 문장식 문제를 이해하거나 복잡한 대화를 하는 것 등을 전혀 못하는 경우를 자주 볼 수 있다. 단지 단순히 아직 제 2언어에서 복잡한 내용을 처리하는 능력이 없을 가능성도 있지만 대부분의 경우 CALP 그 자체가 발달해 있지 않기 때문이다. 2언어 기저공유설에 의하면 이 CALP는 학습자의 모어로 익혀도 되고 제 2언어인 일본어로 익혀도 되는데 어느 쪽이든 BICS보다는 긴 시간이 걸리기 때문에 주의가 필요하다는 것이다. 따라서 모어에서 10세 정도까지 교육을 받고 CALP가 발달한 다음 이민을 한 아이 쪽이 그보다 어려서, CALP가 아직 발달하지 않은 상태에서 이주를 한 아이의 경우보다 균형이중언어화자가 될 가능성이 높다는 연구결과가 나와 있다.

　물론 이 때문에 어렸을 때 이주해서는 안된다는 것이 아니라 그 경우는 모어에 대한 교육을 계속해서 CALP에 익숙해지도록 하거나 혹은 이중언어화자 교육의 성공적인 예인 캐나다의 몰입교육과 같이 아이들에게 제 2언어로 교과를 가르치는 것으로 제 2언어에서의 CALP를 발달시켜 그것을 역으로 모어의 CALP로 전이시키는 방법을 취해야 한다. 단지 몰입교육의 경우 교과를 듣는 학생은 모두 제 2언어이다. 그에 비해 이민의 경우는 대부분 모어 화자와 같은 교실에서 수업을 듣지 않으면 안 되기 때문에(침수몰입(submersion)이라고 한다) 이 경우 제 2언어의 능력이 불충분하면 교과내용을 이해할 수 없기 때문에 '침몰(=submerge)해버릴 가능성이 있다. 어찌되었든 충분한 주의를 기울여서 모든 아이들이 CALP를 발달시킬 수 있는 환경을 조성해야 한다. 또한 커민스는 최근 오해를 피하기 위해 BICS를 conversational proficiency (회화능력), CALP를 academic proficiency(학습언어능력)이라 부르고 있다. 또한 이 양 자는 완전히 질적으로 다른 것이 아니라 연속선 상에 두어야 한다고 한다.

이상에서 기술한 결정적 시기 가설의 영향 때문인지 어렸을 때부터 제 2언어의 환경에 놓이게 되면 자연스럽게 균형이중언어화자가 된다는 환상을 가지고 있으나 실제로는 여러 요인에 의해 그렇게 되지 않는 경우가 많다. 제 2언어의 일상회화능력만 발달하고 복잡한 회화를 할 수 없다는 것은 균형이중언어화자라 할 수 없고 심한 경우에는 모어에서도 제 2언어에서도 CALP가 발달하지 않은 채 끝나버리는 경우도 생각할 수 있다.

커민스는 또한 문지방가설(threshold hypothesis)을 제안하고 어떤 경우에 아이들의 양 언어, 인지발달이 잘 되는가에 대한 설명을 시도했다. 이 가설에서는 문지방을 2개 상정하고 위 문지방에 양 언어가 도달했을 경우만 인지발달이 플러스가 된다고 하고, 양 언어 모두 밑 문지방에 도달하지 않은 경우는 인지발달에 마이너스가 되어 학업부진이 되기 쉽다고 한다. 한쪽 언어만 위 문지방에 도달한 경우는 인지면에서는 플러스도 마이너스도 없고, 한쪽이 보다 강한 이중언어화자가 된다고 한다.

이중언어사용과 인지발달의 관계에 대해서는 아직 알려지지 않은 부분이 많으며 커민스의 이론도 완전하게 받아들여진 것은 아니다. 일본 상황에 비추어

보면 이민 등, 자녀들의 미래를 생각한 모어 유지와 일본어교육의 균형을 생각한 정책이 기대되는 시기이다. 모어로도 일본어로도 인지적으로 복잡한 언어 사용이 불가능한 상황이 발생하지 않도록 해야 할 것이다.

알콜 효과

알콜을 넣으면 억제가 없어져 외국어를 잘 할 수 있게 되는 것은 아닐까. 하이파대학의 알렉산더 기오라(Guiore et al 1972)등은 소량의 술을 마시게 하여 자기억제의 정도를 낮추는 실험을 하였다. 그러자 술을 마신 그룹의 외국어(태국어) 발음이 좋았던 것이다. 재미있는 연구이지만 그 후 검증되지는 않았다. 또한 그 이외의 부분(유창성이나 문법적 정확성)에서는 어떤 변화가 있는가가 매우 흥미롭다. 단지 태국어의 발음도 알콜 양이 너무 많으면 나빠지고 또한 공복에 술을 마신 그룹은 발음이 좋아지지 않았다고 한다. 약간 취기가 있는 정도가 가장 좋은지도 모른다.

과제

❶ 입력가설과 출력가설에 대해 어느 쪽이 보다 신빙성이 있는가 함께 논의하시오.

❷ 절차적 지식과 선언적 지식의 차이에 대해 일본어, 영어, 언어 외의 예를 들어서 설명하시오.

❸ 일본어학습자가 범하는(한다고 생각하는)오류를 3가지 들고, 각각 어떤 오류로 분석할 수 있는가를 생각하시오.

❹ 다음의 ①~⑤에 대해 맞는 것에 ○, 틀린 것에 ×를 표기하시오.
  ① CALP 쪽은 단기간에 익힐 수 있는 것에 비해 BICS는 익히는데 상당한 시간이 걸린다.
  ② 중간언어 분석에서는 주로 학습자의 중간언어가 모어 화자의 기준과 어떻게 다른가를 분석한다.
  ③ 가르친 항목을 익히지 못한 것은 가르치는 방법이 나쁘기 때문이다.
  ④ 학습자의 모어가 제 2언어의 학습에 영향을 주는 것을 언어전이라고 한다.
  ⑤ 언어의 규칙은 모두 의식적으로 학습되어야 한다.

❹ 다음의 문장은 제 2언어습득이론에 대해 기술한 것이다. (   )에 적절한 어구를 써 넣으시오.

  언어습득이 (①)를 이해하는 것만으로 이루어진다는 (②)의 가설은 (①)가설이라고 불리지만 이 이론에서는 의식적인 (③)은 언어습득에는 직접 연결되지 않으며 자신의 발화가 맞는가를 체크하는 (④)의 기능밖에 없다고 한다. 이것은 (⑤) 입장이다. 이에 대해 (⑥)이론은 의식적으로 외운 지식도 연습에 의해 실제로 사용할 수 있게 된다는 것이다.

독서안내

白井恭弘 (2004)『外国語学習に成功する人、しない人-第二言語習得論への招待(岩波教科ライブラリー100)』岩波書店
✽ 제 2언어습득의 연구성과를 구체적인 이야기를 섞어가면서 일반인용으로 정리한 입문서이다. 우선 한번 통독하면서 흐름을 잡고, 두 번째로 읽을 때에는 정독을 하는 것이 좋다. 또한, 이 책의 일부에서 2006년의 '일본어교육능력검증시험'이 출제되었다.

迫田久美子 (2002)『日本語教育に生かす第二言語習得研究』アルク
✽ 제 2언어습득의 기본적 사항을 일본어교사를 대상으로 쉽게 정리하고 있어 많은 도움이 된다.

小柳かおる (2004)『日本語教師のための新しい言語習得概論』 スリーエーネットワーク
✽ 迫田(2002)와 독자층이 동일하지만, 다소 전문적인 부분도 있다. 저자의 전공인 '언어형식에 대한 초점화'에 관한 상세한 기술이 있다.

Larsen-Freeman, D.&Long,M.H. (1990) *An introduction to second language acquisition research.* London:Longman. (牧野高吉・大場浩正・萬谷隆一訳『第 2 言語習得への招待』弓プレス)
✽ 다소 오래되었지만, 제 2언어습득연구의 본질을 알 수 있는 좋은 책이다.

小池生夫編 (2003)『応用言語学事典』研究社
✽ 모르는 용어가 있으면 이 책에서 확인할 수 있어 편리하다.

お茶の水女子大学日本語教育コース (2002-2005)『第二言語習得教育研究の最前線-2002年～2007年版』凡人社
✽ 오차노미즈대학 일본어교육코스 '언어문화와 일본어교육'의 증간호로서 매년 1권이 발행되고 있다. 최근의 연구동향을 정리한 논문이 있어 편리하다.

中島和子 (2005)「バイリンガル育成と2言語相互依存性」『第2言語としての日本語の習得研究』8, 135-166
✽ 조금 전문적인 부분도 있지만, 이중언어사용 연구의 중요한 포인트를 커민스의 이론을 중심으로 논하고 있다.

【참고문헌】

寺内正典(1994)「形態素の習得」SLA研究習編『第二言語習得理論に基づく最新の英語教育』 大修館書店 pp.24-48

峯布由紀(2002)「Processability theoryに基づいた言語習得研究」日本言語文化学研究会編『第二言語習得教育研究の最前線2002年版』凡人社 pp.28-44

Andersen,R.W.(1993) Transfer to somewhere. In S. Gass & L.Selinker (Eds.) *Language transfer in language learning*, Rowley,MA:Newbury House. pp.177-201.

Anderson,J.R.(1983) *The architecture of cognition*. Cambridge, MA:Harvard University Press.

Anderson,J.R.(1995) *Cognitive psychology and its implications* (4th ed.). New York:Freeman.

Busch,D.(1982) Introversion-extroversion and the EFL proficiency of Japanese students. *Language Learning*, 32, 109-132.

Corder,S.P.(1967) The significance of learners' errors. *International Review of Applied Linguistics*, 5, 161-170.

Ellis,R.(1994) *The study of second language acquisition*. Oxford: Oxford University Press.

Guiora,A., Beit-Hallahmi, B., Brannon, R., Dull, C. & Scovel,T.(1972) The effects of experimentally induced changes into ego states on pronunciation ability in a second language: an exploratory study. *Comprehensive Psychiatry*, 13, 421-428.

Gardner.(1986) *Social Psychology and Second Language Learning: The Role of Attitudes and Motivation*. London: Edward Arnold.

Kanagy,R.(1994) Decelopmental sequences in learning Japanese: A look at negation. *Issues in Applied Linguistics*, 5, 255-277.

Kawaguchi,S.(2005) Processability theory and Japanese as a second languages.『第二言語としての日本語の習得研究』, 8, 83-114.

Krashen,S.D.,Long,M.H.&Scarcella,R.C.(1979) Age, rate and eventual attainment in second language learning. TESOL *Quarterly*, 13, 573-82.

Krashen,S.D.&Terrell,T.D.(1983) *The Natural Approach: Language Acquisition in the Classroom*. Hayward,CA: The Alemany Press. (藤森和子訳『ナチュラル・アプローチのすすめ』大修館書店)

Long,M.H.(1981) Input, interaction and second languge acquisition. In H.Winitz(Ed.) Native language and foreign language acquisition. *Annals of the New York Academy of Sciences*, 379, 259-78.

Long,M.H.(1990) Maturational constraints on language development. *Studies in Second Language Acquisition*, 12, 251-85.

Long,M.H.(1991) Focus on form: A design feature in language teaching methodology. In K. de Bot.R.B.Ginsberg & C.Kramsch(Eds.) F*oreign language research in cross-cultural* *perspective* Amsterdam: John Benjamins. pp. 39-52

McLaughlin,B.(1978) The Monitor Models: Some methodological considerations. *Language Learning*, 28, 309-332.

McLaughlin,B., Rossman,T. & McLeod,B.(1983) Second language learning: An information processing perspective. *Language Learning*, 33, 135-158.

McLaughlin,B.(1978) *Theories of second language learning*. London: Edward Arnold.

Naiman,N.,Frohlich,M.,Stern,H.H. & Todesco,A.(1978) *The Good Language Learner*. Toronto: Modern Language Centre. Ontario Institute for Studies in Education.

O'Malley,J.M.,Chamot,A.U.&Walker,C.(1987) Some applications of cognitive theory to second language acquisition. *Studies in Second Language Acquisition*, 9, 287-306.

Oxford,R.L.(1990) *Language Learning Strategies: What Every Teacher Should Know*, Boston, MA: Heinle and Heinle. (宍戸通庸・伴紀子訳 『言語学修ストラテジー』 凡人社)

Pienemann,M.(1989) Is Language Teachable?: Psycholinguistic experiments and hypotheses. *Applied Linguistics*, 10, 52-79.

Robinson,P.(2002) Effects of individual differences in intelligence, aptitude and working memory on adult incidental SLA: A replication and extension of Reber, Walkenfield and Hernstadt, 1991'.In P.Robinson(Ed.) *Individual Differences and Instructed Language Learning*. Amsterdam: John Benjamins. pp.211-266.

Schachter,J.(1974) An error in error analysis. *Language Learning*, 27, 205-214.

Schumann,J.(1979) The acquisition of English negation by speakers of Spanish: a review of the literature. In R. Andersen(Ed.) *The acquisition and use of Spanish and English as first and second language*. Washington,D.C.:TESOL. pp.3-22.

Selinker,L.(1972) Interlanguage. International Review of Applied Linguistics, 10, 209-231.

Strong,M.(1983) Social styles and the second language acquisition of Spanish-speaking kindergartners. *TESOL Quarterly*, 17, 241-258.

Swain,M.(1985) Communicative competence: Some roles of comprehensible input and comprehensible output in its development. In S. Gass & C.Madden(Eds.) *Input in second language acquisition*. Rowley,MA:Newbury House. pp.235-253.

Tomasello,M.(2003) *Constructing a Language: A Usage-Based Theory of Language Acquisition*. Cambridge, MA&London:Harvard Univ. Press

Whitman,R. & Jackson,K.L.(1972) The Unpredictability of Contrastive Analysis. Language Learning, 22, 29-41.

과제의 정답 ❹ ① X ② X ③ X ④ O ❺ ① 입력 ② 크라센 ③ 학습 ④ 모니터 ⑤ 비접촉적 입장 ⑥ 자동화

제9장
이문화 이해와 심리

여기에서는 먼저 이문화접촉에 의해 일어나는 '심리와 문화'의 문제를 다룬다. 우리들의 일상생활에 문화가 어떻게 관여하고 있는지를 발달심리학과 이문화간 심리학 등의 지식 및 견해를 바탕으로 설명한다. 또한, 비고스키(Vygosky)의 발달이론과 상황적 학습론을 예로 들어 언어교육에 있어 학습의 의미를 고찰한다.

> **키워드** 컬쳐 쇼크, U/W커브, 리엔트리 쇼크(reentry shock), 아이덴티티(identity), 스키마(schema), 스테레오타입(stereotype), 고(高)/저(低)콘텍스트문화, 언어/비언어 메시지, 자기개시(自己開示), ALM(Audio Lingual Method), 패턴 프랙티스(pattern practice), S-R이론, 비고스키(Vygosky). 상황적 학습, 협동학습

1 이문화 이해 - 왜 일본어교사에게 필요한 지식인가?

일본어학습자가 학교가 아닌 장소에서 사람들과 교류할 때, 대부분은 큰 문제가 없지만 커뮤니케이션이 잘 안되거나 위화감을 느끼는 경우가 있다. 이때, 그 원인과 배경을 이해할 수 있는 지식을 가지고 있다면 새로운 학습동기로 연결되어 정신적으로 침체되는 것을 막을 수 있을 것이다. 이처럼 이문화접촉에 의해 정신적으로 침체되거나 심리적 위기에 처한 학습자를 돕는 일도 일본어교사의 중요한 임무이며, 이문화 이해에 대한 지식은 이러한 때에 도움이 될 수 있다. 동시에 일본어교사 자신에게 유익한 지식이기도 하다. 예를 들면, 부임지인 해외에서 정신적인 불안정을 느꼈을 때나 교실에서 문화배경이 다른 학습자의 언동에 당혹감을 느꼈을 때, 자신의 심리상태를 객관적으로 바라보는 단서가 될 것이다. 일본어교사에게 꼭 필요한 기초지식으로서 심도 있게 이해했으면 한다.

2 이문화적응과 문화화

2.1 이문화적응모델과 프로세스

컬쳐 쇼크(culture shock)는 이문화환경에서 처음으로 만나는 상황이나 익숙하지 않은 습관에 부딪쳤을 때에 느끼는 심리적인 위화감과 스트레스로 알려져 있지만, 실제 이 심리적 위기는 단발적인 현상이 아니다. 이문화적응(異文化適應) 과정의 일부라 할 수 있다. 이문화적응 과정을 설명하는 모델은 많이 있지만, 여기에서는 가장 많이 알려져 있는 U커브와 W커브부터 소개하기로 한다.

이문화에 둘러싸인 생활은 처음에는 신기함과 호기심으로 정신적으로 고양되는 일이 많지만, 점차 자신의 습관이나 사고방식이 주위와 맞지 않는 일이 발생한다. 이것이 컬쳐 쇼크에 해당하는 시기이다. 이렇게 하여 정신적으로 침체된 상태가 이어지는데, 그러한 상태가 계속되는 것은 아니다. 환경에 익숙해지면서, 점차 회복되어 일상생활에 대한 만족도가 향상된다. 여기까지의 일련의 궤적을 모델화한 것이 U커브이다.

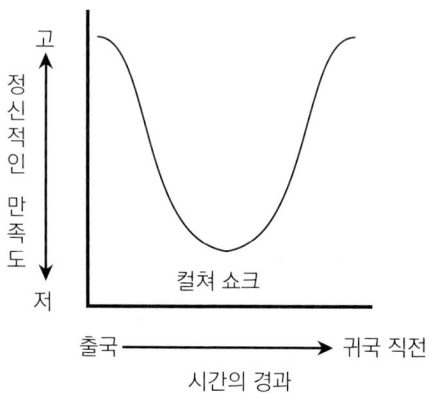

[표1] U커브(이소가이(磯具, 1998:245) 참조)[1]

---

1 Lysgaard, S. (1955) Adjustment in a Foreign Society: Norwegian Fullbright Grantees Visiting the Unites States. International Science Bulletin, 7, 45-51.

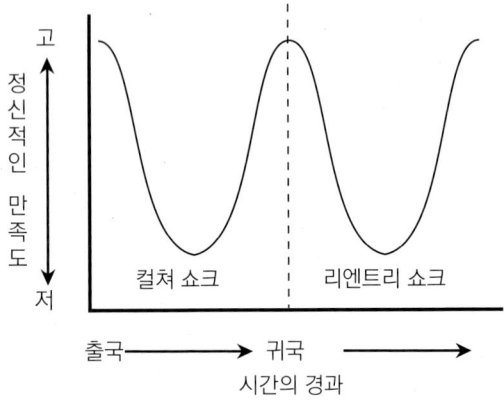

[표2] W커브(이소가이(1998:245) 참조)[2]

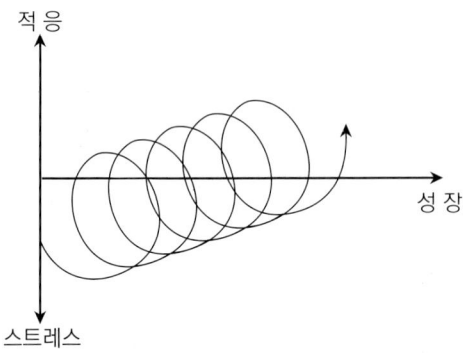

[표3] 스트레스―적응―성장곡선(이시이(石井, 2001:121))

그러나, 회복되고 나서 귀국한 후에도 전에는 전혀 위화감이 없던 모국의 습관이나 가치관에 스트레스를 느끼는 경우가 있다. 이것이 리엔트리 쇼크(재입국 위기)라 불리는 정신적인 침체상태이다. 이 부적응 상태에 대해서는 그다지

---

2 Gullahorn, J. T. & Gullahorn, H. E. (1963) An Extension of the U-Curve hypothesis. Journal of Social Issues, 19(3), 33-47

주목하지 않았지만, '실제로는 외국에 갔을 때 일어나는 컬쳐 쇼크보다 심한 경우도 있다'(이시이(石井, 1997:288))는 지적이 있다. 이는 U커브에 나타난 최초의 쇼크는 '어느 정도 각오를 하고 있는데 반해', 이문화사회에 체재하는 동안에 가치관이나 행동양식이 변화되었다고는 본인은 물론 주위도 전혀 예상하지 않았을 뿐더러, 귀국해도 '자신이 잘 알고 있는 문화이므로 어려움 없이 적응할 수 있을 것으로 생각했던'(이시이(石井, 1997:288))것이 생각지 못한 결과를 가져오는 것이다. W커브란 이같은 귀국 시에 발생하는 정신적인 침체와 공황과 회복을 U커브 뒤에 추가한 것이다.

U커브와 W커브는 해외에서 체류하다가 다시 모국으로 돌아오기까지의 정신 상태를 모델화한 것이지만, 이민자들의 문화적응연구에서는 스트레스—적응—성장곡선이라는 모델이 제시되고 있다. 이것은 이문화적응이란 U커브와 같이 단순히 내려갔다가 올라가는 것이 아니고 항상 나선을 그리듯이 정신적인 침체상태를 체험하지만 전체적으로 서서히 적응해 간다고 보는 모델이다.

위의 모델에서는 이문화적응을 하나의 커다란 변화로 다루고 있지만, 같은 과정을 인지·행동·정서라는 세 개의 측면에서 진행되는 복합적인 변화로 설명하는 견해도 있다. 예를 들면, 미노우라(箕浦, 1990)는 13세에 캘리포니아에서 귀국한, 일본계 미국인 아버지와 일본인 어머니를 두고 있는 여고생의 사례를 들고 있다. 이 여학생은 일본에 온 후, 일본의 습관과 관용표현을 이상하게 여기면서도 점차 받아들이게 되었지만, 때로는 '나는 왜 이런 일을 하고 있는가?' '나는 왜 이런 말을 하는 건가?'라는 기분이 든다고 한다. 미노우라는 이 상태를 '3년 남짓 일본에서 사는 동안, 일본에서의 적절한 행동에 대해 지식을 얻게 되고(인지적 측면), 거의 일본인처럼 행동할 수 있게 되었지만(행동적 측면), 마음이 행동을 따라가지 못하여, 정서면과 행동면에 일종의 틈이 생긴 것이다'(미노우라, 1990:62-63)라고 설명하고 있다. 틈을 자각할 수밖에 없는 이문화환경에 비해, 자문화(自文化)에서는 개개의 행동이 그 배경에 있는 의미와 감정을 생각할 필요도 없을 만큼 당연하다고 여기게 되므로, 감정적으로 저항 없이 행동할 수 있다고 한다(미노우라, 1990:62).

2.2 이문화환경에서 부상하는 자문화

문화에는 수많은 정의와 개념이 있지만, 여기에서는 이문화적응에 있어 문화의 역할이 포괄적으로 묘사되어 있는 정의를 소개한다. 조금 인용이 길지만, 잘 읽고 여기에서 말하는 문화의 개념을 생각해 보자.

(문화란) 각 규칙에서의 다이내믹한(활동적인) 시스템이고, 명확한 것과 암묵적으로 양해되는 것이 있다. 각 집단이 스스로의 생존을 위해 만들어 온 시스템으로, 태도, 가치관, 규범, 행동 등과 관련되어 있다. 집단 내에서 공유되고는 있지만, 같은 집단 내에서도 그 속에 존재하는 단위(집단을 더 분할한 하위군)마다 다른 해석이 내려지는 경우도 있다. 차세대로 전해지고, 비교적 변화하기 어려운 것이기는 하지만, 시대와 더불어 변화할 가능성도 있다.   (마츠모토(マツモト, 2001:27-28))

'시스템'이라는 부분이 이해하기 어려울지도 모르지만, 우리들의 가치관이나 습관은 서로 영향을 주고 있고, 각각 독립된 것이 아니라는 점을 생각해 보기 바란다. 그들이 결합하여 하나의 커다란 총체를 이룬 것을 문화라 한다면, 그야말로 이는 시스템이라 할 수 있을 것이다.

우리들이 얼마나 깊이 한 문화에 적응하고 있는지는 이문화환경에 놓여진 후에 비로소 알게 되는 경우가 많다. 어떤 문화에서 당연하다고 여겨지는 행동 규범이나 가치관이 몸에 배어있는 사람일수록 그 문화에 깊이 길들여져 있어서 위화감을 느끼는 일이 없기 때문이다. 따라서, 해외에 나와서 비로소 자신이 얼마나 일본적인 인간인지를 깨닫게 되었다고 말하는 사람이 적지 않다. 이같이 이문화환경에 처해있을 때, 우리들은 출신문화 속에서는 의식하지 않았던 자신의 문화적 아이덴티티(identity)를 자각하는 것이다. 즉 문화적 아이덴티티란 자신이 문화적인 측면에서 어느 집단에 속해있는지 자각하는 감각을 말한다. 그 밖에도 직업과 성차(性差) 등, 다양한 집단과 의식에 따라 다른 아이덴티티가 존재하지만, 이문화간 접촉에서 사람들이 강하게 의식하는 것은 이러한 문화와 민족에 대한 아이덴티티이다.

이 아이덴티티의 근거가 되는 것은 국적 · 언어 · 문화 등으로, 일본에 사는 많은 사람들은 이 세 가지가 '일본'이라는 점에서 공통적이다. 그 때문에, 자신의 문화적 아이덴티티가 흔들리는 일은 좀처럼 없다. 그러나 같은 사회에도 사정이 다른 사람들이 있다. 예를 들어 재일한국인 · 조선인 3, 4세의 경우, 국적은 북한이나 한국이지만, 모어(母語)나 몸에 익은 문화의 대부분이 일본 것이기 때문에 자신의 소속문화가 애매해지기 쉽다.

2.3 문화화의 프로세스

우리들은 어느 사이엔가 자신이 태어나고 자란 문화의 습관이나 사고를 몸에 익히고, 그 문화의 구성원으로서의 문화적 아이덴티티를 갖게 된다. 이 과정을 문화화(enculturation)라 부른다. '인간이 소속집단의 구성원이 되기 위하여, 그 집단의 문화를 학습하는 과정'[3](이시이(石井, 1997:280))인 것이다. 참고로 이 같은 과정을 가리켜 사회화(socialization)라 부르기도 한다. 양자는 인간이 어떤 사회에 살게 됨으로써 익히게 되는 것을 문화로 볼 것인지, 아니면 사회적으로 적절한 행동이나 가치관으로 볼 것인지 라는 차이가 있다.

문화화의 구체적인 메커니즘에 대해서는 여러 개의 학설이 있다. 어린아이의 생득적인 능력과 문화화는 서로 관계가 있는 것인지, 연령에 따라 단계적으로 발달하는 것인지 등에 대한 다양한 의견이 있다. 그러나 아이는 자신을 길러준 부모나 주위의 어른들과의 상호작용에 의해 그 문화 특유의 가치관과 관습을 몸에 익혀 간다고 생각하는 점, 나아가 학교교육이 '아이를 그 사회에 적응시키고 그 사회의 문화가치를 가르쳐 확고하게 만들어가는 데에 가장 중요한 시스템으로서의 역할'

---

3 Wiseman, R. L. (ED.) (1995) Intercultural Communication Theory. Newbury Park, CA: Sage.

(마츠모토(マツモト, 2001:96))을 담당한다고 여기는 점에서는 거의 일치한다.

여기에서 문제가 되는 것이 이문화에서 사는 아이들의 문화화이다. 부모는 모국문화의 가치관과 습관을 완전히 몸에 익힌 성인이므로 이문화환경에서 적응하는데 문화적 아이덴티티가 근본적으로 흔들리는 일이 적다. 그러나 아이들의 문화간 이동은 모국사회에서의 문화화나 언어습득이 미완성인 상태에서 본인의 주위사람들이나 환경이 갑자기 변하는 것을 의미한다. 따라서, 가정과 학교 등의 환경에 따라서는 모국과 이주지의 문화, 어느 쪽에 의해서도 문화화하지 않고 발달이 멈춰버리는 일이 있다. 또한 언어습득이나 인지적 발달에 미치는 영향도 크다. 이렇게 하여 문화적 아이덴티티가 애매해진 아이들은 후에 심리적인 갈등에 시달리는 경우가 있다. 이 상태를 아이덴티티·크라이시스(identity crisis, 정체성 위기)[4]라 부른다. 전형적인 예가 앞서 거론한 재일조선인 3세나 4세가 자신의 소속문화를 잃은 상태이다.

또한, 중국잔류고아[5]를 어머니로 둔 귀국자녀 2세인 여성과 그 일가를 그린 논픽션 작품에도 그 예가 있다. 주인공인 여성은 때때로 스스로를 자조적으로 '이빤이빤(중국어로 '반은 일본인, 반은 중국인'을 의미한다)'이라 부른다. 자신의 내면에는 11세에 일본에 와서 성인이 된 일본인 마리코(일본이름)와 11세에 어른이 되는 것이 멈춰버린 중국인 시리엔(중국이름)이라는 두 사람이 있다는 것이다. 그녀는 '마리코의 일본어는 완벽하지는 않지만, 스물한 살짜리 여자의 말이지요. (중략)하지만 시리엔은 다릅니다. 시리엔은 열한 살짜리 어린애 말밖에 못하니까요. 외모는 어른인데 내 안의 중국인은 유치하고 어린애 말밖에 못합니다'(이다(井田, 1995:29))라고 자신의 복잡한 언어감각에 대하여

---

4 아이덴티티·크라이시스란 아이덴티티(정체성)를 잃은 심리적 불안정한 상태를 가리키기 때문에, 문화적 아이덴티티만으로 발생한다고 할 수 없다. 사춘기의 아이덴티티·크라이시스는 이중 하나이다.

5 2차 대전 후, 중국에서 살아남아 성장한 당시의 일본인 아이들을 가리키는 용어. (역자 주)

토로하며 두 언어와 문화간의 부조화로 고민하는 심중을 고백하고 있다.

일본 각지의 공업단지에서 일하는 일본계 남미인들의 자녀들도 문화화의 과정과 심신의 발달이라는 면에서 극히 어려운 상황에 놓여있다. 부모들의 대부분은 공장 일로 바쁘다. 게다가, 주위에 모국의 문화와 언어를 배울 수 있는 곳은 거의 없으며 초등학교에서의 교과지도는 일본어로 이루어진다. 이러한 환경에서 성장하는 아이들은 점차 포르투갈어나 스페인어로 말할 수 없게 되고 일본의 문화와 언어를 익혀갈 가능성이 높다. 일본문화에 의한 문화화가 진행되어 자신이 나고 자란 문화로부터의 괴리로 이어지는 것이다. 그들이 오랜 기간이 지난 후, 남미로 귀국하게 되면 모국의 문화와 사회에 대한 부적응에 직면하게 되고, 그것이 계기가 되어 심각한 정체성의 위기에 빠지기 쉽다. 그러므로 일본사회가 일본계 남미인의 노동력을 필요로 한다면, 부모를 따라오는 자녀들의 모어·모국의 문화 유지교육에도 책임을 지고 지원해야 한다는 주장도 나오고 있다.

3 우리들의 기억과 행동

앞에서는 문화화를 실현하는 중요한 요소로서 발달시기의 문화적 환경을 들었지만, 우리들 자신의 머릿속에도 문화화에 빼놓을 수 없는 기능이 존재한다. 기억을 비롯한 뇌의 정보처리기능이다.

우리들은 성장함에 따라, 주위의 어른들을 통하여 자문화의 특유한 습관과 태도를 경험한다. 그러나 그 경험도 곧바로 잊어버린다면 문화화로 이어지지 않는다. 우리들의 경험은 기억에 의해 유지되고 있으며, 그 기억의 기능에 의해 우리들은 자문화를 익혀가는 것이다. 이 기억이 축적되어 지식이 되고 조직화된 것이 스키마(schema)로, 다음과 같이 정의할 수 있다.

> 과거의 경험이 오랜 기억에 의해 획득되어진 것으로, 다양한 상황과 행동규칙에 대한 정보, 자기자신과 주위사람들에 대한 정보, 실제 일어난 사건과 다양한 사항에 대한 정보, 자신이 획득한 방법, 정서에 대한 지식, 나아가 이

들의 정보와 지식간의 관계 등을 포함하는 조직화된 인지구조.

(니시다(西田, 2000:84))

아이들은 어른과의 접촉을 통하여 각 문화가 갖는 특징 있는 행동과 사고를 보고 들으며, 그 경험을 바탕으로 스키마를 형성한다. 그리고 다음은 그 스키마를 일상의 행동과 판단자료로 활용하는 것이다. [6]

스키마에는 자연과학과 역사 등의 개념이나 특정인물과 집단에 대한 것, 특정 상황 하에서의 처리방법 등이 있어서, [7] 우리들은 처음 만난 사람에게도 적절한 화제를 고를 수 있고 여행을 떠나서도 원활하게 교통기관을 이용하고 지진이 일어나도 먼저 무엇을 해야 할 것인지 즉시 판단할 수 있다. 스키마는 뇌에 들어오는 방대한 정보를 효율적으로 빠르게 처리하여 적절한 행동으로 이어주는데 꼭 필요한 도구인 것이다. 또한 스키마 중에서도 연속되는 순서에 대한 지식을 스크립트(script)라 한다. 우리들이 레스토랑에 들어가서 먼저 무엇을 하면 되는지 그리고 그 다음에는 어떻게 할지를 고민하지 않고 행동할 수 있는 것은 이 스크립트의 덕분이다. 단, 배경문화나 연령이 다른 경우에는 과거의 경험도 차이가 크며, 형성된 스키마와 스크립트에도 유사한 부분이 적어지기 때문에, 서로 예측이나 행동에 차이를 보이는 경우가 있다.

또 하나, 넘치는 정보를 짧은 시간에 처리하기 위한 장치로, 카테고리화[8] 라

---

6 니시다(西田)는 컬쳐쇼크도 스키마로 설명하고 있다. 즉, 모국에서 통용되던 스키마가 이문화에서는 제대로 통용되지 않기 때문에 일어나는 정신적인 쇼크라는 것이다(니시다(西田, 2000:154)).

7 스키마의 분류에는 여러 학설이 있지만, (니시다(西田, 2000:94-98))에서는 ①사실/개념스키마, ②인간스키마, ③자기스키마, ④역할스키마, ⑤상황스키마, ⑥절차스키마로 분류하고 있다.

8 카테고리화는 우리들의 언어이해와 사용과 깊이 관련되어 있다. 상세한 것은 '언어이해과정'및 '언어습득발달' 부분을 참조할 것.

는 뇌의 기능이 있다. 이는 새로운 정보를 이해할 때 먼저 처음에 무언가의 카테고리로 구분하는 것을 말하는 것으로, 개개의 정보를 처음부터 하나하나 처리하는 수고를 덜고 그 대신 이미 잘 알고 있는 그룹으로서의 특징을 사용하여 신속하게 이해하는 정보처리장치이다.

그러나 이 편리한 스키마나 카테고리화가 좋지 않은 방향으로 나타나는 경우도 있다. 바로 스테레오타입(stereo type, 사람들이 특정 인물이나 집단에 대해 갖는 고정적 이미지)과 편견이다. 실제, 처음 만난 사람이 독일인이라는 말에, 스테레오타입에 의해 '맥주를 좋아한다'고 결론 짓는 것은 생각하는 수고나 시간을 덜어 편리하다. 그러나 실제 이러한 예상이 항상 효과적인 것은 아니다. 스테레오타입에 의한 규정에 반발을 느끼는 사람이나 스테레오타입의 특징을 가지고 있지 않은 사람도 있기 때문이다. 더구나, 스테레오타입에 부정적인 감정이 더해져 굳어진 것이 편견이다. 세계의 역사를 되돌아보아도 편견이 집단구성원간의 분쟁을 불러일으키고 수많은 집단학살과 차별로 확대된 경우가 있다는 것을 알 수 있다.

우리들의 뇌의 정보처리에 효율화가 반드시 필요한 이상, 스테레오타입을 막는 일은 쉽지 않지만, 이를 조절하거나 줄이는 일은 가능할 것이다(가와세(上瀬, 2002)). 이문화접촉에 있어 스테레오타입을 줄이는 것을 목표로 한다면 이문화훈련을 활용하는 것도 하나의 방법이다.

4 커뮤니케이션에서의 문화적 차이

여기에서는 문화마다 존재하는 다양한 특징 중, 대표적인 예를 몇 가지 들기로 한다. 그중 대다수가 커뮤니케이션과 관련되어 있는데, 사람들은 그 차이를 자각하지 못하고 자문화를 기준으로 하여 판단이나 해석을 하기 때문에, 이문화접촉에서 이러한 문화차이가 오해와 충돌을 초래하는 경우가 있다.

4.1 고/저콘텍스트

콘텍스트(context)란 커뮤니케이션과 관련된 문맥을 말한다. 예를 들어, 의자의 위치나 방의 밝기(물리적 콘텍스트), 맞선보는 자리(사회문화적 콘텍스트), 상대와의 인간관계(대인 콘텍스트)라는 상황을 떠올려보자. 현실의 커뮤니케이션 장면에서는 복수의 콘텍스트가 서로 결합하며, 그 때 그 장면만의 콘텍스트가 형성된다. 그리고 그 장면설정에서 메시지를 전달하려 할 때, 콘텍스트에 대한 의존도가 문화와 언어에 따라 다르다. 전달하고 싶은 내용을 명확하게 언어화하지 못하고 콘텍스트를 이용하여 '추측'을 필요로 하는 경향이 강한 문화를 高콘텍스트 문화, 반대로 콘텍스트에 의존하지 않고 전달내용 모두를 언어화하는 경향이 있는 언어를 低콘텍스트 문화라 부른다. 이 문화적 차이를 지적한 문화인류학자 홀(Edward T. Hall)에 의하면 일본문화는 대표적인 高콘텍스트문화라 한다. 이 때문에 低콘텍스트문화의 사람들이 일본인과 대화하면 '무엇을 말하려 하는지 모르겠다.', '말이 비논리적이고 신뢰할 수 없다.'라고 불만을 느끼는 일이 있다고 한다.

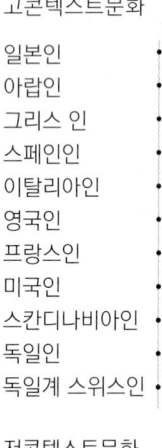

[표 4] 문화의 콘텍스트도 (아오키(青木, 1999:42))

4.2 언어/비언어 메시지

콘텍스트의 역할을 생각해보아도 알 수 있듯이, 커뮤니케이션은 언어만으로 성립하는 것이 아니다. 표정 · 제스처 · 시선 · 신체적 거리 · 목소리의 억양과 스피드 · 침묵 등도 정보를 전달한다. 이러한 언어에 의하지 않고 전달되는 비언어 메시지는 언어로 표현된 언어 메시지에 비해 부드럽고 정확하기 때문에 같은 문화권 사람들 간의 커뮤니케이션 중 6, 7할을 비언어 메시지가 담당한다고 한다.

그러나 이문화접촉의 경우에는 비언어 메시지가 오해의 원인이 되기도 한다. 예를 들면, 일본인이 '이리 오라'고 해도, 같은 제스처가 '저리 가라'를 의미하는 문화권 사람이라면 얼른 가버릴 것이다. 제스처 외에도 시선이나 신체적 거리 등, 비언어 메시지 중에는 문화에 따라 의미가 다른 것이 있다.

4.3 담화구조

'일본인은 돌려 말하기 때문에 이해하기 힘들다'는 비판을 종종 받는다. 앞서 서술했듯이, 이러한 불만의 배경에는 콘텍스트에 의존하여, 언어화하지 않는 일본인 특유의 커뮤니케이션 스타일을 들 수 있다. 이를 밝힌 것이 카프란(kaplan)의 연구이다. 그는 세계 20지역에서 모인 재미유학생의 작문을 비교 분석함으로써, 문화별로 담화의 전개특징을 나타낸 모델 표를 만들었다(카프란(Kaplan, 1966)). 이를 보면, 아시아인의 문장은 결론이 맨 마지막에 등장하여, 결론까지 일직선인 영어권 사람과는 전개가 정반대임을 잘 알 수 있다. 카프란의 연구에 대하여는 비판도 있었고 오랜 논쟁이 이어졌지만, 현재 많은 연구자가 말투나 문장의 전개에는 문화별로 특징이 있다고 주장하고 있다.

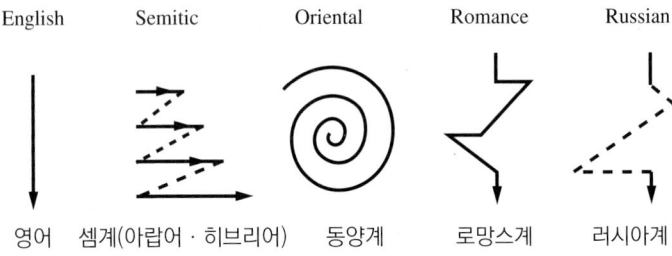

[표 5] 재미유학생에 의한 작문의 모어별 모델표(사사키(佐々木, 2001:68))[9]

4.4 자기개시

자기개시(自己開示)란 '개인적인 정보를 타인에게 공개하는 행위'(에노모토(榎本, 1997))를 말한다. 일반적으로 상대와 친해지면서 자신을 드러내는 화제는 확대되고, 동시에 내용도 깊어져간다. 이러한 자기개시에도 문화차가 있다고 한다. 예를 들면 '다가서기 어려운 독일인과 개방적인 미국인'이라 불리는 두 나라의 대학생을 실제로 비교 조사해보면 미국인 쪽이 자기개시도가 높다는 결과가 나와 있다(다음 장의[표 6] 참조).

5 심리학에서의 학습론과 언어교육 교수법

이문화 이해 외에도 좋은 수업을 하기 위해 꼭 필요한 일본어교사의 기초지식이 있다. 그중 하나가 학습이론이다. 이는 '학습'이란 어떠한 것인가를 정의한 것이다. 교사는 '학습'의 정의에 근거하여 교수법과 활동을 고안하고, 이를 사용한 수업내용을 고안하고 실행한다. 따라서 학습론이란 수업의 대략의 방침을 정하는 기본원칙과 같은 것이라 할 수 있다.

---

9   Kaplan(1966:14)

일반적으로 학습론은 심리학의 영향을 받아 형성되므로, 심리학의 연구동향에 따라 변화되고 그 새로운 학습론에 근거하여 새로운 교수법과 학습활동이 등장한다. 현재, 널리 주목을 끌고 있는 협동학습도 1990년 이후의 교육심리학이나 발달심리학 연구의 새로운 흐름을 선도하고 있는 비고스키의 발달이론 및 상황적 학습론에서 나온 학습론에 근거하고 있다.

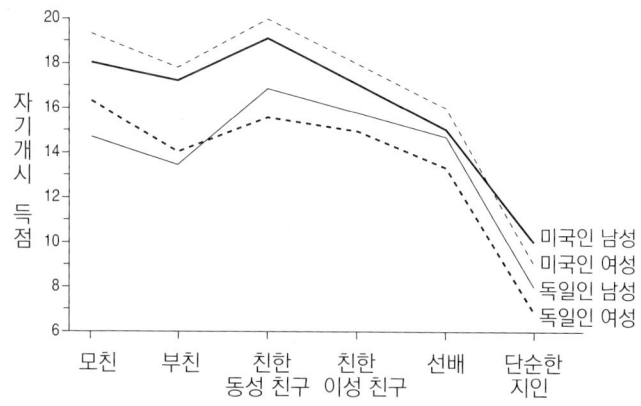

[표6] 독일인과 미국인의 상대별 자기개시도(에노모토(榎本, 1997:101))[10]

6 지금까지의 언어학습과 학습관

새로운 학습론과 이에 근거한 언어교육을 생각하기 전에, 이제까지의 학습론과 언어교육의 흐름을 돌아보자. 먼저, 이제까지의 대표적인 교수법으로 제2차 세계대전 이후의 언어교육에서 널리 보급된 AL법(Audio Lingual Method)을 살펴보자.

---

10 Plog, S. C. (1965) The disclosure of self in the United States and Germany. Journal of Social Psychology, 65, 193-203.

AL법 수업은 문형과 어휘가 자동적으로 입에서 나올 때까지 몇 번이고 연습하는 드릴과 교사의 큐싸인(신호)에 반응하여 대답을 하는 패턴 프랙티스(pattern practice)라는 연습방법에 의해 구성된다. [11] 이같이 반복에 의해 언어를 몸에 익힌다는 발상의 배경에는 당시의 심리학에서 주류를 차지했던 행동주의 심리학의 영향이 있다. 행동주의 심리학에서는 어떤 자극(Stimulus)을 반복함으로써 특정 반응(Response)이 일어나도록 길들여지는 것을 '행동이 변화했다.'고 보아, 변화를 학습으로 간주했다(이를 S-R이론이라 한다). 이 학습론에 근거하여 고안된 것이 패턴·프랙티스와 드릴이다. 그 지도 장면을 상상하면 이 학습론이 학습자의 자발적인 사고와 정서라는 요소를 그다지 고려하지 않은 것을 알 수 있을 것이다.

한편, 행동주의 심리학 다음으로 언어교육에 영향을 준 것이 1960년대부터 1970년대에 걸쳐 일어난 인지심리학[12]이다. 인지심리학은 행동주의 심리학과는 달리, 인간의 머릿속에서의 정보처리 구조와 의식의 기능에 주목하는 것에서 시작되었다. 마침 그 무렵, 본격적인 개발이 시작된 컴퓨터는 인간의 뇌의 정보처리시스템을 표본으로 하면서 크게 발전했고, 인지심리학 쪽도 완성된 컴퓨터가 인간과 같이 정보처리가 가능한가를 시험하는 것으로, 이 역시 크게 발전했다. 이같은 발자취를 생각하면 인지심리학에서 컴퓨터를 떼어놓을 수 없는 이유를 잘 알 수 있다.

---

11 이러한 AL법 연습방법은 구조주의 언어학의 영향을 받고 있다. 구조주의 언어학은 문자 그대로 개개의 언어요소의 축적에 의해 우리들의 언어가 이루어져 있다고 생각하기 때문에, AL법도 문형과 어휘라는 파트를 반복하여 연습하는 것을 중시하였다.

12 인지심리학이라는 용어에는 「'인지에 대하여 연구하는 심리학'이라는 의미와 '인지주의적인 심리학'이라는 두 가지가 혼재되어 있다」(모리(守, 1994:5))는 지적이 있다. 즉, 전자는 지식·기억·언어·사고 등 인간의 인지와 관련된 영역에 대한 실험심리학적 연구를 의미하며, 후자인 '인지주의적인 심리학'이란 「인간을 정보처리시스템으로 보아, 보이지 않는 부분에서 어떠한 것이 일어나는지를 적극적으로 '상상'하는」(모리(守, 1994:5)) 것을 시도하는 것이다.

이렇게 하여 인간의 정보처리구조가 밝혀짐과 동시에 학습에 대한 생각도 변화되었다. 인지심리학에서는 '학습'이란 개념구조와 인지구조를 바꾸거나 이용하는 것'(나가노(永野, 2001:77))으로 보는 데서 알 수 있듯이, 외부에서 보는 것만으로는 알 수 없는, 인간의 내면에서 일어나는 정보처리시스템의 변화를 학습이라 생각했다.

이상, 언어교육에 커다란 영향을 미친 행동주의 심리학과 인지심리학을 살펴 보았다. 양자에 공통되는 점으로 학습자의 학습을 학습자 개인의 내면에서, 또는 개인과 외부환경과의 관계에서 한정적으로 다루고 있다는 것을 알 수 있다. 즉, 인간이 주위 사람들 사이에서 경험하는 사회적 관계에서 받는 영향을 고려하지 않는 것을 알 수 있을 것이다. 이 점에서 대조적인 것이 다음에 설명할 비고스키의 발달심리학과 상황적 학습론이다.

7 최근의 언어교육과 새로운 학습관—비고스키 심리학과 상황적 학습

최근, 학습자간에 일본어에 의한 상호행위를 풍부하게 체험할 수 있는 기회를 만드는 것을 목표로 하는 새로운 교실활동을 모색하는 일본어교사가 적지 않다. 이와 관련해 주목을 받고 있는 것이 협동[13]학습이다. 협동학습이란 학습자가 서로 협력하면서 공통의 목적을 달성하는 것으로, 나아가 학습자간의 사회적 관계(인간관계)를 구축한다는 특징을 가지고 있다. 이 활동의 이론적 배경이 되고 있는 것이 비고스키의 발달이론과 그 영향을 받아 1980년대 후반에서 1990년 후반에 걸쳐 등장한 상황적 학습론이다.

비고스키는 20세기 초에 활약한 구소련의 심리학자이다. 그는 인간의 언어와 인지의 발달을 다음과 같이 생각하고 있었다.

---

13 '협동'이나 '공동' 등, 여러 용어가 있지만, 이 책에서는 가장 영어의 'collaboration'에 가까운 '협동'이라는 용어로 통일하여 사용한다.

비고스키는 언어는 처음에는 타인과의 커뮤니케이션 수단이라는 극히 사회적인 성격을 가지고 있는 것에 기원이 있고 점차 이 커뮤니케이션의 도구가 자기 안에 내재화되어, 자신의 사고의 도구로 바뀐다고 지적하고 있다.

(사토(佐藤, 1999:7))

즉, 아이가 어른과 커뮤니케이션을 하게 되면, 아이는 어른의 언어를 흉내 내어 사용함으로써(外言) 몸에 익히게 된다. 다음으로 그 언어를 마음으로 중얼거리게(內言) 되면서 그들의 사고는 깊어지고 인지적 발달이 일어난다는 것이다.

또한 아이들의 능력에는 단독으로는 불가능하지만, 어른의 도움을 빌리면 문제해결이 가능해지는 영역이 있는데, 이것이 비고스키가 주창한 근접발달지대(Zone of Proximal Development : ZPD)라는 영역이다. 후에 비고스키의 영향을 받은 연구자들은 이때 어른들이 아이에게 주는 도움을 스캐폴딩(scaffolding, 발판)[14]이라 불렀다(Wood, Bruner & Ross, 1976).

비고스키의 사후에, 행동주의 심리학자와 언어발달을 생득적인 것으로 보는 촘스키가 등장했지만, 사회적인 상호행위 안에서의 발달과 학습이 실현된다고 생각하는 사람은 좀처럼 없었다. 냉전 종결 후에야 비고스키심리학에 대한 재평가가 시작되고, 마침 그 무렵 인간의 상호행위를 분석하는 연구방법(회화분석, 에스노메소돌로지(ethnomethodology)[15], 필드워크 등)이 고안되는 등, 다시 상호작용에 대해 관심이 모이게 된다. 이러한 흐름 속에서 **상황적 학습론**이

---

14 우리나라에서는 '비계' '비계설정' 등의 일본식 용어가 사용되고 있다. 스캐폴딩이란 학생이 혼자 고민하고 있을 때, 교사가 적절한 질문을 던져 학생 스스로 답에 도달할 수 있도록 돕는 것을 의미한다. (역자 주)

15 우리나라에서는 민속방법론, 민간방법론, 일상생활방법론 등으로 번역되고 있다. (역자 주)

라 불리는 새로운 학습이론이 등장한다.

상황적 학습론이란 장인 등, 도제제도의 집단에서 보이는 제자육성과정으로 새로 들어온 신참이 장인과 선배들의 심부름을 하는 동안에 서서히 지식·기술을 익혀가는 모습을 일종의 학습으로 보는 이론이다. 이 이론에서는 신참이 심부름이라는 주변적인 형태로 집단에 참가하는 것을 정통적인 참가방식이라 보아, 정통적 주변참가(Legitimate Peripheral Participation : LPP)라 부르고, 공통의 목적을 가진 그룹을 실천공동체라 불렀다(Lave&Wenger(レイブ·ウェンガー, 1993))[16].

신참이 점점 실천공동체의 중핵에 있는 장인에게 다가가듯이, 정통적 주변참가는 본인의 기술·지식의 향상과 집단 내에서의 위치변화를 동반한다. 게다가 이 학습론에서는 지식은 인간의 머릿속에서가 아니라 실천공동체(목적과 기술을 공유하는 집단)에 속하는 사람들의 도구·기술·조직 간에 분산된 형태로 존재한다고 한다(나가노(永野, 2001:91)). 즉, 배워야 할 사항에는 항상 그 공동체 특유의 콘텍스트와 동료와의 상호행위가 꼭 필요하다는 것을 알 수 있다.

비고스키와 상황적 학습론에서, '학습'이란 구체적인 콘텍스트와 타인과의 사회적 상호작용을 빼놓을 수 없다는 점에서 공통적이다. 이를 중시하여 고안된 것이 협동활동이라 불리는 교수활동이다. 대표적인 것으로, 최근 주목을 끌고 있는 것이 피어·레스폰스(peer·response)이다. 피어·레스폰스에서는 '좋은 작문을 쓴다.'는 공통의 목적을 설정하고, 동료간에 서로 작문에 대하여 몇 번이고 토론을 한다. 그 결과 혼자서는 쓸 수 없는 훌륭한 작문이 완성되며, 동시에 동료와의 인간관계도 구축된다고 볼 수 있다.

그밖에도 학습활동에 구체적인 콘텍스트와 동료간의 협력 작업을 받아들인 시도는 최근 점점 활성화되고 있다. 비고스키의 심리학과 상황적 학습론에서 등장한 새로운 학습론이 일본어교육에 깊이 침투한 증거라고 말할 수 있을 것이다.

---

16 レイブ는 J. Lave, ウェンガー는 E. Wenger를 가리킴. (역자 주)

'심리학의 모차르트'와 미소냉전

　비고스키는 1934년 결핵으로 38세에 요절하기까지 겨우 10년 정도의 기간 동안 예술·철학·심리학에 이르는 폭넓은 분야에서 끊임없이 창조적인 연구를 시도했다. 그 때문에 '심리학의 모차르트'라 불리기도 한다. 그의 연구는 극히 선구적이었지만, 미소냉전이라는 시대의 영향으로 서방에서는 오랫동안 주목받지 못하였다. 그러나 냉전종결 후에는 콜(Michael Cole)과 왓치(James V. Wertsch) 등, 비고스키의 영향을 받은 북미의 연구자가 속속 나타나, '사회—역사(문화)적 어프로치'라 불리는 학문적 그룹이 생겨났다. 일본은 냉전시대에도 교육학분야에 소련으로부터 직접 비고스키이론이 들어왔으며 이후 연구가 계속되어 왔기 때문에, 북미와는 다른 독특한 비고스키연구의 역사를 가지고 있다.

과제

❶ (　)안의 A~D에 적당한 말을 ①~⑤에서 하나씩 고르시오.

일본어에 의한 커뮤니케이션은 (　A　)와 콘텍스트에 의존하는 경향이 강하여 일본문화는 (　B　)콘텍스트문화라 불린다. 한편, 독일과 아메리카는 (　C　)콘텍스트문화로, (　D　)에 의존하는 경향이 강하다.

①자기개시　②언어 메시지　③비언어 메시지　④고　⑤저

❷ A의 1~4에 가장 관련이 있는 말을 B의 a~d에서 골라 서로 이으시오.

A	B
1. 행동주의심리학	a. 근접발달지대
2. 비고스키	b. LPP
3. 인지심리학	c. S-R이론
4. 상황적 학습	d. 스크립트

독서안내

市川伸一(1995)『現代心理学入門 3 学習と教育の心理学』岩波書店
✲ 이제까지의 교육심리학의 연구 성과를 어떻게 교육현장에 응용 가능한가를 간략하게 정리하고 있다. 여기에서는 언급하지 않은 동기부여 · 지식획득의 과정 · 평가 등도 설명되어 있다. 이 영역의 최적의 입문서이다.

大島弥生・池田玲子・大場理恵子・加納なおみ・高橋淑郎・岩田夏穂(2005)『ピアで学ぶ大学生の日本語表現―プロセス重視のレポート作成』ひつじ書房
✲ 피어 · 레스폰스의 수업실천과 순서가 구체적인 과제와 더불어, 알기 쉽게 구성되어 있는 텍스트이다. 원래, 일본인 학생의 '일본어표현법'을 위한 교재이나 유학생을 대상으로 하는 수업에서도 이용 가능하다.

上瀬由美子(1998)『ステレオタイプの社会心理学』サイエンス社
✲ 스테레오타입과 편견으로 테마를 좁혀, 발생구조에서 해소까지를 다각적으로 다루고 있다. 가까운 주변 사례가 풍부하여, 가볍고 흥미롭게 읽을 수 있다.

中村和夫(1998)『ヴィゴツキーの発達論』東京大学出版会
✲ 비고츠키의 발달심리학이론을 러시아어 원서로 충실하게 분석한 것으로, 이론 배경 등도 자세히 해설한 책이다.

マツモト ダイアン(2001)『文化と心理学―比較文化心理学入門』(南雅彦・佐藤公代訳)北大路書房
✲ 문화가 우리들의 심리와 어떻게 관계되는지를 많은 연구와 더불어 소개하고 있다. 문화의 개념정의에 대하여도 상세하게 설명하고 있어 문화에 대하여 깊이 공부하려는 사람에게 추천한다.

レイブ・ウェンガー(1993)『状況に埋め込まれた学習―正統的周辺参加』(佐伯胖訳)産業図書
✲ 상황적 학습론을 대표하는 기본문헌이다. 학습과 교육에 대하여 새로운 사고를 제시한 책으로 잘 알려져 있다.

【参考文献】

青木順子(1999) 『異文化コミュニケーション教育』溪水社

磯貝友子(1998) 「異文化と出会い―カルチャーショックと異文化適応」八代京子・町 恵理子・小池浩子・磯貝友子『異文化トレーニングボーダーレス社会を生きる』三修社

石井敏・久米昭元・遠山淳・平井一弘・松本茂・御堂岡潔編(1997) 『異文化コミュニケーションハンドブック』有斐閣

石井敏・久米昭元・遠山淳(2001)『異文化コミュニケーションの理論』有斐閣

井田真木子(1995)『小蓮の恋人―新日本人としての残留孤児二世』文芸春秋

榎本博明(1997)『自己開示の心理学的研究』北大路書房

佐藤公治(1999)『学びの中の対話と成長』金子書房

スカーセラ・オックスフォード(1997)『第二言語習得の理論と実際―タペストリーアプローチ』(牧野高 吉監訳) 松柏社

永野重史(2001)『教育心理学通論―人間の本性と教育』放送大学教育振興会

西田ひろ子(2000)『人間の行動原理に基づいた異文化コミュニケーション』創元社

古田暁・石田敏・岡部郎一・平井一弘・久米昭元編(1990)『異文化コミュニケーションキーワード』有斐閣

マツモト・ダイアン(2001)『文化と心理学―比較文化心理学入門』(南雅彦・佐藤公代訳) 北大路書房

箕浦康子(1990)『文化の中の子ども』東京大学出版會

守一雄(1995)『現代心理学入門 1 認知心理学』岩波書店

レイブ・ウェンガー(1993))『状況に埋め込まれた学習―正統的周辺参加』(佐伯胖訳) 産業図書

Kaplan, R. (1966) Cultural Thought in Patterns in Inter-Cultural Education. *Language Learning*, 16, 1-20.

Wood, D., Bruner, J. S. & Ross, G. (1976) The role of tutoring in problem solving. *Journal of Chile Psychology and Psychiatry*, 17, 89-100

과제의 정답   ❶ A-③ B-④ C-⑤ D-①   ❷ 1-c 2-a 3-d 4-b

제4부

언어와 교육

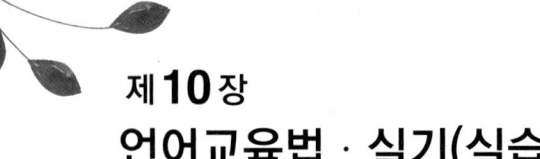

제10장
언어교육법 · 실기(실습)

여기에서는 실제로 일본어 수업을 계획하고 실시하는데 필요한 사항에 대해서 생각한다. 일본어 지식이 있다는 사실만으로 곧바로 일본어를 가르칠 수 있는 것은 아니다. 학습자를 어떻게 파악하고 어떻게 수업을 편성하고 실천해갈 것인지, 그 과정에서 필요한 지식이나 이론을 배우면서 스스로도 실천할 수 있는 능력을 갖기를 희망한다.

> **키워드** 코스 디자인(course design), 니즈(needs), 레디니스(readiness), 실러버스(syllabus), 커리큘럼(curriculum), 직접법, 패턴 프랙티스(pattern·practice), 의사소통중심 접근법(communicative·approach), 숙달도 테스트, 성취도 테스트, 인포메이션 갭(information gap), 롤프레이(rollplay), 전략(strategy)교육, 주교재, 부교재, 실물(realia), 교안, 인터액션(interaction)

1 코스 디자인

수업을 할 때, 가장 먼저 필요한 작업은 코스 디자인이다. 본 절에서는 코스 디자인의 흐름과 필요한 작업에 대해서 구체적으로 살펴본다.

1.1 코스 디자인이란

누군가에게 '일본어를 가르쳐 주세요' 라는 부탁을 받았을 때, 어떠한 준비가 필요한가? 예를 들어, 적당한 교과서를 한 권 준비하면 가르칠 수 있는 것일까? 레슨을 시작하자마자 학습자가 배우고 싶어 하는 내용과 자신이 가르치는 내용이 맞지 않거나 학습자의 형편상 시간이 충분하지 않아서, 예정했던 내용의 절반도 가르칠 수 없는 등 다양한 문제가 발생하게 될 것이다. 그리고 이러한 문제는 교습 시작 전에 코스 디자인이 충분히 검토되지 않은 점에 기인하는 경우가 많다.

코스 디자인이란 일본어코스 전체를 계획하는데 필요한 다양한 작업의 총체를 가리킨다. 개인레슨과 같은 소규모적인 것에서부터 일본어학교 경영과 같은 대규모적인 것에 이르기까지, 어떤 규모의 코스이든지 간에, '누가', '누구에게', '언제', '어디에서', '무엇을', '무엇을 위해', '어떻게' 가르칠 것인지, 이러한 문제 하나하나를 고려하여 계획을 세울 필요가 있다. 우선 코스 디자인 전체의 흐름부터 확인해보자.

1.2 코스 디자인의 흐름

그림1(135p)은 코스 디자인의 흐름을 개략적으로 표시한 것이다.

처음에 '어디에서', '누가' 라는 문제가 제시되어 있다. 이 문제는 기관에 소속되어 가르치고 있는 경우에 특히 중요하다. 학교의 설비나 환경, 경영자의 방침, 경우에 따라서는 국가나 지역의 교육방침 등도 파악해 두어야 한다. 또한 가르치는 교사도 중요하다. 기관에 따라서는 복수 교사에 의한 팀티칭이 이루어지는 경우가 있는데, 이때 같은 팀의 교사에 대해서도 파악해둘 필요가 있다. 혼자서 가르치는 경우라도 자신이 잘하는 분야나 부족한 분야를 인식할 필요가 있을 것이다.

다음으로 '무엇을 위해', '누구에게'라는 문제가 이어진다. 이 문제는 코스 디자인 중에서 가장 중시되는 점으로, 니즈(needs)분석이라고 불린다. 2절 이하에서는 이 니즈분석에 관한 부분부터 순서대로 구체적으로 살펴보도록 한다.

2 니즈분석

니즈분석이란 학습자를 다양한 각도에서 분석하여, 학습자에게 필요한 일본어를 명확히 제시하는 작업을 말한다. 분석을 위해서는 학습자가 '무엇을 위해' 일본어를 학습하려고 하는 지에 대해 조사하는 니즈조사와 '누구에게' 즉 어떠한 학습자에게 가르칠 것인가를 파악하기 위한 레디니스(readiness)조사가 이루어진다.

2.1 니즈조사

니즈조사란 학습의 목적, 도달 목표, 실제로 어떠한 일본어가 필요한지 등을 판단하기 위해 필요한 정보를 얻을 목적으로 실시되는 조사이다. 예를 들어 학습의 목적이 '관광여행을 하기 위해' 라고 하자. 이러한 경우 단지 외국인용 패키지투어에 참가하는 것인지, 스스로 계획, 수속, 교섭을 하는 것인지에 따라, 실제로 필요한 일본어는 달라진다. 단순히 학습 목적을 물을 뿐만 아니라, 어떠한 장소(상황)에서 어떠한 사람들과 일본어를 사용하는지, 어느 레벨까지 숙달이 필요한지, 어떠한 기능(읽기·쓰기·말하기·듣기)의 습득이 필요한지 등, 보다 상세한 정보를 얻을 필요가 있다.

또한, 니즈조사의 대상은 학습자뿐만이 아니다.

학습자가 연소자이면 학부형의 희망, 비즈니스맨이라면 직장의 요구, 유학생이라면 학교 측이 요구하는 레벨 등, 필요한 일본어를 결정하는데 중요한 정보가 된다. 더욱이 이미 같은 입장에서 학습을 시작했거나 학습을 경험한 선배 학습자로부터의 정보수집도 중요하다.

2.2 레디니스조사

레디니스란 학습자가 이미 어떠한 상황에 있는지를 가리킨다. 일본어 학습경험, 일본어능력, 학습한 교재, 다른 외국어 학습경험과 그 레벨, 외국어학습에서 어떠한 교수법이 효과적이라고 생각하는지 등, 학습자 개인의 능력이나 학습스타일에 관한 항목을 조사한다. 나아가 어느 정도 기간 동안 학습할 것인지, 어느 정도의 빈도로, 어느 시간대에 수업에 출석할 수 있는지, 자습할 시간은 있는지, 어떤 기자재를 갖고 있는지 등, 학습 환경에 관한 항목도 조사할 필

제10장 언어교육법 · 실기(실습)

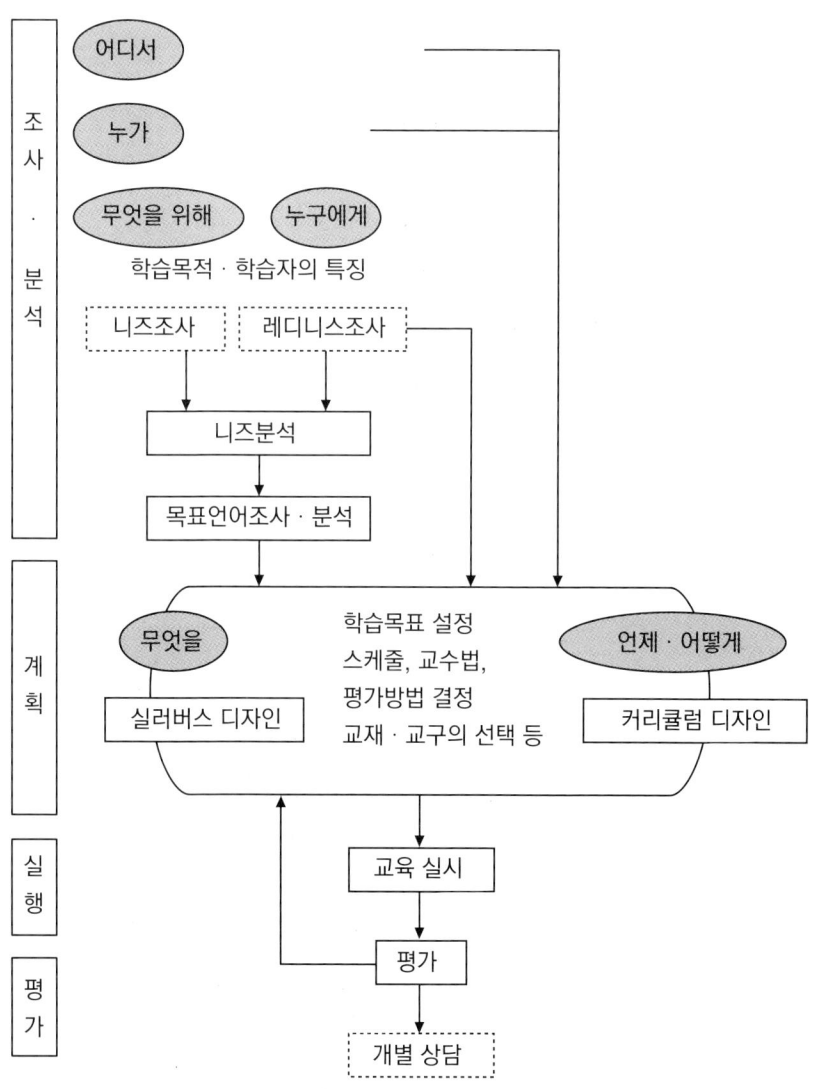

[그림 1] 코스 디자인 흐름

요가 있다. 문헌에 따라서는 학습자의 일본어 학습경험이나 일본어능력을 레디니스라고 부르고, 일본어 이외의 학습경험이나 능력, 학습 환경에 관한 항목을 학습조건으로 구분하여 생각하는 경우도 있지만, 여기서는 이들 모두를 포함하여 레디니스라 부르기로 한다. 또한 학습자가 언어학습에 대해서 갖고 있는 능력을 측정하기 위해, 언어학습적성테스트(본장 8절 참조)를 실시하는 경우도 있다. 여기서는 이 테스트의 결과도 학습자가 이미 갖추고 있는 능력으로 보아 레디니스라고 부른다.

레디니스조사 결과는 니즈분석에 필요한 정보를 제공할 뿐만 아니라, 교수법, 교재, 수업시간 등을 고려하는 커리큘럼 디자인에 있어서도 필요한 정보가 된다.

3 목표언어조사·분석

니즈분석으로 학습자에게 필요한 일본어가 명확해졌다면, 다음으로는 일본어의 실제 사용 예를 조사하고, 분석하는 목표언어조사·분석이 실시된다.

예를 들어 '호텔을 예약하기' 위한 일본어가 필요하다는 결과를 얻은 경우, 실제로 호텔을 예약하기 위해서는 어떠한 일본어가 사용되는지, 어떠한 대화가 있는지를 알아둘 필요가 있다. 조사 방법은 실제로 그 장면에서 이루어지는 커뮤니케이션을 관찰하고 기록하는 실태조사, 그 장면에서 어떻게 말할지를 일본어 모어 화자에게 묻는 의식조사, 교사자신의 내성, 즉 교사자신이 자기 자신에게 행하는 의식조사 등의 방법을 생각할 수 있다.

최종적으로는 조사 결과 얻어진 자료를 분석하여 필요한 어휘나 문형, 표현 등을 결정해 간다. 본래 이렇게 실제 장면에서 사용되는 언어 자료로부터 학습 내용을 결정하고, 교재를 작성해가는 것이 이상적이지만, 교재를 개발하는데 방대한 시간과 노력이 필요하게 된다. 따라서 실제로는 시중에서 판매되는 교재를 이용하는 경우가 많다. 그러나 시판되는 교재를 이용하는 경우라도 교재를 선정하는 단계에서, 가능한 이 실제 장면에서 사용되는 언어 자료에 비추어, 목표언어를 가르치는데 적합한 교재를 선정할 필요가 있다.

4 실러버스 디자인

실러버스(syllabus)란 '학습항목' 혹은 '학습항목 일람표'를 가리킨다. 코스전체의 실러버스를 코스실러버스라 부르고, 그 작성 작업을 실러버스 디자인이라 부른다. 코스실러버스는 어떤 관점에서 실러버스를 분류했는가에 따라서 몇 가지 종류로 구분된다. 아래에 대표적인 것을 소개한다.

4.1 구조실러버스, 문형실러버스, 문법실러버스

언어를 '형태'의 관점에서 분류하여 나열한 것을 구조실러버스(structural syllabus)라 한다. 구조실러버스라는 말을 문의 구조라는 좁은 의미에서 사용할 경우에는 문형실러버스와 같은 뜻이 된다. 또한 문형뿐만 아니라, 품사, 시제, 상(相) 등 문법 항목의 관점에서 분류한 문법실러버스(grammar syllabus)를 지칭하는 경우도 있다(문헌에 따라서는 이 문법실러버스를 구조실러버스와는 완전히 별개의 것으로 취급하는 경우도 있다). 어느 쪽이든 쉬운 것, 단순한 것에서 어려운 것, 복잡한 것으로 체계적으로 정리하여 학습항목을 나열하는 것이 특징이다.

4.2 기능(機能)실러버스

언어를 '기능'이나 '의미'의 관점에서 분류하여, 나열한 것을 기능실러버스(functional syllabus)라고 한다. '의뢰하다', '권유하다', '명령하다', '금지하다', '감사하다', '사죄하다' 등, 언어가 커뮤니케이션에서 담당하는 실러버스의 항목이 되고, 그 기능을 위해 사용되는 문형이나 어휘는 그 하위 항목이 된다. 예를 들어 '권유하다' 의 기능에서는 '영화를 보자', '영화를 보러가지 않겠습니까?', '함께 영화를 보러 가고 싶다고 생각합니다만…' 등, 다양한 표현이 사용되지만, 이들 표현은 모두 '권유하다'라는 기능실러버스에 포함된다.

4.3 장면실러버스

언어를 사용 장면이나 장소의 관점에서 분류한 것을 장면실러버스(situational syllabus)라고 한다. 레스토랑, 은행, 우체국, 쇼핑 등, 장면이나 장소가 실러버스 항목이 되고, 그곳에서 이루어지는 언어행동에 필요한 문형, 어휘, 언어기능 등이 하위 항목이 된다.

예를 들면 '레스토랑' 의 장면에서는 메뉴의 내용, 요리나 재료의 이름, 수나 가격 등의 어휘항목, 주문한다, 요리 내용을 묻다 등의 언어행동(기능), 일본 레스토랑에서의 관습 등, 다양한 항목이 하위 항목으로서 포함되게 된다.

4.4 기능(技能)실러버스

언어기능의 관점에서 분류한 실러버스를 기능실러버스(skill syllabus)라고 한다. 기능이란 읽기 · 쓰기 · 말하기 · 듣기의 네 가지 기능을 가리키지만, 기능실러버스는 이 네 가지를 더욱 구체적으로 상세하게 분류한 기능이 실러버스가 된다.

예를 들어 '읽다'라는 기능이라면, '간판을 읽다', '메뉴를 읽다', '편지를 읽다', '잡지 기사를 읽다' 등 읽는 대상에 따라서 기능이 달라지는 경우가 있다. 또, '광고를 읽는' 행위 하나를 들더라도 '전체를 파악하다', '상품명, 가격, 회사명 등의 필요한 정보를 읽어내다', '상세한 내용을 이해하다' 등 읽는 목적에 따라서 기능이 달라지며 이러한 내용이 하위 항목이 된다.

4.5 화제실러버스

화제(토픽)의 관점에서 분류한 실러버스를 화제실러버스(topic syllabus)라고 한다. 레벨에 따라서 다양한 화제가 실러버스 항목이 되고, 각각의 화제에서 이루어지는 언어행동에 필요한 문형, 어휘 등이 하위 항목이 된다. 초급 단계에서는 학습자에게 극히 친숙한 '가족', '취미', '학교' 와 같은 화제가 채택되고 레벨이 올라감에 따라 '교육', '환경', '건강' 등, 일반적이고 사회성을 띄는 것이나 추상적인 화제가 채택되는 경우가 많다. 학습자에게 관심이 있는 화제는 학습 동기나 의욕을 고취시킨다.

4.6 과제실러버스

언어는 무언가의 과제를 달성하기 위해 사용된다. 그 과제의 관점에서 분류한 실러버스를 과제실러버스(task syllabus)라고 한다. 예를 들면 '친구와 영화를 보러 간다.'는 과제를 위해서, 그 날의 영화를 알아보고, 문의하여 확인하고, 친구를 불러내는 등, 각각에 필요한 문형, 어휘, 일본사정과 관련된 지식, 기능 등이 하위 항목이 된다.

4.7 복합실러버스

몇 개의 실러버스를 조합하여 코스실러버스를 짜는 것을 복합실러버스, 혹은 절충실러버스라고 한다.

예를 들어 일본유학을 목표로 하여 일본어학교에서 공부하고 있는 학습자의 경우, 유학시험을 위해 구조실러버스를 중심으로 한 실러버스 디자인을 하는 경우가 많다. 그러나 그 학습자에게는 일본에서 일상생활을 하기 위한 일본어도 필요하다. 한 학기에 몇 번 정도는 일상생활에 필요한 장면이나 기능을 고려한 실러버스를 짜 넣는 것도 필요하다.

4.8 선행실러버스, 후행실러버스, 가변실러버스

코스를 시작하기 전에 완성되어 있는 실러버스를 선행실러버스, 코스를 마친 시점에서 완성되는 실러버스를 후행실러버스라고 한다. 선행실러버스는 효율적인 반면, 학습자의 니즈 변화에 대응하기 어렵다. 한편 후행실러버스는 학습기록과 같은 것으로, 학습자의 니즈변화에 대응할 수 있지만, 교사의 부담이 크고 효율도 낮다. 따라서 처음부터 선행실러버스에 어느 정도 유연성을 갖게 하여, 코스 도중에 학습자의 니즈변화에 대응할 수 있는 가변실러버스를 고려하는 경우가 있다.

5 커리큘럼 디자인

코스실러버스가 결정되면, 그 각 항목을, '언제', '어떻게' 가르칠 것인지를 정한다. 이것을 커리큘럼 디자인(curriculum design)이라고 한다. 도달목표를 설정하고 시간적인 틀을 정하여, 실러버스 항목의 제출 순서, 그것을 어떠한 교수법으로 가르칠 것인지, 어떠한 교실 활동을 행할 것인지 정한다. 교재, 교구 등을 선택하고, 최종적으로 어떤 평가를 실시할 것인지를 결정하는 것도 이 단계이다.

도달목표 설정이란 언어 운용능력 전반에 걸친 목표의 설정을 가리킨다. 따라서 일본어 운용능력의 향상을 목표로 하는 것이라면, 최종적으로 습득할 문형, 어휘, 한자의 종류와 개수 등 지식면의 목표 뿐 아니라, 코스 종료 시에 어떤 커뮤니케이션행동이 가능하게 되는 지, 언어 행동면에서의 목표도 설정할 필요가 있다.

6절 이후에서는 코스 디자인에서 필요한 교수법, 교재·교구, 평가에 대해서 그 대표적인 이론이나 배경을 개관한다.

6 교수법

이 절에서는 대표적인 외국어교수법과 이 교수법들의 이론적인 근거가 된 언어이론에 관하여 개관한다.

교수법이라고 해도 어프로치(approach), 매서드(method), 테크닉(technique) 등 여러 가지 호칭이 있다. 매서드는 어프로치를 기반으로 하여 확립된 교수법으로 보는 경우도 있는가 하면, 어프로치와 거의 같은 의미로 사용하는 경우도 있다. 또한 테크닉은 실질적 기술을 가리키지만, 매서드와 합하여 넓은 의미의 교수법으로 불리기도 한다. 어쨌든 교사는 교수법을 선택할 때 테크닉면 뿐 아니라 그 배경에 있는 교수법이나 이념을 파악하고, 이에 입각하여 앞서 기술한 도달목표를 달성하기 위하여 가장 적합한 방법을 생각할 필요가 있다. 이하 대표적인 교수법에 대하여 연대를 따라 개관한다.

6.1 문법번역식 교수법

문법번역식 교수법(Grammar Translation Method)은 중세 유럽의 그리스어교육·라틴어교육에서 시작된 전통적인 교수법이다. 당시의 유럽에서는 그리스어·라틴어로 쓰인 고전을 이해하는 것을 통하여 교양을 쌓는 것이 교양인의 자격 요건으로 간주되었다. 18세기 후반의 구미(歐美)에서의 현대어교육에서는 이 문법번역 중심의 교수법이 사용되게 되었다.

문법번역식 교수법의 특징은 문자언어를 중시하는 것으로, 학습의 목적은 목표언어로 쓰인 문학작품을 읽을 수 있게 되는 것이다. 그리고 그렇게 되기 위해 문법규칙이나 단어의 의미를 암기하여, 자유롭게 모어(母語)와 목표언어의 번역을 할 수 있게 되는 것이 중요한 요건으로 간주되었다. 또한 이렇게 해서 외국어를 이해하는 것은 모어에 대한 이해를 깊게 하여 지적성장에도 도움이 되는 것으로 여겨졌다.

6.2 자연식 교수법

18세기 후반의 산업혁명 이후, 교통기관의 발달과 더불어 유럽의 여러 나라에서는 인적 물적 교류가 활발하게 되어, 19세기에는 살아있는 의사소통 수단으로서의 외국어능력양성이 필요하게 되었다. 이와 같은 상황 하에, 19세기 후반 문법번역식 교수법을 대체하는 교수법으로 자연식 교수법(Natural Method)이 제창되었다. 자연식 교수법이란 가장 좋은 외국어 습득의 모델을 유아의 모어습득과정(제1언어습득과정)으로 보는 것으로, 구안(F.Gouin) 과 벌리츠(M.D.Berlitz)가 대표적인 제창자이다.

구안의 교수법은 자연식 교수법 중에서도 특히 유아의 심리적 발달에 주목한 점에서 심리학적 교수법(Psychological Method)이라고 불리기도 하고 모든 사건은 작은 사건의 연쇄(series)로 설명할 수 있다고 본 점에서 연속식 교수법(Series Method)이라고 불리기도 한다.

벌리츠가 고안한 벌리츠 교수법은 지도훈련을 받은 원어민 교사에 의한 소인수의 학급 편성으로, 교실활동에서 학습자의 모어를 배제하고, 실물, 그림, 동작 등을 많이 사용한다. 발음에 관해서는 교사의 모델을 흉내 내게 하는 방법을 취하여, 모어에 의한 설명 등은 하지 않는 것이 특징이다.

6.3 음성학적 교수법

19세기 후반, 문법번역식 교수법에 대체되는 것으로 제창된 또 하나의 교수법으로, 음성학적 교수법(Phonetic Method)이 있다. 이것은 음성 중시 교수법으로, 문자언어는 음성언어의 부수적인 존재라는 사고를 바탕으로 하고 있다. 스위트(H.Sweet), 에스퍼슨(O.Jespersen) 등이 제창하였고, 교사를 모델로 하여 흉내 내게 하는 것이 아니라, 음성기호를 사용한 계통적인 음성지도를 목표로 하였다.

6.4 구두식 교수법

구두식 교수법(Oral Method)은 20세기에 들어와서 파머(H.E.Palmer)가 제창한 교수법이다. 파머는 언어능력 '랑가쥬(langage)'에는 사회적 측면인 '랑그(langue)'와 개인적 측면인 '빠롤(parole)' 이 있다고 하는 스위스의 언어학자 소쉬르(Ferdinand de Saussure)의 이론에 영향을 받아, 언어에는 '기호의 체계('랑

그'에 해당되는 것)'와 '운용(運用, '빠롤'에 해당되는 것)'의 양면이 있다고 보고, 언어교육이 대상으로 해야 하는 것은 운용이라고 했다.

언어를 운용할 수 있게 되려면, 직접적인 교수법에 입각해서 ① 귀에 의한 관찰, ② 입으로 흉내 내기(①의 모방), ③ 입에 익히기, ④ 의미부여, ⑤ 유추에 의한 작문이라는 언어학습의 5가지 습성을 습관화해야 한다고 주장하고, 이 습성을 양성하는 연습으로, ① 소리를 듣고 구별하는 연습, ② 발음연습, ③ 반복연습, ④ 재생연습, ⑤ 치환연습, ⑥ 명령연습, ⑦ 정형(定型) 회화의 7가지의 연습활동을 들고 있다.

파머는 1922년에 당시 일본문부성 초청으로 일본에 와서, 이후 약 15년간 구두식 교수법에 의한 영어교육의 보급에 힘썼다. 그의 협력자였던 나가누마 나오에(長沼直兄)는 이 파머의 이론을 토대로 일본어 교수법을 개발하여, 이후, 일본어교육에 큰 영향을 미치게 된다.

일본의 '직접법(直接法)'

'6.5 직접 교수법(Direct Method)'에서 직접 교수법에 대한 개관을 하고 있는데, 일본어교육 현장에서 자주 사용되는 '직접법(直接法)'이라는 용어는 이 용법과는 달라서, 단순히 매개 언어를 사용하지 않는 지도법이라는 의미로 사용되는 일이 많다.

예를 들면 AL법을 기반으로 하고 의사소통기능중심 접근법 등을 조합해서 가르치고 있는 경우라도, 동시에 '직접법으로 가르치고 있다'고 말하기도 한다. '직접법'이라는 용어는 일본에서는 독자적으로 사용되고 있다고 생각해도 좋을 것 같다.

6.5 직접 교수법

직접 교수법(Direct Method)이라는 명칭이 하나의 독립된 교수법을 지칭하는 것인지, 아니면 어떤 하나의 공통된 생각을 갖는 여러 가지 교수법, 지도법을 총칭한 개념인가에 관해서는 수 없이 논의되고 있으며, 아직 명확히 정의된 것은 없다.

그러나, 일반적으로 직접 교수법이란 자연식 교수법, 음성학적 교수법, 구두식 교수법 등, 문법번역식 교수법을 대체하기 위해 생겨난, 사용되는 장면이나 상황을 제시함으로써 문이나 단어의 의미를 직접 목표언어의 형식과 결부시켜서 이해시키려는 교수법의 총칭이다.

앞서, 19세기 후반에서 20세기 전반에 걸쳐, 실용적인 언어학습의 필요성에 의해 문법번역식 교수법을 대체하여 개발된 몇 가지 교수법에 관해서 개관하였다. 그 후 20세기 전반에서 중반에 이르면, 언어교수법에 구조언어학 등 과학적인 사고가 도입되게 된다. 이하, 다양한 이론을 배경으로 한 교수법을 개관하기로 한다.

6.6 ASTP

제2차 세계대전 중, 미국정부는 적국에 대한 정보수집에 종사할 장교를 단기간에 양성할 필요가 있었다. 이와 같은 요청에 부합해서 개발된 것이 ASTP(Army Specialized Training Program, 육군식 교육법)이다. ASTP는 1920년대, 미국의 문화인류학자 보아스(F. Boas), 언어학자 사피어(E. Sapir), 블룸필드(L. Bloomfield) 등에 의해서 제창된 구조언어학 이론을 토대로 해서 개발된 프로그램으로, 거기서 사용된 교수법은 군대식 교수법(Army Method)이라는 이름으로도 불린다.

구조언어학(structural linguistics)에서는 언어는 본래 음성이며, 구조체(構造體)라고 보고, 언어의 체계를 음소(音素), 형태소(形態素), 어(語), 구(句), 절(節), 문(文)과 같이 선상(線上)으로 연결되는 조직적 구조로 간주한다. 따라서 이와 같은 언어관에 입각한 학습이란 언어의 구조나 형태를 학습하는 것이라고 여겨져 왔다.

ASTP에서는 상급교사(senior instructor)와 훈련교관(drill master)이라는 두 종류의 교사가 있다. 상급교사는 미국인 언어학자로, 목표언어의 음성이나 문법 구조에 관하여 영어로 강의를 하고, 훈련교관은 목표언어의 원어민으로, 상급교사가 강의한 언어 항목을 철저히 구두연습(drill)시켰다. 구두연습 중에는 목표언어만을 사용하고, 그 외의 언어는 금지되었다. 구두연습은 소인수 학급으로 이루어져, 반복, 모방에 의한 철저한 연습과 암기가 이루어졌다.

6.7 AL법

AL법(Audio Lingual Method)은 제2차세계대전후, ASTP를 계승하는 형태로, 미시건대학교수인 프리즈(C.C.Fries)가 확립한 교수법이다. 미시건 교수법(Michigan Method), 혹은 프리즈 교수법(Fries Method)이라고도 불린다. AL법은 이론적 근거를 구조언어학만이 아닌, 행동주의심리학(behaviorist psychology)에도 두고 있다. 행동주의심리학에서는 인간이나 동물은 외부로부터의 자극에 대해 여러 가지 반응을 하는데, 그 중에서 강화된 반응이 다시 나오기 쉬우며, 그것이 결국 습관이 된다고 생각한다. 이와 같은 언어학습관 하에, 습관 형성을 위하여 반복하여 연습을 하는 것이 중요하다는 주장이 탄생하여, **패턴 프랙티스**(pattern practice)라고 불리는 구두연습이 개발되었다.

문헌에 따라서는 프리즈가 개발한 교수법뿐 아니라, 그 기반이 된 ASTP까지도 포함하여 AL법이라고 부르기도 한다.

6.8 침묵식 교수법

침묵식 교수법(Silent Way)은 심리학자인 가테노(C.Gattegno)가 제창한 교수법이다.

가테노는 모어습득과정에 주목하여, 언어학습은 모델의 모방과 암기, 패턴 프랙티스 등에 의한 습관형성으로는 달성할 수 없고, 시행착오를 통한 학습자 스스로의 자각에 의해서 이루어진다고 보았다. 따라서 침묵식 교수법에서의 수업의 중심은 학습자로, 교사는 침묵하고 학습자의 자립을 돕는 관찰자, 보조자의 입장을 취한다. 수업에서는 교과서를 사용하지 않고, 피델 차트(색칠을 한 문자를 조합한 음성 조직표)를 사용하여 음성체계의 학습을 하거나, 막대(크기가 다양한 색칠한 막대)를 사용하여 어휘, 통어(統語), 어형(語形)의 학습을 하거나 한다.

6.9 CLL

CLL(Community Language Learning, 공동체 언어학습법)은 미국의 심리학자 카렌(C.A. Curran)이 제창한 학습법이다. 상담 이론과 기술을 외국어교육에 응용한 것으로, 상담학습(Counseling Learning=CL)이라고도 불린다. 상담자(교사)는 새로운 환경인 목표언어 환경에서 곤란을 느끼고 있는 피상담자(학습자)에게 안심감을 주고, 조언자가 되어 자립을 돕는 역할을 한다.

CLL에 의한 수업에서는 학습자는 말하고 싶은 내용을 자유롭게 말할 수 있고, 목표언어로 어떻게 표현하는지 모를 때에는 교사의 도움을 받을 수 있다. 대화 후에 교사는 학습자의 발화(發話)를 녹음한 것을 들려주어, 사용된 문형이나 표현을 매개어(媒介語)로 설명한다. CLL에서는 대화를 나눈 활동이 그대로 교재가 되어, 그 내용에 관하여 학습하는 것을 통해서 지식을 얻을 뿐 아니라, 학습과정과 방법을 학생 스스로 의식화(意識化)할 수 있다.

6.10 TPR

TPR(Total Physical Response, 전신반응 교수법)은 미국의 심리학자인 어셔(J.J. Asher)가 제창한 교수법이다. 청해력을 중시하며 들은 것에 온몸으로 반응하는 방법을 사용한다. 이 방법도 모어습득방법을 모델로 한 것인데, 특히, 유아가 말을 시작하기 전에 장기간에 걸쳐 다량의 목표언어를 듣고 있다는 점, 더

나아가서는 목표 언어에 의한 명령에 몸으로 반응하고, 그것을 평가받음으로써 언어(음성)와 동작(의미)을 결부시키고 있다는 점에 착안하여 개발되었다.

TPR에서는 매개어에 의한 번역은 이루어지지 않고, 또한 학습자는 '말할 준비(readiness to talk)'가 될 때까지 말할 것을 강요당하지 않는다. 초급단계에서는 교사가 제시하는 음성에 의한 '명령'에 대해 학습자가 몸을 움직여 반응하는 방법이 취해진다.

6.11 자연식 접근법

자연식 접근법(Natural Approach)은 미국의 스페인어교사 테렐(T.D.Terrell)이 1970년대 후반, 제 2언어습득연구 성과를 응용해서 개발한 교수법이다. 이 이론은 같은 미국의 응용언어학자인 크라셴(S.D.Krashen)의 지지를 받아, 1980년대 초반 외국어교육계에서 주목을 받았다. 이 교수법도 유아의 제1언어습득과정을 참고로 하고 있다. 크라셴은 '습득·학습의 가설', '자연스러운 순서의 가설', '모니터가설', '인풋(input)가설', '정의(情意) 필터 가설'이라는 다섯 개의 가설을 제창했다. (제8장 2.3.1절 참조)

6.12 암시식 교수법

암시식 교수법은 불가리아의 정신과의사인 로자노프(G.Lozanov)에 의한 암시학(Suggestology) 이론을 외국어학습에 응용한 교수법이다. 로자노프는 학습자를 긴장감으로부터 해방시켜 마음이 편한 상태로 만든 후, 현재(顯在)의식과 잠재의식을 통합·활용하게 함으로써, 잠재능력에 호소하여 활용시키는 것이 중요하다고 주장했다. 학습에 대한 불안이나 스트레스를 없애고 가능한 편안한 환경을 만들기 위하여, 교실에는 긴장을 풀 수 있는 공간이 마련된다. 음악을 튼 상태에서의 낭독이나 롤플레이(Role Play) 등이 이용된다.

6.13 인지학습 접근법 (Cognitive Approach)

1960년대, 미국언어학의 주류는 구조주의언어학에서 촘스키(N.Chomusky)가 제창한 변형생성문법(変形生成文法)으로 옮겨갔다. 인지학습 접근법(Suggestopedhia)은 이 변형생성문법이론과 인지학습이론을 기반으로 해서 개발된 교수법이다.

촘스키의 변형생성문법에서는 인간은 태어나면서부터 언어습득을 가능하게 하는 특정 지식을 갖고 있어서, 이것에 의해 언어를 획득하는 것으로 보고 있다.

AL법이 습관형성에 의해 언어를 획득하게 하려는 것에 대해, 인지학습 접근법에서는 인간의 인지능력을 이용해서 언어규칙을 이해시킨 후에 언어습득을 위한 연습을 해야 한다는 입장이다.

6.14 의사소통중심 접근법

마지막으로 **의사소통중심의 접근법**(Communicative Approach)에 대하여 살펴보기로 한다. 의사소통중심 접근법이란 커뮤니케이션 능력 육성을 목적으로 하는 교수법의 총칭이다. 교육 내용부터 변혁하려는 접근법(어프로치)과 교육방법을 변혁하여 목표언어의 기능(技能)이나 운용력을 양성해가려는 접근법이 있다. 그런 의미에서도 특정한 '교수법'이 아닌, 접근법(어프로치)이라고 말 할 수 있다.

유럽의 의사소통중심의 접근법은 영국의 윌킨스(D.A.Wilkins)가 외국어교육 프로그램을 개발하고 있던 유럽협의회(Council of Europe)에 제출한 보고서에서 시작되었다. 윌킨스는 이 보고서에서 개념 실러버스(notional syllabus)를 제창했다. 개념 실러버스란 언어의 구조가 아닌, 개념(동작의 시작이나 계속, 빈도나 순서, 행위자, 수단 등)과 의사소통에 있어서의 전달기능(요구, 승낙, 거부, 감정 표시 등)의 측면에서 언어를 기술·분류한 실러버스이다.

한편, 미국의 사회언어학자인 하임즈(D. Hymes)는 1972년 의사소통능력(communicative competence)을 언어능력(linguistic competence)에 상대되는 개념이라고 주장했다. 의사소통능력이란 언어의 체계뿐 아니라 사용방법을 포함한 지식과 운용능력을 가리키는 것으로 보았다.

의사소통중심의 접근법은 그때까지의 교수법이 문법지식의 습득을 전제로, 가르치는 방법의 차이에 주목하고 있던 것에 반해, '무엇을 가르칠 것 인지', 언어의 어느 측면(구조인지 운용인지)을 가르칠 것인지에 중점을 두었다. 또한 '가르치는 방법'이나 '가르치는 내용'의 차이도 가르치는 사람의 언어관(言語觀)이나 언어습득관(言語習得觀)의 차이보다는 오히려 각각의 학습자의 차이에 부합한 것이어야 한다고 보고 있다.

7 언어형식에 초점을 둔 지도법으로의 변화

지금까지 다양한 교수법을 살펴보았는데, 여기에서는 이들 교수법을 언어형식을 우선으로 하는 지도법인지 의미를 우선으로 하는 지도법인지에 대해 살펴보기로 한다. 문법번역법과 AL법은 언어형식을 우선하는 지도법으로, 문법이나 문형과 같은 언어형식을 단계적으로 습득시켜간다는 입장이다. 이와 같이 언어형식에 우선적으로 초점을 두는 것을 '형식중심(focus on forms)'이라고 한다. 한편, 의미를 우선해서 지도하는 경우를 '의미중심(focus on meaning)'이라고 하며, 자연식 접근법 등이 하나의 예이다. 16절에서 소개할 몰입식 프로그램(Immersion Program) 등도 이와 같은 지도법의 하나라고 할 수 있을 것이다. 의사소통중심의 접근법 중에도 이런 경향이 강한 것이 많다. 교수법은 '형식중심'에서 '의미중심'으로 변화해 왔다고 할 수 있다.

그러나 최근에 제 2언어습득이론을 배경으로, '형식중심'이라는 개념이 주목을 받게 되었다. 의미를 우선으로 하되, 언어형식에도 주목한다는 사상이다. 의미를 이해하고 전달하는 것을 우선으로 하는 과제 안에서 어떤 특정한 문법항목에 주목시킬 목적으로 인풋(input)을 강화하거나 명시적, 암시적 지도도 행한다. 그런 과정을 통하여, 자연스러운 상호작용만으로는 의식화시킬 수 없는 언어형식에도 주목하게 할 수 있게 됨으로써 언어습득을 진행시킬 수 있다는 이론이다.

8 평가법

코스전체에서는 교사에서 학습자로, 학습자에서 교사나 기관으로, 혹은 교사자신, 학습자자신의 자기평가 등, 다양한 관계성, 시점, 방향에 의한 평가를 생각할 수 있다.

이 절에서는, 교사가 학습자에게 실시하는 평가에 관해서 생각해 본다. 우선, 평가를 코스 내에서 어떻게 자리매김할 것인가 하는 관점에서 생각해본다.

학습자의 심리에 주목한 지도법

최근 제 2언어습득 연구 분야에서 동기부여나 불안과 같은 심리적인 요소와 언어습득과의 관계에 대한 연구가 시작되어, 지도방법에도 응용되기 시작하였다. 여기서는 포트폴리오를 이용한 지도와 협동학습을 소개한다.

포트폴리오를 이용한 지도에서는 학습자에게 자기자신의 학습활동에 관계되는 모든 것을 파일자료로 모으도록 지도한다. 기록을 봄으로써 최종적으로 자신의 성장을 확인하고, 자신감을 가질 수 있게 되고, 그것이 동기부여로 이어진다고 한다. 또한 이 포트폴리오 자체가 학습자의 학습과정, 성과 기록이기도 하므로 평가에 이용되기도 한다.

협동학습 이론에서는 학급 내의 불안을 제거하고 다른 학습자와의 동료애와 관계성을 향상시키기 위하여, 협동적으로 학습하는 기회를 늘리는 것이 중시된다. 학급의 일원이라는 안심감을 토대로 적극적으로 학습에 임할 수 있다.

협동학습을 또래협력학습(peer learning)이라고도 한다. 일본어교육 분야에서도, 작문교육에서 학습자끼리 서로 작문을 읽고 쓰는 사람과 읽는 사람의 입장에서 상호이해를 하면서 문장을 작성해가는 또래상호작용(peer response)이라고 불리는 방법과 독해 교육 분야에서 학습자끼리 의미이해와 해석을 서로 공유하고 그것으로 부터 새로운 의미이해로 발전시키는 또래읽기학습(peer reading)이라고 불리는 학습방법이 도입되고 있다. 양쪽 모두 다 학습자의 능력을 신뢰하고 교사의 피드백 전에 학습자끼리 서로 지적하여 문제를 해결함으로써 학습자의 발견을 촉진하는 방법이다.

8.1 평가의 종류

코스에서의 평가는 '실시시기'와 '목적'이라는 관점에서 사전(事前)평가, 형성(形成)평가, 총괄(總括)평가의 3가지로 나눌 수 있다. 사전평가란 코스를 시작할 때나 코스를 시작하기 전에 실시되는 평가로, 학습사의 현재의 일본어능력이나 언어학습에 대한 적성을 알아보기 위해 실시되며, 레디니스(readiness) 조사의 하나로 이루어진다. 이 평가 결과에 의해 반 배정이 이루어지는 경우도 많다. 형성평가란 학습 도중에 이루어지는 평가이다. 각 과의 소 테스트, 각 학기의 중간고사와 기말고사 등으로 학습자는 현재 자신이 할 수 있는 것과 할 수 없는 것을 확인할 수 있어, 이후의 학습활동의 방향과 동기부여의 길잡이가 되며, 교사에게는 코스의 내용과 자신의 교수법을 되돌아보고 이후의 교육활동을 개선하기 위한 길잡이가 된다. 총괄평가란 학습이 일단락되거나 종료된 시점에서, 학습자가 어느 정도 목표를 달성했는지를 명확히 하는 평가를 말한다. 학습자에게는 스스로의 학습 성과를 알 수 있는 기회가 되고 교사나 교육기관에게는 코스 디자인이 적절했는지를 돌아보는 자료가 된다.

평가의 '기준'이라는 관점에서 보면, 절대평가와 상대평가로 나눌 수 있다. 절대평가란 절대적인 도달목표가 있어서, 학습자가 그 목표에 어느 정도 도달했는지를 평가하는 것이다. 상대평가란 어떤 집단 내에서의 학습자의 자리매김을 보여 주기 위한 평가를 말하며, 능력차를 명확하게 보여주는 변별력 있는 문제로 평가를 작성한다.

8.2 테스트의 종류

일본어능력 측정에는 테스트를 사용하는 것이 일반적이다. 테스트는 그 목적에 따라 몇 개의 영역으로 분류된다.

숙달도 테스트 (proficiency test) :
학습자가 특정 언어에 어느 정도 숙달되었는지를 측정하는 테스트이다. 특

[표1] 일본어능력시험의 구성과 인정기준

급	구성			인정 기준
	영역	시간	배점	
1	문자·어휘	45분	100점	고도의 문법·한자(2,000자 정도)·어휘(10,000어 정도)
	청해	45분	100점	를 습득하고, 사회생활에 필요한, 종합적인 일본어능력
	독해·문법	90분	200점	(일본어를 900시간 정도 학습 한 수준)
	계	180분	400점	
2	문자·어휘	35분	100점	다소 고도의 문법·한자(1,000자 정도) 어휘(6,000어 정도)
	청해	40분	100점	를 습득하고, 일반적인 사항에 관한 회화를 할 수 있고,
	독해·문법	70분	200점	읽고 쓸 수 있는 능력 (일본어를 600시간 정도 학습해서,
	계	145분	400점	중급일본어코스를 마친 수준)
3	문자·어휘	35분	100점	기본적인 문법·한자(300자정도)·어휘(1,500어 정도)를
	청해	35분	100점	습득하고, 일상생활에 도움이 되는 회화를 할 수 있으며,
	독해·문법	70분	200점	간단한 문장을 읽고 쓸 수 있는 능력 (일본어를 300시간 정도
	계	140분	400점	학습하여, 초급일본어코스를 마친 수준)
4	문자·어휘	25분	100점	초보적인 문법·한자(100자정도)·어휘(800어 정도)를
	청해	25분	100점	습득하여, 간단한 회화를 할 수 있으며, 쉬운 글이나 짧은
	독해·문법	50분	200점	문장을 읽고 쓸 수 있는 능력 (일본어를 150시간 정도
	계	100분	400점	학습하여, 초급일본어코스 전반(前半)을 마친 수준)

재단법인 일본국제교육지원협회 http://www.jees.or.jp/jlpt/jlpt_guide.html 에 의함.

[표2] OPI의 평가기준

운용능력 레벨※	종합과제와 기능	장면/화제	정확도	평가의 형태
초급 (超級)	다양한 화제에 대해 광범위하게 논의하거나 의견을 입증하거나 가설을 세우거나 언어적으로 익숙하지 않은 상황에도 대응할 수 있다	거의 모든 공식/비공식적인 장면/광범위에 걸친 일반적인 흥미에 관한 화제 및 몇 가지 특별한 관심사와 전문 영역에 관한 화제	기본적인 언어 구조에 관해서는 정형화된 오류가 없음. 오류가 있어도 실질적으로는 의사소통에 지장을 초래하거나 모어화자를 혼란시키거나 하는 일은 없다	복단락 (複段落)
상급 (上級)	주요 시제의 틀 안에서 서술하거나 묘사할 수 있으며, 예측 않았던 복잡한 상황에 효과적으로 대응할 수 있다	대부분의 비공식적인 장면과 얼마간의 공식적인 장면/개인적·일반적인 흥미에 관한 화제	모어 화자가 아닌 사람과의 회화에 익숙하지 않은 청자라도 듣고 무난하게 이해할 수 있다	단락 (段落)
중급 (中級)	자기 나름의 문(文)을 만들 수 있고, 간단한 질문을 하거나 상대의 질문에 대답함으로써, 간단한 회화라면 자신이 시작하고 계속하고 끝낼 수 있다	얼마간의 비공식적인 장면과 사무적·업무적인 장면의 일부/일상적인활동에관한, 예상 가능하고 동시에 친근한 화제	모어 화자가 아닌 사람과의 회화에 익숙한 청자에게는 몇 번 반복함으로써 이해하게 할 수 있다	문 (文)
초급 (初級)	무조건 암기한 정형화된 표현, 단어의 나열, 구(句)를 사용하여, 최소한의 의사소통을 한다	가장 자주 볼 수 있는 공식적인장면/일상생활에서 가장 흔한 사항	모어 화자가 아닌 사람들과의 회화에 익숙한 청자조차도 이해하는 것이 곤란하다	단어와 구

※주의 점: 어떤 주요 레벨의 경우에도 그 레벨이 맞는 장면과 화제 영역 중에서 그 레벨에서 필요로 하는 정확성을 유지하면서, 그 레벨에서 필요로 하는 텍스트의 형식을 사용해서 안정적으로 그 레벨의 기능을 수행할 수 있다는 것을 확인하고 나서야, 비로소 판단이 성립한다. 따라서 수험자가 어떤 특정레벨이라는 것을 인정받기 위해서는, 해당 레벨의 모든 기준에 비추어 그 레벨에 알맞은 수행능력을 유지해야 한다.

출처 : キャサリン・バック編, 牧野成一監修, 日本語OPI硏究會譯(1999)『ACTFL-OPI 試験官養成マニュアル』ACTFL, ALC

정 코스나 교과서의 학습내용을 전제로 하지 않고, 그 언어에 대하여 어느 정도의 능력을 갖고 있는지를 측정하는 것이다. 숙달도 테스트의 예로 일본어능력시험과 OPI를 개관하기로 한다.

일본어능력시험(주최: 재단법인 일본국제교육지원협회, 독립행정법인국제교류기금)은 '일본어를 모어로 하지 않는 사람을 대상으로 일본어능력을 측정, 인정하는 테스트' 이며, 연 1회 실시된다(2010년부터 연 2회 실시됨).시험구성과 인정기준은 [표1]과 같다.

일본어 레벨을 설명할 때, 3급을 '초급', 2급을 '중급', 1급을 '상급'이라고 잠정적으로 말하는 경우가 있다. 이것은 대체적인 레벨을 파악할 때에는 편리하지만, 다음에 설명하는 ACTFL-OPI 기준의 레벨과는 다르기 때문에 주의할 필요가 있다.

ACTFL(American Council on the Teaching of Foreign Languages, 전미외국어교육협회)·OPI(Oral Proficiency Interview)는 ACTFL의 기준에 의거해서 실시되는 구두능력테스트다. 시험관과 수험자가 1대1로 인터뷰를 한다. 시간은 30분 이내로, 초급후반이상 레벨의 수험자는 인터뷰의 후반 부분에서 롤플레이를 실시한다. [표2]는 OPI의 평가기준이다. 정확도와 텍스트(text)의 형태 뿐 만 아니라, 언어를 사용해서 어떤 기능을 완수할 수 있는지, 어떠한 내용에 대응할 수 있는가 하는 면에도 초점을 맞추어 종합적으로 판단한다. 레벨판정은 초급(初級), 중급, 상급, 초급(超級)의 4단계로 구분되며, 초급(超級) 이외에는 다시 3개의 하위레벨로 나누어진다.

성취도 테스트(achievement test):
특정 코스나 교과서의 학습내용을 어느 정도 습득했는지를 측정하는 평가이다. 출제범위는 그때까지 학습한 교육내용에 한정된다. 코스 중간에 형성평가로 혹은 종료 시에 총괄 평가로 실시한다.

진단 테스트 (diagnostic test):
  학습자가 어떤 기능이나 지식을 갖고 있는가를 측정하는 것으로, 이후에 어떤 내용의 학습이 필요한지를 명확히 할 수 있다. 코스시작 전의 사전평가, 혹은 코스도중의 형성평가로 실시되는 경우가 많다.

배치 고사 (placement test):
  반배치를 위한 테스트로, 학습자를 수준에 맞는 반에 배치하기 위하여 이루어진다. 배치고사라는 호칭은 테스트의 결과를 어떻게 사용하는가 라는 관점에서 나온 명칭으로, 숙달도 테스트, 진단 테스트 등과 같이, 테스트 자체의 형식이나 내용을 규정하지는 않는다. 사전평가로 이루어진 숙달도 테스트와 마찬가지로 반 배정을 위하여 하는 테스트는 모두 배치고사로서의 기능을 하고 있는 셈이다.

언어학습적성 테스트 (language aptitude test):
  명칭대로 언어학습적성을 측정하는 테스트로, 장래의 학습의 성공·실패나 습득 정도를 예측한다는 점에서 예측테스트(prognostic test)라고 불리기도 한다. 가공(架空)언어의 문법규칙을 추측하는 능력이나 시각정보 처리 능력을 측정하는 문제 등이 제시된다. 언어학습적성 테스트의 결과는 반배치 자료가 될 뿐 아니라, 학습이 곤란도를 예측하거나 학습자에게 맞는 교수방법을 선택하는데 이용된다.

8.3 객관식테스트와 주관식테스트

  8.2절에서는 테스트를 목적이라는 관점에서 분류했다. 테스트를 객관성의 관점에서 생각해 보면, 객관식테스트(objective test)와 주관식테스트(subjective test)로 나눌 수 있다.
  객관식테스트의 형식으로는 다답형, 진위형, 단답형, 배합형, 완성형 등이 있다. 채점자의 주관에 의해 점수가 좌우되지 않고 채점을 기계적으로 처리할 수 있기 때문에 단시간에 많은 양의 채점을 할 수 있다는 장점이 있다. 단, 질적으로나 양적으로 적절한 문제를 작성하는 것이 어렵다. 측정할 수 있는 내용도 종합적인 운용능력을 측정하기 어려운 경우가 많다. 한편, 구술테스트나 논문형 테스트로 대표되는 주관식테스트에서는 점수가 채점자의 주관에 좌우되고, 채점하는 시간과 노력이 많이 든다는 단점도 있지만, 언어능력, 특히 운용능력 면에서, 객관식테스트로는 측정할 수 없는 부분을 측정 가능한 경우가 있다.

또한 완성형을 응용한 테스트로, 불완전문장형(cloze test)이라 불리는 것이 있다. 하나의 완전한 문장을 일정간격을 두고 단어를 삭제하고 그 빈곳을 재생하는 형식의 테스트로, 종합적인 언어능력을 측정할 수 있을 테스트로 간주되고 있다. 일본어에서는 단어의 인정기준이 확실하지 않아, 삭제 간격은 문자를 단위로 하는 경우가 많다.

8.4 테스트 자체의 평가

테스트의 좋고 나쁨을 측정하는 척도에는 신뢰성, 타당성, 객관성이 있다. 신뢰성이란 테스트에 일관성이 있는가의 여부를 문제로 삼는다. 즉, 같은 테스트를 같은 조건에서 몇 번을 실시해도 항상 같은 결과가 얻어지는가 하는 것이다.

타당성이란 측정하려고 의도한 것을 그 테스트가 실제로 측정하고 있는 지에 대한 정도를 말한다. 객관성이란 채점결과에 채점자의 주관이 개입할 수 있는 정도를 말한다. 단, 객관성이 낮다고 해서 반드시 주관식테스트를 배제해야 한다는 의미는 아니다. 측정하는 내용에 따라 주관식테스트가 적합한 경우도 있어서, 그러한 경우에는, 채점기준을 명시화하고 복수의 채점관이 체크하는 등, 주관식테스트이면서 신뢰성을 높일 수 있는 방법을 고안할 필요가 있다. 그 외에도 테스트의 사용의 편이성 여부로 테스트를 평가하는 중요한 척도가 된다. 테스트의 준비, 실시, 그 이후의 처리에 걸리는 시간, 수고, 비용에 비해서 어느 정도의 효과가 있는가 하는 문제이다.

8.5 테스트 결과의 통계적 분석

테스트결과를 정확히 파악하여 학습자에게 피드백하거나 테스트의 재검토, 교수법, 실러버스의 재검토에 이용하기 위해서는 어떤 형태로든 통계처리를 실시할 필요가 있다. 학급간의 차이나 특징을 파악하기 위해서는 채점에서 얻어진 득점(원점수)의 평균값을 내는 방법이 있다. 그러나 평균값을 내는 것만으로 학급내의 수준 차이의 분포도까지는 파악할 수 없다. 그렇기 때문에, 표준편차(standard deviation, SD)라고 불리는 것을 산출한다. 표준편차의 값이 크면 클수록 집단내의 수준차이가 심하다. 또한, 편차값을 산출함으로써 학습자의 득점이 전체 중에서 어느 위치에 있는지 파악할 수 있다. 또한 S-P표(Student-Problem Table)를 작성해서, 학습자의 질적, 양적 측면에 있어서의 성취도 정도에 관한 정보를 얻을 수 있다. 형성평가로 실시된 테스트의 분석이나 문항의 적절성을 검토하는데 있어서도 이 방법이 효과적이다. 최근에는 통계처리용 컴퓨터소프트의 개발이 이루어져, 계산이 쉬워졌지만, 기초적인 통계처리의 개념 등에 관해서는 참고문헌을 이용하여 배워둘 필요가 있다.

9 수업계획과 실시─초급의 경우

1절에서는 코스전체의 흐름에 관하여 고찰했으나, 여기에서는 매회 수업에서 구체적으로 어떻게 수업을 계획하고 실시하면 좋은지를 생각한다. 하나의 예로 기본적인 문형실러버스를 이용하며, 교수방법으로서 AL법과 의사소통중심 접근법의 절충적 교수방법을 택할 경우를 생각해 보자. 코스는 9개월간으로, 전체 목표로서 최종적으로 일본어능력시험 3급 정도의 어휘와 문형을 배우고, 일본에서 생활하는데 필요한 기본적인 활동은 모두 일본어로 할 수 있게 되는 것을 목표로 한다. 우선, 수업준비에 필요한 작업을 순서대로 설명한다.

9.1 학습목표의 설정

먼저, 그날 수업의 최종목표를 확인한다. 이미 교육과정설계 단계에서 매 수업별 학습목표까지 구체적으로 정하는 경우도 있지만, 주별이나 월별 목표 등, 대략적인 내용으로 되어 있는 경우에는 이 단계에서 그날 수업의 최종 목표를 정할 필요가 있다. 코스전체의 도달목표설정에서도 언급한 바와 같이, 매 수업에 있어서도 어휘 수나 문형의 수 등 지식 면 뿐 만 아니라, 수업이 끝났을 때 일본어로 무엇을 할 수 있게 되는가 하는 언어행동에 관한 목표를 설정해두는 것이 바람직하다. 이것은 학습자의 동기유발이나 성취감으로도 이어져 효과적이다.

9.2 실러버스의 확인과 정리

다음으로 그 수업에서 가르칠 학습항목을 확인하고 정리한다. 어휘, 문형, 장면, 기능, 언어행동, 일본사정 등, 코스실러버스의 종류에 따라 방법이 다르겠지만, 모든 항목을 나열하는 것에 그치지 않고, 어떻게 조합해서 제시하면 효과적인지, 필수항목과 필수가 아닌 항목, 이해시키기만 하면 되는 항목과 실제로 사용할 수 있게 해야 하는 항목은 어떤 것인가를 정리해둘 필요가 있다. 특히, 시판되는 교재를 이용해서 가르치는 경우는 아무래도 교재에 나와 있는 대로 제시하는 경우가 있다. 그 차시의 학습목표에 비추어, 교사 나름대로의 정리 작업이 필요하다.

9.3 수업의 흐름

다음으로 수업의 흐름을 고찰한다. 실제로는 구체적인 교수활동과 함께 고려할 필요가 있으나, 먼저, 초급단계의 일반적인 수업흐름에 관하여 논한다.

특정 학습항목을 지도할 때, 일반적으로 '도입→연습'이라는 과정을 생각할 수 있다. 또한, 각 단계에서 학생들이 이해하고 있는지, 활용할 수 있게 되었는지 등을 확인하면서 다음 단계로 진행할 필요가 있다. 그리고 최종적으로는 학습한 내용을 종합해서 무엇을 할 수 있게 되었는지를 확인한다. [그림2]는 수업의 흐름을 예시한 것이다.

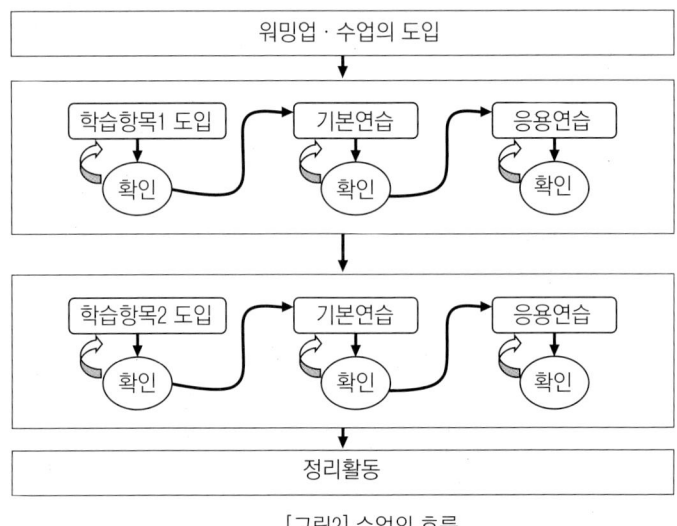

[그림2] 수업의 흐름

9.4 교실활동

다음으로 〈그림2〉의 수업의 흐름에 따른 구체적인 교실활동에 관해서 생각해보자.

9.4.1 도입

워밍업·수업의 도입에서는 우선, 학습자가 편안함을 느끼고 수업을 즐겁게 해나갈 수 있는 분위기를 조성한다. 이 단계에서는 인사 정도로 끝내는 경우도 있지만, 전 시간 복습을 겸한 게임 등을 하는 경우도 있다. 그 날 수업의 최종목표를 학습자에게 제시하고 학습자의 불안을 제거하고 동기부여를 한다.

항목별 도입으로는 여러 가지 방법을 생각할 수 있다. 도입 목적은 학습항목을 제시하고 그 형태나 의미를 이해시키는 것으로, 단순히 설명하면 되는 것은 아니다. 예를 들면 '○○です'라는 문형을 도입할 때, 단순히 이 문형의 형태나 사용법을 교사가 일방적으로 설명하는 것으로는 이 문형을 사용하는 의미와 기능을 제대로 이해시킬 수 없다. 이 문형을 '자기소개' 기능으로 도입하고 싶으면, 실제로 그림이나 동작을 사용해서 자신을 소개하는 장면을 보여주거나 다양한 사람들이 자기소개를 하고 있는 비디오를 보여주면 효과적이다.

9.4.2 기본연습을 고려한 패턴 프랙티스(pattern · practice)

항목을 도입했다면 이어서 연습단계에 들어간다. 어휘나 문형 등은 한번 들은 것만으로 금방 사용할 수 있는 것은 아니다. 학습자 자신이 사용할 수 있게 되기 위해서는 연습할 기회를 마련할 필요가 있다. 앞에서 언급한 AL법에서 소개한 패턴 프랙티스(pattern · practice)는 기본연습에서 자주 이용된다. 이 방법은 습관형성을 목적으로 하는 것으로 별로 의미가 없다는 비판이 있지만, 학습자에게 어느 정도의 정확성을 길러주거나 학습자의 학습스타일에 따라서는 불안감을 완화시키는 효과를 가져다주기도 한다. 패턴 프랙티스의 기본적인 형태로는 아래와 같은 것이 있다.

① 반복연습: 반복해서 말하는 연습
② 대입연습: 지시에 따라 문장의 일부를 바꾸어 넣는 연습
　예 私はりんごが好きです。→(みかん)私はみかんが好きです。
③ 변형(전환)연습: 주어진 문장의 형태를 바꾸는 연습
　예 私はりんごが好きです。→(否定)私はりんごが好きではありません。
④ 확장(확대 · 전개)연습: 주어진 어구를 덧붙여서 긴 문장을 만드는 연습
　예 行きます →行きます　(東京)東京へ行きます。
　　　　　　　　　　(明日)明日東京へ行きます。

⑤ 응답(Q&A)연습: 질문에 답하는 연습

　　예 すきやきを食べたことがありますか。→はい、あります。

이 연습 중에서 응답연습 외에는 실제의 의사소통활동과는 동떨어진 것으로, 가능하면 이 단계부터 의사소통으로서 의미 있는 연습에 가깝게 하려는 노력이 필요하다. 예를 들면 '何ですか'라고 질문한 후에 '本'이라고 쓴 카드를 보여주고, '本です'라는 문을 만들게 한다. 다음에는 'かばん'이라는 카드를 내보이고 'かばんです'라는 문을 만들게 한다. 이것은 앞에서 언급한 대입연습에 지나지 않는다. 그래서 '本' 또는 'かばん'이라는 대체어구를 제시할 때 실물의 책이나 가방을 사용한다. 이것은 앞서 언급한 응답연습에 가까운 형태가 되어, 어느 정도 현실에 가까워진다. 그러나 이와 같은 힌트(대체어구 등 문을 만들 때의 단서)를 실물로 대체한다 하더라도 아직 의미 있는 대화라고는 할 수 없다. 왜냐하면, 실제로 눈으로 보아 '책' 인줄 아는 것을 가리키면서 '무엇입니까?' 라고 질문하는 것은 거의 의미가 없기 때문이다. 그렇다면 어떻게 하면 의미 있는 연습에 가깝게 할 수 있는지를 생각해 보자.

9.4.3 기본연습을 교려한 인포메이션 갭

의사소통중심 접근법에서는 인포메이션 갭(information gap)을 이용한 활동을 한다. 인포메이션 갭이란 회화를 하고 있는 두 사람 간에, 한 사람은 알고 있는데 다른 한 사람은 모른다고 하는 정보의 차이가 있는 것을 말한다. 인포메이션 갭이 있기 때문에 언어를 사용해서 남에게 질문을 하거나 무언가를 부탁하거나 하는 행위가 발생한다. 예를 들면 앞에 나온 '何ですか', '～です' 라는 문을 연습할 때, 학습자 모르게 미리 두툼한 노트를 책상 위에 놓아두고, 그 반 이상을 보자기와 같은 천으로 가려둔다. 학습자에게 '何ですか'라는 질문을 하게 한다. 책인지 노트인지 구분하기 어려운 것이라면 정말로 무엇인지 몰라서 질문하는 것이 된다. 교사는 'ノートです' 라고 말하고 보자기를 치운다. 이번에는 학습자에게 각자 좋아하는 것에 보자기를 덮어놓게 하고, 다른 학습자의 질문에 답

하게 한다. 단순한 대입연습도 이렇게 함으로써 어느 정도 의미 있는 연습으로 변화한다. 그 외에도 A와 B가 서로 다른 정보가 쓰인 종이를 갖고, 서로 모르는 부분을 질문하게 하는 활동이나 상대방의 하루의 행동이나 취미 등을 묻고 대답하는 인터뷰활동 등도 인포메이션 갭을 이용한 기본연습이라 할 수 있다.

9.4.4 응용연습

앞서 말한 방법으로 어느 정도 기본연습을 의미 있는 연습에 가깝게 만들었다 해도 아직 진정한 의미에서의 현실의 의사소통과는 거리가 있다. 물건을 보자기로 가리고 질문을 하거나 서로 다른 정보가 적힌 종이를 갖게 하는 것은 효율적으로 의미 있는 연습이 이루어지도록 만든 설정이지, 현실에서의 의사소통 장면은 아니다. 그러므로 이와 같은 기본연습 단계에서 끝나지 않고 응용연습의 기회를 만들어, 보다 현실상황에 근접시킬 수 있는 방법을 고안할 필요가 있다. 예를 들면 앞에 말한 '何ですか', '○○です'의 경우, 현실에서 어떤 장면에서 사용하는가를 생각한다. 예를 들면 학생식당에서 음식 접시를 집을 때, 유학생인 경우, 본 적이 없는 음식이나 재료라면 당연히 그것을 가리키면서 '何ですか'라고 물을 것이다. 종교적인 이유, 알레르기, 다이어트중 등, 여러 가지 이유로 질문을 한다.

실제로 그 문형이 사용되는 장면이 정해졌다면, 이제는 실제에 가까운 담화나 표현에 가깝게 할 수 있도록 궁리한다. 요리 이름을 묻기 전에 'あのう、すみません' 이라고 조리사에게 말을 걸 필요가 있을지도 모른다. 조리사가 '牛肉のスープです。' 라고 대답하면, 'そうですか' 라고 다시 응대할 필요도 있을 것이다. 이처럼, 가능하면 현실의 장면에서 예상되는 표현을 넣은 회화를 설정한다. 단, 정해진 시간 내에 학습자에게 부담이 되지 않도록, 말을 걸거나 응대하는 등의 표현의 양을 최소화시키는 배려도 필요하다.

활동형태로는 시나리오가 어느 정도 정해져있는 회화연습이나 역할을 정한 '역할극(role play)'이 자주 사용된다. 이러한 회화연습을 통해 어느 정도 현실에 가까운 회화를 체험하게 할 수 있다. 그러나 이렇게해도 사용할 것으로 예상되는 문형이나 어휘가 제한된다는 한계가 있다. 실제의 의사소통에서는 자유롭게 어휘나 문형을 선택할 수 있거나 상대의 반응에 맞추어 발화를 변화시키거나 한다. 이러한 연습은 문형 실러버스 중심의 수업 중에서는 이루어지기 어렵기 때문에, 복합 실러버스를 도입해서 어느 정도 학습항목이 모두 갖추어진 단계에서 때때로 장면 실러버스 수업을 도입하여, 장면을 중심으로 한 활동을 함으로써 경험시키면 된다.

9.4.5 정리연습

정리연습에서는 그때까지 실시한 몇 가지 응용연습을 조합해서 활동을 하는 경우가 있는가 하면 그때까지 실시한 항목을 사용하여 전혀 다른 형태의 연습을 하는 경우도 있다. 어느 쪽이든, 그 차시의 학습목표를 달성했다는 것을 확인할 수 있는 활동이 좋다. '자기소개를 할 수 있게 되는 것'이 목표라면 모두의 앞에서 하는 자기소개를 정리활동으로 해도 좋고, 자기소개문을 써서 교실에 붙이는 것을 최종연습으로 해도 좋다.

10 수업의 계획과 실시 – 중급이상의 경우

중급이상의 레벨이 되면 '읽고 말하기', '듣고 쓰기', '읽고 듣고 말하기'와 같은 두 종류 이상의 기능을 조합하여 이미 배운 지식을 사용해서 각 기능을 실현(實現)하거나 그 안에서 새로이 어휘나 표현을 배우거나하는 활동이 많아진다. 이하, 기능별로 수업의 실제에 관하여 생각해 본다.

10.1. '독해', '청해' 기능을 중심으로 한 수업

'독해'에는 다양한 방법이 있다. 교재를 자세히 꼼꼼히 읽는 정독, 많이 읽는 다독, 빨리 읽는 속독 등이다. 현실생활을 생각해도 우리들의 목적에 따라 여러 가지 방법으로 독서를 한다. 문학소설을 한 글자 한 문구 생각하면서 읽는 경우와 자동판매기 앞에 붙인 고장 안내문을 읽는 경우와는 독서의 깊이나 빠르기가 다르다.

인지(認知)나 이해, 언어처리 방법을 표현하는데, 바톰업(bottom-up : 상향식 처리)처리, 탑다운(top-down : 하향식 처리)처리라는 용어가 있다. '독해' 과정을 예로 들어, 교재의 문자정보, 어구의 의미, 문법관계 등을 분석해서 그것을 바탕으로 문장 전체를 이해하려는 작업이 바톰업(bottom-up : 상향식 처리)처리이고, 내용이해를 위하여 독자가 이미 갖고 있는 배경지식이나 상식, '스키마(schema;과거의 경험에 의해서 형성된 개념구조)' 등을 이용해서 예측이나 추측 하에 가설을 세우고 교재를 읽으면서 그 가설을 검증하는 작업이 하향식처리이다. 종래에는 상향식 접근방식 처리의 독해방식이 수업에서 채택되는 경우가 많았으나, 최근에는 하향식처리 방법도 받아들여, 다양한 독해법, '독해' 과정을 학습시키게 되었다.

또한, 전략(strategy)교육을 수업 중에 포함시키는 것도 중요하다고 한다. '독해'라는 행위에 대해서 말하자면, 우리들은 신문을 읽는 경우, 표제어에서 내용을 유추하거나 글을 대충 훑어보기 때문에 스키밍(skimming)이라고 불리는 줄거리를 파악하는 방법을 택하는 경우가 있다. 또한 TV란 등은 스캐닝(scanning)이라고 불리는 필요한 정보만을 추출하는 방법을 사용해서 읽거나 때로는 중요한 부분에 밑줄을 긋거나 한다. 이러한 전략을 의식화시켜 각 기능의 능력을 높이려는 이론이다. 아래에서 하향식처리와 전략교육을 도입한 '독해'수업의 흐름을 소개한다.

[그림3]의 '전작업' '본작업' '후작업'의 각 단계를 구체적으로 보기로 하자. '전작업'의 단계에서는 본작업에서 읽을 내용의 테마에 대해서 일러스트를 보여주거나 관련 화제를 제공하여 학습자의 스키마를 활성화시킨다. '본작업'에서는 우선 학습자에게 전체 내용 파악에 관련되는 질문 등을 주고 속독을 시켜 이른바 하향식처리를 시킨다. 이어서 한 번 더 이번에는 상세한 사항에 관한 질문

을 주고 정독을 시켜서 상향식처리를 한다. 후작업에서는 다른 기능과의 조합을 하여 토론이나 작문작업 등을 통해 학습자가 읽은 내용을 자기 자신의 문제와 관련시킬 수 있도록 한다.

'청해' 기능을 중심으로 한 수업도 〈그림3〉과 같은 흐름으로 할 수 있다. 또한, 전작업 단계에서는 '스키마'를 활성화시킴과 동시에, 무엇을 위하여 '듣기'를 하는지 목적을 명확히 제시할 필요가 있다.

10. 2 '발화 · 회화', '작문'기능을 중심으로 한 수업

중급이상의 레벨의 '발화', '회화'수업에서는 학습한 문형이나 어휘를 실제에 가까운 회화 안에서 사용하기보다 '발화 · 회화'의 목적이 있어서, 그 목적을 위해 이제까지 학습한 항목을 이용하는 형태가 많아진다.

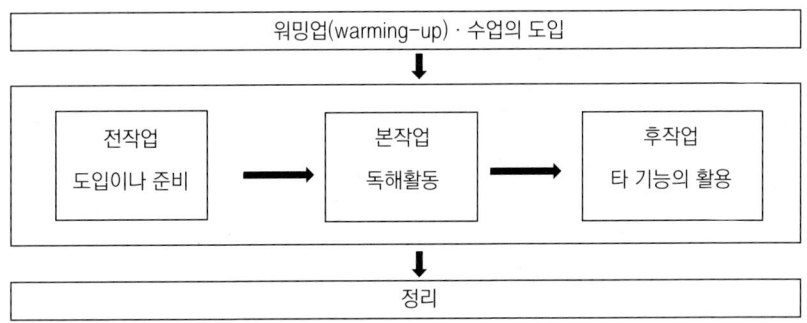

〈그림3〉 '독해'기능을 중심으로 한 수업 흐름

정확성의 연습이라기보다는 보다 자연스럽게 의사소통을 할 수 있게 되기 위한 연습이 된다. 활동형태로는 스피치, '역할극(role play)', 토의(discussion), 시뮬레이션, 토론(debate), 프로젝트 워크(project work)등이 있다. 롤플레이는 초급전반의 단계부터 행해지는 활동으로, 초급단계에서는 대본을 암기하여 연기를 하거나 정해진 대본 중에서 한정된 어휘만을 자신의 판단으로 대체하거나 혹은 플로어 차트(flow chart)에 쓰인 내용대로 회화를 하거나 하는, 상당히 제한이 있는 상태에서의 활동이 많다. 중급레벨이 되면 회화 도중에 자신의 판단으로 어휘, 문형, 표현을 선택할 수 있는 자유가 많이 허용되는 연습을 시키게 된다.

또한, 초급레벨에서는 학습항목을 도입, 연습시키고 나서 역할을 주고 하는 표현선행형(表現先行型)이라는 롤플레이가 많아지는데, 중급이상 레벨이 되면 과제선행형 롤플레이도 효과적이다. 즉, 처음에 역할이나 과제를 부여하고 역할연습을 시키고, 그 후에 피드백을 하여 부족한 표현 등을 도입해가는 방법이다. 어느 정도의 지식을 갖고 있는 단계에서 하면, 자신이 무엇을 알고 무엇을 모르는지 혹은 무엇을 할 수 있고 무엇을 할 수 없는지를 깨달을 수 있다는 이점이 있다.

프로젝트워크란 '지역 관광안내비디오 만들기', '기사를 모아서 대자보 만들기'등, 최종적으로 무엇인가를 달성하는 것을 목적으로 학습자가 주체가 되어 공동으로 작업을 하는 활동이다. 활동은 교실 밖의 실제사회와의 접촉을 통해서 이루어지는 경우가 많다. 이러한 실천적인 활동은 이미 배운 항목을 실천에 연결시키는 것 뿐 아니라, 동기유발의 측면에서도 효과적이다. 또한, 교실에 일본인을 불러서 하는 비지터 세션 (visitor session) 등도 효과적이다.

'작문'수업은 초급단계부터 이루어지는데, 이미 배운 문형을 이용한 단문(短文)작성이 아닌, 어느 정도 체계적이고 통일성 있는 내용을 쓸 수 있게 되는 것은 초급후반에서 중급레벨에 들어가고 나서부터일 것이다. 체계적이고 통일성 있는 내용을 쓰게 하는 경우, 논리의 전개방식, 문체의 사용 구분법과 통일의 문제 등의 기술적인 면의 지도도 필요하지만, 과제를 제시할 때, 작문의 목적, 글을 쓰는 대상(독자)에 관하여 명확히 할 필요가 있다. 또한, 요약문, 설명문, 의견문 등 다양한 내용의 작문을 하게 할 필요도 있다. 모델이 되는 문의 형식을 모방할 필요도 있으며, 차후에 논문을 작성하게 할 거라면 인용법 등에 관해서도 지도할 필요가 있다. 작문의 첨삭지도는 어려운 면도 많으나, 가능한 한 학습자가 스스로 자신의 오류를 깨닫고 스스로 정정할 수 있도록 유도해가는 것이 필요하다.

11 활동형태

다음으로 활동형태에 관하여 서술한다. 교실활동형태에는 교사가 질문하고 학습자가 그것에 대답하는 교사와 학습자의 상호관계(1대1, 1대 다수) 외에, 학습자가 2인 1조가 되어 연습을 하는 페어활동(pair work), 그룹이 되어 연습하는 그룹활동(group work) 등이 있다. 앞서 서술한 협동학습으로는 당연히 이와 같은 형태가 채택된다. 활동의 목적에 따라 다양한 형태를 택할 필요가 있다. 또한, 학생 수가 많은 학급에서 학습자에게 발화의 기회를 많이 주고 싶을 때는 페어활동이나 그룹활동이 효과적이다.

책상의 위치도 활동형태에 맞추어 다양한 형태를 생각할 수 있다. 발화를 중시한 수업이라면 서로의 얼굴을 볼 수 있는 원형이 효과적일 것이고 그룹 활동이 많은 수업이라면 미리 책상을 몇 개의 모둠으로 나누어 두는 것도 생각할 수 있다.

12 교재분석 · 개발

이 절에서는 코스에서 주로 사용하는 교재를 '주교재' 라 부르고, 일반적으로 '교과서'라 부르는 것과 같은 의미로 본다. 또한, '주교재' 와는 별도로 보조적으로 사용되는 것을 '부교재', 교실활동을 돕기 위해서 사용되는 도구를 '교구(教具)' 라 부른다.

12.1 주교재의 선택

본래, 코스 디자인 이론에 따르면, 주교재는 니즈분석, 학습언어조사에 의거해서 교사자신이 작성하는 것이 이상적이다. 그러나 실제로는 주교재개발에는 막대한 시간, 수고, 지식, 기능이 필요하다. 오랫동안 일본어교육을 실시해온 대학이나 일본어학교 등에서는 학습자의 니즈나 학교 방침에 맞추어 이미 교재가 개발되어 있는 경우가 있지만, 일반적으로는 시판되고 있는 교재 중에서 학습자의 니즈에 맞는 주교재를 선택하는 경우가 많고 부족한 부분은 시판되고 있거나 자신이 작성한 부교재로 보충하고 있는 것이 현실이다. 따라서 주교재를 선택할 때에 얼마나 학습자의 니즈에 부합하고 설정한 실러버스나 교육과정(curriculum)에 맞는 교재를 선택하는가 하는 것이 중요하다. 그리고 주교재를 가르치는 것이 아니고 주교재로 가르친다는 것을 잊어서는 안 된다. 학습자의 니즈분석의 결과, 필요하다고 판단된 실러버스를 주교재를 이용해서 가르치는 것이지, 주교재의 내용 그 자체가 실러버스가 되는 것은 아니다.

주교재 선택 포인트로는 다음과 같은 것이 있다.

① 대상자 ② 학습의 최종목적(최종레벨) ③ 실러버스(학습항목의 내용과 양) ④ 예상되는 학습시간 ⑤ 예상되는 교수법이나 수업 흐름 ⑥ 매개 언어 (모어에 의한 해설언어)의 유무 ⑦ 표기: 로마자, 히라가나, 한자가나혼용, 한자 읽기의 유무, 띄어쓰기 ⑧ 문법적 설명의 유무 ⑨ 교재의 구성(회화문, 연습문제 등) ⑩ 부속교재

또한, 학습항목의 순서는 항상 단순한 것에서 어려운 것으로 구성되어 있지는 않다. 예를 들어 모듈형 교재라고 불리는 교재는 각 단원이 각각 완결되어 있고, 어느 것을 어떤 순서로 사용할 것인가를 자유롭게 정할 수 있는 형식의 교재이다.

12.2 부교재

앞에서 언급한대로, 주교재의 부족함을 보충하기위하여 '부교재' 가 필요하다. 부교재는 시판되는 것만 해도 교실활동을 보충하는 활동집, 기능면의 부족을 보충하는 기능별 교재 등 다양한 종류의 것이 있으므로, 우선 그런 것을 이

용하는 것이 효율적일 것이다. 그러나 부교재는 주교재의 부족한 부분을 보충하기 위한 것이므로, 좀처럼 적합한 것을 발견할 수 없는 경우도 많다. 그런 경우에는 교사자신이 간단한 프린트교재를 작성하거나 개발하게 된다. 부교재의 개발이라고 해도 소재(素材) 개발부터 시작하려면 막대한 시간과 노력이 필요하므로, 대개는 시판 교재의 소재나 **실물교재**(生教材, 본장 12.4절 참조)의 일부를 이용하게 된다. 실물교재를 이용하는 경우, 저작권이나 초상권의 문제에 주의할 필요가 있는데, 최근에는 그러한 문제를 배려한 교재개발용 소재를 제공하고 있는 인터넷 사이트가 있으므로 이용하면 된다 (『**みんなの教材サイト**』 http://www.jpf.go.jp/kyozai/: 이 사이트 안에는 소재만이 아니라, 컴퓨터를 이용한 교재개발을 위한 기술적인 해설도 있으므로, 기술면의 지식을 보충하기 위해서도 이용 가능하다).

12.3 교구

앞에서 언급한 바와 같이, 주교재의 부족을 보충하기 위해서 부교재가 필요하다. 나아가 교실활동을 보조하기 위하여 그림교재(일러스트교재)나 사진교재, 문자카드 등, 다양한 교구(教具)가 이용된다. 각각의 특성을 잘 이용할 필요가 있다. 예를 들어 사진교재는 그림교재보다 현실감이 있지만, 정보량이 많아 필요한 정보 이외의 것도 전달할 위험성이 있다. 그림이나 일러스트는 현실을 그대로 전할 수는 없지만, 정보량을 제한하거나 존재하지 않는 것을 묘사하거나 할 수 있다. 교구로서는 그 외에 시청각용 자료로, 음성테이프, CD, 비디오테이프, DVD 등이 이용된다. 또한, CAI(Computer Assisted Instruction; 컴퓨터보조수업)교재는 컴퓨터를 상대로 자습하는 프로그램이 들어있는 교재로, 보통 CD-ROM에 수록되어 있다. 학습항목의 도입, 연습 등에 관한 내용이 담겨 있어서, 기기(機器)만 있으면 혼자서 학습할 수 있다. 또한, 이 방식으로 외국어를 학습하는 것을 CALL(Computer Assisted Language Learning; 컴퓨터 보조학습)이라고 한다.

그 밖에, 문자를 도입할 때 이용되는 문자카드, 오십음도, 롤플레이에서 역할을 적은 롤카드(role card) 등도 일반적인 교구이다. 또한, 교재를 화면에 비추는 도구로, 예전에는 슬라이드, OHP등이 사용되었으나, 최근에는 컴퓨터화면을 그대로 투영하는 프로젝터도 이용되게 되었다.

12.4 실물교재 · 실물

교재와 교구는 항상 교육을 위해 제작된 것에 한정되는 것은 아니다. 실제로 일상생활에서 사용되어지는 소재를 교재나 교구로 이용할 수 도 있다. 그러한 소재를 실물교재, 혹은 실물(realia)이라고 한다. 엄밀하게는 교구로서 이용하는 경우, 예를 들어 '잡지'를 잡지라는 단어의 의미를 가르칠 때 도구로 사용하거나 패턴 프랙티스의 힌트로 이용하는 경우에는 실물이라고 부르고, '잡지' 중에 쓰인 정보(특집기사, 광고, 패션 코너, 운세 코너 등)를 독해교재로서 이용하는 경우 등은 실물교재라고 하여, 실물과는 구분해서 생각하는 경우가 있다. 이 절에서도 두 개를 구분하여 생각하기로 한다.

실물교재로는 실제로 사회에서 쓰이고 있는 일본어가 사용되고 있는데, 경우에 따라서는 초급수준에서도 사용할 수 있다. 예를 들면 광고에 쓰인 캐치플레이즈 등의 문자를 히라가나와 가타카나와 한자로 분류하게 하는 등의 문자 식별연습이나 같은 광고에서 상품명과 가격 등 필요한 정보만을 읽고 파악하게 하는 작업도 광고의 종류에 따라서는 초급단계부터 가능하다.

많은 학습자에게 있어, 일본어학습의 최종목표는 실제로 일본어를 능숙하게 사용하는 것이다. 따라서 이른 시기부터 실물교재를 적절히 도입하는 것은 실천적인 언어운용능력의 양성을 돕고 학습의 동기유발도 되어 효과적이다. 단, 실물교재를 이용할 때는 12.2부교재 절에서 언급한대로, 저작권, 초상권의 문제에 주의할 필요가 있고, 해외에서 가르치는 경우에는 그 나라의 법률이나 규칙이 다른 경우가 많으므로 잘 알아둘 필요가 있다.

실물은 교실에 현실감을 가져와, 효과적인 사용으로 교실활동을 생동감 있게 변화시킬 수 있으나 주의도 필요하다. 예를 들어 '本'이라는 단어를 도입하는데, 얇은 잡지 같은 것을 제시하면 책이라는 것이 그러한 얇은 것에 한정된다고 생각하게 만들 수 있다. 이런 경우에는 다양한 모양을 사용하여 그 어휘의 의미 범위를 제시해 줄 필요가 있다.

○월 ○일	○교시	○○반	인원 명	담당 ○○○
학습목표: 아래 학습항목을 사용하여, 자기 이름을 말하거나, 자신의 직업을 말하거나 하여, 간단한 자기소개를 할 수 있게 되는 것.			교재: 『○○○』제○과	
학습항목 문형: ~です。①자기 이름을 말한다 ② 직업명을 말한다. 어휘: ③ 직업명(학생, 교사, 회사원) 　　　④ 국명(인도네시아, 중국, 한국, 미국, 태국, 인도) 표현　⑥ はじめまして　⑤ ~からきました　⑦ どうぞよろしくおねがいします。				
수업흐름	학습항목	활동	교재교구	유의점
전체 도입	인사표현 (전시간의 복습)	T: おはようございます。 S: おはようございます。 T: S1さん、おはようございます。 S1:T先生、おはようございます。 ． ． ． ． ． ． ． ．		
본시학습목표제시 학습항목①도입	はじめまして~ です。~です。 ~からきました。どうぞよろしくおねがいします。 ~です。(자신의 이름 말하기)	T: (자기소개를 한다.) 「~からきました」라고 말할 때 지도에서 일본을 가리킨다 「どうぞ、おねがいします」라고 하면서 고개를 숙여 인사한다. T:(자신을 가르치며) ~です。	세계지도카드 (자신과 학습자의 이름을 적은 것)	

[그림4] 학습지도안 예

13 학습지도안 작성

실제로 수업을 하기 전에는 이제까지 서술해온 것을 참고로 〈그림4〉와 같은 학습지도안(수업플랜)을 써 볼 필요가 있다. 학습지도안에 포함되는 항목에는, 일시, 학습자 수, 그날의 수업목적, 학습항목, 수업의 흐름, 순서, 지도상의 유의점, 사용하는 교구 등이 있다. 수업지도안은 수업의 효율화를 위하여 필요할 뿐 아니라, 수업 후에 되돌아보고 개선해 가는데 있어서도 중요한 재료가 된다. 또한, 여러 교사가 같은 과목을 가르치고 있을 때에는, 연락용 자료로도 이용할 수 있다.

14 수업의 분석과 평가

수업은 교사가 혼자서 하는 경우가 대부분이다. 수업을 개선하기 위해서는 가끔 자기수업을 비디오로 녹화하거나 동료에게 수업관찰을 부탁하여 자신과 타인에 의한 수업의 평가·분석의 기회를 갖는 것이 중요하다. 그때 중요한 것은 교사의 발화의 양과 질, 판서법과 교사의 움직임, 학습자의 발화의 양과 질, 반응, 교사와의 상호작용(inter action)의 유효성 등, 세세한 점을 분석하는 것에 그치지 않고 수업목표는 달성되었는지 학습자는 성취감을 맞볼 수 있었는지 하는 점을 검토해서, 달성할 수 없었을 때는 어디에 문제가 있었는지를 분석하는 자세이다.

교사가 자기 자신과 자신의 수업을 항상 냉정하게 객관적으로 관찰하고 교육현장에 있어서의 문제점을 발견하여, 문제해결을 꾀할 목적으로 이루어지는 연구를 액션리서치(action reach)라고 한다. 액션리서치에서는, 테스트평가나 교사 측의 인풋(input), 학습자의 아웃풋(output), 교사와 학습자의 상호작용, 수업 앙케트나 인터뷰, 비디오, 메모, 교사의 자기성찰(내성)에 의한 수업기록 등, 모든 것이 연구 대상이 된다.

15 오용분석

학습자의 오용은 '나쁜 것'이 아닌, 언어습득 상에서 자연스러운 동시에 불가피한 것으로, 언어습득의 1단계를 보여주는 것이다. 또한, 오용의 원인도 학습자 측에만 있는 것이 아니고, 교재의 문제, 교사 언어(teacher talk)의 영향 등과 같은 교사의 지도상의 문제에도 있다는 것을 배웠다. 교사는 학습자의 오용을 학습자의 습득단계를 파악하고 효과적인 피드백을 하는데 이용할 뿐 아니라, 교재나 지도, 넓게는 코스 디자인을 재점검하는데 있어서도 효과적으로 이용할 필요가 있다. 예를 들면 학습자가 조사 'に' 와 'で' 의 선택을 틀리는 경우가 많아서, 오용을 분석한 결과, 학생이 조사를 선택할 때 뒤에 오는 동사와의 관계가 아닌, 앞에 놓인 명사와의 관계로 판단하는 자신 나름의 법칙을 갖고 있기 때문이라는 것을 발견했다면 학습자에게 그것을 지적하는 것에 그치지 말고, 교사 자신의 지도법을 되돌아보고, 현재 사용하고 있는 교과서의 예문을 재검토하거나 부교재로 부족한 부분을 보충하는 방법을 생각하거나 도입의 순서나 다른 학습항목과의 조합법을 재검토하거나 할 필요가 있다.

16 목적·대상별 일본어교육

코스 디자인 절에서 논한 바와 같이, 수업을 생각하는데는 학습자의 니즈 분석이 대단히 중요하다. 그렇지만, 예전에는 대부분의 외국어 수업에 '일반적인 외국어(Language for General Purposes)'를 가르치고 있었다. 외국어교육의 목적이 교양이나 지적 훈련을 위한 것으로 간주되고 있었기 때문이었다. 이에 반해 특정목적이나 직업에 맞는 효율적인 외국어교육을 위해서는 학습자의 니즈에 부합하는 코스를 마련할 필요가 있다고 해서, 1960년대 후반, 영어교육에 있어서 'EGP(English for General Purposes)'에 대(對)해, 'ESP(English for Special/Specific Purposes)' 가 제창되었다. 그 영향을 받은 것이 'JSP(Japanese for Specific Purposes)'이다. 이 용어는 입장을 표명한 것으로, 특정한 교수법이나 교재를 지칭하는 것은 아니다.

한편, 학습자에게 과제를 주고 그 과제를 달성하는 과정이 학습이 되는, 과제중시 교수법에 대(對)해, 학습자가 장래 필요로 하는 (언어 이외의) 학습내용과 언어교육을 결부시켜서 실시하는 언어교육의 지도법을 내용중시 교수법이라고 부르기도 한다. 언어 이외의 과목을 목표언어(학습자에게 있어서는 학습 중인 제 2언어)로 배움으로써 과목의 내용 이해와 목표언어의 운용능력을 육성하고 그 과목에 관한 의사소통능력 향상을 꾀하는 것이 목적이다. JSP의 입장은 이러한 내용중시 교수법을 가리키는 것이며, 몰입식 프로그램(immersion program) 등은 이 '내용중시 교수법'의 한 종류라고 할 수 있다. 몰입식 프로그램이란 아이들이 제 2언어를 습득할 수 있도록 마련된 프로그램으로, 프로그램의 처음 몇 년간은 제 2언어만으로 수업을 하고 나중에 학습자의 모어도 도입하는 전면 몰입식 교육과, 하루 중에 몇 시간을 제 2언어로 가르치는 부분 몰입식 교육이 있다.

최근 일본 국내에서는 외국인 자녀의 일본어지도가 문제가 되고 있고, 해당 아동들에 대하여 분리수업이라고 불리는 지도형태를 취하는 경우가 있다. 분리수업에서는 일본어지도가 필요한 아이들을 소속된 학급에서 불러내어, 일본어나 교과 공부를 실시한다. 통합지도에서는 일본어지도자가 학급에 들어가서 수업내용을 쉬운 말로 바꾸어 말하거나 모어로 번역하거나 하면서 외국인 학생 옆에서 개별적으로 대응하면서 학습을 지원한다. 그 밖에, 어떤 일정기간, 학습자를 한 곳에 모아 집중적으로 일본어지도를 하는 지도형태를 취하기도 한다. 이러한 지도형태도 학습자의 특수한 사정에 대응한 일본어교육의 하나라고 말할 수 있다.

이상, 이 절에서는 이상적인 코스 디자인을 중심으로 실제로 수업을 계획하고 실행하는데 있어서의 문제점이나 다양한 대응방법에 대하여 개관하였다. 내용에 관해서 좀 더 깊은 지식을 갖고 싶은 경우에는 참고도서를 읽고 공부할 것을 권한다.

과제

❶ '학생식당'을 장면으로 한 장면실러버스로 일본어수업을 한다면 어떤 하위실러버스를 생각할 수 있을까? 어휘, 문형, 표현, 일본사정적인 요소 등으로 나누어 쓰시오.

❷ 초급일본어교과서를 한권 골라서, '11. 1 주교재의 선택'의 주교재를 선택할 때의 포인트 ①~⑩을 참고로 교재를 분석하시오.

❸ 다음 ①~⑥의 설명문을 읽고, 각 교수법의 이름을 쓰시오.

① 중세 유럽의 그리스어·라틴어의 교육에서 시작된 전통적인 교수법. 모어와 목표언어의 번역이 자유롭게 되도록 하는 것이 중요하다고 여겨졌다.
② 제2차세계대전후 확립된 교수법. 이론적인 뒷받침을 구조언어학, 행동주의심리학에 둔다. 패턴 프랙티스라고 불리는 구두연습이 개발되었다.
③ 외국어습득의 가장 좋은 모델을 유아의 모국어학습과정으로 보는 이론으로, 구안(F. Gouin)과 벌리츠(M.D.Berlitz)가 대표적인 제창자이다.
④ 상담이론과 기술을 외국어교수법에 응용한 것. 상담자(교사)는 새로운 환경에서 어려움을 느끼고 있는 피상담자(학습자)에게 안심감을 주고, 조언자가 되어, 자립을 돕는 역할을 한다.
⑤ 암시학 이론을 외국어학습에 응용한 교수법. 학습자를 긴장으로부터 해방시켜, 편안한 심리상태로 만드는 것이 중요하다고 주장한다.
⑥ 청해력을 중시하며, 들은 것에 전신으로 반응하는 방법을 사용한다. 매개어에 의한 번역은 행하지 않고, 학습자는 '말할 준비'가 될 때까지 말할 것을 강요당하지 않는다.

독서안내

田中望(1988)『日本語教育の方法―コース・デザインの実際』大修館書店
✽다양한 학습자에 맞춘 코스 디자인 방법이나 이론 등을 구체적인 예를 들면서 해설하고 있다.

石田敏子(1992)『入門日本語テスト法』大修館書店
✽일본어교육의 평가법 전체에 관하여 자세히 소개하고 있다.

ブラウンJ.D.(1999) 『言語テストの基礎知識』(和田稔訳) 大修館書店
✽테스트의 이론과 실천의 양면을 소개. 테스트의 작성·채점·평가에 관한 기초적인 지식을 제공하고 있다.

三浦省五監修(2004) 『英語教師のための教育データ分析入門』大修館書店
✽언어교사를 위하여 교육데이터의 분석방법에 관하여 알기 쉽게 해설하고 있다.

牧野成一他(2001)『ACTFL-OPI入門』アルク
✽OPI의 이론과 실례를 알기 쉽게 해설하고 있다. 실제로 CD로 샘플을 들으면서 공부할 수 있다.

日本語教育学会編、岡崎敏雄、岡崎眸(1990)『日本語教育におけるコミュニカティブ・アプローチ』凡人社
✽의사소통기능중심의 접근법에 관하여 그 이론과 구체적인 예를 설명하고 있다.

鎌田修他編(2000)『日本語教授法ワークショップ(増補版)』凡人社
✽대표적인 교수법 12가지에 대하여 현장에서의 지도법도 섞어서 소개하고 있다.

西口光一(1995)『日本語教師トレーニングマニュアル④ 日本語教授法を理解する本 歴史と理論編 解説と演習』バベル・プレス
✽일본어교육사와 교수법에 관한 해설서이다. 전문적인 교양을 높이고, 교사로서의 성장을 돕는다.

岡崎眸・岡崎敏雄(2001)『日本語教育における学習の分析とデザイン―言語習得過程の視点から見た日本語教育』凡人社
✽일본어교육의 이론을 실제 교실활동에 응용하기 위한 이론과 실천 예를 소개하고 있다.

岡崎敏雄(1989)『NAFL選書7 日本語教育の教材』アルク
✽일본어 학습교재의 분석, 평가로부터 사용법, 개발에 이르기까지를 망라하여 해설하고 있다.

三牧陽子(1995)『日本語教師トレーニングマニュアル⑤ 日本語教授法を理解する本 実践編 解説と練習』バベル・プレス
✽일본어교육의 코스 디자인으로부터 수업의 실제, 평가에 이르기까지의 실천면을 소개하고 있다.

> 小林ミナ(1998)『日本語教師・分野別マスターシリーズ よくわかる教授法』アルク
>
> ✽ 다양한 교수법이 간단명료하게 정리되어 있다. 입문편과 전문가편으로 나누어져 있다.
>
> 高見澤孟(2004)『新はじめての日本語教育2 日本語教授法入門』アスク
>
> ✽ 일본어교육에 관한 기본적인 지식을 배울 수 있다. 이론뿐 아니라 실천도 의식하여 쓰고 있다.

【참고문헌】

牧野成一監修『ACTFL-OPI 試験官養成マニュアル(1999年改訂版)』(日本語OPI研究会翻訳プロジェクトチーム訳)アルク

과제의 정답 ❸ ① 문법번역식 교수법(Grammer Translation Method)
② AL법 (Audio-Lingual Method)   ③ 자연식 교수법 (Natural Method)
④ CLL (Community Language Learning)
⑤ 암시식 교수법 (Suggestopedia)
⑥ TPR (Total Physical Response, 전신반응 교수법)

제11장
이문화간 교육

이문화간 교육이란 일반교육과 어디가 다른 것일까? 여기에서는 우선 어떤 교육을 이문화간 교육이라고 하는지를 대략 살펴보고 그 특징과 우리들의 발달에 미치는 영향에 대해 살펴본다. 또한 구체적인 교육사례를 들어 다문화를 체험하면서 성장하는 것의 의미와 이문화간 교육의 의의를 생각해 본다.

키워드 ▶ 이문화간 교육, 귀국[자녀/아동17)]교육, 해외자녀교육, 외국인[아동/자녀]교육, 학습언어, 생활언어, 분리수업, 모어에 의한 선행학습, 중국귀국자, 국제이해교육

1 이문화간 접촉이 일상화된 현대사회와 이문화간 교육

현대사회는 인터넷 등에 의한 통신기술이나 교통기관의 발달, 정치·경제의 글로벌화로 세계와의 거리가 매우 가까워졌다. 사람들은 시차나 국경을 넘어 이동하고 문화라는 장벽을 뛰어넘어 다양한 일에 종사하고 있다. 바야흐로 사람·물건·정보가 나라와 지역이라는 테두리를 넘어 왕래하는 시대라고 할 수 있을 것이다.

동시에 우리들의 일상생활도 상당히 변했다. 일상생활에서나 직장에서 외국 국적을 가진 사람들과 관련이 있는 사람이 적지 않을 뿐만 아니라 지인이나 친척이 해외에 부임하고 있는 사람도 적지 않게 있을 것이다. 이런 사회의 변화에 따라 다문화를 접하며 성장하는 아이가 태어나고 자란 장소가 아닌 다른 나라에서 생활하거나, 문화가 다른 사람들과 일상적으로 접하는 사람들이 세계 각

지에서 급증하고 있다. 이러한 시대에 요구되는 교육이 이문화간 교육이다.

이문화간의 교육은 "상이한 두개의 문화 틈에서 전개되는 인간형성 과정이고, 또 이문화·이민족과의 접촉과 상호작용의 과정이나 결과에 따라, 혹은 접촉·상호작용을 상정하여 실행하는 교육 활동"(에부치(江淵), 1997:16)이라고 정의되는 것으로도 알 수 있듯이 매우 폭넓은 교육분야이다. [그림1]을 보면 알 수 있듯이 귀국아동과 일본계 남미인 체류자의 자녀들에 대한 교육에서 초등학교와 중학교에서 실시되는 국제이해 교육까지 그 대상과 교육내용에는 다양한 특징이 있다. 따라서 여기에서는 먼저 이문화간 교육이 왜 필요한지를 생각해 보기로 한다.

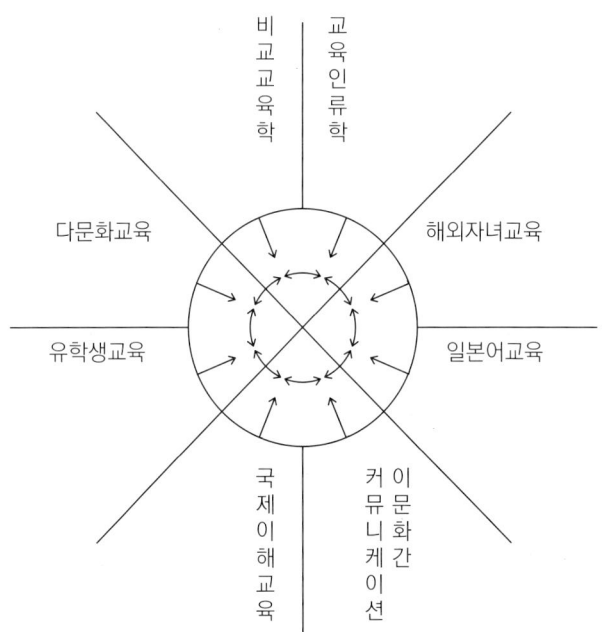

[그림1] 이문화간 교육과 관련분야·영역(고바야시(小林), 1996:90)

2 이문화간의 접촉으로 어떤 일이 일어나는가

먼저, 이문화간 심리학을 전공한 와타나베(渡辺) 2002)가 필리핀에서 장기 체류한 경험을 소개하겠다. "친한 필리핀인 친구에게 선물을 주었을 때 '이건 좋아' '멋지다' '이거 좋아해' 등의 말을 상대방에게 듣기는 하지만 내가 기대했던 '고마워'라는 말을 들어보지 못했다"는 사실을 깨달은 그는 어느 날 친한 필리핀인 동료에게 그 이유를 물어보았다. 그러자 "친한 사이인데 '고마워' 하고 말하면 남처럼 서먹서먹하잖아"라는 설명을 들었다고 한다(와타나베(渡辺) 2002:7-8).

와타나베가 체험한 이문화간 접촉 에피소드에서는 일본인과 필리핀인이 말을 주고받는 행동과 그에 따르는 인간관계를 파악하는 방법이 서로 다르다는 것을 알 수 있다. 더구나 일부러 언급하지 않는 한 그 차이는 표면화되지 않기 때문에 보통 눈 앞에 생긴 일을 그대로 자기 나라의 문화 규율로 결론짓는 경우가 많다. 실제로 '고맙다'고 말하지 않는 외국인과 만나면 바로 일본식의 발상으로 '무례하다'고 판단해 버릴지도 모른다. 이것을 '문화의 차이'라고 결론짓는다면 문화를 무엇이라 생각하면 좋을까?

여기에서는 제 3부 "언어와 심리"의 제 9장 "이문화 이해와 심리"와 같이 문화를 다음과 같이 생각한다. 즉 각 집단이 스스로의 생존을 위해 만들어낸 다양한 규칙에 의한 시스템으로, 태도, 가치관, 규범, 행동과 관련하여 그 집단의 멤버에게 영향을 미치는 것(p.120 참조)이다. 다시 말하면 집단 내부의 사람들의 사고와 행동에 일정한 특징이 존재하는 것은 문화라고 하는 '각 규칙에서의 시스템'이 널리 공유되어 있기 때문이며, 사람들은 이 시스템에 의해 그 사회에서 적절하다고 여겨지는 행동과 사고 기준에 따라 그 테두리에서 활동하게 된다.

이와 같은 문화의 역할을 근거로 하여 어떤 문화에서 다른 문화로 이동할 때 도대체 어떤 일이 일어나는지를 생각해 보기로 하자. 의식주 등의 물질적 측면보다도 오히려 표면에 나타나지 않는, 사람들의 사고와 행동을 정하는 규칙의 변화가 개인의 생활과 정신에 미치는 영향이 크다고 추측할 수 있을 것이다. 더욱이 여기에는 언어문제가 추가되는 경우도 많아 이민, 주재원, 유학생, 귀국아동18), 외국인 아동 등, 모두 언어와 문화 양쪽으로 곤란을 느끼는 것이 일반적이다.

에부치(江淵), 1997)는 이문화간 교육이라는 연구영역의 역할에 대해 '간(間)'이라는 문자를 강조하면서 다음과 같이 설명하고 있다. 즉, '간'이란 "두 개(혹은 그 이상)의 상이한 문화 '간'의 '상호(작용)관계'의 구조·과정·효과를 밝히고 인간형성에 대한 영향과 의미를 추구하려고 하는 이문화간 교육연구의 주제와 연구시각을 나타내고 있다" (에부치(江淵), 1997:14-15)고 한다. 이문화간 교육이라고 하면 문화 간의 이동을 경험한 사람들이 주목하는 경우가 많고 그들에 대한 연구나 실천이 주된 것처럼 느껴지지만, 에부치의 이러한 지적으로도 알 수 있듯이 본래 이문화간 교육은 접촉하는 문화의 어느 한 쪽에 한정하여 주목하는 것이 아니다. 귀국아동과 외국인 아동의 예를 들어 말하자면 그들을 대상으로 하는 연구·교육은 물론 그들을 수용하는 일본인 학생 측에 대한 연구와 교육도 동시에 고려하는 것이 이문화간 교육이다.

3 문화간을 이동하는 사람들을 위한 이문화간 교육

사람들은 예전보다 수월하게 국경을 넘게 되었고 이동 배경도 다양하다. 본인의 의지로 이동하는 사람도 있지만 사회적인 변동이나 가정사정으로 어쩔 수 없이 이동하는 사람들도 있다. 이처럼 사람 수나 목적, 사람들의 속성 등이 상당히 다양화되었지만, 본래 일본에서 문화간을 이동하는 사람들에게 주목하게 된 것은 80년대 '귀국아동(구 명칭 귀국자녀)'의 등장 이후이다. 이 때 이들에 대한 교육문제로 이문화간 교육이라고 하는 연구·교육 분야가 본격적으로 시작되었다. 그 후 기업이나 보호자의 노력과 이문화간 교육 연구 성과에, 국제화라는 시대 변화가 가세되면서 귀국아동에 대한 상황이 상당히 개선되었다. 한편으로는 현재 각지의 교육현장에서 새롭게 부상하고 있는 것이 외국인 자녀교육에 관한 문제이다.

3.1 귀국아동

귀국아동 수는 일본 기업의 해외에서의 동향과 밀접하게 관련되어 있다. 그들은 60~70년대 전후 고도 경제성장기 때부터 이미 존재했지만, 비약적으로 증가한 것은 기업의 해외진출이 본격화되면서 피사원 해외 부임이 이어진 80년대 이후이다. 부친을 따라 주로 유럽과 미국으로 이주하여 거주한 아이들이 귀국하면서, 일본 각지의 교육현장에서 그들에 대한 대응이 클로즈업되어 일종의 사회문제가 되었다.

그들은 심신 발달에 극히 중요한 아동기를 해외에서 지냈기 때문에, 일본 사회에서 태어나고 자란 아이들과는 다른 가치관과 행동규범을 지닌 경우가 많다. 또한 일본어보다도 일본어 이외의 언어(주로 영어)에 능숙한 경우도 있다. 그 당시는 이러한 그들의 특징을 사회에서 널리 이해하지 못하였고 학교에서의 교육적인 배려도 충분하지 않았기 때문에 귀국한 자녀들 중에는 일본어능력 부족으로 인해 학습이 곤란한 학생이나 문화적 차이를 바탕으로 한 행동양식과 발상의 차이로 주위로부터 고립된 학생도 있었다.

그들 주위의 같은 반 학생이나 교사의 대응은 당시에 '외국물 벗겨내기'라고 불렸던 것으로도 알 수 있듯이 해외에서 몸에 밴 그들의 문화나 언어를 일방적으로 벗겨내는 것이었다. 마찬가지로 당시의 귀국아동 교육 자체도 일본 생활과 학교에 동화시키려는 적응 교육적인 성격이 강하여, 그들이 가진 귀중한 해외 체험과 언어능력을 교육 현장에서 활용하려고 하는 발상은 거의 없었다.

그러나 그 후 일본 기업의 해외 진출과 사회의 다문화 경향이 짙어지자, 귀국자녀들은 국제화의 상징으로서 긍정적으로 평가되고 귀국자녀들의 교육도 일본에 대한 적응을 우선으로 생각하는 자세에서 그들의 풍부한 이문화 체험을 활용하려는 자세로 변화하였다. 또한 일본 국내에서 성장하는 일본인 학생과 아동은 귀국자녀들과 함께 공부함으로써 다양한 문화를 접할 수 있게 되고 국제 이해를 위한 교육면에서도 장점이 있다고 생각하는 교육관계자와 보호자도 점차적으로 증가하였다.

현재는 이전부터 귀국자녀를 받아들인 국립 및 사립 교육기관에 가세하여, 국제이해교육 추진학교와 귀국·외국인 자녀 지원학교로 지정된 일부 공립 초·중학교에서도 귀국아동을 받아들이고 있다.

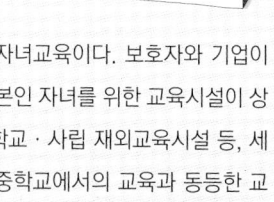

해외자녀교육

해외에서 생활하는 일본인 자녀를 위한 교육이 해외자녀교육이다. 보호자와 기업이 노력한 보람으로 이전과 비교하면 해외에서 생활하는 일본인 자녀를 위한 교육시설이 상당히 정비되었다. 주된 곳으로 일본인 학교·보습수업학교·사립 재외교육시설 등, 세 곳을 들 수 있다. 일본인 학교란 국내의 초등학교 또는 중학교에서의 교육과 동등한 교육을 하는 것을 목적으로 하는 전일제 교육시설이다. 한편, 현지 학교에 다니는 아이들이 토요일이나 방과 후를 이용하여 다니는 학교가 보습수업학교이다. 여기에서는 일본 국내의 초등학교나 중학교에서 배우는 일부 교과를 일본어로 지도하고 있다. 이에 반해 국내 학교법인 등이 해외에 설치한 전일제 교육시설도 소수이지만 존재하고 있으며, 사립 재외교육시설이라고 부른다.

3.2 외국인 아동

업무 등의 이유로 부모를 따라서 해외에서 일본으로 온 아이들을 외국인 아동이라고 한다. 지금까지도 외국 국적의 아이들이 일본에 살고 있지만 1990년 출입국관리법 및 난민인정법 개정 이후, 브라질이나 페루 등, 남미 출신의 아동들이 급속히 증가하였다. 이 개정은 일본의 거품경제기에 심각한 인력부족으로 곤경에 빠진 국내 메이커를 돕고, 해외에 살고 있는 일본인 후손에 한해 취업 가능한 거주비자를 허가하기 위한 것이었기 때문에 대부분 일본계 남미인이 취업 목적으로 일본을 방문하여 지방 각지에서 일하게 되었다. 현재, 외국인 자녀

전체의 4할(※ 문부과학성 2004년 통계에서)을 차지하는 브라질 출신의 외국인 아동 대부분은 이렇게 해서 일본을 방문한 가정의 아이들이다.

이들 대부분은 어리고 모어인 포르투갈어가 발달도중인 상태에서 언어나 문화가 전혀 다른 일본으로 온 경우가 많다. 그 때문에 초등학교에서도 일본어를 모르는 상태에서 고생하기도 하지만 국어나 산수 등의 교과 학습에서도 곤란을 느끼는 경우가 많다. 교과학습에서 등장하는 '비례' '중력' 등의 추상적인 개념의 어휘는 난해한 경우가 많고, 그런 단어들을 이해하고 자유자재로 사용할 수 있는 학습언어능력(CALP: Cognitive Language Proficiency)을 습득하기까지는 5년 이상 걸리기 때문이다.

우리들은 1~2년으로 습득할 수 있다고 하는 일상회화(생활언어능력 (BICS: Basic International Communication Skills)이 필요) 를 유창하게 구사하는 모습을 보고 외국인 아동들의 일본어 능력을 판단하기 쉽지만, 일상회화가 능숙한 아이들이라도 교실에서 다양한 학습을 위한 일본어 능력이 충분하다고는 할 수 없다.

이러한 아이들의 어려움을 돕기 위해 분리수업이라고 하는 개인지도 시간을 마련하여 그들에게 일본어와 생활지도를 한다. 그러나 유감스럽게도 극히 단기간에 종료되고 마는 경우가 많다. 또 일부 교육기관에서는 자원봉사자의 협력을 얻어 국어와 사회 등의 교과목에서 모어에 의한 선행학습(=모어로 번역된 교과서를 사용하여 모어를 알고 있는 교사와 함께 예습을 하는 것)을 하여 성과를 올리고 있는 경우도 있지만, 전국적으로 보급되지 않아 각지의 교육현장에서 계속 모색하고 있는 중이다. 더욱이 최근에는 귀국예정·경제적인 사정·학교에서의 부적응 등의 이유로 학교에 다니지 않고 계속해서 일본에 체류하고 있는 외국국적의 미취학 아동이 증가하고 있으며, 장래에 미치는 영향은 물론 미취학에 따른 청소년 비행 문제 등도 지적되고 있다.

한편, 체류기간이 장기화되면 새로운 문제도 부상하게 된다. 특히 문제시되고 있는 것은 일본어 숙달과 반비례하듯이 모어와 자신이 나고 자란 문화를 잃어버리는 경향이 있다는 것이다.

모어를 상실하면 부모와 자식 간의 커뮤니케이션이 어려워지고, 가족관계에

균열이 생기는 경우도 드물지 않다고 한다. 더욱이 언어와 문화적인 정체성 문제에서 일본 아이들과 같이 성장한 경우, 그들에게 브라질은 모국이라기보다 오히려 이문화 사회에 가까운 존재가 된다. 그 때문에 훗날 자기 나라에 귀국했을 때 다시 이문화 적응에 힘들어 하고 그 결과 심리적으로 불안정하거나 학습상의 장애를 안게 되는 경우가 있다.

3.3 중국 귀국자(중국잔류 일본인)

제 2차 세계대전 후의 혼란기에 주로 중국대륙 동북부(구 만주국과 그 주변)에 남겨진 일본인 아동들이나 여성으로 영주 귀국한 사람들을 일반적으로 중국 귀국자라고 한다. 특히 이 사람들 중에는 부모와 생이별하여 중국인 양부모 밑에서 자란 아동들은 중국잔류고아라고 하는데, 80년대 이후 가족과 함께 잇달아 영주 귀국했다. 귀국 후에는 먼저 전국의 중국 귀국자 정착촉진센터나 중국 귀국자 자립연수센터에서 일본어교육과 생활지도를 받는 경우가 많다. 그들은 여기에서 쇼핑, 은행, 학교, 이사하는 것에서 이웃과의 교류까지, 한 사람의 시민으로서 일상생활을 하는 데 필요한 일본어와 생활지도를 중점적으로 학습한다. 그러나 인생의 대부분을 중국에서 보내고 평균연령 60세를 맞이한 이들에게 일본에서의 생활은 언어와 문화가 익숙하지 않아 취업은 커녕 사회적으로 고립되는 사람도 있다. 그래서 2001년 중국 귀국자 지원·교류센터가 새롭게 설립되었다. 여기에서는 일본어 지도와 생활상담 외에 귀국자와 지역주민과의 상호이해를 돈독히 하기 위한 교류사업과 지원단체의 설립 등을 지원하고 귀국자가 이웃사람들과 함께 건강한 사회생활을 할 수 있도록 도와주고 있다. 그러나 전체적으로 국가의 지원이 아직도 충분하다고는 할 수 없다. 그래서 전국에 있는 중국 귀국자가 국가를 상대로 배상 및 보상을 요구하는 재판을 계속하고 있다.

4 다문화 사회를 맞이하기 위한 이문화간 교육-국제이해교육

많은 사람들이 국경을 넘어 이동한 결과, 세계의 많은 나라와 지역 내에서 다수의 민족·문화·언어를 사용하는 사람들이 함께 생활하는 것이 점점 일상화되고 있다. 오랜 세월, 특정한 민족 또는 문화의 사람들이 압도적으로 다수를 차지하고 있던 일본에서도 최근에는 급속도로 사회의 다문화·다민족화가 진행되고 있다. 그래서 다음 세대를 짊어질 어린이와 젊은이는 다문화 사회를 깊이 이해해야 하므로, 일본의 학교교육에서도 이문화간 교육의 중요성이 점점 고조되고 있다. 그러나 오랫동안 다수의 민족·언어로 사회가 구성된 구미 각국에 비해 일본에서는 다문화 상태를 이해하고 받아들이기 위한 교육이 널리 정비되어 있다고는 할 수 없을 것이다.

현재 일본의 학교에서 실시되고 있는 이문화간 교육으로서 국제이해교육을 들 수 있지만, 특정한 교과를 가리키는 것은 아니다. 교육과정에 포함된 교육 내용 중의 하나로서 국어, 외국어, 사회 등의 교과를 통해 아이들이 세계에 대해 깊이 이해하고, 국제사회의 일원으로서 행동할 수 있도록 아이들을 육성하는 것을 목표로 한다.

국제이해라는 개념은 1974년 유네스코에 의한 '국제이해, 국제 협력 및 국제 평화를 위한 교육과 아울러 인권 및 기본적인 자유에 대한 교육에 관한 권고'를 받아들여, 일본 유네스코 국내위원회가 작성한 '국제이해교육 지침'(1982년)을 거쳐 일본의 학교교육에 수용한 것으로, 구체적으로는 1989년 교육과정 개정 시에 처음으로 등장한 개념이다. 당시에 국내에서는 전후 고도 경제성장이 계속되었고 해외에서는 미국과 소련의 냉전 상태가 해빙기를 맞이하여 베를린 장벽이 붕괴되는 시대였지만 현재와 같이 사회가 다문화하는 경향이 강한 시대는 아니었다. 이에 반해 이미 다양한 민족·배경문화의 사람들이 함께 지내게 된 현재 일본에서는 가까운 사회 내부의 국제이해가 불가피하게 되었고, 국가보다 한발 앞서 교육현장에서 대처하기 시작하였다.

예를 들면 외국국적의 아동을 수용하는 것으로 국제이해를 생각하거나 그들의 모어와 모국을 배우기도 하는 시도가 그 대표적인 것이라고 할 수 있다. 일찍부터 외국인 아동을 받아들여 교육을 해 온 도요하시(豊橋)시의 어느 초등학교에서는 전교생에게 10분 정도 '모르는 말로 수업을 받는' 체험을 하게 했다고 한다. 그러자, '일본인 학생들이 말을 몰라서 생기는 오해와 욕구불만을 체험한 후, 외국인 학생들이 매일 어떤 기분으로 일본 학교에서 수업을 받고 있는지에 대해 깊이 이해했다'고 한다(무라타(村田), 1997). 그리고 이 실천으로 교사에게도 외국 국적의 아동지도를 통하여 아이들의 능력과 개성을 다각적으로 파악하고 평가하려는 시점이 생겼다는 점도 간과할 수 없다. 무라타는 외국인 아동교육이란 '획일적·형식적인 교육을 중시해 온 일본의 교육'에서 개성화 교육을 추진할 뿐만 아니라 배경문화가 다른 학생끼리 함께 배우는 협동학습의 추진에도 공헌한다고 지적하고 있다(무라타(村田), 1997:181-182).

국제이해교육이란 독립된 교과가 아니고 구체적인 학습항목이 정해져 있는 것도 아니기 때문에 구체적인 교육실천이 되면 현장에서 일하는 교사의 부담이 커진다. 종합학습 시간을 활용하여 국제이해교육을 시도하는 경우도 있지만 전체적으로는 어떤 방법으로 무엇을 지도해야 하는지를 꾸준히 모색하고 있다. 반면 일본어교육에서는 프로젝트 워크와 같은 학습활동이나 이문화간의 커뮤니케이션 지도에서 일정한 경험을 하게 한다. 다양한 문화적 배경을 가진 사람들이 같은 사회에서 쾌적하게 일하고 생활하기 위해 도움이 되는 교육이라는 점에서는 국제이해교육과 일본어교육이 공통점이 있는 만큼, 일본어 교사가 지역의 학교교육에 공헌할 수 있는 점이 적지 않다. 예를 들면 외국 국적 아동의 일본어 지도를 위해 일본어교사가 각 학교로 파견되는 경우에도 초·중학교 교사와의 연계로, 일본어교육은 물론 충실한 국제이해교육도 실현할 수 있을 것이다. 일본어교육이라는 테두리 안에 머무르지 않고 널리 사회 속에서 일본어교사의 역할과 사명을 생각해 보기 바란다.

과제

❶ 문부과학성의 '해외자녀교육·귀국아동 교육 등에 관한 종합 홈페이지'에 공개된 해외 귀국자녀·재외 일본인자녀에 대한 통계 데이터의 추이를 보고 어떤 경향이 있는지 생각해 봅시다.

- 해외자녀교육·귀국자녀교육 등 홈페이지(문부과학성)
  http://www.mext.go.jp/a_menu/shotou/clarine/main7_a2.htm
  ※2006년 3월1일 현재

❷ 입국관리국에서의 외국인 등록자 수의 통계 데이터의 추이와 분석 코멘트를 보고 어떤 경향이 있는지 생각해 봅시다.

- 입국관리국 홈페이지
  http://www.immi-moj.go.jp/index.html
  ※2006년 3월1일 현재

독서안내

田尻英三·田中宏·吉野正·山西優二·山田泉(2004)『外国人の定住と日本語教育』ひつじ書房
＊외국인 주민에 대한 일본어교육이 어떻게 이루어져야 하는가를 다각적으로 정리하고 있다. 첫머리의 북가이드는 이 분야를 더욱 상세하게 공부하고자 하는 사람에게 편리하다.

箕浦康子(2003)『子供の異文化体験-人格形成過程の心理人類学的研究』増補改訂版新 思索社
＊귀국아동의 이문화 체험과 발달문제를 취급한 선구적인 연구. 심리학과 문화인류학적인 관점에서 접근하고 있다.

【참고문헌】

江淵一公(1997)「異文化間教育とは」江淵一公編『異文化間教育研究入門』玉川大学出版部 pp.13-40.

小林哲也(1996)「異文化間教育学の可能性―学会十五年の回顧と展望」『異文化間教育』10, pp.89-98 アカデミア出版

村田翼夫(1997)「在日外国人児童教育の課題」江淵一公編『異文化間教育研究入門』玉川大学出版部 pp.165-184.

マツモト ダイアン(2001)『文化と心理学―比較文化心理学入門』(南雅彦・佐藤公代訳)北大路書房

渡辺文夫(2002)『異文化と関わる心理学―グローバリゼーションの時代を生きるために』サイエンス社

과제의 정답 ❶ 해답 예: 해외주재일본인 자녀의 체류국별 추이에서 아시아가 북미에 육박할 정도로 증가한 점, 거품경제기의 해외주재일본인 자녀수의 급증과 이후의 증가 둔화 등.
❷ 해답 예: 일본의 총인구의 추이와는 대조적으로 외국인 등록자수가 급증하고 있는 점, 재일교포를 포함한 한국·조선국적의 외국인등록인수가 최다이지만 중국 국적자가 급증하여 이를 추월할 기세인 점, 시즈오카(静岡)현 외국인 등록자의 50%가 브라질 출신이라는 점 등. 현재의 사회상황과 신문보도 등과의 관련성을 생각하면서 통계 자료의 추이를 고찰하기 바란다.

제12장
일본어교육에서의 커뮤니케이션 교육

여기에서는 이문화간 커뮤니케이션에 왜 문제가 생기는지에 대해서 설명하고, 문화에 의한 커뮤니케이션·스타일의 차이나 다양한 시점을 육성하기 위한 이문화 트레이닝, 일본어교육에서의 이문화간 커뮤니케이션 교육의 실천을 소개한다.

> **키워드** 의도, 수신자 중심, 문화상대주의, 자문화(自文化)중심주의, 이문화 트레이닝, 컬쳐·어시미레이터(culture·assimilator), 크리티컬·인시던트(critical·incident), 촉진자(facilitator), 대조회화분석 연구, 커뮤니케이션·스타일, 쌍방향적인 학습

1 이문화간 커뮤니케이션에서의 의도와 해석의 차이

커뮤니케이션은 단순히 정보나 의도를 송신자로부터 수신자에 전달하는 일방적인 것이 아니라, 송신자와 수신자의 상호작용에 의한 쌍방향적인 것으로 파악하는 것이 일반적이다. 그러나 송신자의 의도와 상관없이, '의미해석의 주체인 우리들이 거기에 의미를 발견했을 때 이미 커뮤니케이션이 시작된 것이다'(야요외(八代 他), 1998:53)라는 점을 고려하면, 커뮤니케이션을 '수신자 중심'으로 파악하는 쪽이 여러 가지 오해나 착오에 대해 보다 더 이해하기 쉬울 것이다.

화자의 의도와 관계없이, 수신자가 무언가의 해석을 함으로써 커뮤니케이션은 성립된다. 그리고 이때 같은 문화 배경을 갖는 사람끼리라면 공통점이 많기 때문에, 상대방이 어떻게 해석하는지 예상 가능하지만, 이문화간에서는 의도한 것과는 다른 메시지로 전달될 가능성이 높다.

예를 들어 상대방의 제안을 거절하려고 '생각해 보겠습니다'라고 대답했을 경우, 같은 일본인이라면 이것은 상대방에게 상처를 주지 않기 위한 완곡한 표현으로, '이야기를 끝냄과 동시에 거절하고 있는' 것으로 받아들여, 송신자의 의도대로 해석하는 사람이 많을 것이다. 그러나 문화배경이 다르고 커뮤니케이션·스타일도 다른 이문화간에서는 수신자가 '앞으로 긍정적으로 검토해 줄지도 모른다'라고 기대를 품는 경우도 생각할 수 있다.

이문화간에서는 상대방이 자신이 예상한대로 행동할 것이라고 확신하고 있으면 갭이 생긴다. 이러한 갭이 생긴 경우에, 자신이 생각하고 있는 '적절'한 커뮤니케이션 행동을 취하지 않는 상대방을 비상식적인 사람이라고 부정적인 평가를 내리기 쉽다. 이는 자신의 문화나 커뮤니케이션·스타일을 상대화하여 중립적으로 파악(=문화상대주의)하지 못하고, 자국 문화의 평가기준으로 사물을 판단하기(=자문화(自文化)중심주의) 때문에 일어나는 문제이다.

2 일본어교육에서의 이문화간 커뮤니케이션 교육

2.1 이문화 트레이닝

이문화간 커뮤니케이션에서, 같은 일에 대해 다른 견해가 있으며, 자기 방식만이 아니라 다양한 견해나 사고방식이 있다는 사실을 자각하는 것이 중요하다. 그리고 그 힘을 기르기 위해 이문화 트레이닝으로서 컬쳐·어시미레이터나 크리티컬·인시던트 등의 활동이 유효하다.

컬쳐·어시미레이터는 1) 이문화 마찰과 관련된 에피소드, 2) 그 상황을 어떻게 해석할 것인가를 묻는 설문, 3) 이에 대한 서너 개의 선택지, 4) 각 선택지에 대한 해설이라는 네 가지 부분으로 구성되어 있다. 해설부에서는 강사가 구두로 상세하게 설명하는 것이 효과적이라고 한다.

크리티컬·인시던트는 이문화 마찰 장면을 제시하고, 그 상황을 어떻게 해석·평가할 것인가를 그룹에서 상호 검토하는 트레이닝이다. 이 때, 우선 먼저 장면을 관찰·묘사하고, 다음으로 서로의 의도가 이해되지 않았던 이유가 무엇인지 등을, 상대방의 문화 정보와 자문화 정보를 토대로 정확하게 이해하고, 어떻게 하면 문제가 해결될 수 있는지, 또 어떻게 하면 사전에 회피할 수 있는지를 대화 속에서 학습한다. 컬쳐·어시미레이터와 달리, 강사는 정답을 주거나 하지 않고, 참가자 자신의 사고와 대화에 도움을 주는 촉진자(facilitatior)적 역할이다.

2.2 문화에 따른 커뮤니케이션 스타일의 차이

앞절에서는 이문화간에서는 서로 다르게 사물을 바라보는 견해 및 해석 방법이 있음을 논했다. 이문화간 커뮤니케이션에서 요구되는 다양한 사물을 바라보는 견해를 갖게 하는 상대방의 문화 정보는 중요한 실마리가 된다. 또한 자문화를 보다 객관적으로 파악하기 위해서도 타문화와의 비교는 유효한 방법이다.

예를 들어 문화에 따라서 대화방식이 다르다는 것은 직감적으로 알 수 있을 것이다. 그러나 어디가 다른지 왜 다른지에 대한 지식이 있으면 보다 구체적인 대처 방법을 세울 수 있다. 예를 들면 일본인과 미국인의 맞장구치는 방법이나, 대학생의 토론 등 그룹 활동의 토론 절차, 발언 순서, 의견·이유의 진술 방법이나, 비즈니스회의에서의 화제 관리 등, 다양한 장면에서의 일본과 미국의 대조회화분석연구에서, 일본인과 미국인의 문화에 의한 커뮤니케이션·스타일의 차이점이 지적되고 있다.

또한 아시아 각국의 일본어 학습자가 증가함에 따라, 아시아 각국 학습자의 모어에 의한 커뮤니케이션 방식을 일본인과 비교하는 연구도 나오고 있다. 더욱이, 같은 장면에서의 학습자의 일본어와 모어에 의한 언어표현 등을 각각 대조 분석한 결과, 학습자의 일본어 사용에는 모어가 크게 영향을 주고 있다는 사실이 밝혀졌다.

이와 같이, 사람들의 커뮤니케이션·스타일이나 방법은, 문화에 따라 나르고 그 사람이 외국어를 사용하여 커뮤니케이션을 꾀할 때에도 커다란 영향을 미친다. 일본어교육에서도 일본어 교사는 일본어의 규범으로부터 벗어나 학습자의 언어표현에 대하여, 단순히 일본인의 규범에 따른 일본어표현으로 고치는 것이 아니라, 일본어·일본문화와 학습자의 모어·자문화(自文化)의 차이를 제시하고, 쌍방의 커뮤니케이션·스타일의 차이를 깨닫게 하면서 대응하는 것이 바람직하다.

2.3 이문화 이해를 돕는 쌍방향적 학습

원활한 이문화 커뮤니케이션을 하기 위해서는, 자문화를 상대적으로 파악하고, 문화나 커뮤니케이션·스타일의 다양성을 이해하며, '자기의 견해나 사고방식을 정확하게 표현하는 힘, 공감대, 타인과의 관계를 통하여, 자신의 사고방식, 행동 방식 등을 유연하게 바꾸는'(사토(佐藤), 1993:31) 종합적인 능력이 필요하다.

따라서 일본어교육에서는 학습자에게 일본의 문화나 일본적인 회화 스타일 등을 일방적으로 가르치는 것이 아니라, 문화에 따른 차이에 주의하여 각각의 문화를 존중하는 쌍방향적 학습을 할 수 있도록 하는 교육이 요구된다. 최근, 지역의 일본어교실이나 대학에서는 이와 같은 관점에서 다양한 시도가 이루어지고 있다.

이유를 설명할 때 나타나는 일본과 미국 대학생의 차이   column
(Watanabe 1993)

대화중에 이유를 말할 때, 일본인은 시간과 관련된 이야기를 자세하게 하며 소설내용을 소개하듯이 말한다. 반면에 미국인은 이유만을 간결하게 말한다. 이러한 사실은 미국에서는 대화 시 재빨리 요점만을 말하는 스타일이 요구되지만, 일본에서는 그룹 내에서 마찰 또는 갈등을 일으키지 않기 위해서, 요점을 바로 이야기하지 않고 간접적으로 말하는 것이 요구되어지기 때문이라고 와타나베(Watanabe)는 분석하고 있다. 우리들의 커뮤니케이션·스타일은 자신이 소속되어 있는 문화가 요구하는 암묵적 규칙에 따라서 이루어지고 있다. 또한 그 요구는 사회·문화에 따라 다르다는 사실이다.

지역의 일본어 볼런티어교실에서는 실생활에서의 문제의식을 출발점으로 학습자 중심의 교류활동이 이루어지고 있다. 볼런티어교실은 일본어학습의 장일뿐만 아니라, 외국인 학습자와 일본인 볼런티어 쌍방이 새로운 발견을 하는 이문화 접촉의 장이이기도 하다. 대다수의 일본인 볼런티어는 외국인과 직접 대면하는 가운데, 볼런티어교실을 '일본어를 가르쳐주는' 장에서 '많은 것을 배워가는' 장으로 인식이 바뀌어가고 있다.

한편, 대학에서는 유학생과 일본인 학생이 함께 배우는 다양한 시도가 이루어지고 있다. 유학생을 위한 일본사정 수업에 일본인 학생을 참가시킨 일본인 학생과 유학생에 의한 혼합 수업 외에도, 수업 외의 시간에 교사 주도에 의한 유학생과 일본인 학생의 교류활동이나, 해외 일본어 학습자와의 전자메일에 의한 프로젝트워크 등의 실천이 증가하고 있다. 이러한 수업·활동은 유학생에게 일방적인 일본 사회나 문화 등을 소개하는 것이 아니라, 유학생과 일본인 학생이 일상적인 문제 등에 대해서 서로 이야기하고, 어떤 공통의 테마를 가지고 공동 활동하는 것을 통하여, 참가자들이 자신이 갖는 스테레오타입이나 문화의 다양성을 새롭게 인식하고, 다양한 시점을 가질 수 있게 될 것으로 기대된다.

그리고, 이와 같은 교류프로그램에서, 교사는 촉진자(facilitator)로서 교류를 촉진해 가는 역할을 수행한다. 예를 들면 일본인 대 유학생이라는 양자 대립이 되지 않도록 하는 테마 설정이나 활동에 필요한 커뮤니케이션 스킬의 제시, 활동을 촉진하기 위한 개입, 활동후의 참가자의 자기성찰 등, 활동 전체에 걸쳐 교사의 역할이 매우 중요하다.

일본어교육의 최종목적은 원활한 커뮤니케이션에 있다. 일본어교육에 종사하는 자는 학습자의 다양한 문화를 존중하고 학습자의 자문화와 일본문화와의 차이점 등을 발판으로 하여, 일본인과 학습자가 상호 이해를 돈독히 하면서 함께 배우고 성장해가는 교육활동을 창출하는 노력이 바람직하다.

과제

❶ 어떤 자원봉사 교실에서의 일이다. 이 교실은 일본인과 외국인이 다양한 문제에 대해서 서로 이야기하는 장소이다. 어떤 외국인 참가자가 '일본에서는 외국인을 가이징(外人, 외국인)이라고 하는데, 가이샤(外車, 외제차)라는 말도 있고, 물건 취급당하는 느낌이 들어서, 가이징이라고 부르지 않았으면 한다.'고 발언했다. 이에 대해 일본인 참가자가 '외국인을 가이징(外人)이라고 부르고 있지만, 특별히 악의가 있는 것은 아니다'라고 주장했다. 그 이후에도 쌍방의 의견이 평행선을 그을 뿐이었다. 당신이 만약 그 교실에서 교사였다면 그 때 어떻게 할 것인가?

독서안내

泉子 K.メイナード (1993)『会話分析』 くろしお出版
✽이제까지 일・영대조회화분석에서 얻어진 견해를 알기 쉽게 개관한 후, 저자 자신의 데이터에 근거한 연구도 몇 가지 소개되어 있다.

八代京子・町田恵理子・小池浩子・磯貝友子 (1998)『異文化トレーニングーボーダレス社会を生きる』 三修社
✽이문화 커뮤니케이션에 어떠한 태도와 스킬이 필요한지를 상세하게 분석하여 해설하고 있다. 각 절에 훈련・연습이 수록되어 있어 참고가 된다.

【참고문헌】

佐藤郡衛 (1999)『国際化と教育―日本の異文化間教育を考える』財団法人放送大学教育振興会

八代京子・町田恵理子・小池浩子・磯貝友子 (1998)『異文化トレーニングーボーダレス社会を生きる』三修社

Watanabe,S(1993) Cultural Differences in Framing: American and Japanese Group Discussions. In Tannen,D.(Ed.) *Framing in Discourse*. New York; Oxford University press. pp.176-209.

제13장
언어교육과 정보

인터넷이 보급됨에 따라 다양한 정보를 손쉽게 얻고 발신할 수 있게 되었으며 언어교육에 있어서도 컴퓨터를 활용한 교육이 활성화되고 있다. 여기에서는 교사 자신이 다양한 정보를 취사선택하고 자유로운 발상으로 수업을 만들어 가는 것을 목표로 일본어교육에서의 컴퓨터 활용능력과 주의해야 할 점 등에 대해서 생각해 보도록 한다.

> 키워드 ▶ CALL, CMC, CMI, 정보 활용능력, 미디어 활용능력, 저작권, 지적소유권

1 일본어교육에서의 컴퓨터 활용

최근 들어 컴퓨터와 인터넷이 널리 보급되면서 E메일과 채팅 등을 이용한 커뮤니케이션이 일상화되었다. 이와 같은 사회 변화에 따라 일본어교육에서도 컴퓨터와 인터넷을 이용한 수업이 한층 더 친근하게 느껴지게 되었다.

1.1 수업 현장에서의 활용

현재, 교육현장에서는 컴퓨터가 폭넓게 활용되고 있으며[1] 이 중, 언어학습에서의 활용을 컴퓨터 지원 언어학습(CALL: Computer Assisted Language Learning)이라고 한다.

---

1 컴퓨터지원교육(CAI:Computer Assisted Instruction)이라고 한다.

기존의 CALL을 도입한 일본어 수업에서는 일본어 문법, 한자 등의 언어요소와 청해, 독해, 작문 등의 수업에서 CALL교재를 이용한+ 학습이 주류를 이뤄왔다. 이 경우의 학습은 컴퓨터와 학습자가 1대1로 대면하여 이루어지게 되는데 근래에는 사람과 사람이 대면하여 실시하는 컴퓨터 매개 커뮤니케이션(CMC: Computer Mediated Communication)을 도입한 일본어 학습도 실시되고 있다. 예를 들어, 해외에 거주하는 일본어 학습자의 작문 지도를 E메일을 통해 실시하거나 채팅을 이용한 회화능력 육성을 목적으로 하는 것들이 이에 해당한다.

이상과 같이 이제까지의 CALL에서는 컴퓨터는 어디까지나 일본어학습의 수단에 불과했다. 그러나 학습자가 일본어를 사용하여 E메일, 채팅과 같은 CMC를 활용할 기회는 앞으로 더욱 더 늘어날 것이다. 따라서 앞으로 CALL 분야에서는 컴퓨터를 활용한 일본어학습뿐만 아니라 컴퓨터를 매개로 해서 어떻게 아른 사람과 커뮤니케이션을 할 것인지에 대해서 고민하는 CMC 교육이 주목받을 것으로 보인다.

1.2 그 외의 장면에서의 활용

교실에서의 수업 외에, 코스디자인, 성적관리, 평가, 교재작성 등 교사에게는 다양한 업무가 있다. 이러한 것들을 효율적으로 실행하여 보다 나은 수업을 제공하기 위해서 컴퓨터가 큰 힘을 발휘하게 된다.

앞서 말했듯이, '수업 활동 등에 의해서 발생하는 각종 데이터 처리와 자료 작성 처리 등을 교사가 컴퓨터를 이용해서 실행하는 것' (이케다(池田), 2003:5)을 CMI[2] (Computer Managed Instruction)라고 한다. 예를 들어, 교재 작성을 위해 워드 프로세서 소프트를 사용하거나 학습자의 학습관리에 표계산 소프트를 사용하는 것이나 교사가 모이는 게시판에서 지도법에 대해 상담하는 것 등이 바로

---

2 좁은 의미에서 CMI란 성적관리시스템 등, 수업에 관련된 교사의 업무를 지원하는 컴퓨터 시스템을 가리킨다.

CMI로써의 컴퓨터 활용으로 볼 수 있다. 이처럼 컴퓨터의 활용 방법에 따라서는 양질의 교재개발과 교사의 네트워크 형성 등과 같이 단순한 작업의 효율화 그 이상의 효과를 얻을 수 있으며, 그 결과로써 질 좋은 교육을 학습자에게 제공할 수 있을 것으로 기대된다.

2 정보와 관련된 활용능력

2.1 정보 활용능력과 미디어 활용능력

정보는 문자와 음성, 사진, 영상 등 다양한 형식으로 전달되며, 정보 전달의 수단으로 인터넷도 포함되는 등, 우리들이 접하는 정보량은 방대하다. 정보 활용능력이란, 이 방대한 정보를 취급하는데 있어서의 필요한 지식과 능력을 말하며, 정보 수집과 분석, 새로운 정보의 구성과 발신이라는 일련의 작업을 효율적으로 실행하는 능력이다. 한편, 인터넷이 보급됨에 따라 정보의 쌍방향성이 커지고 발신할 기회가 늘고 있다. 그 때문에 지금까지는 정보를 받는 쪽의 활용능력이라는 측면이 강조되어왔지만, 앞으로는 정보를 주는 쪽의 활용능력이 중요시될 것으로 보인다.

E메일을 활용한 일본어교육의 예
(이타쿠라(板倉)·나카지마(中島), 2001)

홍콩공과대학 일본어 학습자와 가고시마대학 일본인 학생 사이에 실시된 「전자메일 쌍방향형 프로젝트워크」를 소개한다. 이것은 E메일에 의한 일본어 학습과 이문화 이해를 목적으로 하고 있다. 정해진 주제에 관한 설문조사 항목을 일본어 학습자와 일본인 학생이 공동으로 작성하고 쌍방 대학의 학생에 대해 설문조사를 실시, 그 결과를 서로 비교하는 것으로 E메일은 이를 위한 수단으로 사용되었다. 목적의 하나로 이문화 이해를 설정함으로써 학습자와 모어 화자 모두에게 이점이 있고 일본어에 의한 실제 커뮤니케이션을 경험할 수 있는 관계로 흥미가 오래 지속될 수 있기 때문에 일본어 학습이 효과적으로 실시되었다는 등의 효과가 있었다고 한다.

미디어 활용능력에 대해서 스즈키(鈴木, 2001:17)는 '시민이 미디어를 사회적 문맥에서 비판적으로 분석하고 평가하며 미디어에 접촉하여 다양한 형태로 커뮤니케이션을 창출해내는 능력을 가리킨다. 또한 그러한 힘의 획득을 위한 노력도 미디어 활용능력이라 한다'로 정의하고 있다. 즉, 매스미디어 등이 가지는 지배적 영향력에 대해서 전달되는 정보를 비판적으로 분석, 활용하는 능력이라고 말할 수 있겠다.

2.2 일본어교육과의 관계

교재개발을 하는 과정에서 교사는 정보 활용능력을 활용하여 학습자의 니즈와 일본어 레벨을 고려하면서 필요한 정보를 취사선택하고 학습자가 잘 이해할 수 있도록 정보를 재구성한다.

학습자에 대해서도 정보 활용능력에 대해 가르칠 필요가 있다. 예를 들어, 인터넷에서 정보를 입수할 경우, 키워드를 선정하고 검색 방법을 알고 입수한 정보를 바르게 이해해야 한다. 더욱이 최근에는 학습자가 수업에서 홈페이지를 작성하거나 프로젝트워크 중에 프레젠테이션용 소프트를 이용하여 자료를 작성하는 등, 정보를 보내는 쪽이 되는 경우도 늘고 있다. 따라서 일본어 학습을 통해 정보 활용능력까지도 익힐 수 있도록 하는 수업을 실시하면 좋을 것이다.

미디어 활용능력에 대해서는 특히 일본사정을 지도할 때, 교사가 유의할 필요가 있다. 일본사정 수업에서는 텔레비전 방송 프로그램, 신문 등을 취급하는 경우도 많다. 학습자는 이들을 가지고 일본에 대해서 배우게 되는 것인데, 이 때, 정보를 무비판적으로 받아들이게 되어 일본에 대한 스테레오타입을 가지게 할 위험성이 있다. 교사는 미디어를 소개한 정보에는 반드시 제작한 사람의 의도가 반영된다는 점을 이해한 후에 학습자가 정보를 무비판적으로 받아들이는 것이 아니라, 다양한 시점에서 내용을 파악할 수 있도록 수업을 실시해야 한다.

3 저작권

앞서 기술한 바와 같이 교사와 학습자가 다양한 정보를 입수하고 발신하는 기회가 늘고 있지만, 이러한 상황에서는 교사와 학습자 자신이 무의식중에 저작권을 침해할 우려가 있다. 저작물을 저작권법에서 정하는 범위 내에서 이용하기 위하여 지적소유권의 하나인 저작권에 관한 이해가 필요하다.

여기에서는 저작물의 복제에 대해서 설명하도록 하겠다. 저작물의 복제에는 저작권자의 허락이 필요하지만, 학교와 그 외의 교육기관(영리목적인 경우를 제외함)에서의 「교육을 담당하는 교사」 및 「수업을 받는 자」에 의한 복제에 대해서는 저작권자의 허락은 필요 없다(저작권법 제35조). 즉 수업 자료 작성을 위해서 담당 교사가 저작물을 복제할 경우와 학습자가 수업의 일환으로써 과제물을 작성할 때, 인터넷 등에서 수집한 자료를 복제할 경우에는 허락을 받을 필요가 없다. 그러나 영리목적으로 설치된 민간 일본어교육시설은 이에 해당되는 교육기관이 아니다. 또한 이에 해당하는 경우라도 수업 이외의 경우에 사용하는 복제와 학급 인원수 이상의 복제, 워크북 등, 학습자가 구입하는 것을 전제로 만들어진 복제는 허용되지 않는다.

실제 허락을 받는 것은 교사와 학습자에게 큰 부담이 되므로 이와 같은 경우에는 「인용」의 범위에서 이용하거나, 또는 허락을 받을 필요가 없는 일본어 교육 교재를 제공하는 웹사이트(「みんなの教材サイト」(국제교류기금 일본어국제센터 운영)〈http://momiji.jpf.go.jp/kyozai.php〉)등을 이용하면 된다.

교사와 학습자는 이용자임과 동시에 저작자가 되어 권리를 침해당할 우려도 있다. 그 때문에 저작자의 입장에서도 저작권을 보호할 필요에 대해서 이해하고 학습자에게도 그 중요성을 수업을 통해서 가르칠 필요가 있다.

과제

대학의 일본어 학급 활동 중에서 저작권자에게 허락을 받을 필요가 있는 것을 고르시오.

❶ 교사가 다도에 관한 웹페이지를 인쇄해서 일본사정 수업에서 배포한다.

❷ 일본어 학습자의 작문을 교사가 대학 웹사이트에 올린다.

❸ 일본어 학습자가 인터넷상에서 공개되고 있는 동영상을 수업 발표 자료에 사용한다.

독서안내

鳥谷善史(2004)「第2編 言語情報処理」『改定新版 日本語教師養成シリーズ⑥ 異文化理解と情報』(佐治圭三・真田信治監修) 東京法令出版 pp.59-102
✽언어교육과 정보에 관한 기초적인 내용이 간결하게 정리되어 있어, 일본어 교사를 목표로 하는 사람에게 도움이 되는 내용이다.

畑佐一味(2002)『日本語教師のためのITリテラシー入門』くろしお出版
✽일본어를 가르치는 맥락에서의 컴퓨터 이용방법을 소개하고 있어, 컴퓨터 사용을 어려워하는 사람에게도 알기 쉬운 내용이다.

三宅和子・岡本能里子・佐藤彰編(2004)『メディアとことば１』ひつじ書房
✽미디어와 말, 미디어 속의 말이라는 시점에서 기술된 내용으로 기본개념과 용어의 설명 등도 소개되어 있는 책입니다.

【참고문헌】

池田伸子(2003)『CALL導入と開発と実践-日本語教育でのコンピュータの活用』くろしお出版

板倉ひろこ・中島祥子(2001)「IT時代における日本語教育-香港・鹿児島間の電子メール双方向型プロジェクトワークの試み」『世界の日本語教育(日本語教育事情報告編)』6, pp.227-240

鈴木みどり編(2004)『新版 Study Guide メディア・リテラシー(入門編)』リベルタ出版

과제의 정답　❷ 웹사이트에 게재하는 것은 작품의 복제, 공중송신에 해당되므로 교육목적이라고 해도 저작권자인 학습자의 허락이 필요하다.

제 5 부

언어일반

제14장
언어구조일반

여기에서는 세계의 언어에는 어떤 것이 있는지, 그 중에서 일본어는 어떤 언어인지에 대해 살펴본다. 또한 그러한 언어를 연구하는 학문분야인 언어학에서는 어떠한 연구가 이루어지고 있는지 일본어학이나 일본어교육과의 관계는 어떠한지 등에 대해서 살펴본다.

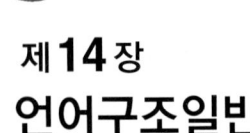 어족(語族), 역사언어학, 언어유형론, 굴절어, 교착어, 고립어, 격(格), 주어, 주제, 조수사(유별사), 언어학, 일본어학, 음운론, 형태론, 의미론, 화용론, 대조언어학, 비교언어학, 이론언어학, 응용언어학

1 세계의 여러 언어

세계에는 수천 개에 이르는 언어가 있다고 한다. 조어(祖語)가 같은 언어를 동일 계열의 언어라고 하며, 이들의 집합을 어족(語族)이라 한다. 세계에는 인도·유럽 어족, 중국·티베트 어족, 우랄어족, 알타이 어족 등, 많은 어족이 존재하고 있다. (어족 분류법과 호칭에도 여러 설이 있다)

인도·유럽 어족은 세계의 절반에 가까운 사람들에 의해 사용되며, 게르만어(영어, 독일어 등), 그리스어, 이탈릭어(프랑스어, 스페인어, 포르투갈어, 이탈리아어 등), 인도·이란어 (인도·아리아어, 이란어 등) 등이 포함된다. 중국·티베트 어족은 현재의 중국·티베트 지방에서 이용되고 있는 언어의 대부분이 포함되며, 중국어, 미얀마어, 티베트어 등이 있다. 우랄어족에는 핀 제어(緒語)(핀란드어, 에스토니아어 등), 우골 제어(헝가리어 등) 등이, 알타이 어족에는 몽골어파(몽골어 등), 튀르크어파(터키어, 위구르어, 카자흐어, 키르기스어 등),

만주·퉁구스어파 등이 포함된다.

어족에 관해서는 많은 학설이 있고, 아직 밝혀지지 않은 부분이 많은 것이 현실이다. 전형적인 예가 일본어나 한국어(조선어)로, 다양한 유사성 때문에 알타이어족에 포함되는 경우도 많지만, 그러한 유사성이 공통의 조어에서 유래하는 것인지, 접촉에 의한 것인지는 아직도 확실치 않다. 일본어와 한국어와의 관계에 대해서도 친족관계는 지적되고 있지만, 자세한 것은 알려져 있지 않다.

2 언어의 유형-일본어는 어떤 언어인가

언어의 분류에는 위와 같은 발생적·계통적인 분류 외에 유형론적인 분류가 있다. 이것은 역사적인 친족관계가 아니고 음운론(모음의 종류, 성조의 이용여부 등), 형태론(문법, 어순), 어휘론 등의 형식적인 유사성으로부터 언어를 구조적인 타입(유형)으로 나누려는 시도이다. 이와 같은 언어의 분류는 언어유형론이 담당하고 있다. 일본어를 예로 유형론적인 분류를 해보자.

2.1 SOV형 언어

어순(語順)이라고 하면 누구나 영어를 번역할 때, 어순으로 고생한 경험을 가지고 있을 것이다. 또 한문 수업에서 아래에서 위로 올려 읽는 순서를 나타내는 기호(가에리텐, 返り点)에 의지하여 한문을 읽고 이해한 경험을 가지고 있다. 이는 영어나 (옛) 중국어가 일본어와 어순이 다르다는 것을 나타낸다.

이에 비해 한국어를 배울 때에는 이러한 고생은 전혀 없는데, 이것은 한국어와 일본어가 기본적으로 어순이 같기 때문이다. [표1]은 어순에 관해 일본어와 한국어, 중국어, 영어를 비교한 것이다. 그림에서 '+'는 그 언어의 종속부(수식어 등)가 주요부(피수식어 등)의 앞에 놓여 있는 것, '-'는 그 반대를 나타낸다.

어족은 어떻게 결정되는가?

언어의 동일 계열 여부는 문자로 쓰인 유물(遺物)을 사용하여, 공통의 조어로부터 파생한 것을 보여주는 형식적인 유사성을 찾아가는 작업으로 이루어진다. 문자로 쓰인 유물이 풍부한 언어라면 이것이 가능하지만, 유물이 적은 언어도 있으므로 이것이 어족의 판단을 어렵게 하고 있다. 이런 언어의 분류는 18세기 이래, 역사언어학이 담당해 왔다.

[표1] 일본어 · 한국어 · 중국어 · 영어의 어순 (쓰노다(角田, 1991)인용)

	일본어	한국어	중국어	영어
S, O와 V	SOV 등	SOV 등	SVO 등	SVO
명사와 후치사	+	+	−	−
소유격과 명사	+	+	+	−, +
지시사와 명사	+	+	+	+
수사와 명사	+	+	+	+
형용사와 명사	+	+	+	+
관계절과 명사	+	+	+	−
고유명사와 보통명사	+	+	+	−, +
비교 표현	+	+	그 외	−
본동사와 조동사	+	+	−	−
부사와 동사	V보다 앞	V보다 앞	다양함	다양함
부사와 형용사	+	+	+	+, −
의문 표시	문장 끝	문장 끝	문장 끝	없음
일반의문문에서의 S, V도치	없음	없음	없음	있음
의문사	평서문식	평서문식	평서문식	문두
특수의문문에서의 S, V 도치	없음	없음	없음	있음
부정 표시	동사어미	V · 조동사직전: 부정조동사	S와 V의 사이	V의 직후
조건절과 주절	+	+	+	+, −
목적절과 주절	+	+	불명확함	−

注)'+'는 언어의 종속부가 주요부의 앞에 놓이는 것, '−'는 그 반대임을 나타낸다. 음영부분은 일본어와 공통되는 항목을 나타낸다.

이것을 보면 일본어와 한국어(조선어)는 기본어순이 같은 SOV로 거의 차가 없는데 반해, 중국어는 기본어순이 SVO로, 다소 차이가 있으며, 영어는 수사·지시사·형용사와 명사의 어순만이 일본어와 일치하고 그 밖에는 다른 것을 알 수 있다.

일본어의 특징은 종속부가 항상 주요부 앞에 놓이는 언어라는 것이다. (표1에서 일본어는 '+'뿐이고, '-'가 없다는 것이 이를 나타낸다) 영어에서는 이 일관성이 무너진다. 수식관계라는 관점에서 보면, 일본어의 경우에는 수식어(종속부)가 항상 피수식어(주요부) 앞에 놓여 있다. 영어는 형용사의 명사수식처럼 앞에 놓이는 것(표에서는 +로 표시)과 관계절의 명사수식처럼 뒤에 놓이는 것(-로 표시)으로 나뉜다. 또 영어의 전치사나 일본어의 조사 등의 후치사를 보면, 일본어에서는 명사(종속부)가 후치사(주요부)의 앞에 놓이지만(+), 영어나 중국어에서는 명사는 전치사의 뒤에 놓인다(-). 이와 같이 생각해보면 일본어는 어순에 있어 목적어가 동사에 선행(SOV)하는 유형적 특성을 가지며, 종속부가 주요부의 앞에 놓이는 일관성을 가진 언어라고 할 수 있다.

일본어의 어순은 소수파?

미국이나 유럽 여러나라의 언어에 접할 기회가 많다보니 일본어의 어순이 소수파라고 생각하기 쉽다. 그러나 세계의 언어를 살펴보면, 기본어순에서 가장 많은 것은 일본어와 같은 SOV이고, 다음이 영어와 같은 SVO, 그 다음이 아일랜드어 등의 VSO 타입이다. 이들은 주어(S)가 목적어(O)에 선행되는 보편성을 가지고 있다. 그 이외의 어순은 극소수 밖에 존재 하지 않는다. 또 어순 면에서 일본어와 비교적 유사한 언어로는 한국어 외에 몽골어, 터키어, 마리어, 힌디어, 벵골어 등이 있다.

2.2 교착어

언어유형론적인 분류 중에서 특히 형태론적으로 분류하면 세계의 언어는 굴절어, 교착어, 고립어로 나눌 수 있다.

굴절어 : 활용 등의 어형변화(말의 내적구조의 변화)에 의해 격 등의 문법관계를 나타내는 언어. 라틴어, 그리스어, 아랍어 등.
교착어 : 문법적인 의미를 나타내는 단위를 붙이는 것에 의해, 격 등의 문법관계를 나타내는 언어. 일본어, 한국어 등.
고립어 : 활용 등의 어형변화가 없는 언어로, 격 등의 문법관계는 어순을 이용해서 표시된다. 중국어, 베트남어, 사모아어 등.

다만, 이들은 명확하게 구분할 수 있는 것은 아니다. 하나의 언어가 여러 성격을 가지고 있는 경우도 적지 않다. 예를 들어 에스키모어나 오스트레일리아의 여러 언어는 교착어로서의 특징과 굴절어로서의 특징을 가지고 있다. 또 영어는 굴절어이지만 어형변화가 적은 만큼, 어순의 중요성이 높아지고 다소 고립어의 성격을 가지고 있다. 또한 'anti·abortion·ist(중절 반대론자)'와 같은 어형성을 보면 교착어적인 특징도 가지고 있다. 일본어는 교착어지만, 구어체(회화체)에서는 조사를 생략하여 어순으로 격(格) 등의 문법관계를 나타내는 일도 많으므로 그 점은 고립어적인 성격을 가지고 있다고 할 수 있다.

격 표시에 대해서 말하면, 일본어는 주격, 대격(對格), 여격(與格) 등의 격을 나타낼 때는 격조사를 붙이고 사역, 수동 등의 태(態), 진행, 완료 등의 상(相), 과거 등의 시제(時制) 등을 나타낼 때는 동사 뒤에 이를 나타내는 형태소를 붙여 표현한다. 이는 한국어에서도 같지만, 영어를 생각하면 격은 I-my-me의 인칭변화에서 볼 수 있듯이, 굴절이 나타나고 태와 상, 시제 등은 활용변화로 나타내는 등 일본어와는 약간 성격이 다르다. 또한 중국어는 굴절도 없고, 어순이 격 역할을 한다.

2.3 격

일본어는 주격, 대격, 여격 등의 격을 ガ, ヲ, ニ 등의 격조사로 나타내지만, 영어와 마찬가지로 자동사문에서는 주격이 함께 사용 가능하며 같은 타동사문에서는 주격과 대격이 함께 사용된다. 이 때, '자동사문의 주격'과 '타동사문의 주격'이 같은 형태(주격, 일본어에서는 ガ)로 나타나고, 타동사문의 대격(일본어에서는 ヲ)만이 다른 형태로 나타나게 된다. 이와 같은 언어는 주격·대격형 언어라고 하는데, 세계의 수많은 언어가 모두 이 타입에 속하는 것은 아니다. 능격·절대격형 언어에서는 '타동사문의 대격'과 '자동사문의 주격'이 같은 형태(절대격)로 나타나게 되고, '타동사문의 주격'은 이들과는 다른 형태(능격)로 나타나게 된다. 예를 들면 와룬구어(오스트레일리아의 멸종언어, Warrungu Language)의 경우에는 (1)과 같이 '男が犬を殺した(남자가 개를 죽였다)', '男が座った(남자가 앉았다)'에서는 '(죽인)男'가 능격이고, '犬(개)'와 '(앉은)男'가 절대격으로 나타나게 된다.

(1) pama-<u>ngku</u> kantu-<u>∅</u>　palka-n.
　　男-<u>능격</u>　　犬-<u>절대격</u>　殺す-과거/현재
　　pama-<u>∅</u>　　nyina-n.
　　<u>男</u>-<u>절대격</u>　座る-과거/현재

(쓰노다(角田), 1991)

이것에 속하는 언어로는 인도 북부의 여러 언어, 코카서스어, 에스키모어, 폴리네시아의 여러 언어 등이 있다.

이 밖에 '타동사문의 주격', '자동사문의 주격', '타동사문의 대격'이 각각 다른 형태로 나타나는 언어, 세 개가 같은 형태로 나타나는 언어 등이 있다.

2.4 주어와 주제

세계 언어의 모든 문에는 반드시 주어가 있다고 생각하기 쉽지만, 반드시 그렇지는 않다. 먼저, 영어에서는 생략된 경우를 제외하고 주어는 필수이다. 그러나 일본어와 한국어에서는 주어가 없는 경우가 있다(무주어문). 예를 들면 '地震だ(지진이다)', 'ご飯ですよ(식사에요)' 등은 주어가 없다(단순한 생략이라면 복원할 수 있겠지만, 이 경우 복원할 수 없다). 일본어에서는 주어가 필수가 아니므로, 영어 it, there와 같은 형식주어도 필요 없다.

주제의 경우, 일본어에는 주제가 있는 문장이 많지만(유제문), 없는 문장도 있다(무제문). '先生はいません(선생님은 없습니다)'는 유제문이고, '先生がいません(선생님이 없습니다)'은 무제문이다. 단, 무제문은 눈 앞의 상황전체가 주제라고 생각할 수도 있다.

또한, ハ가 사용된 명사구를 주어로 오해하는 경우도 있는데, 반드시 그런 것은 아니다. 예를 들면 '私はパンを食べた(나는 빵을 먹었다)'에서, '私は'는 주어가 주제화되어 ハ가 사용되고 있으므로 '주제=주어'로 볼 수 있지만, 'パンは私が食べた(빵은 내가 먹었다)'에서는 'パンは'는 목적어가 주제화한 것으로, 주어가 아니다.

또한 영어 모어 화자의 일본어를 듣고 있으면, '私は'를 지나칠 정도로 연발한다는 느낌을 받을 때가 있다. 일본어와 한국어는 주어 생략이 자주 발생하는 언어이다. 주어 생략이라고 해도 유독 화자인 1인칭주어의 생략이 많은데, 여기에는 다양한 요인이 작용하고 있다(제17장 3.1 참조).

> **주어 우세 언어와 주제 우세 언어**
>
> 세계의 언어에는 주어가 중요한 주어우세(Subuject-prominent) 언어와 주제가 중요한 주제우세(Topic-prominent) 언어가 있다는 주장이 있다(Li 1976). 영어는 전자, 중국어는 후자이다. Li(1976)에 의하면 일본어는 주어나 주제가 강한 언어라고 한다. 또한 '주어폐지론'으로 유명한 미카미 아키라(三上章)는 일본어는 주어보다 주제가 강한 언어라고 말한 바 있다. 주제가 강한 언어에는 이를 나타내는 형태소가 존재하고 있는 경우가 많다. 일본어의 ハ, 한국어의 '은/는'이 그것이다. 중국어에는 이와 같은 조사가 존재하지 않기 때문에, 주제는 어순이 나타내며 문 앞에 놓이는 것이 일반적이다.

3 언어학 · 일본어학 · 국어학

언어학이란 언어에 대해서 그 구조와 체계를 연구하는 학문분야이다. 언어는 음소가 형태소를 형성하고 이것이 단어, 문, 문장(담화)을 형성해 가는데, 지금까지의 언어학에서는 이러한 언어의 구조적인 단위의 레벨에 따라 그 연구영역을 음운론, 형태론, 통어론, 의미론, 화용론으로 구분하고 있다.

음운론 : 음소, 악센트 등의 연구
형태론 : 어구성과 형태소 등의 연구
통어론 : 문의 구조, 구문, 문에서의 단어 접속 방법, 어순 등의 연구
의미론 : 단어와 문이 나타내는 의미를 기술하는 연구
화용론 : 언어와 언어가 사용되는 상황과의 관련성 등의 연구

이 밖에 음운론과 유사한 것으로 음성학이 있는데, 전자가 음소 등, 언어로서의 음을 연구하는 것에 반해, 후자는 물리적인 음으로서의 언어음 그 자체를 연구하는 분야이다.

또한 언어학은 연구대상으로 하는 언어가 무엇인가에 따라, 일본어학, 영어학 등으로 나뉜다. 그러나 일본어학은 역사적으로 국어학의 흐름 속에서 발달해왔고 역사적 배경에 입각하여 언어를 연구하는 경향이 있다. 이 점에서 현재 존재하는 언어를 보편적인 접근방법으로 다루는 경향이 있는 언어학(응용언어학)과는 다른 점이 많다(물론 언어학 중에는 통시적인 언어학도 있다).

이러한 일본어학과 언어학과의 차이는 때로 일본어교육 등에도 영향을 주는 일이 있다. 예를 들어 '読む(읽다)', '見る(보다)'는 국어학의 흐름에 입각한 일본어학의 입장에서는 '5단활용동사', '상1단활용동사'이지만, '5단활용', '상1단활용'이라는 개념은 이들 동사가 원래 '4단활용', '상2단활용'이었기 때문에 그렇게 불려지게 되었다는 역사적 배경이 있다. 하지만, 언어학의 입장에서는 이와 같은 역사적 측면(통시성)보다는 공시성, 즉 현재 세계에 존재하는 다른 언어와의 유사점과 차이점이 보다 큰 관심사이기 때문에 어간과 활용어미와의 관계(교착)에 주목하여, '読む(읽다)'와 같은 5단활용동사는 '자음으로 끝나는 어간'과 활용어미 'U'에 의해서 구성(Yom-U)되기 때문에, 자음동사 또는 u-verb라고 불린다. 또한 '見る(보다)'와 같은 1단활용동사는 '모음으로 끝나는 어간'과 활용어미 'Ru'에 의해서 구성(Mi-Ru)되기 때문에, 모음동사 또는 ru-동사라고 부르기도 한다.

따라서 일본어교육에서는 통시적인 측면을 중시하면 국어학과 일본어학과의 연계가 중요하게 되며, 공시적인 측면을 중시하면 언어학과의 연계가 중요하게 된다. 일본어교육은 다른 언어를 모어로 하는 학습자에게 일본어를 가르치는 일이 많기 때문에, 다른 언어와의 유사점과 차이점, 즉 공시적인 측면이 중요해지므로 국어학의 입장에서 일본어학을 그대로 응용하는 것이 아니라, 언어학적 관점도 가미한 일본어학을 구축해갈 필요가 있다. 동사를 '자음동사/u-verb', '모음동사/ru-verb'로는 부르지 않더라도, 적어도 1그룹, 2그룹이라고 부르거나, '読みます', '読んで'를 연용형이라고 부르지 않고, 각각 マス형, テ형으로 부르게 되거나 이러한 흐름을 말해주는 좋은 예라고 할 수 있을 것이다(제17장 2.1 참조).

4 대조언어학

　일본어교육에 종사하는 우리들에게 있어, 학습자의 언어에 대한 지식이 있으면 매우 도움이 된다. 예를 들어, 한국어에서는 '先生になる(선생님이 되다)'라고 표현할 때, '先生(선생님)'에는 ニ격이 아닌, ガ격을 사용한다는 것을 알고 있으면, 한국어를 모어로 하는 학습자가 '先生がなる'라고 표했을 때, 그와 같은 오용이 왜 발생했는지를 알 수 있는 하나의 단서가 된다. 이와 같이 어느 두 개의 언어의 유사점과 차이점을 비교하여 기술하는 것을 대조분석, 또는 대조연구라고 하며, 그와 같은 수법을 사용하여 언어에 대하여 연구하는 방법을 대조언어학이라고 한다.

　여기서 주의해야할 점이 두 가지 있다. 하나는 비교언어학과 대조언어학과의 혼동이다. 전자는 동일 계통의 두 언어를 비교하는 것으로, 그것을 통해서 두 언어의 조어(祖語)를 밝히거나 언어의 역사적인 변화의 과정을 밝히는 것에 목적이 있다. 그에 반해, 대조언어학은 두 언어가 동일 계통에 속하는지의 여부는 문제 삼지 않고 양자의 언어적인 공통점과 차이점을 비교하여 그것을 통해 특정한 언어의 특징을 살펴보거나 언어 습득에 활용하거나 하는 것이다. 예를 들어, 일영(日英) 대조연구에 의해 주어를 중시하는 영어와 주제를 중시하는 일본어와의 차이가 명확해지거나, 영어 모어 화자의 일본어교육에 도움이 될 수 있다.

　다음으로 주의해야 할 또 다른 하나는 대조언어학의 응용방법이다. 1960년 이전에 성행한 행동주의적인 언어습득의 사고는 외국어를 배울 때, 모어와 유사한 부분은 습득이 쉽고 모어와 다른 부분은 습득이 곤란하기 때문에, 모어와 외국어의 유사점과 차이점을 연구하면, 어떤 부분이 용이하고 어떤 부분이 곤란한지를 예측할 수 있다고 생각했다. 이것을 대조분석 가설이라고 한다. 그러나 이후에 오용이 발생하는 메커니즘은 그리 단순하지 않다는 사실이 밝혀지게 되어 이 가설은 힘을 잃게 되었다. 예를 들어 영어는 어미 't/d'음을 구별하지만, 독일어는 구별하지 않고 't'로 발음한다. 대조분석 가설에 의하면 이 차이는 독일어 모어 화자가 영어를 습득할 때도 영어 모어 화자가 독일어를 습득할 때와 달리 곤란하다는 예측이 되지만, 실제로는 전자는 예측대로 곤란하지만 후자는 예측 습득이 곤란하지 않다.

그러나 대조연구가 외국어학습에 아무런 도움이 되지 않는가 하면 그렇지도 않다. '예측'은 어렵더라도 '설명'을 할 수는 있다. 앞서 든 예에서 한국인이 틀리기 쉬운 '先生になる'와 같은 오용과 독일인이 틀리기 쉬운 '어미 d의 무성음화'가 왜 발생하는지를 알고자 할 때, 대조언어학은 하나의 단서를 제시해 준다. 여기에서는 최근 일본어교육능력검정시험에 빈번히 출제되는 일한, 일중에 대해서 간단히 대조하고자 한다. 일영에 대해서는 많은 사람들이 영어 지식을 풍부하게 가지고 있으므로, 여기에서는 생략한다(보다 자세한 사항은 이시와타·다카타(石綿·高田, 1990) 등을 참조).

4.1 일한대조

일본어와 한국어는 유사하다고 알려져 있다. 분명 같은 SOV언어로, 어순이 거의 같고 교착어에 조사가 있으며 한자가 사용된다는 점, 그리고 어휘 중에 동일한 한자를 사용하는 한자어가 많고 이들 한자어의 발음도 유사하다는 점 등, 공통점이 적지 않다. 그것이 다른 모어 화자에 비해 확연히 학습 속도를 빠르게 하는 요인이 된다(이것은 모어가 습득을 촉진시키므로 모어의 긍정적 전이(正の轉移)라고 불린다). 그렇지만 유사점이 많다고는 해도 양자에 차이점이 존재하는 것도 사실이며, 모어와 목표언어가 유사하다고 생각하는 것은, 역으로 모어의 전이를 촉진시켜 오용을 유발시키거나(부정적 전이(負の轉移)), 습득이 향상되지 않은 채로 멈춰버리는, 화석화를 낳게 되는 원인이 되므로 주의해야 한다.

4.1.1 발음(음운)

일한 양 언어를 비교했을 때, 가장 다른 점이 바로 발음이다. 일본어는 유성음과 무성음의 대립이 있어서 'きん'과 'ぎん'은 그 의미가 서로 다르다. 그렇지만, 한국어는 중국어 등과 같이, 유성음과 무성음의 대립 대신에 유기음과 무기음의 대립이 있다. '기', '키', '끼'는 셋 모두가 カタカナ로 나타내면 'キ' 발음에 가깝다. 이 중에서 '키'는 숨을 강하게 내뱉어 발음하고(유기음), '끼'는 반대로 숨을 내뱉지 않도록 발음한다(무기음). 의미도 '기-(氣)', '키-(신장)', '끼-(식사 횟수)'와 같이 다르다. 그 대신 일본어와 같이 유성음·무성음의 대립은 의미의 차이를 나타내지는 않는다. '키', '끼'는 항상 'キ'에 가까운 발음이지만, '기'는 어두에서는 'キ', 어중·어미(모음과 유성자음 뒤)에서는 'ギ'음에 가깝게 발음되기도 한다.

또한 일본어는 '(자음+)모음'이 하나의 음절을 만드는 개음절이 많고, 자음으로 끝나는 폐음절이 거의 없지만, 한국어의 경우는 '(자음+)모음+자음'과 같이 자음으로 끝나는 폐음절이 상당히 많은 것도 특징이다. 한국어에서는 '김(kim)'은 m, '박(pak)'은 k, '신(sin)'은 n, '길(kil)'은 l, '입(ip)'은 p 등과 같이 다양한 자음으로 끝날 수 있다.

그 외에, 일본어는 모라(Mora)언어라고 불리며 박(拍)을 가지고 장음, 촉음, 발음(撥音)은 1박의 길이를 가지지만, 한국어에서는 박과 같은 리듬이 없고 장단의 구별도 애매하다. 예를 들어, '말'은 본래 길게 발음하면 '언어', 짧게 발음하면 '동물의 말'의 의미가 되지만, 현재 한국어에서는 양자의 구별이 명확하다고 하기 어렵다.

4.1.2 문자(표기)

한국어는 한글로 표기된다. 한글은 문자이름이므로 '한글어'라고 부르는 것은 일본어를 '가나어'라고 하는 것과 같으므로 적절하지 않다. 한글은 그 자체로는 의미를 가지지 않는 표음문자로, 자음을 나타내는 기호와 모음을 나타내는 기호를 조합해서 말을 만들게 된다. 예를 들면 '말(mal)'은 'ㅁ(m)', 'ㅏ(a)', 'ㄹ(r/l)'이 조합되어 만들어진 것이다. 또한 일본어의 경우, '日本'은 가나로 쓰면 'にほん'과 같이 세 글자가 되지만, 한자(漢字) 한 자가 반드시 같은 음을 나타

내는 한글문자 한 쌍으로 표기되는 것도 특징이다. 예를 들면 '韓国'는 '한국'과 같이 표기하며, '한=韓'과 '국=国'과 같이 표기된다. 단, 한글은 표음문자로 한자와 같이 표의문자는 아니다. 한국어에서 사용되는 문자는 이 한글 외에 한자가 있지만, 일본어와는 달리 '學', '國' 등, 구자체(舊字體)를 사용한다. 그러나 최근에는 한자를 사용하지 않고 모든 표기를 한글로 하는 경우가 많아서 비교적 한자가 많이 사용되는 신문에서도 사용되는 한자는 상당히 적어졌다.

일본어 한자의 발음에는 음독, 훈독이 있고, 복수의 발음을 가지는 경우도 있지만, 한국어에서는 한자의 발음은 원칙적으로 음독만이 있을 뿐이다(예를 들어, '水'는 일본어의 음독에 해당하는 '수(su)'라는 발음만을 가지며, 훈독에 해당하는 발음은 한자로는 나타낼 수 없다. 따라서 '水道の水'를 한국어로 나타내면 '水道(수도)'는 그대로 한자로 표기할 수 있지만, '水(물)'는 한자로는 나타낼 수 없으므로, 한글에서 '물'로 쓴다). 달리 말하면 고유한 한국어는 한자로 표기할 수 없는 것이다.

그밖에 한국어는 일본어와 같이, 세로쓰기나 가로쓰기도 가능하다는 점에서는 공통되지만, 띄어쓰기를 하는 점은 일본어와 다르다.

4.1.3 어휘

일본어에는 한자어, 고유어, 외래어 등이 있지만, 한국어에도 중국에서 들어온 한어, 고유어, 그리고 외래어가 있다. 한자어는 한자로 표기할 수 있지만, 고유어는 한자로 표기할 수 없다(예를 들어 '김치', '서울'은 한자가 없다). 한국어에서도 외래어는 요즘 들어 급속히 늘어나고 있는데, 자국어를 소중히 생각하려는 경향이 있어서 일본에 비하면 많지 않다. 그 밖에 '쓰메끼리(爪切り)', '와리바시(割り箸)'등, 일본식민지시대에 들어온 일본어가 일부 한국어에 남아있지만, 국어순화운동을 통하여 최근에는 사용되지 않고 있다.

또한, 조사를 가지고 있는 점은 일본어와 같다. 일본어와 같이 격조사가 있고 ハ와 ガ의 구별도 있다(그 사용법은 미묘하게 다르다). 그러나 일본어에 종

조사가 발달한데 반해, 한국어에는 일부 종조사와 닮은 것은 있지만, 종류도 적고 성격도 다소 다르다. 그 밖에 조수사가 있는 점, 의성어·의태어가 발달한 점 등도 유사하다.

일본어에서는 'あげる·くれる·もらう'와 같이 세 개의 수수동사가 있고, 'さしあげる·くださる·いただく'등의 경어동사도 있다. 한국어에서는 'あげる·もらう'의 구별은 있지만(주다·받다), 'あげる·くれる'의 구별은 없다. 또한 '드리다·주시다'라는 경어표현이 있다. 지시사는 일본어와 같이 コソア의 구별이 있으며 그에 상응하는 것이 '이', 'ソ'가 '그' 'ア'가 '저'이지만, 문맥지시에 있어서의 용법 등이 다소 다르다.

> **한국어와 한글**   column
>
> 한국어는 이웃 중국의 영향을 많이 받았고, 어휘의 절반 이상이 중국어에서 왔다고 한다. 일컬어지고 있다. 현재 사용되고 있는 한글은 15세기, 세종대왕의 명에 의해 만들어진 문자로, 그 이전 문헌의 상당수는 한자로 쓰여 있다.

4.1.4 문법(형태)

전부를 설명하는 것은 어려우므로 여기에서는 교착어, 경어에 대해서만 설명한다.

한국어는 일본어와 같은 교착어로 조사와 시제·상 등은 그것을 나타내는 표식을 어미에 접속하여 통해서 나타낸다. 예를 들어, '彼は行かなかった'는 '그는(彼は) 가(行く)지 않(否定(부정)) 았(過去(과거)) 다(斷定(단정))'와 같이 나타낸다.

한국어는 경어가 발달해서 일본어와 같은 정중어, 존경어, 겸양어가 존재한다. 단, 일본어는 상대경어를 사용하기 때문에 손위 사람이라도 같은 회사 사람이라도 가족은 겸양어를 사용하는데 반해서, 한국어는 절대경어를 사용하기 때문에 손위 사람이라면 같은 회사 사람이나 가족이라도 존경어를 사용하는 점이 다르다.

4.1.5. 통어

한국어에서 격조사를 사용해서 격을 나타내는 점은 일본어와 같다. 어순은 일본어와 같은 SOV언어이며 술어가 마지막에 오는 점 외에는 비교적 자유롭다는 점과 수식어가 반드시 피수식어 앞에 오는 것도 일본어와 같다.

4.2. 일중대조

중국어는 영어와 유사하다고 생각하는 사람은 많을 것이다. 분명 SVO언어인 점에서는 영어와 비슷하지만, 다른 점도 상당히 있다. 이하, '북경어'를 예로 간단히 살펴보도록 하겠다.

4.2.1 발음(음운)

중국어의 가장 큰 특징으로는 성조언어라는 점을 들 수 있을 것이다. 중국어의 악센트(성조)는 고저로 변화한다. 성조는 기본적으로 네 가지가 있다. 같은 발음이라도 악센트에 따라서 의미가 달라진다. 그리고 한국어와 같이 유기음·무기음의 대립이 있지만, 유성음·무성음의 대립은 없다. 또한 중국어에서는 어말의 자음은 한국어와 같이 많지 않아서 n, ng, r 정도에 불과하다. 한자의 발음(읽기)은 기본적으로 하나로, 그 비율은 전체의 90%를 차지하고 있다. 모든 한자가 1음절로 구성되어 있다. 베이징음은 자음 21개, 모음 39개가 있지만, 실제로는 조합에 의해 거의 410개의 음절이 있다고 한다.

4.2.2 문자(표기)

중국어는 한자라는 표의문자로 표기된다. 발음은 핑잉(병음)이라는 발음기호로 나타낸다. 현재 중국에서 사용되는 문자는 '간체자'로, '번체자'(구자)의 획수를 줄인 문자이다. 간체자는 2,200개정도 있다. 일본어와 같은 한자도 있지만, 일부만 같은 것으로 전혀 다른 것도 있다(汉字→漢字, 车→車, 书→書).

또한, 중국어 전부를 한자로 표기하는 것은 아니다. 일부기는 하지만, 알파벳을 사용하는 단어도 있다. 예를 들어, 'T恤衫(티셔츠)', '卡拉OK(가라오케)', 'X光(엑스레이)' 등이 그것이다.

4.2.3 어휘

일본어와 한국어에서는 품사는 형태적으로 구별되지만, 중국어에서는 구별되지 않으며, 여러 품사에 속하는 것이 많다. 일본어나 한국어와 마찬가지로 조수사(유별사)를 가지고 있다.

일본어·한국어는 コソア(근칭·중칭·원칭)의 구별이 있지만, 중국어에서는 コ(또는ソ)에 사용하는 '这'와 ア(또는 そ)에 상응하는 '那'밖에 없다.

수수동사는 일본어에서는 'あげる·くれる·もらう'와 같이 셋으로 구분되지만, 중국어에서는 기본적으로 동작주를 주어로 하여 '给(주다)' 하나로 나타낸다. 또한 일본어와 같이 'さしあげる·くださる·いただく' 등의 경어동사도 없다.

외래어에 대해 말하면, 일본어에서는 의역해서 한자로 나타낸 어휘를 만드는 경우도 많지만, 그 음을 그대로 남겨 가타카나로 표기되는 경우도 많다. 중국어의 경우는 대체적으로 전자와 같이 '의역→조어'형으로, 전형적인 예로, computer라는 외국어를 의역해서 '電脳'라는 어휘를 만든 것을 들 수 있을 것이다. 단, 후자와 같은 것이 없는 것은 아니어서, '马拉松((마라톤)' 등이 있다. 그리고, 음역이면서 의역을 가미해서 번역한 어휘도 있다'雷达(레이더)', '可口可乐(코카콜라)', '保龄球(볼링)', '维他命(비타민) 등.

4.2.4 문법(형태)

중국어는 고립어이기 때문에 문법적 의미(격)은 기본적으로 어순이 나타낸다. 일본어에는 시제·상이 있지만, 중국어에는 시제를 나타내는 표식은 없고 '了', '着', '過' 등의 상을 나타내는 표식만이 있다고 한다.

이 밖에, 술어에 인칭, 복수 등의 어형의 변화가 보이지 않는 것도 고립어가 갖는 특징이라고 할 수 있다.

일본어에서 중국어가 된 어휘

언어의 면에서는 중국은 수출국, 일본은 수입국이라고 생각하기 쉽지만, 일본에서 중국으로 수출한 어휘도 있다. '場合(경우)', '手続(수속)', '服務(복무)', '取消(취소)'등은 일본어가 중국어가 된 것이다. 이 밖에, 서양의 개념이 일본에 들어왔을 때, 한자어가 사용되어 그것이 그대로 중국어가 된 것이 있다. '政策(정책)', '代表(대표)', '自治(자치)', '民主(민주)', '独占(독점)', '資本(자본)', '現實(현실)', '原則(원칙)', '否定(부정)', '議会(의회)', '義務(의무)', '否認(부인)' 등 적지 않은 수의 어휘가 있다.

4.2.5 통어

중국어는 영어와 마찬가지로 SVO 언어에 속하지만, 영어와는 달리, 수식어가 피수식어 앞에 오는 점은 일본어와 유사하다. 일본어와 같이 의문문은 문말에 의문 조사를 붙여 나타내며 어순의 변화는 없다.

주어의 생략은 일본어 처럼 빈번하게 발생하지는 않지만, 문맥상 명확한 경우에는 생략하기도 한다.

5 이론언어학·응용언어학

언어학은 이론언어학과 응용언어학으로 나누는 것이 보통이다. 이론언어학이라는 것은 음운론, 형태론, 통사론, 의미론, 화용론 등, 언어를 구조적·체계적으로 파악하여 언어의 본질적인 원리·규칙을 구축하는 것을 목적으로 하는 학문분야이다. 이에 반해 20세기 중반이후, 외국어교육과 언어습득에 관심이 집중되면서 구조언어학이나 행동주의 심리학 등의 과학적인 연구 성과를 응용해서 새로운 외국어교육을 추구하는 학문분야로써 응용언어학이 발전했다. 그러나 최근에는 그 영역이 확대되어 응용언어학이란 언어이론을 응용하면서 언어에 관한 다양한 인간행동을 분석하고 인간의 언어행동에 입각한 원리와 규칙을 구축한 것을 추구한 학문분야 전체를 가리키게 되었다.

우리가 지금 배우려고 하는 일본어교육학이나 언어습득연구는 전형적인 응용언어학이지만, 이 밖에도 사회언어학, 심리언어학, 대조언어학, 화용론, 나아가 최근에는 다언어 다문화 사회가 확산되어가면서, 언어접촉이나 이문화 커뮤니케이션, 이중언어사용, 다중언어사용 연구도 응용언어학의 한 분야로써 연구가 활발하게 진행되고 있다.

과제

❶ 일본어, 한국어, 중국어에 대해서 ○나 ×를 기입해서 표를 완성하시오.

특징	일	한	중
①명사수식어절은 피수식어 앞에 놓인다.			
②원칙적으로 한자 발음에는 음독과 훈독이 있다.			
③지시사에 근칭·중칭·원칭의 구별이 있다.			
④자음으로 끝나는 말이 있다.			
⑤동사와 명사는 어형적으로 명확히 구별된다.			
⑥모라언어라 불린다.			
⑦연음현상이 일어나기 쉽다.			
⑧유기음·무기음의 대립이 있다.			
⑨교착어이다.			
⑩동사는 활용어미가 변화한다.			
⑪명사는 단수복수의 구별이 애매하다.			
⑫동사의 어미는 인칭에 따라 변화하지 않는다.			
⑬존경어·겸양어가 발달하였다.			
⑭SOV언어이다.			
⑮주어는 문두에 놓이는 일이 많다.			
⑯조수사(에 상응하는 것)가 있다.			
⑰물질명사와 물체명사는 형태적으로 명확한 구별이 없다.			
⑱비교적 어순이 자유롭다.			
⑲격의 역할은 주로 격조사가 나타낸다.			
⑳이름은 성부터, 숫자는 큰 단위부터 읽는다.			

독서안내

バーナード・コムリー著(1992)『言語普遍性と言語類型論-統語論と形態論』
(松本克己・山本秀樹訳) ひつじ書房
✽세계의 언어와 언어유형론에 대해 공부하려는 분에게 추천한다.

角田太作(1991)『世界の言語と日本語』くろしお出版
✽세계의 언어와 언어유형론에 대해서, 그리고 언어유형론적인 일본어의 위상에 대해서 공부하려는 분에게 추천한다.

国立国語研究所(2002)『日本語と外国語の対照研究Ⅹ　対照研究と日本語教育』くろしお出版
✲ 대조언어학과 그것을 일본어교육에 어떻게 응용할 것인가에 대해서 공부하려는 분에게 추천한다.

石綿敏雄・高田誠(1990)『対照言語学』おうふう
✲ 일영대조를 중심으로 대조언어학을 공부하려는 분에게 추천한다.

小泉保(1993)『日本語教師のための言語学入門』大修館書店
✲ 일본어교사에게 도움이 되도록 언어학 전반을 소개하고 있다[1].

小池生夫編集主幹(2003)『応用言語学事典』研究社
✲ 응용언어학에 대한 지식이 망라되어 있으므로. 사전으로만 사용하는 것이 아니라 전문서로도 매우 도움이 된다.

---

1 한국어번역판이 나와 있다. 강영부외역(2004)『일본어교사를 위한 언어학 입문』시사일본어사, (역자주)

【참고문헌】

石綿敏雄・高田誠(1990)『対照言語学』おうふう
角田太作(1991)『世界の言語と日本語』くろしお出版
Li, C.N.(Ed.)1976. *Subject and Topic*. New York:Academic Press.

과제의 정답

①○○○　②○××　③○○×　④○○○　⑤○○×　⑥○××
⑦×○×　⑧×○○　⑨○○×　⑩○○×　⑪○○○　⑫○○○
⑬○○×　⑭○○×　⑮○○○　⑯○○○　⑰○○○　⑱○○×
⑲○○×　⑳○○○

제6부

일본어의 구조

제15장
일본어 음성

여기에서는 일본어 음성에 대해서 가장 기초적인 사항을 배운다. 가장 작은 소리의 단위에서 시작하여, 보다 큰 단위로 단계적으로 학습을 진행해 최종적으로는 문 레벨의 음성에 대해 살펴본다.

> **키워드** 음성학(音聲學), 음운론(音韻論), 단음(單音), 음소(音素), 이음(異音), 최소대립어(minimal pair), 음성화(音聲化), 중설화(中舌化), 자음, 성도(聲道), IPA(국제음성기호), 조음점(調音點), 조음법, (경)구개음화, 악센트, 인토네이션, 프로미넨스(prominence), 운율(prosody)

1 일본어교육에서 음성지도

외국어학습, 특히 회화를 배울 때, 발음교정은 필수적인 것이다. 누구라도 이왕 배운다면 목표언어를 '완벽하게' 구사하고 싶을 것이다. 일본어교사에게 반드시 '올바른 발음'이 강요되는 것은 아니지만, 학습자의 요구에는 성심껏 부응해야 한다. 이를 위해서는 일본어 음성학·음운론 및 운율(prosody)에 대한 기초적인 지식을 습득하고, 실제 소리 및 발화를 순간적으로 듣고 구별해 낼 수 있는 청취력을 기르는 것이 필요하다.

여기에서는 이와 같은 일본어교육을 전제로 한 음성, 음운, 운율 등에 대한 기초지식 가운데 최소한으로 필요한 지식을 제공한다. 그러나 앞에서 서술한 바와 같이 청취 및 실제 발음 지도 방법을 구체적으로 서술하기에는 지면이 허락되어 있지 않아, 말미에 제시한 서적 등을 이용해 실천적인 학습을 하길 바란다. 참고로 여기에서 말하는 일본어란 현대 동경방언을 의미한다.

2 음성학과 음운론

　음성학이란 실제 소리를 다루는 학문이다. 그 최소단위는 음성 또는 단음이라 부른다. 음성학에는 ①조음음성학, ②음향음성학, ③청각음성학이 있다. ①은 인간의 언어음이 음성기관 속에서 어떻게 만들어지는가를 관찰해 기술한 것으로 관찰이 용이해 일찍 발달해왔다. ②는 음향기기를 이용해서 물리적·수학적으로 음성을 연구하는 것이다. 여기에서는 ①을 다루는 것으로 음성학적인 지식 및 국제음성기호(IPA=International Phonetic Alphabet)의 기술방법을 익혀가는 것을 목적으로 하는데 ②의 연구성과를 바탕으로 하고 있다. 국제음성기호란 실제 언어음(단음)을 세계공통 기호로 기술하려는 것으로 1기호=1음주의원칙을 채택하고 있다. 음성언어 청취시 이해의 과정을 조사하는 ③은 관찰 및 측정이 곤란하다는 점에서 뒤쳐져 있으나, 인지심리학 및 뇌 과학의 발달과 더불어 앞으로의 발전이 기대된다.

　단음(單音)은 실제로 발음되는 소리의 최소단위로 [ ] 안에 넣어 표시한다. 그에 반해 음운론에서 다루어지는 것은 음운(音韻) 또는 음소(音素)라고 부르며, 의미를 가진 소리의 최소단위로 / / 안에 넣어 표시한다. 예를 들면 영어에서 [sip](찔끔찔끔 마시다)와 [ʃip](배)는 다른 의미를 갖는 다른 단어로, [s]와 [ʃ]를 바꾸면 의미가 바뀌어 버리므로 /s/와 /ʃ/라는 다른 음소로서 인정된다. 그러나 일본어에서는 [ʃika]와 [sika]라는 두 말은 분명하게 발음이 다르며, 후자가 방언같이 느껴지는데, 둘 다 '사슴'이라는 단어의 변종 발음으로 들리므로 일본어에서는 음소 /s/의 이음(異音)이 된다. 또한 [ʃika]와 [ʃima]는 각각 '사슴(鹿)', '섬(島)'라는 다른 단어이므로 [k]와 [m]은 /k/와 /m/이라는 각각 다른 음소로서 인정된다.

　/sika/와 /sima/와 같이 음소가 서로 1개소만 다른 단어의 짝을 미니멀페어(minamal pair;최소대립어)라고 하며, 어학교육에서는 발음지도에 활용된다. 예를 들면 어두 유성자음을 무성자음으로써 발음해 버리는 경향이 있는 중국어·한국어 화자에게는 '外国—開国'와 같은 짝이, ツ를 チュ로 발음하는 경향이 있는 한국어 화자에게는 '通信—中心'과 같은 짝이 각각 유효하다.

3 유성음과 무성음

유성음이란 소리가 만들어질 때, 폐에서 올라온 날숨이 성대([그림1] '성도〈聲道〉'의 수직단면도 참조)를 진동시켜 생기는 소리이다. 성대는 근육의 집합체로 느슨하게 닫은 성대를 날숨이 통과하면서 건드려 유성이 되고, 성대가 열릴 때에는 무성이 된다([그림2] '성대의 수평단면도' 참조). 발음할 때 인후(목구멍) 근처에 손을 대면 유성의 경우는 진동이 느껴진다.

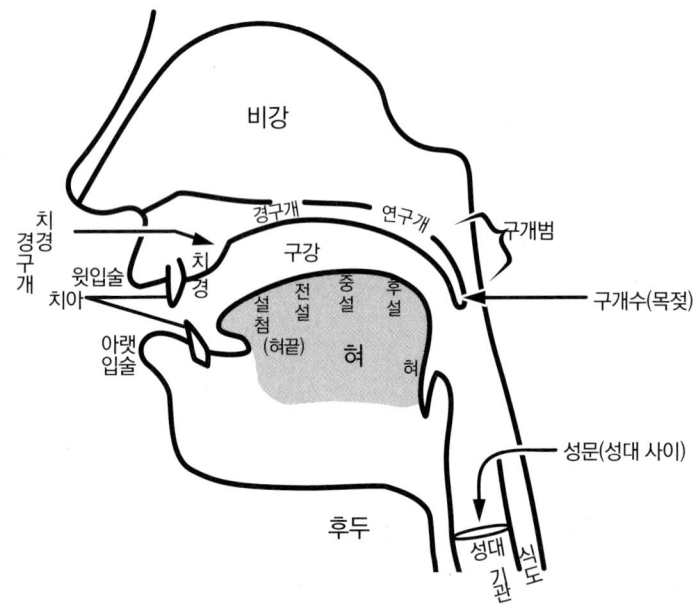

[그림1] 성도(聲道)의 수직단면도

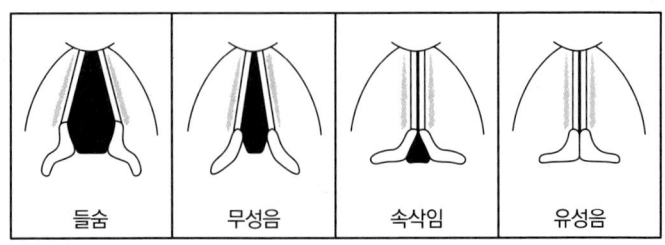

[그림2] 성대의 수평단면도

중국어·한국어 화자에게는 'ガ'와 'カ'(의 자음부분)와 같은 유성·무성을 구별하는 능력이 쉽게 생기지 않는다. 왜일까? 그것은 중국어·한국어에는 일본어와 같이 유성음과 무성음이 의미의 차이를 발생하지 않는, 즉 음소로서 독립되지 않으며, 음소로서 대립하는 것은 유기음과 무기음이기 때문이다. 한국어나 중국어의 예를 들어 보면, 음소 /k/의 발음은 [k]인데, 이를 [g]로 발음해도 의미는 변하지 않는다. 그러나 [kʰ]는 다른 음소 /kʰ/에 속하므로 [k]를 [kʰ]로 바꾸면 의미가 변하여 다른 단어가 되어버린다. 한편, 일본어로는 [aka]를 숨을 강하게 해서 [akʰa]로 발음해도 의미는 같은 '赤'이므로, 일본어 화자가 한국어나 중국어를 배울 때에는 유기·무기의 구별이 어렵다. 중국어에서는 pinyin(병음 : 로마자에 의한 발음기호)를 사용해서 k와 g, t와 d, p와 b 등을 달리 표기함으로써 발음을 구별하고 있는데, 이는 국제음성기호와는 달리, k는 유기음, 즉 [kʰ], g는 무기음 [k] 또는 [g]를 나타내는 것으로써 주의를 요한다.

4 모음

음성기관에 의해 방해를 받지 않고 발성된 소리가 모음이다. 모음은 모두 유성인데, 동경방언에서는 2가지의 **무성화**(無聲化) 규칙이 있다. 즉, ①무성자음 사이에 낀 모음 イ와 ウ는 무성화한다. ②문말의 'デス·マス'는 무성화하기 쉽다. 모음의 무성화란 그 모음을 발음할 경우 입모양만 취하고 성대는 진동하지 않는 것을 말한다. 학습자에게 무성화 발음을 지도할 경우에는 위의 ①②만으로 충분하지만, 실제 회화에서는 'ハッピャク', 'ホッカイドー' 등과 같이 규칙에 없는 것까지 무성화하는 경우가 많으므로 청취연습을 할 필요가 있다.

일본어 모음은 'ア·イ·ウ·エ·オ'의 5개이다. 모음은 ①입술 모양, ②혀의 전후 위치, ③혀의 높이 등 3가지로 분류된다.([표1] '모음표' 참조). ①은 입술이 둥글게 되는가 아닌가에 따른 것(원순/비원순), ②는 혀의 솟아오른 부분이 앞인가 뒤인가, 혹은 혀 전체가 앞으로 나와 있는지 안으로 들어가 있는지

(前舌(まえじた)/奧舌(おくじた)), ③은 혀의 높이가 어떤가, 즉 턱의 높이는 어떤지(開口度)이다. ①②는 거울을 보면서, ③은 턱 아래에 손을 놓고 5모음을 발음하면서 확인하면 알 수 있다.

일본어의 5모음 중에서 원순모음은 オ뿐이다. ウ는 비원순모음이므로 음성기호 [ɯ]로 표기한다. [u]는 영어의 book 등에서 발음되는 원순모음을 나타내는 기호이다.

음소기호	음성기호	입술모양	혀의 위치	혀의 높이
/i/	[i]	非円唇	前舌	高母音
/e/	[e]	非円唇	前舌	中母音
/a/	[a]	非円唇	/	低母音
/o/	[o]	円唇	奧舌	中母音
/u/	[u]	非円唇	奧舌	高母音

[표1] 모음표

ウ는 비원순·후설·고모음인데, 'ク'와 'ス'에서 ウ발음을 비교해 보면 혀의 전후위치가 서로 미묘하게 다르다는 것을 느낄 수 있을까? 'ス'를 발음할 때는 자음의 영향으로 'ク'를 발음할 때보다도 혀가 앞으로 나오며 중설 부분이 솟아오른다. 이것을 모음의 중설화(中舌化(なかじたか))라고 한다. ウ의 중설화가 생기는 것은 'ス, ツ, ズ, ヅ'를 발음할 경우이다. 중설화한 ウ는 음성기호로는 [ɯ]로 나타낸다.

5 자음

날숨이 성도 안에서의 폐쇄 및 협착으로 만들어지는 소리가 자음이다. 자음은 ①유성인가 무성인가(성대진동의 유무), ②어디에서(조음점〈調音點〉), ③어떻게(조음법〈調音法〉) 만들어지는 소리인가 라는 3가지 점에서 기술된다. ①에 대해서는 이미 설명했으므로 여기서는 ②③에 대해서만 설명하기로 한다.

5.1 조음짐과 조음사

어떤 자음이 만들어지는(조음되는) 부위(위치)에 따라 움직이지 않는 위턱 쪽을 조음점, 잘 움직이는 아랫턱 쪽을 조음자라고 부른다(그림 1 '성도의 수직단면도' 참조). 그리고 이 둘을 합쳐서 조음부위라고 부르기도 한다. 조음점과 조음자가 성도(声道)의 형태를 변화시켜 가면서 여러 가지 자음을 만드는 것이다. 조음점과 조음자는 일본어에서는 서로 가까운 사이로 규정되며, 윗입술과 아랫입술, 치아(치경)과 혀끝, 치경경구개와 전설, 경구개와 중설, 연구개와 후설, 그리고 성문은 둘로 나눌 수는 없지만, 편의상 성문과 성문이다. 그림 1을 보면서 혀끝을 위쪽 중앙의 앞니에 대고 천천히 위턱을 더듬어 가며 조음점의 위치를 확인해 보자. 치아가 도중에서 끝나고 치경(잇몸)이 시작된다. 치경은 그로부터 굴곡진 경사면을 지나 매끄럽고 넓은 평야가 나오면 거기서부터 경구개가 된다. 치경(적)경구개는 이 경구개의 가장 가까운 부분이다. 그리고 혀끝에서 뒤 쪽으로 더듬어 가면 꺼끌꺼끌하면서 부드러운 부분에 닿는다.

여기가 연구개이다. 이보다 안쪽은 혀끝으로 접촉할 수 없는 부분으로 구개수(목젖)인데 이는 크게 입을 벌리고 거울을 보면 인식할 수 있다. 성문은 성대 사이로 숨이 지나가는 길로 유성음을 발음할 때 목에 손을 대어보면 진동이 느껴지는 위치에 있다.

앞에서 설명한 ③어떻게 그 자음이 만들어지는가? 라는 것이 조음법이다. 조음법을 조사하는 데는 먼저 비음(鼻音)인가 아닌가를 검토한다. 예를 들면

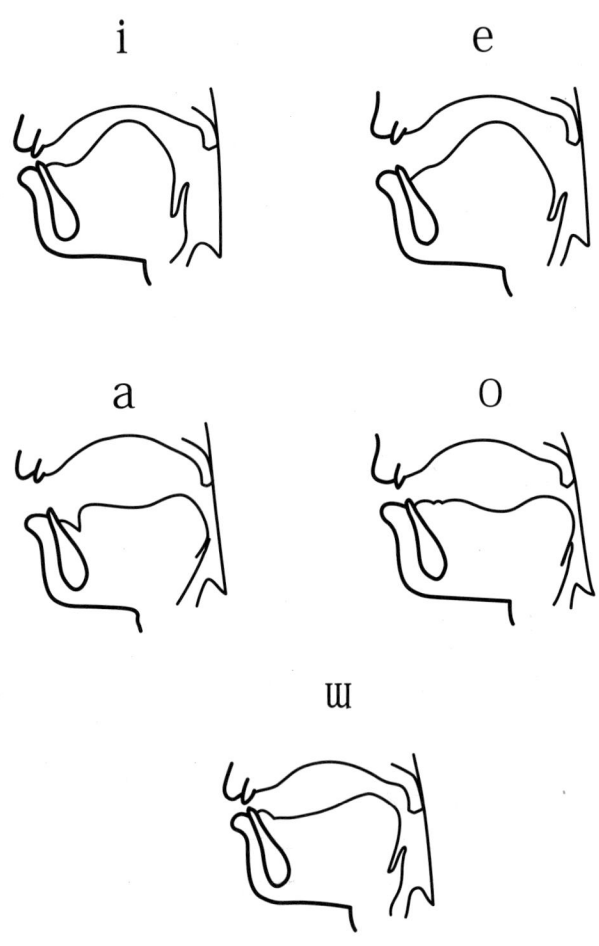

[그림3] 모음의 성도단면도

코를 막고 'ラ'라고 발음해도 특별히 불편한 것이 없으므로 'ラ'의 자음부분은 비음이 아니다. 'バ'도 마찬가지로 자음부분이 비음은 아니다. 그러나 코를 막고 'マ'라고 발음하려고 하면 'バ'와 같이 되어버려, 'マ'의 자음부분이 비음인 것을 알 수 있다. 실제로 텔레비전 화면에서 소리를 끄고 'マ'와 'バ'의 발음시의 입술을 관찰하면 구별되지 않을 것이다. 그러면 'マ'와 'バ'의 자음의 차이는 어디에서 생기는 것일까? [그림3] 모음의 성도단면도에서는 목젖(구개수)가 인두(咽頭)에 접촉하여 날숨이 비강(鼻腔)을 빠져나오는 것을 방해하는데, [그림4]에서는 구개범(口蓋帆)이 내려가고 구개수가 인두로부터 떨어져 날숨이 구강과 비강으로 돌아 동시에 빠져나온다. 이것이 비음이다. 즉 비음은 유성음인 것이다.

[그림5]에서 비음의 예를 왼쪽에서부터 오른쪽 방향으로 보길 바란다. 일본어의 비음은 양순음(위아래 입술이 접촉)[m], 치(경)음(혀끝이 치경에 접촉)[n], 치경구개음(혀 앞이 치경경구개에 접촉)[ɲ], 연구개음(혀 뒤쪽이 연구개에 접촉)[ŋ], 구개수음(혀 뒤쪽이 구개수에 접촉)[ɴ]의 5개이다.

[m]

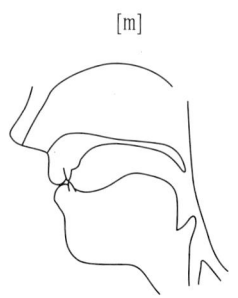

[그림4] [m]의 성도단면도

비음이 아닌 경우는 조음법을 조사할 필요가 있다. 앞에서 설명한 'バ'와 같이 구개범이 닫히고 날숨이 비강으로 빠져나오는 것을 방해하면서 입술이 닫히고, 그 상태가 순간적으로 지속된 후 입술이 개방되었을 때 **파열음(破裂音)**

이 생긴다. 파열음이란

　　내파(성도의 폐쇄에 의해 날숨을 축적한다)→외파(축적된 날숨을 개방한다)

와 같은 프로세스로 만들어진다. 또한 성도가 폐쇄된 상태에 주목해 **폐쇄음(閉鎖音)**이라고 부르기도 한다. 성도의 폐쇄는 입술 이외의 조음점·조음자에 의해 만들어진다. [그림5] 일본어음성의 IPA표'의 파열음을 왼쪽에서 오른쪽 방향으로 보길 바란다(왼쪽〈음영이 없는 것〉이 무성음, 오른쪽〈음영이 있는 것〉이 이에 대응하는 유성음). 순음 [p] [b], 치(경)음과 설음 [t] [d], 연구개음과 후설음 [k] [g], 이 6가지 소리가 일본어의 표준적인 발음으로 인정되는 파열음이다.

　조음자가 조음점에 접촉하지 않고 성도를 좁혀 날숨을 방해하며 생기는 것이 **마찰음(摩擦音)**이다. 일본어의 표준적인 발음에서 마찰음은 표의 왼쪽에서 무성의 양순음 [ɸ], 치(경)음 [s] [z], 치경경구개음 [ɕ] [ʑ], 무성의 경구개음 [ç], 무성의 성문음 [h]의 7가지이다.

　파찰음(破擦音)이란 파열이 느슨하게 일어나기 때문에 동시에 마찰도 일어나 생기는 소리이다. 치경음 [ts] [dz]와 치경경구개음 [tɕ] [dʑ]의 4가지이다.

　탄설음(弾き音)이란 조음자가 조음점에 접촉하지만 폐쇄음은 되지 않고 가볍게 튀기다 바로 떨어져 버리면서 발생하는 소리이다. 일본어에는 유성의 치경탄설음 [ɾ]뿐이다.

5.2 오십음의 발음

　다음은 오십음도에 따라서 직음(直音)뿐만 아니라 그 행(行)의 요음(拗音 : 현대 일본어에서는 자음과 모음 사이에 반모음 음소 /j/를 넣은 소리. 가나 표기에서는 ヤ·ユ·ヨ를 작게 써 넣어서 나타낸다)에서 각각 자음의 발음을 조사하고 음성기호 기술 방법을 배우기로 한다.

カ행·キャ행의 음소기호는 /ka/, /ki/, /ku/, /ke/, /ko/·/kja/, /kju/, /kjo/인데, 이것을 음성기호로 기술할 경우, 실제로 어떤 발음이 되는가를 검토할 필요가 있다. カ행 자음 [k](무성연구개파열음)와 모음 [a]가 결합된 음절(8절 참조)을 [ka]로 표기한다. 그러면 /ki/는 [ki]라고 써도 좋을까? 'キ' 발음 시의 자음을 사용해서 カ를 발음하려고 하면, 'キャ'가 되어버려 カ의 자음부분과 キ/キャ의 자음부분과는 다른 것임을 알 수 있다. 이것은 イ가 전설고모음, 즉 혀가 가장 앞에서 그리고 가장 높은 위치에 있는 모음이므로 이것을 발음하기 위한 준비로서 [k]의 조음점이 같은 연구개상이지만 약간 앞쪽(경구개쪽)으로 이동해 [kʲ]라는 음이 되기 때문이다. 이와 같은 현상을 경구개화(硬口蓋化) 또는 단순히 구개화라고 부르며, 음성기호로는 오른쪽 위에 작은 j(구개화 기호)를 붙여서 나타낸다. 따라서 キ는 [kʲi], キャ는 [kʲa]로 기술된다. ク, ケ, コ의 경우 각각의 모음의 영향은 イ 정도는 아니므로 성도의 모양 차이는 무시할 수 있다. 따라서 カ·キャ행이 음성기호는 [ka], [kʲi], [kɯ], [ke], [ko]·[kʲa], [kʲɯ], [kʲo]이다.

ガ·ギャ행 /ga/, /gi/, /gu/, /ge/, /go/·/gja/, /gju/, /gjo/는 カ·キャ행과 동일한 조음점·조음법으로 만들어지는데, 성대진동을 수반한다는 점만 다르다. 음성기호표기는 [ga], [gʲi], [gɯ], [ge], [go]·[gʲa], [gʲɯ], [gʲo]이다.

그러나 ガ·ギャ행에는 비음인 [ŋa], [ŋi], [ŋɯ], [ŋe], [ŋo]·[ŋʲa], [ŋʲɯ], [ŋʲo], 즉 일본어학에서 비탁음(鼻濁音)이라 불리는 소리가 존재한다. 젊은 사람들 사이에서는 비탁음은 소멸했다고 하지만, 고연령층에서는 어두에서는 [g], 어중어미에서는 [ŋ]로 구분해서 사용하는 사람들도 아직 있으며, 이 경우의 [g]와 [ŋ]는 음소 /g/에 속하는 조건이음(條件異音)으로 파악된다. 그러나 앞에서 설명한 것처럼 젊은 사람들 사이에서 비탁음은 거의 사용되지 않는다는 점을 고려하면 이렇게 단정해도 좋을지는 의문이다. 또한 'オオガラス'의 ガ를 ①파열음, ②비음으로 발음했을 경우, ①을 'オオガラス(큰 유리)', ②를 'オオガラス(큰 까마귀)'라는 식으로 구별해서 청취하는 사람은 소수이지만 젊은 사람들 중에서도 아직 존재한다. 소리의 차이가 의미의 차이가 된다면, [g]와 [ŋ]는 음소 /g/에 속하는 이음(異音)이 아니라 /g/와 /ŋ/라는 독립된 음소로써 인정해야 될 것이다.

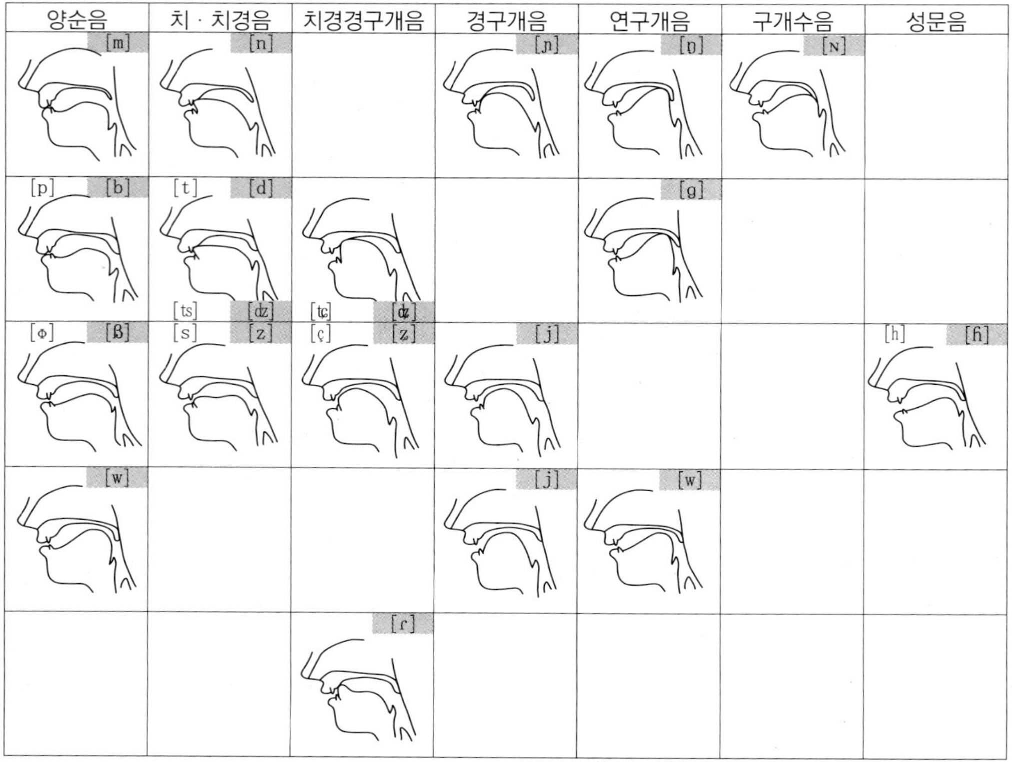

236 제6부 일본어의 구조

	양순음	치·치경음	치경경구개음	경구개음	연구개음	구개수음	성문음
파 음	[m]	[n]		[ɲ]	[ŋ]	[N]	
파열음무성	[p]	[t]					
파열음유성	[b]	[d]			[g]		
파찰음무성		[ts]	[tɕ]				
파찰음유성		[dz]	[dʑ]				
마찰음무성	[ɸ]	[s]	[ɕ]	[ç]			[h]
마찰음유성	[β]	[z]	[z]	[j]			[ɦ]
전 음			[r]				
접근음	[w]			[j]	[w]		

길이 있는 것은 유성,
없는 것은 무성

( ) 안은 일본어의 표준
적 발음은 아니지만, 여
기에서 다루고 있는 것

(주)
[ɲ]는 일본어 발음으로
는 치경경구개음
[w]는 양순접근음

마츠자키(松崎)·河野, 1998: 186)에 IPA표(성도단면도점부
기초해서 작성함

[그림5] 일본어음성(자음과 반모음)의 IPA표(성도단면도첨부

그러나 앞으로 비탁음은 계속 소멸해 갈 것이라고 한다.

サ행・シャ행의 음소기호는 /sa/, /si/, /su/, /se/, /so/・/sja/, /sju/, /sjo/인데, 그 자음부분의 발음은 주의를 요한다. サ행 자음부분은 혀끝이 치경에 접근하지만 접촉하지는 않고 성도(聲道)를 좁게 해서 생기는 무성마찰음 [s]이다. 이 자음을 이용해서 シ라고 발음하려고 하면 [si], カタカナ로는 スィ라고 표기해야 할 법한 음이 되어버린다. 표준 발음이라고는 할 수 없다. シ의 자음부분은 모음 [i]의 영향으로 경구개화하는데, 치경 내에 머물지 않고 더욱 안쪽의 치경경구개음이 되어 버리므로 구개화 기호를 붙이지 않고 무성의 치경경구개마찰음 [ɕ]로 나타낸다. 따라서 シ를 음성기호로 나타내면 [ɕi]가 된다. 자음부분은 シャ・シュ・ショ의 자음부분과 같다. セ, ソ의 경우, 자음에 대한 모음의 영향은 무시할 수 있을 정도이지만, ス의 경우는 이와는 반대로 모음이 자음의 영향을 받아서 변화가 일어난다. ス의 자음부분은 치경마찰음이므로 우선 혀끝이 치경부근에 단단하게 고정되어야 하며, 다음 순간에 후설모음 ウ를 발음하기 위해 바로 혀가 후방으로 내려가야 한다. 그러나 혀가 맨 앞에서 뒤로 돌아오는 것이 늦어져, 원래 후설모음인 ウ가 중설모음이 되어버리는 것이다(4절 참조). 따라서 サ・シャ행의 음성기호는 [sa], [ɕi], [s], [se], [so], [ɕa] [sɯ], [ɕo]가 된다.

ザ・ジャ행 /za/, /zi/, /zu/, /ze/, /zo/・/zja/, /zju/, /zjo/는 サ・シャ행과 동일한 조음점・조음법으로 만들어지며 성대진동을 수반하는 점만 다르므로, 음성기호는 [za], [zi], [z], [ze], [zo]・[za], [zɯ], [zo]이다. 그러나 정말로 그러할까?

①'サザンカ'와 ②'ザッシ'를 발음하고 두 단어의 ザ 발음을 비교해보자. ①은 'ササンカ'라고 발음했을 때와 같은 조음점, 조음법으로 성대진동의 유무만이 남아 있기 때문에 확실히 자음부분은 유성의 치경마찰음 [z]가 된다. 그러나 ②와 'サッシ'와의 관계는 ①과 'ササンカ'와의 관계와 같이 성대진동 유무만의 차이는 아닌 것 같다. 'ザッシ'라고 할 때의 ザ는 'サッシ', 'ササンカ'의 サ 및 'サザンカ'의 ザ와는 달리 혀끝이 치경 상부에 바짝 접촉해 성도가 폐쇄된다. 그러나 파열이 느슨해지므로 파열하면서 마찰도 일어나, 이 ザ의 자음부분은 파찰음

이라는 것을 알 수 있다. 단지 어중·어미라고 해도 발음(撥音) 뒤에서는 파찰음이 되기 쉽다(7.1절 참조). ジ, ズ, ゼ, ゾ와 ジャ행에서도 같다고 말할 수 있다. 그래서 ザ·ジャ행의 음성기호표기는 1종류 많은 [dza], [dʑi], [dz], [dze], [dzo]·[dza], [dzɯ], [dzo]를 더해야 한다. ズ의 중설화에도 주의하길 바란다.

본고에서는 シ·ジ와 シャ·ジャ행의 음성기호를 보다 정확하게 나타내는 기호로써 [ɕ] [ʑ]를 사용하고 있는데, 이 기호는 익숙하지 않으므로 영어의 발음기호로써 자주 쓰이는 [ʃ] [ʒ]를 편의적으로 대용하고 있는 책도 있다. [ʃ] [ʒ]는 [ɕ] [ʑ]보다 조금 앞쪽의 경구개치경마찰음으로 입술이 둥글어지고 마찰도 강하다.

그리고 일본어표기법에는 'ジ·ヂ·ズ·ヅ'를 구분해서 사용하는 경우가 있는데, 표기와 음성 사이에는 아무런 관계도 없으며, 이들의 실제 발음이 마찰음인가 파찰음인가는 앞에서 설명한 바와 같은 음성학적 조건에 의해서만 결정된다.

タ행·チャ행의 음소표기는 /ta/, /ti/, /tu/, /te/, /to/·/tja/, /tju/, /tjo/이며, /ta/의 자음부분의 실제 음성은 혀끝이 치경에 접촉해서 만들어지는 무성의 치경파열음 [t]이다. 이 [t]를 사용해서 チ라고 말하려고 하면, チ가 되지 않고 [ti](ティ)가 되는데, 이것은 외래어 등에 사용되는 소리이며 일본어의 표준적인 발음은 아니다. 그러면 チ의 자음부분은 어떠한 소리인 것일까? 혀의 모양을 거울로 관찰해 보면, タ·ティ를 발음하기 직전에 혀끝은 치경에 접해 있으므로 뒷면이 보이는데, チ의 경우는 혀끝이 아래로 향하기 때문에 표면이 보이고, 혀의 조금 뒤쪽은 파열이 느슨하고 동시에 마찰도 생기는 것이 느껴진다. 따라서 チ의 자음부분은 무성의 치경경구개파찰음 [tɕ]임을 알 수 있다.

같은 식으로 치경파열음을 사용해서 ウ단을 발음하면 'トゥ'라는 외래어표기에 사용되는 소리가 되는데, 이것은 ツ의 표준적인 발음이 아니다. ツ를 발음해 보면, 조음점은 같은 치경이지만 조음 방법에서는 파열뿐만 아니라 마찰도 생기는 것을 알 수 있다. 즉, ツ의 자음부분은 무성의 치경파찰음 [ts]이다. 모음부분의 중설화에도 주의하기 바란다. テ·ト의 자음부분은 タ와 같은 무성의 치경파열음이다.

チャ·チュ·チョ의 자음부분은 'チャ·チ·チュ·チョ'를 거울을 보면서 발음하면서 성도의 상태를 눈과 감각 양쪽으로 관찰하면, 조음점·조음법 모두 チ와 같음을 알 수 있다. 따라서 タ·チャ행의 음성기호는 [ta], [tɕi], [ts], [te], [to], [tɕa], [tɕu], [tɕo]가 된다.

ダ행과 タ행과의 차이는 성대진동의 유무뿐이므로 음성기호는 [da], [de], [do]가 된다. 요음(拗音)은 ヂャ·ヂュ·ヂョ인데 이에 관해서는 ヂ·ヅ와 더불어 ザ행에서 이미 설명하였다.

ナ행·ニャ행의 음소기호는 /na/, /ni/, /nu/, /ne/, /no/·/nja/, /nju/, /njo/이다. /na/의 자음부분에서는 혀끝이 치경에 접촉하지만 날숨이 코로부터도 나오므로 파열음이 아닌 비음이다. 결후(結喉) 부근에 손을 대어 확인해 보면 알 수 있듯이 비음은 모두 성대진동을 만든다. 따라서 ナ의 자음부분의 발음은 유성의 치경비음 [n]이다.

이 [n]을 이용해서 [ni]라고 말해 보면, 일본어의 표준적인 ニ가 아니라 'ヌィ' 혹은 영어의 knit의 [ni] 발음이 되어 버린다. 거울을 보면서 ナ와 ニ의 자음 발음을 비교해 보면, ナ를 발음하기 직전에 혀끝은 치경에 접해 뒷면을 보이는데, ニ의 경우는 혀끝이 아래를 향해 표면이 보이고 혀의 조금 더 안쪽이 조음점에 접하는 것을 알 수 있다. 조음법은 같으므로 ニ의 자음부분은 유성 치경경구개음 [ɲ]이다. ヌ·ネ·ノ의 경우는 ナ와 같은 치경음이다. ニャ·ニ·ニュ·ニョ를 발음해 보면, 그 자음부분은 동일함을 알 수 있으므로 ナ·ニャ행의 음성기호는 [na], [ɲi], [nɯ], [ne], [no]·[ɲa], [ɲɯ], [ɲo]가 된다. 또한 [ɲ]은 국제음성기호로는 경개음으로 분류되는데 일본어 발음으로는 그보다는 조금 더 앞쪽의 치경경구개음이다.

ハ행·ヒャ행의 음소기호는 /ha/, /hi/, /hu/, /he/, /ho/·/hja/, /hju/, /hjo/이다. /ha/의 자음부분은 폐에서 "하-"하고 숨을 내쉬는 소리이며, 또한 마치 모음 ア를 속삭이듯이 발음하는 소리, 즉 무성화된 ア와 같은 소리이다. 실제로 이 소리가 조음될 때, 폐쇄 및 협착에 의해서 성도의 형태가 변하지는 않으므로

자음의 정의(5절 참조)에서 벗어났지만, 성문을 날숨이 통과할 때의 약간의 마찰에 의해 생기는 음으로서 무성의 성문마찰음 [h]로 한다.

그러면 ヒ의 자음부분도 [h]일까? ハ를 발음할 경우는 앞에서 설명한 바와 같이 ア를 발음할 때와 같은 입모양을 유지하고 성도의 폐쇄 및 협착은 볼 수 없으나 ヒ의 경우는 イ를 발음할 때와 같은 입모양으로 중설(中舌)이 올라가 경구개에 접근한다. 따라서 ヒ의 자음부분은 무성의 경구개마찰음 [ç]이다. フ는 거울을 보면서 발음해 보면, 위아래 입술이 근접해 촛불을 불어 끄는 형태에서 자음부분이 조음됨을 알 수 있다. 따라서 フ의 자음부분은 무성의 양순마찰음 [ɸ]이다. ヘ·ホ의 경우는 각각 エ·オ의 입모양에서 조음되는데 모음의 영향은 무시할 수 있을 정도이며, 그 자음 부분은 [h]로 한다. ヒ의 자음부분 [ç]의 직후에 [a]를 붙여서 ハ라고 발음하려고 하면 ヒャ가 되어버려 [ça]가 ヒャ의 발음이라는 것을 알 수 있다. 같은 방식으로 ヒュ·ヒョ의 자음부분도 ヒ의 자음부분과 같다. 따라서 ハ·ヒャ행의 음성기호는 [ha], [çi], [ɸɯ], [he], [ho], [ça], [çɯ], [ço]가 된다. 즉, 음소 /h/의 발음은 각각 ①[h], ①[ç], ②[ɸ]가 되며, 이 3가지 발음은 서로 조건이음(條件異音)이고, 음소 /h/의 발음에 대해서 상보적으로 분포함을 알 수 있다. 조건이음 설명의 대표적인 예로써 ハ행을 들었는데 어느 행에 대해서도 같다고 생각할 수 있다.

バ행·ビャ행의 음소기호는 /ba/, /bi/, /bu/, /be/, /bo/·/bja/, /bju/, /bjo/이다. ハ·ヒャ행과 バ·ビャ행의 관계는 일본어학적으로는 청음·탁음의 관계인데, 이것이 음성학적인 유성음·무성음의 대립관계가 될까? ハ행의 자음부분은 무성의 마찰음 [h] [ç] [ɸ]인데, 이에 대응하는 유성자음은 [ɦ] [ʝ] [β]로 일본어의 표준적인 발음에는 없는 소리이다. 그러면 バ행은 어떤 소리일까? バ행의 자음부분은 거울을 보면서 발음해 보면 분명하겠지만 유성의 양순파열음 [b]이며, /ba/의 실제(표준적인) 발음은 [ba]이다. 같은 식으로 /bi/의 발음은 [bi]로 해도 좋을까? バ행을 발음할 경우와 달리 ビ를 발음하려고 할 때, 혀는 이미 모음 イ를 발음할 준비를 위한 입모양을 만들어 경구개 부근이 올라가므로 입술을 닫는 것 같아도 입모양은 バ를 발음할 때와는 다르다. 즉, 경구개화가 발생하는 것이다. 그래서 ビ를 음성기호로 표기하면 구개화 기호를 붙여서 [bʲi]가 된다. ビ의 자음 [bʲ]를 사용해서 バ를 말하려고 하면 [bʲa](ビャ)라는 발음이 되어 버린다. [bʲɯ], [bʲo]도 ブ, ベ, ボ 때는 각각 모음의 영향은 イ의 경우만큼은 아니므로 성도의 형태차이는 무시된다. 따라서 バ, ビャ행의 음성기호는 [ba], [bʲi], [bɯ], [be], [bo] · [bʲa], [bʲɯ], [bʲo]이다.

일본어학에서 반탁음이라 불리는 パ · ピャ행 /pa/, /pi/, /pu/, /pe/, /po/, /pja/, /pju/, /pjo/기 있는데, パ · ピャ행의 자음부분의 조음은 バ · ビャ행의 자음부분과 성대진동의 유무를 제외하고는 완전히 일치하며, 무성의 양순파열음이라는 것을 알 수 있다. 즉, パ · ピャ행의 음성기호 표기는 [pa], [pʲi], [pɯ], [pe], [po] · [pʲa], [pʲɯ], [pʲo]이며, ハ · ヒャ행이 아니라 パ · ピャ행과 バ · ビャ행이 무성-유성의 대립을 이루고 있다는 것을 알 수 있다.

マ · ミャ행의 음소기호는 /ma/, /mi/, /mu/, /me/, /mo/, /mja/, /mju/, /mjo/이다. マ행의 자음 부분은 위아래 입술을 닫아 만들어지는 비음이며, 또한 비음은 모두 유성음이기 때문에 유성의 양순비음 [m]이다. 따라서 マ는 [ma]라고 기술된다. 그러면 ミ는 [mi]로 해도 좋을까? バ · ビャ행과 マ · ミャ행의 차이는 구개범(口蓋帆)이 인두(咽頭)에 접촉해서 비강으로 가는 날숨의 통로가 차단되는가 아닌가라는 점이며, バ · ビャ행의 경우와 같은 현상이 생기므로 음성기호 표기는 [ma], [mʲi], [mɯ], [me], [mo] · [mʲa], [mʲɯ], [mʲo]이다.

ラ · リャ의 음소기호는 /ra/, /ri/, /ru/, /re/, /ro/이다. 먼저 목에 손을 갖다 대고 ラ의 자음부분이 성대진동을 동반하는 유성음임을 확인해보자. 다음으로 거울을 보면서 'ダラダラ'라고 발음하면서 ラ행 자음부분을 발음할 때의 성도(聲道) 상태를 관찰해 본다. ダ의 발음의 경우는 혀끝이 그대로 치경에 접촉하므로 혀는 관찰하기 어렵지만, ラ의 경우는 혀가 뒤집혀 치경에 접촉하므로 혀의 뒷면이 확실히 보일 것이다. ダ의 경우는 혀끝이 치아와 치경 사이에 접하는데 반해 ラ의 경우는 더 안쪽의 울퉁불퉁한 커브를 그리는 부분에 접한다. 치아에서 치경까지의 부분을 합해서 치(경)음으로 분류하므로 조음점은 치(경)이다. 조음법은 혀끝이 치경에 접하므로 폐쇄(파열)음일 가능성을 생각해 볼 수

있으나, 유성의 치(경)파열음은 ダ의 자음부분 [d]이며, 술에 취하여 혀가 말리는 경우와 같이 ダ의 파열이 불완전해 졌을 때, 예를 들면 'ダメだよ'라고 말하려 하면 'ラメらよ'와 같이 된다. ラ행 자음과 같이 혀끝이 조음점에 접촉하는데, 파열음이 아니라 가볍게 혀를 튀겨 조음되는 음을 탄설음(彈き音)이라 한다. 즉, ラ의 자음은 유성의 치경탄설음(歯莖彈舌音)이다. 이것을 음성기호로 나타내면, [r]이 아니라 [ɾ]이다. [r]은 영어 rare와 같이 혀끝이 치경에 접촉하지 않는 음을 나타내는 것이다. リ의 치경부분의 경구개음화 및 ャ행에 대한 설명은 다른 자음과 같으므로 ラ · リャ행의 음성기호는 [ɾa], [ɾʲi], [ɾɯ], [ɾe], [ɾo] · [ɾʲa], [ɾʲɯ], [ɾʲo]이다.

6 반모음

반모음은 ャ행의 ヤ · ユ · ヨ와 ワ행의 ワ이다. 음소기호는 각각 /ja/, /ju/, /jo/, /wa/이다.

반모음이란 이름 그대로 모음적 특징과 자음적 특징을 반반씩 가지고 있어, 마치 모음과 자음의 중간에 위치하는 것이라 할 수 있다. 반모음의 모음적인 특징으로서는 ①모두 유성음이다. ②폐쇄 및 협착을 수반하지 않는다. 자음적인 특징으로서는 ②단독으로 박(拍) 또는 음절을 이룰 수 없다(모음과 함께 어울려 박 또는 음절을 형성할 수 있다) 라는 점이다. 반모음은 폐쇄 및 협착을 수반하지 않지만, 조음자가 조음점에 근접함으로서 마찰이라고 부를 수 없을 정도의 약한 마찰적인 상황을 만들며 조음된다. 음성학적으로는 이것은 접근음이라 부르고 자음으로 분류한다. ヤ의 자음부분은 유성의 경구개접근음 [j]이다. ワ의 자음부분은 유성의 양순연구개접근음 [w]이고, 연구개와 후설(後舌)에서의 조음과 동시에 양순도 사용되므로 이같이 나타낸다. 따라서 음성기호는 각각 [ja], [jɯ], [jo], [wa]이다. [w]는 원순모음(圓盾母音)이 아닌 일본어 반모음을 정확하게 나타내는 것은 아니지만 편의상 사용되고 있다.

7 특수음소

특수음소는 발음(撥音)/N/, 촉음(促音)/Q/, 장음(長音)/R/의 3가지이다. 장음을 특수음소에 넣지 않고, 예를 들면 'アー'라는 발음을 'アエ/ae/' 및 'オイ/oi/' 등과 같이 'アア/aa/'라는 연모음으로 파악하는 관점, 혹은 /a:/라는 장모음음소로써 파악해 일본어 모음을 10모음으로 하는 관점 등도 있는데, 여기서는 가장 일반적인 관점를 채용해 이들 3가지를 특수음소로 한다. 특수음소는 특수박(特殊拍)이라고도 불린다. 일본어는 CV(=consonant+vowel) 구조이며 모음 1개 또는 자음+모음이 1박을 형성하는데, 특수음소의 경우는 자음이면서 그 자체로 1박을 형성하기 때문이다.

7.1 발음

발음(撥音)의 음소기호 /N/은 알파벳 대문자 N을 소문자 크기로 한 것이다. 발음(撥音)은 비음이고 그 직후의 음에 이끌려서 변화하며(이것을 역행동화라고 한다), 많은 조건이음을 갖는다. 이에 반해 개인차 등에 따라 나타나는 것은 자유이음이다.

다음 어군(語群)을 거울을 보면서 발음하고 ン의 부분이 실제로는 어떤 음이 되어 있는가 조사해 보자.

①新米/siNmai/, 心配/siNpai/, 千倍/seNbai/
②トンネル/toNneru/, 身体/siNtai/, 寬大/kaNdai/, パンツ/paNtu/, 団地/daNti/
③親日/siNniti/
④三角/saNkaku/, 山岳/saNgaku/
⑤本/hoN/
⑥恋愛/reNai/, 僭越/seNetu/

⑦三振/saNsiN/, 心不全/siNhuzen/, 選手/seNsju/

⑧ばんざい/baNzai/, 缶詰め/kaNzume/, 賛辞/saNzi/

먼저 ①에 대해서, [m][p][b] 직전의 발음(撥音)은 양순을 닫아 조음되는 비음임이 관찰되었다. 따라서 이 경우의 /N/ 발음은 [m]이다. ②의 [n][t][d][ts] 직전의 발음(撥音)은 혀끝을 치경에 접촉시켜 조음되는 비음 [n]인 것이 관찰되었다. [tɕ]의 직전의 ン은 조음점이 그보다 좀 뒤쪽인데, 치경경구개비음 [ɲ]과는 분명히 다르다. 그래서 다소 모양의 차이는 무시하고 [tɕ] 직전의 ン의 발음도 [n]으로 한다. ③은 [ɲ] 직전의 발음(撥音)으로 치경경구개비음과 같은 조음점·조음법임이 관찰되었다. ④는 [k][ŋ] 또는 [g] 직전의 발음(撥音)으로 이것을 발음하면서 입을 크게 벌려 보면, 후설이 연구개에 접촉한 모습이 관찰된다. 따라서 이 경우의 /N/은 연구개비음 [ŋ]이다. ⑤는 어말에 오는 경우로 조금 어려울 지 모르지만, 더 안쪽의 후설이 목젖에 접촉해서 조음되는 [N]이다. ⑥의 '恋愛'는 모음 직전의 발음(撥音)으로 정확하게 발음한 경우는 어말의 [N]과 같아지고, 격의 없는 회화 중에 무심코 발음되는 경우는 비모음 [ã]가 된다. '僭越'도 똑같이 [N]과 [ẽ]일 가능성이 있다. ⑦은 마찰음 직전의 발음(撥音)인데 이것도 정확하게 발음된 경우에는 어말의 [N]이 되며, 무심코 발음된 경우에는 비모음이 된다. ⑧은 ザ행 직전의 발음(撥音)인데, 정확하게 발음된 경우에는 ザ행음이 어중이지만 파찰음이 되므로 그 역행동화현상으로서 [n]이 되며, 무심코 발음된 경우에는 ザ행음이 마찰음이 되어 그 직전의 발음(撥音)은 ⑦과 같은 비모음이 된다. 이상 정리해서 아래 ①~⑥에 표준적인 발음을 나타내는 음성기호로 표기했는데, ⑦⑧의 비모음 음성기호표기는 조금 복잡해서 여기서는 생략한다.

①新米[ɕimmai], 心配[ɕimpai], 千倍[sembai]

②トンネル[tonnerɯ], 身体[ɕintai], 寛大[kandai], パンツ[pants/, 団地/dantɕi/

③親日[ɕiɲɲitɕi]

④三角[saŋkakɯ], 山岳[saŋŋakɯ], [saŋgakɯ]

⑤ 本[hoɴ]
⑥ 恋愛[reɴai], [reâi] 僭越[seɴetsɯ], [seêets]
⑦ 三振[saɴɕiɴ], 心不全[ɕiɱɸɯzen], 選手[seɴɕu]
⑧ ばんざい[bandzai], 缶詰め[kandzme], 賛辞[sanʥi]

7.2 촉음

촉음(促音)의 음성기호 /Q/는 알파벳 대문자 Q를 소문자 크기로 한 것이다. 촉음도 직후의 음에 역행동화되어 많은 조건이음을 갖는다. 다음 어군을 거울을 보면서 발음하면서 실제로는 어떤 음이 되는지를 조사해 보자.

① 一泊/iQpaku/, 一体/iQtai/, 錯覚/saQkaku/
② 必須/hiQsu/, 必死/hiQsi/
③ ガッツ/gaQtu/, 一致/iQti/

①에서는 촉음 부분이 마치 공백인 것처럼 느껴질지도 모르지만, 잘 관찰해 보면, 그 부분에서는 직후의 음과 같은 성도(聲道)의 형태를 유지하면서 날숨을 성도 안으로 모아, 각각 파열음 [p][t][k]를 발음하기 직전의 상태가 됨을 알 수 있다. 이것은 외파를 수반하지 않는 내파(5.1절 참조)만의 파열음이다. 내파만의 파열음은 음성기호로는 엄밀하게는 오른쪽 위에 '˺' 기호를 붙이는데, 여기서는 그 정도까지의 정밀을 요구하지 않고, 외파의 파열음과 같은 기호로 나타낸다. ②에서는 발음하려고 하면, 촉음부분이 숨이 새어 버리므로, 직후의 마찰음과 같은 음이라는 것을 확실히 알 수 있다. ヒッス의 경우는 ス의 자음 부분이, ヒッシ의 경우는 シ의 자음 부분이 촉음부분의 음이다. ③의 촉음은 ①과 같이 내파 파열음인 것 같은데, 직후의 음이 파찰음이므로 내파의 파찰음인 것 같다. 실제로 이 촉음부분의 조음점·조음자의 상태는 파열음보다도 조금 뒤이며, 혀의 접촉 부분도 조금 넓고 파열음보다도 오히려 다음 파찰음의 발음

모양이 된다. 그렇지만 파찰음은 파열이 일어난 순간 이어서 마찰이 생기는 음이며, 촉음의 경우는 파열이 생기기 전의 상태를 유지한 채 마찰은 생기지 않으므로, 여기서는 다소간의 혀 모양 차이를 무시하고 내파의 파열음이라고 생각하기로 한다. 이를 정리해서 아래 ①~③에 표준적인 발음을 나타내는 음성기호로 표기한다.

①一泊[ippakɯ], 一体/ittai/, 錯覚/sakkakɯ/
②必須/çissɯ/, 必死/çiçɕiɯ/
③ガッツ/gattsɯ/, 一致/ittɕi/

또한, 종래 촉음 직후는 무성자음이고 그 역행동화인 촉음은 모두 무성음이며, 외래어도 그와 같은 일본어화 규칙에 근거해서 수용되었다. 예들 들면, bed 및 bag는 각각 ベット, バック라는 말로써 일본어 속에 정착했다. 그러나 최근에는 영어가 대량으로 일상생활에 유입되고, 또한 옛날과는 달리 많은 사람들이 원래 영어 철자를 알고 있다는 상황 하에서 지금까지의 외래어 일본어화 규칙이 깨졌다. 지금은 bed 및 bag는 ベッド, バッグ로서 시민권을 얻었으며, 많은 일본어 사전에서 이미 이와 같이 표기되어, ベット 및 バック는 모습을 잃어가고 있다. ベッド, バッグ, ビッグ 등을 발음하면서 목에 손을 가져다 대보면, 성도를 폐쇄한 촉음부분에서 이미 성대진동이 느껴지고 각각의 촉음은 직후의 음으로 역행동화한 내파음 [d], [g], [g]이라는 것을 알 수 있다.

7.3 장음

장음(長音)의 음성기호 /R/은 알파벳 대문자 R을 소문자 크기로 한 것이다. 음성기호는 [ː]로, 이것은 직전의 모음과 같은 모음을 끄는 소리라는 의미이다. ①'おかあさん' ②'おにいさん' ③'おねえさん' ④'おとうさん' ⑤'おおさか' ⑥'せいかつ' 등에 포함된 장음에는 가나표기로는 여러 가지 구분이 있는데 음소기호와 음성기호로는 아래와 같다.

①/okaʀsaɴ/[okaːsaɴ]　②/oniʀsaɴ/[oɲiːsaɴ]

③/oneʀsaɴ/[oneːsaɴ]④/otoʀsaɴ/[otoːsaɴ]

⑤/oʀsaka/[oːsaka]　⑥/seʀkatu/[seːkats]

8 박과 음절

2절에서 언어음의 음성학적 최소단위는 단음(單音)이라고 설명하였는데, 실제로는 일본어 모어 화자는 음성학 및 타 언어를 배우지 않는 한 최소단위까지 분해해서 소리를 파악하는 일은 없다. 일본어 모어 화자에게 통상 소리의 단위란 하이쿠(俳句)나 단카(短歌)를 만드는 경우에 손꼽아 세는 것, 즉 직음은 가나 1문자에 상당하는 소리가 아닐까. 문자를 모르는 아이들이라도 끝말잇기 놀이에서 コブタ→タヌキ→キツネ 라는 식으로 이어가는데 특별한 어려움은 없다. 이 단위는 박(또는 그리스어 유래로 일본어학 전문용어로는 mora)라고 불리며, 각각의 박은 이론적으로는 같은 길이, 즉 같은 시간이다.

다른 언어에서는 소리를 '듣기' 덩어리, 즉 실제로 어떠한 덩어리로써 들리는가 라는 단위로 파악되기 때문에 이와 같은 같은 시간을 식별하는 모라 감각을 갖고 일본어를 발음하는 것은 학습자에게는 상당히 어려운 것이다. 이 듣기의 덩어리가 음절(또는 영어에서는 syllable(シラブル)이라 불리는 것이다. 음절이란 계란부침과 같이 하나의 모음을 계란 노른자위로 해서 주위에 뭉실뭉실 몇 개의 자음이 흰자위처럼 붙어있는 것을 한 덩어리로 한 단위이다. 예를 들면, 영어 strike라는 단어는 음성기호로는 [straik]이 된다. 일본어 연모음이 독립성을 유지하는데 반해 영어의 이중모음 [aɪ]는 [ɪ]가 독립성이 없이 [a]에 부속하는 약한 소리로써 나누기 어려운 하나의 모음이 되었다. 따라서 이것은 [aɪ]라는 노른자위 주변에 자음 [s][t][r][k]라는 흰자위에 붙은 하나의 계란부침, 즉 한 음절의 단어이다. 이에 반해 일본어 ストライク[storaikɯ]는 5장의 계란부침, 즉 5음절이 된다.

'ストライク'가 5음절, 또한 5박인 것과 같이 음절과 박은 거의 일치하는데, 불일치하는 것은 특수박의 경우이다. 손뼉을 치면서 'さっちゃん' 'コーヒー' '新幹線' 등을 발음했을 때, 몇 번 두드리는 것이 자연스럽게 느껴질까? 하이쿠(俳句)를 만들 때는 각각 4박, 4박, 6박인데 손뼉으로는 각각 둘, 둘, 셋이 자연스럽지 않을까? 이와 같이 특수박의 경우는 1박인데 1음절이 아니라 앞의 박에 부속해서 1음절을 이룬다.

또한 일본어의 리듬구조로서 2박을 1단위로 하는 것이 있다. 5·7·5박인 하이쿠도 아래와 같이 4박으로 읽힌다.

이 리듬에 맞추기 위해 전화번호 등에서 2이나 5와 같이 1박인 숫자는 'ニー' 'ゴー'와 같은 식으로 2박으로 발음된다. 이와 같은 리듬의 특징이 일본어의 일본어다움, 즉 prosody(운율)에 크게 영향을 주고 있다.

9. 악센트

일본어는 피치(pitch)에 의해 의미가 변하는 고저 악센트인데, 영어는 강약 악센트, 중국어는 성조 악센트, 한국어나 프랑스어는 무악센트라고 한다.

인간은 외국어를 학습할 때, 자신의 언어에 없는 것은 자신의 언어에 있는 것으로 대체하려는 경향이 있다. 일본어 모어 화자가 영어를 박(拍) 감각으로 같은 시간으로 발음하거나, the[ðə]를 ザ[ʣa]라고 발음하거나, 강약 악센트를 고저 악센트로 바꿔서 permít를 パーミット라고 발음하거나 하는 것이다. 외국인이 일본어를 배울 때에도 같은 현상이 생긴다. 모어에 없는 소리를 모어의 다른 소리도 대체하거나 박자 감각이 없는 리듬으로 발음하거나, 고저 악센트를 강약 악센트로 치환하거나 하는 것으로, 예를 들면 영어 화자가 [raˈinen](来年)을 [ráɪnen]이라 발음하거나 カワサキ를 [kæwasæːkiː]라고 발음하거나 하는 것이다.

악센트는 개개의 말에 대해서 지역에 따라 자의적으로 정해진 것이므로 하나하나 기억할 수 밖에 없다. 일본어 악센트는 보통 고(高)와 저(低) 2단계로 나타난다. 그 외에도 다양한 설이 있으며, 실제 피치의 고저 차이를 측정하면 최저에서도 3단계설을 채용하는 것이 실제 피치에 들어맞는 것처럼 느껴지지만, 실용면에서는 '鼻'와 '花' 각각에서 ナ의 높이를 비교해도 의미가 없다. 어디까지나 그 말 속에서 앞의 박보다 높은가 낮은가라는 것이 문제이며, 그 단어 속에 1곳(또는 0곳)밖에 없는 하강점이 어디에 있는가(없는가)라는 것이 가장 중요한 문제인 것이다.

악센트에는 통어(統語)기능과 식별기능이 있다. 통어기능이란 어디까지가 1단어 또는 1어구인지를 나타내며, 식별기능이란 동음이의어를 구별하는 역할을 나타낸다. 일본어 악센트에는 다음과 같은 규칙이 있다.

① 제1박과 제2박은 반드시 높이가 다르다.
② 1단어(또는 1어구) 속에 악센트의 하강점(핵이라고 한다)은 한 곳 이하이다.
③ 동일어(또는 동일어구) 안에서 한번 내려간 악센트는 두 번 다시 올라가지 않는다.

따라서 다음 2개의 문자는 악센트에 의해서 어구가 나누어지며 의미가 식별된다.

a. キノウカリタホンヲナクシマシタ。→(失くしたのは昨日)
b. キノウカリタホンヲナクシマシタ。→(借りたのは昨日)

9.1 명사의 악센트형

악센트 규칙은 명사의 경우, 조사인 が를 붙여서 판단한다(조사 중, ノ는 예외적인 형태를 나타내므로 사용해서는 안된다). 조사를 붙이는 것에 따라 '鼻'와 '花' 및 '桜' '男' 사이의 악센트 차이가 나타난다.(표2 '명사의 악센트 형' 참조)

	0형	1형	2형	3형	4형	5형
1박어	ハ 葉	ハ 歯				
2박어	ア 空き	アキ 秋	ア 飽き			
3박어	ミナト 港	セカイ 世界	つつじ	ヤス 休み		
4박어	センタク 洗濯	センゲツ 先月	メグスリ 目薬	ミズウミ 湖	イモウト 妹	
5박어	イモ さつま芋	ゼンコウジ 善光寺	マツ ゴヨウ松	ナツマツ 夏祭り	ムギ カラス麦	サイバンショ 裁判所

주 : △는 조사 が를 나타낸다.

악센트 표기법에는 여러 가지가 있는데, '桜', '神奈川'를 サクラ, カナ̄ガワ라는 식으로 하강점만을 표기한 방법(전자는 하강점 없음)으로, 전자가 '저고고', 후자가 '저고저저'라고 알 수 있는 것은, 앞에서 설명한 3가지 규칙에 따르기 때문이다. 또한 이 규칙에서 1박어에는 2개의 악센트형, 2박어에는 3개의 악센트형, n박어에는 n+1개의 악센트형이 존재한다고 말할 수 있다. 명사에는 이 모든 형태가 존재한다. 일반적으로 널리 사용되는 악센트 표기법을 표시하면 다음과 같다.

주) (5)~(7)의 표기법에서 カタカナ 부분이 로마자로 표기된 것도 있다.
이마다(今田滋子;1989)『発音』에 근거해 필자가 작성한 것이다.

[표3] 4박 명사의 5가지 악센트형과 대표적인 표기법

명사의 악센트형에는 일반적으로 '-3형'(표3(10)참조) 즉 뒤에서 3박째에 하강점이 있는 '春霞(ハルガスミ)'와 같은 형태가 많은데, 3·4박어에서는 평판화 현상에 의해 '0형(평판형)'이 가장 많을 뿐 아니라 점점 증가하고 있다. '電車' '映画' 등도 원래 '-3형'이었는데, 지금은 평판형으로 발음하는 사람들이 많지 않을

까? 명사의 평판화 현상이란, 어떤 그룹 또는 개인이 평소에 많이 사용하는 말이 사용하는 동안에 평판형으로 되어 버리는 것으로, 패션업계의 사람이 일반적으로는 두고형으로 발음되는 블루종(ブルゾン;blouson;점퍼)이란 말을 평판형으로 발음하는 등, 그 그룹 외의 사람이 들으면 이상하게 느껴지는 단어도 있다. 이것이 그룹 내뿐만이 아니라 일반사회에도 보급되면 '電車'나 '映画'와 같이 평판형도 병용되고, 점차로 원래의 형태를 밀어내는 경우도 많다.

또한 ①'玄関(ゲンカン)' ②'郭公(カッコー)' ③'後悔(コーカイ)' ④'挨拶(アイサツ)' 등은 -4형인데, 이것은 뒤로부터 3박째가 특수박이 된 탓으로 -3형의 핵이 1박 앞으로 밀렸기때문이라고 생각된다. ④는 특수박은 아니지만 연모음으로, ③의 장음에 준하는 것이므로, 같은 현상이 생겼다고 생각된다. 또한 모음의 무성화에 의해 핵이 밀리는 적도 있다.

복합어의 악센트는 원래와는 달라지므로 주의가 필요하다. 예를 들면 '長期(チョーキ)'와 '欠席(ケッセキ)'가 결합해 한 단어가 되면, '長期欠席(チョーキケッセキ)'가 된다.

9.2 동사의 악센트형

동사의 기본형(종지형)에는 '-2형'이 가장 많고 그 이상은 거의 '0형'이다(동사 뒤에는 조사가 붙지 않으므로 '0형'과 '-1형'의 구별은 없지만, 악센트사전 등에서는 연체형이 '0형'이 '-1형'인가로 종지형의 형식을 구별하는 것 같다). 또한 특수박 및 연모음의 경우 핵이 1박 앞으로 밀려서 -3형이 된다.

① '-2형'의 예 : 食べる, 読む, 書く, 走る 등
② '0형'의 예 : 行く, 遊ぶ, 泣く, 笑う, 変える, 勉強する 등
③ '-3형'의 예 : 帰る, 入る, 申す, 通す, 信ず 등

9.3 형용사의 악센트형

2박어의 형용사는 아래의 4단어뿐이며 이들은 모두 '-2형'이다.

①イイ(=ヨイ)(良い)　　②コイ(濃い)
③スイ(酸い)　　　　　④ナイ(無い)

형용사는 거의 대부분이 -2형이며, 아래 30단어만이 예외적으로 '0형'으로 되었는데(이마다 ; 今田1989:112), 명사의 대부분이 평판화해 가는데 반해, 형용사 쪽은 오히려 '0형'이 '-2형'으로 변화해 가는 경향이 있으며, 최신 악센트 사전에는 이 중 상당수가 '-2'형으로도 되어 있다.

[표4] 0형의 형용사

3박어		4박어		5박어
アカイ(赤い)	カタイ(堅い)	アカルイ(明るい)	ツメタイ(冷たい)	ムズカシイ(難しい)
アサイ(浅い)	キツイ	アヴナイ(危ない)	ヤサシイ(やさしい)	
アツイ(厚い)	クライ(暗い)	アヤシイ(怪しい)	ヨロシイ	
アマイ(甘い)	ケムイ(煙い)	イケナイ		
アライ(荒い)	ツライ(辛い)	イヤシイ(卑しい)		
ウスイ(薄い)	トオイ(遠い)	オイシイ		
オソイ(遅い)	ネムイ(眠い)	オモタイ(重たい)		
オモイ(思い)	マルイ(丸い)	カナシイ(悲しい)		
カルイ(軽い)		キイロイ(黄色い)		

일본어를 지도할 때 악센트 기호가 첨가된 교재를 사용해 그것이 자신의 악센트와 다르다면, 특히 초급에서는 자신의 악센트를 교재에 맞출 필요가 있

다.

악센트 연습에는 악센트만이 다른 동음이의어 짝, 즉 악센트의 최소대립어 (minimal pair:'橋'와 '箸' 등)의 연습이 효과적이다.

10 인토네이션

인토네이션이란 넓은 의미로는 문 전체에, 좁은 의미로는 문말이나 구(句)말에 나타나 그 형태에 따라 표현의도를 나타내는 것이다. 가와카미 신(川上 秦)은 문두 인토네이션을 인정하고, 구보조노 하루오(窪薗晴夫)는 인토네이션란 문 인토네이션과 문말 인토네이션을 포함하는 것으로써 넓은 의미로 사용하고 있는데, 여기에서는 문말이나 구말에 나타나는 것으로 한정해서 사용한다. 인토네이션에는 여러 가지 형태가 인정되는데 구보조노(窪薗, 1999:119)에 의한 분류를 나타내면 다음과 같다.

①상승조╱(빠르고 짧게 문말 피치 상승)―구호(청자에게 주의를 요한다. 경쾌한 느낌.)
②의문상승조╲(천천히 크게 문말 피치 상승)― 질문(청자에게 생각이나 대응을 구한다)
③하강조╲(문말 피치 하강)―단정(자신의 의지나 감정을 나타낸다.)
④상승하강조⌒(문말 피치 상승후 하강)―①+③(구호+자신의 감정)

다음 회화의 밑줄 부분을 지정된 인토네이션으로 읽어 보자. 의도는 어떻게 다를까?

1) あっ、<u>山田さん</u>。(①, ②, ③)
2) 明日、<u>行きます</u>。(②, ③, ④)

3) もっと丁寧にいいなさい。(①, ③, ④)
4) そう。(①, ②, ③, ④)

1) ①에서는 山田 씨를 알아차리고 가볍게 말을 거는 느낌. ②는 정말로 山田 씨인지 왠지 확신을 가질 수 없는 상태에서 山田 씨에게 말을 걸지, 혹은 자신의 동료에게 묻고 있는 것 같은 상황. ③은 山田 씨가 있는 것을 알아차리고 혼잣말로 중얼거리고 있다.
2) ②는 의문문. ③은 자신이 간다는 것을 서술하고 있다. ④는 가지 않는다고 여겨진 것에 대한 항의의 뉘앙스, 또는 응석부리는 느낌도 나올 수 있다.
3) ①은 가벼운 명령. ③은 보통의 명령문. ④는 친한 사람에 대해 약간 응석부리는 말투의 명령.
4) ①은 가벼운 의문. ②는 의문. ③은 납득. ④는 놀람이 깃든 납득처럼 들린다.

문에 문말사인 ヨ 및 ネ가 붙으면, 문말사 자체가 갖는 의미에 ①~④의 의미가 부가되게 된다. 문말사 자체의 의미는 다음과 같다.

ヨ : 화자가 청자가 모른다는 것을 전제로 신정보를 제공한다.
ネ : 화자가 청자와 정보를 공유한 것을 전제로 청자에게 공감을 구한다.

ヨ에 ①의 인토네이션이 붙으면, 위의 의미에 부응한 행동을 청자에게 요구한다는 의미가 부가된다. 예)もう8時よ／(早く起きなさい。) ③이 붙으면 화자와 청자의 의견 차이가 강조되어 그에 대한 화자의 놀람, 낙담, 불만 등의 감정을 나타낼 수 있다. 예)あ、違いますよ＼ ③은 화자의 감정을 일방적으로 전달하므로, 청자는 대답하기 어려운데, ④가 되면 약간 부드러운 어조가 되어 청자는 응답하기 쉬워진다. 예)あ、違いますよ⌒
ネ에 ①이 붙으면, 가벼운 어조로 청자에게 확인을 구하는 의미가 된다. 예)じゃあね／明日ね／ ②에서는 화자는 청자에게 자신의 인식이 청자와 일치하고 있는지 어떤지를 확인하고 대답을 구하는 의미가 된다. 예)確か、前回もご一緒でしたね↘ ③이 되면 청자에 대한 것보다도 화자 자신의 감정이나 인식을 표명하는 것이 된다. 예)山田君が、そんなことをしたのか。人って、わからないもんだね↘. ④에서는 화자의 감정이 강하게 전달되기 때문에 화자가 감탄하는 기분을 표명하는 것이 된다. 예)あれからもう3年も経ったんだねえ↗.

이와 같이 인토네이션의 미묘한 차이가 화자의 표현의도를 표명하므로 일본어학습자의 지도에는 주의를 기울여야 한다.

11 프로미넌스

아래 문장을 각 구절의 세기·높이에 주의하면서 소리를 내어 읽어 보자.

1) 何が　ありますか。
2) 何か　ありますか。

1)에서는 'ありますか' 보다도 '何が' 쪽이 강조되어 발화되는데 반해, 2)에서는 '何か'도 'あります'도 모두 같은 강세로 발화되는 것이 자연스럽다는 것을 느낄 수 있을 것이다.

3) 私は　鈴木さんが　好きです。

일반적으로는 좋아하는 상대의 이름인 '鈴木さん'이 강조될 것이다. 만일 '私は'를 강조하면, '다른 사람은 鈴木 씨를 싫어할 지도 모르지만, 나는 …' 라는 것과 같은 함의가 생기기도 하고, '好きです'가 강조되면 정의적인 사랑의 고백으로도 들린다.

1), 2)의 예와 같이 문맥에서 자연스럽게 어떤 구절이 두드러지는 경우와 3)에서 나타낸 바와 같이 의도적으로 어떤 구절을 부각시키는 경우도 있다. 후자

쪽만을 가리켜 프로미넨스(prominence)라고 부르는 설도 있으며, 마츠자키ㆍ고노(松崎ㆍ河野, 1998ㆍ외)는 프로소디(prosody; 운율학)론에서 전자를 'ヤマ'라고 읽어 후자와 구별하고, 구보조노(窪薗, 1999)는 양쪽의 현상을 '문(文)인토네이션'이라는 말을 사용하여 논하고 있는데 여기에서는 양자의 현상을 모두 프로미넨스라고 부르는 설을 채용한다.

프로미넨스가 부적절하다면 필요 없는 표현의도가 가미되어 버린다. 통상 프로미넨스는 의문사 및 초점(focus)을 둔 구절에 붙고, 말하지 않아도 알 수 있는 구절에는 붙지 않는다. 다음 회화를 읽어 보자.

A : 週末は　どこかへ　行きますか。
B : ええ。京都へ行きます。

A의 발화에서는 3가지 구절 모두에 초점을 두었는데, B의 발화에서는 '京都へ'에만 프로미넨스가 붙는다. 이것을 거꾸로 해서 '行きます' 쪽에 프로미넨스를 붙이는 말투를 하면 대단히 부자연스럽게 들린다.

또한 프로미넨스가 붙은 방법ㆍ붙이는 방법으로서는 일반적으로는 '강하게', '높게'이지만, 이뿐만 아니라 '천천히'도 큰 요소이다. 또 반대로 마이너스의 프로미넨스라고 해서, 목소리를 죽인다든지 재빨리 발음하든지 해서 그 부분에 주의를 끄는 방법도 있다. 어떤 방법이던 그 부분이 다른 부분보다 부각시키려는 것을 프로미넨스를 붙인다고 하는 것이다.

12 프로소디

프로소디(プロソディー)란 언어의 리듬, 악센트, 인토네이션(억양), 프로미넨스 등 모두를 포함한 것이다. 다모리의 4개 국어 마작을 아시는 분은 상기하길 바란다(인터넷에서 들을 수 있다). 중국인, 한국인, 미국인, 베트남인 등 1인 4

역이 되어 마작을 하는 것인데, 어느 언어도 서투르지만 매우 그럴싸하게 들린다. 각각 언어의 단어를 태연하게 삽입하거나, 미국식 영어 발음에서는 [æ]음을 빈번하게 넣거나, 중국어 성조 악센트를 강조하는 등의 궁리를 했는데, 가장 중요한 것은 4개 국어 각각의 프로소디 특징을 파악해서 교묘하게 표현하고 있다는 것이다.

이러한 실험이 있다. 외국어화자가 말한 일본어(=F)와, 일본어화자가 말한 일본어(=J)의 음성을 합성해서 개개의 음은 F이지만 J의 프로소디를 부여한 것(FJ)과, 개개의 음은 J이지만 F의 프로소디를 부여한 것(JF)를 작성해서 일본어화자에게 발음 평가를 시켜 보았는데, FJ 쪽이 압도적으로 높은 평가를 얻었다고 한다. 결국 개개의 발음이 정확한가 보다는 프로소디가 일본어다운가 쪽이 '좋은 발음' '능숙한 발음'으로 들린다는 것이다. 따라서 하나하나의 발음교정에 힘을 기울이기 보다는 프로소디의 습득에 시간과 노력을 들이는 편이 발음지도로써는 보다 효율적이라고 할 수 있을 것이다. 외국어교육법의 하나인 VT법 (Verbo-Tonal Method)의 발음지도법은 그와 같은 관점에서 일본어 박(拍) 감각과 리듬의 습득에 중점을 둔 것이다. 또한 마쓰자키·고노(松崎·河野, 2004)는 프로소디 그래프를 사용한 발음지도법을 제창하고 있다. 일본어교육에서는 발음과 청해 지도가 가장 자료가 적은 분야이다. 이제부터 더욱 이 방면의 연구와 현장에서의 방법론 개발에 대한 요구가 높아져야 할 것이다. 음성학적인 지식을 토대로 하여 지속적으로 학습자 한 사람 한 사람의 니즈(needs)에 부응할 수 있도록 일본어 교사로서 항상 연구를 거듭하길 바란다.

음(音)의 역사적 변천

말은 살아 있는 것이다. 영어나 중국어가 현대일본어에 있어서 'x축의' 외국어라고 표현한다면, 고대 일본어는 'y축의' 외국어로서 위치를 설정할 수 있을 지도 모른다. 어휘 및 문법이 시시각각으로 변화하는 것은 만요슈(万葉集), 마쿠라노소시(枕草子), 겐지모노가타리(源氏物語), 또는 에도(江戸)시대의 작품 등, 각 시대의 대표적인 문학작품을 접함으로써 대부분 실감할 수 있을 것이다. 또 지난 10년이라는 짧은 기간을 돌아보아도 '食べられる' 등 'ら'를 생략한 말에 눈살을 찌푸렸던 사람들이 어느 새인가 그것을 받아들이게 되었다. 그러나 어휘나 문법만이 아니라 음성도 그 이상으로 심한 변화를 거듭하고 있다는 것에는 별로 주의를 기울이지 않는 것 같다. 테이프레코더도 없었던 시대의 음성은, 다양한 문헌자료로부터 논리적으로 추측 복원할 수 밖에 없었지만, 음성언어는 큰 변화를 이루고 있다.

대표적인 예는 ハ행이다. ハ행은 고대에는 양순의 약한 파열음으로 [pa][pʲi][pɯ][pe][po]로 발음되었다. 그것이 나라시대 무렵에는 양순의 폐쇄가 불완전하게 되어 양순의 약한 마찰음으로 [ɸa][i][ɸɯ][ɸe][ɸo]로 발음되게 되었다. 그 후 에도시대 무렵까지 [ɸɯ]를 제외한 자음 부분에서 양순의 접근이 없어져 모음의 입모양만인 약한 마찰음이 되었기 때문에 현대와 같은 발음이 형성되었다고 한다. 그 때문에 현대어에서는 ハ행과 バ행 청탁의 관계는 유성·무성의 대립이 다른 행처럼은 일치하지는 않는데, 고대의 발음인 [p]-[b]의 대립으로 보면, 일치한다. 또한 단어가 연결되는 경우에 탁음이 되는 연탁(連濁, 예: タイコ→コダイコ)은 같은 조음점·조음법을 갖는 무성→유성의 변화로, '日→日々'와 같이 얼핏보면 음성적으로 대립을 이루지 않는 [ç]→[b]의 변화가 고대의 발음으로 보면 [p]→[b]라는 같은 조음점·조음법을 갖는 무성→유성의 변화인 것을 알 수 있다.

과제

❶ 다음 단어의 음소기호와 표준적인 발음을 나타내는 음성기호를 쓰시오.
①ギンコウ(銀行)　　　②キツネ(狐)　　　　③ケッシン(決心)
④リョクチャ(緑茶)　　⑤ハンニャ(般若)　　⑥シズク(雫)
⑦ジケン(事件)　　　　⑧ニヒャクニン(二百人)
⑨カジバノバヂカラ(火事場の馬鹿力)

❷ 다음은 일본어(현대 동경어)에 대한 기술이다. 〈 〉안에서 올바른 것을 고르시오.

① 모음은 원칙으로서 성대진동을 〈**수반하는, 수반하지 않는**〉〈**유성, 무기, 무성**〉음이다. 모음 소리는 개구도(=혀의 높이), 혀의 전후위치, 〈**후두의 모양, 입술의 모양, 성대의 모양**〉에 의해 결정된다.

②일본어 소리의 단위는 요음을 빼고는 일반적으로 가나 1문자분이라고 생각된다. 이단위는 〈**음절, 박**〉 또는 〈syllable, mora〉라고 불리는 시간적인 단위로 이론상의 단위이며 일본어에만 존재한다. 이에 대해 〈**음절, 박**〉 또는 〈syllable, mora〉는 어느 언어에나 존재하는 실제로 들리는 것을 단위로 한 것이다.

❸ 다음 3개의 문장을 악센트대로 발음하여 의미를 식별하고 한자가 섞인 문으로 써 보시오.

1) キョ⎯ウカ⎯イニイキマ⎯シタ。
2) キョ⎯ウカ⎯イニイキマ⎯シタ。
3) キョ⎯ウカイニ⎯イ⎯キマ⎯シタ

❹ 다음 ①~④는 일본어(현대 동경어)의 악센트에 대해, ⑤⑥은 일본어 또는 일본어음성학 전반에 관한 기술이다. 맞으면 ○, 틀리면 × 표시를 하시오.

① (　　)악센트의 제 1박과 제 2박은 반드시 높이가 다르다.
② (　　)미고형(尾高型)과 평판형을 구별하기 위해서는 조사 ノ를 붙여서 조사 해 보면 된다.
③ (　　)한 단어 또는 한 어구 안에서 일단 내려간 악센트는 두 번 다시 올라가지않는다.
④ (　　)단어가 2개 이상 결합해서 복합어를 만드는 경우, 원래 악센트와는 완전히 다른 형태가 되는 것도 있다.
⑤ (　　)여기에 3종류의 단음이 있으며 이들이 동일 음소내의 사유이음(自由異音)이라 하면, 이 3개의 단음은 그 음소 내에서 서로 '상보적 분포'를 이룬다.
⑥ (　　)일본어학에서 '청음-탁음'의 대립은 음성학에서 '유성음-무성음'의 대립과 모두 일치한다.

❺ 다음은 필자의 학생들 중 실제로 영어를 모어로 하는 일본어 학습자가 계절어가 없는 '하이쿠(俳句)', 즉 5·7·5음의 단시(短詩)로서 작성한 것이다. 왜 이와같은 것이 생겼는지를 설명하시오.

'あさごはんを　たべなかったから　おなかへった'

독서안내

窪園晴夫(1999)『日本語の発音教室』くろしお出版
✽ 외국인 일본어학습자 및 일본어교사를 목표로 하는 사람을 대상으로 하므로, 후리가나가 첨부된 아주 평이한 일본어로 쓰여진 음성학·음운론 입문서이다. CD첨부.

松崎寛·河野俊之(1998)『よくわかる音声』アルク
✽ 일본어능력검정시험 합격을 목표로 쓰여진 음성학 해설서이다. CD첨부.

名柄迪監修『外国人のための日本語例文·問題シリーズ12 発音·聴解』荒竹出版
✽ 외국인 일본어학습자를 위한 발음과 청해 연습문제집이다. 일본어교육에 종사하는 사람의 음성훈련에도 사용할 수 있다.

窪園晴夫(1999)『現代言語学入門2 日本語の音声』岩波書店
✽ 일본어음성학·음운론을 보다 깊게 공부하고자 하는 사람을 위한 학습서이다.

棚橋明美(2007)『日本語教育能力検定試験に合格するための聴解試験10』アルク
✽ 청해시험 대책으로 가장 적합한 책. 저자의 풍부한 경험담을 들어가며 알기 쉽게, 그리고 즐겁게 해설했다.

【참고문헌】

今田滋子(1989)『教師用日本語教育ハンドブック⑥ 発音』国際交流基金
窪園晴夫(1999)『日本語の発音教室』くろしお出版
窪園晴夫(1998)『音声学·音韻論』くろしお出版
松崎寛·河野俊之(1998)『よくわかる音声』アルク
松崎寛他(2004)『一日10分の発音練習』くろしお出版
天沼寧·大平一夫·水谷修(2000)『日本語音声学』
川口義一·横溝紳一郎(2005)『成長する教師のための日本語教育ガイドブック』ひつじ書房
日本語教育学会編(2005)『新版 日本語教育辞典』大修館書店

과제의 정답

❶ ①/giNkoR/[gʲŋko:]　②/kitune/[kʲtsɯne:]　③/keQsiN/[keɕɕiN]
④/rjokutja/[rʲokutɕa] ⑤/haNnja/[haɲɲa]　⑥/sizuku/[ɕizɯkɯ]
⑦/zikeN/[dʑikeN]　⑧/nihjakuniN/[ɲiçakɯɲiN]
⑨/kazibanobakazikara/[kaʑibanobakaʑikara]

❷ ①수반하는, 유성, 입술의 모양
②박, mora, 음절, syllable

❸ ①今日買いに行きました。
②今日、会に行きました。
③教会に行きました。

❹ ①○　②×(일반적으로 が를 붙여 조사한다. ノ를 붙이면 다른 조사와는 다른 악센트 형이 되어 버린다.)　③○　④○　⑤×(상보적 분포를 이루는 것은 조선이음이다.)
⑥×(ハ행과 バ행이 아니라 パ행과 バ행에서 '반탁음-탁음'의 대립이 음성학에서 '유성음-무성음'의 대립과 일치한다.)

❺ 이 일본어 학습자는 발음(撥音)・촉음(促音)을 독립한 박으로 세지 않고, 음절감각으로 'ハン' 'カッ' 'ヘッ'를 1음으로 세어 5음・7음・5음 구성이라고 오해했다.

제16장
어휘

어휘는 문법과 함께 어학 학습의 중심적 존재이다. 유학생이 치르는 일본어능력시험 1급에서는 1만 어의 습득을 기준으로 하고 있으며, 의무교육 종료시점의 일본어 모어 화자가 이해할 수 있는 어휘는 3만어라는 보고가 있다. 이 방대한 양의 어휘를 체계적으로 파악하기 위하여 어종, 어구성의 면에서 분석한다.

> **키워드** ▶ 어휘량, 이해어휘, 사용어휘, 전체어수(延べ語數), 개별어수(異なり語數), 어휘조사, 어종(語種), 어구성(語構成), 합성어, 복합어, 첩어(疊語), 파생어(派生語), 어기(語基), 접사(接辭), 조어법(造語法), 변음현상(變音現象)

1 어휘와 어휘량

일본어 중에서 좋아하는 말을 들라고 한다면, 어떤 말을 들 것인가! '愛' '夢' '生きる' '美しい' 'さわやか' … 'お金' 등이라고 하는 사람도 있을지도 모른다. 일본어 중에는 다양한 말이 있는데, 이 말들 하나하나를 단어라고 한다. 단어의 집합으로서 일본어 단어 전체를 가리킬 때는 '일본어의 어휘'라고 한다. 어휘의 '彙'는 '집합, 무리'라는 의미로 '어휘'란 어떤 범위 내에 포함되는 단어 전체를 말한다. '대학생 어휘' '류큐(琉球)방언' '이시다 이라(石田衣良)의 어휘' '다나카씨는 어휘가 풍부하다(단어를 많이 알고 있고 잘 사용할 수 있다)'와 같이 사용된다.

그러면 일본인 모어 화자가 사용하는 어휘량(語彙量)은 일반적으로 어느 정도 될까? 단어에는 읽기나 듣기에서 의미를 이해할 수 있지만 자신은 사용하지 않는 것(이해어휘:理解語彙)과 실제로 쓰기나 말하기에서 사용할 수 있는 것(사용어휘:使用語彙) 2종류가 있다. 이해어휘가 사용어휘보다 많지만, 보통 성인의 이해어휘는 4만어~5만어 정도이고 사용어휘는 2만어 정도이다. 중학생용 국어사전 표제어 수가 약 5만어이다. 사전의 표제어 수를 조사하면 어느 정도의 양인지를 실감할 수 있을 것이다

> **column**
>
> 자신이 어느 정도의 어휘량을 갖고 있는지 간단하게 알 수 있는 테스트를 해 보자.
>
> NTT커뮤니케이션 과학기초연구소(科学基礎研究所)『일본어의 어휘특성』으로부터 「어휘수 추정테스트」
> 〈http://www.kecl.ntt.co.jp/mtg/goitokusei/goi-test.html 〉
>
> | | | | |
> |---|---|---|---|
> | 1. チャンピオン | 14. エングル係数 | 27. 請負い | 40. 百葉箱 |
> | 2. 祝日 | 15. 泊まり込む | 28. 塗り箸 | 41. 迂曲 |
> | 3. 爆発 | 16. 預け入れる | 29. 気丈さ | 42. 告諭 |
> | 4. ライオン | 17. 言い直す | 30. 茶番 | 43. 辻番 |
> | 5. さつま芋 | 18. たしなみ | 31. 大腿骨 | 44. ライニング |
> | 6. 毒ガス | 19. 英文学 | 32. 術中 | 45. 輪タク |
> | 7. 枝豆 | 20. はまり役 | 33. 泌尿器 | 46. 懸軍 |
> | 8. 過ごす | 21. ごろ合わせ | 34. 血税 | 47. 陣鐘 |
> | 9. 朝風呂 | 22. 労力 | 35. 悶着 | 48. 泥濘 |
> | 10. そもそも | 23. 延ばせる | 36. 腰元 | 49. パララックス |
> | 11. 見極める | 24. 勃発 | 37. 裾模様 | 50. 頑冥不霊 |
> | 12. あべこべ | 25. 宿無し | 38. 旗竿 | |
> | 13. 本題 | 26. 目白押し | 39. かんじき | |
>
> 1~15까지의 단어를 알고 있는 경우의 추정 어휘수는 13,300어, 20까지의 단어를 알고 있는 경우 추정 어휘수는 17,800어, 25까지는 23,400어, 30까지는 30,200어, 35까지는 39,100어, 40까지는 50,500어, 45까지는 60,300어, 50까지 전부 알고 있는 경우는 67,800어, 도중에 모르는 단어가 있는 경우 등은 위의 인터넷 URL주소 참조.

2 단어수와 사용률

어휘의 양적인 구성과 사용의 실체를 알아보기 위한 조사를 어휘조사(語彙調査)라고 한다. 어휘조사에서는 어휘를 세어 어휘량을 계측한다. 어휘를 세는 방법에는 두 가지가 있다. 전체어수(延べ語數)를 세는 방법과 개별어수(異なり語數)를 세는 방법이다. 예를 들면 '食べて, 食べて, もっと食べて。'라는 문의 낱말을 셀 때 단어로 끊어 세면, '食べ/て 食べ/て もっと 食べ/て' 가 되고, 이 문의 총어수 7어가 될 수 있다. 이것을 누적어휘수라고 하며 같은 어가 몇 번이고 나오는대로 전부 세어 얻을 수 있는 어휘 수이다. 동사 '食べる' 와 조사 'て' 는 3회 반복되기 때문에 같은 것은 1번 세고 그 후에 세지 않는 방법으로 하면, 이 문은 '食べる' 'て' 'もっと' 3단어로 구성되어 있다는 것을 알 수 있다. 이것을 개별어휘수라고 한다. 이 문의 누적어휘수는 7단어, 개별어휘수는 3단어이다. 다음으로 각각의 어휘가 문중에서 어느 정도 자주 사용되고 있는가를 나타내는 **사용률**을 다음의 식(式)에 따라 계산한다.

사용률[%] = 어휘의 사용횟수(출현횟수) ÷ 누적어휘수 × 100

위 문장 중에서 '食べる' 와 'て' 의 사용률은 3÷7×100=42.9%이다. 사용률이 높을수록 자주 사용되고 있는 어휘라고 말할 수 있다.

단어를 학습하는 경우, 그다지 사용되지 않는 어휘를 기억하기 보다는 자주 사용되는 어휘부터 학습하는 방법이 당연히 효과적이다. 일본국립국어연구소(日本國立國語研究所)가 실시했던 어휘조사(『현대잡지 90종의 용어용자(1) 총기 및 어휘표(現代雜誌九十種の用語用字(1)総記および語彙表)』)에서는 사용률이 높은 순서로 'する' 'いる' 'いう' '一' 'こと' 'なる' 와 같이 나타내고 있으며, 사용률이 높은 이 어휘를 제외하면 대화가 되지 않을 정도로 기본적인 단어라는 것을 알 수 있다. 1994년 발행된 잡지를 대상으로 한 『현대잡지 200만자 언어조사어휘표(現代雜誌 200万字言語調査語彙表)』에서도 위와 같은 어휘가 나열되어 있다.

어휘조사 결과 사용률이 높고, 또한 많은 회화에서 사용되며 사용범위도 넓은 어휘 집합을 기본어휘(基本語彙)라고 한다. 어휘조사 결과를 이용하여 객관적으로 선택되는 기본어휘에 대해서 개인이 필요하다고 생각하는 것을 주관적으로 선택하는 것이 기초어휘(基礎語彙)이다. 오그덴(C.K. Ogden)의 기초영어(Basic English: 850단어)가 유명한데, 이를 기반으로 일본어에서 처음 선정된 것으로는 도이 코치(土居光知)의 『基礎日本語』(1933)가 있다. 하야시 시로(林四郎, 1974)는 사용률의 높음을 나타내는 '깊이'와 사용범위의 '폭'을 곱하여 기간도(基幹度)를 판정한 기간어휘(基幹語彙)를 제시하고 있다. 일본어교육에서는 어휘조사 결과에 주관적인 판단을 가미하는 방법을 취하는 것이 많다.

일본어능력시험에서는 4급 800어, 3급 1,500어, 2급 6,000어, 1급 10,000어 정도를 인정기준으로 하고 있다. 이 정도의 어휘를 알고 있다면 실제로 보고 듣는데 어느 정도를 이해할 수 있는 것일까. 다마무라(玉村, 1985, 1987)에 의하면 사용빈도 상위 2,000어로 문장어의 어휘(일본어 조사의 경우는 『雑誌九十種』)가 누적어휘수로 약 70% 커버되고, 5,000어로 80%, 1만어로 90% 커버된다고 한다. 그런데, 다른 언어라면 90%를 커버하는데 프랑스어에서는 2,000어, 영어는 3,000어, 중국어는 약 5,000어 정도면 된다고 한다. 일본어는 다른 언어와 비교하여 커버율이 낮아 학습해야 할 어휘수가 많다고 할 수 있다.

3 어휘의 분류

일본어의 방대한 단어 수를 분류하기 위해서는 다음 4가지 주요한 방법이 있다. (1)의미(意味)에 따른 분류, (2)어종(語種)에 따른 분류, (3)어구성(語構成), (4)문법기능(文法機能)에 따른 분류이다. (4)는 품사분류(品詞分類)에 해당한다. 이하, (1)~(3)의 분류에 관해서 살펴본다.

3.1 의미에 의한 분류

　의미에 의한 분류에는 단어의 개념으로부터 그룹별로 나누는 방법이 있다. 예를 들면 '雨'라면 자연현상, 'うれしい'라면 정신활동으로 분류한다. 단어를 언어의 개념체계 중 한 항목에 해당시켜 분류하려는 시도는 오래전 미나모토노 시타고(源順ㅤㅤㅤ)의 『和名類聚抄』속에서 볼 수 있다. 현대어에서는 국립국어연구소(1964)의 『분류어휘표(分類語彙表)』가 대표적이다. 분류어휘표에서는 '雨'라는 단어는 '몸의 부류(体の類)'(명사) — '자연물 및 자연현상' — '기상' 속의 '雨, 雪'라는 항목으로 정리되어 있다. 이 항에는 '大雨, にわか雨, 長雨, 春雨' 등이 포함된다. 또한, 의미에 의한 분류에는 단어와 단어의 의미관계에 주안점을 두어 분류한 다음과 같은 방법도 있다.

① 유의(類義)관계 : 유사한 의미를 갖는 것('美しい・きれい', 'しかし・けれども')
② 대의(對義)관계 : 의미가 공통되는 점을 갖고 특정한 점에서 대립하는 것
　A 상보(相補)관계 : 한쪽이 성립하면 다른 한쪽은 성립하지 않는 관계('表・裏' '男・女')
　B 상대(相對)관계 : 정도성을 갖는 단어가 대립관계이지만, 두 단어는 연속해 있다. 한쪽을 부정하더라도 반드시 다른 쪽이 되지 않으며 중간이 존재한다.('高い・低い')
　C 시점에 기초한 대의(對義)관계 :
　　a 같은 사상(事象)을 대립하는 시점에서 명명된 관계('上がり坂・下がり坂')
　　b 다른 것을 전제로 한 입장에서 명명된 관계('親・子' '先生・生徒')
　　c 역방향으로 이동하는 관계('入る・出る' 'つく・離れる')
　　대의관계에는 'きれいだ(형용동사)・汚い(형용사)'와 같이 품사가 다른 단어가 대립이 되는 것도 있다.

③ 포섭(包攝)관계 : 어떤 단어의 의미가 다른 단어의 의미에 포함되는 상위어―하위어 관계 ('食べ物―果物', '果物―みかん')

3.2 어종에 의한 분류

현재 일본어로 사용하고 있는 말은 모두 일본에서 생성된 것은 아니다. 과거에 외국에서 들어온 것이 많이 있다. '출처, 출생'을 출자(出自)라고 하여, 그 단어가 어디에서 유래되어 온 것인가를 출자로 분류한 것을 어종(語種)이라고 한다. 일본어의 어종은 '고유일본어(和語)' '한자어(漢語)' '외래어(外來語)' '혼종어(混種語)' 4종류로 나눌 수 있다.

단어는 우선, 그 언어에 본래 있었던 고유어와 외국어로부터 도입된 차용어(借用語)로 나누어진다. 일본어의 고유어는 고유일본어라고 불리어지며, 차용어에는 중국어로부터 들어온 한자어와 중국어 이외의 외국어로부터 들어온 외래어로 2종류가 있다. 그리고, 고유일본어, 한자어, 외래어가 2종류 이상 혼합된 것을 혼종어라고 한다.

단어	단순어	고유어	고유일본어	ある, 言う, 考え, 宿屋, 速さ, たてもの
		차용어	한자어	読書, 一, 人間, 運動, 概念, 旅館, 速度, 建築
			외래어	パソコン, コンセプト, ホテル, ソピード, ビル
	복합어		혼종어	気持ち, 窓ガラス, 居眠り運転, プラス思考

3.2.1 고유일본어

고유일본어는 야마토고토바(やまとことば)라고도 한다. 'いる, する, いう, なる, こと, その, 手, 足, 南' 등 일상적으로 반복하여 사용되는 기본적인 단어가 많다. 조사, 조동사도 고유일본어이며 모든 품사에 분포되어 있다. 자연물, 자연현상(雨 등), 구체적인 사물, 상황을 나타내는 단어가 많다.

오래 전에 일본으로 들어 온 '馬, 梅, 鬼, 錢(ぜに)' (고대 중국어 기원으로 간주된다), '寺, 島, 兜(かぶと), 笠(かさ)' (고대 조선어 기원으로 본다), '鮭(さけ)' (아이누어 기원으로 보여진다) 등 현재 차용어로서 인식 되지 않는 것은 보통 고유일본어에 포함시켜서 생각한다.

3.2.2 한자어

한자어는 중국어에서 유입된 단어로, 한자로 쓰여지며 음(音)으로 읽는다. 한자 2자로 구성된 것이 가장 많다. 한자어를 흉내내어 일본에서 만들어진 일본식 한자어(和製漢語(わせいかんご))도 포함된다. 일본식 한자어에는 본래 고유일본어였지만 그 한자표기를 음독(音讀)하게 된 것 'おほね→大根(だいこん), ひのこと→火事(かじ), かへりごと→返事(へんじ)' 등과 에도막부(江戶幕府)시대 말기·메이지(明治)시대에 서양의 개념을 나타내기 위하여 일본에서 만들어진 '哲学, 經濟, 思想, 槪念, 社会, 会社' 등이 있다. 이 중에는 일본에서 만들어져 중국어로 도입된 단어도 많다. 단, 'マージャン, 餃子, ラーメン', 'カルビ, キムチ' 등 근대 중국어와 근대 한국어로부터 들어온 것은 외래어로 간주되고 있다.

3.2.3 외래어

외래어는 외국어에서 유입된 단어로 한자어 이외의 것을 가리킨다. 에도시대 이전에는 포르투갈어로부터 'パン, カステラ, てんぷら, ラシャ, ボタン, タバコ, カボチャ', 스페인어로부터 'メリヤス' 등이 들어왔다. 에도시대에는 네덜란드어로부터 'ビール, アルコール, コーヒー, ガラス' 등, 근대 이후는 폭넓게 독일어, 프랑스어, 이탈리아어, 러시아어 등에서도 도입되었다. 현대 외래어의 80%는 영어에서 유입되었으며 IT(컴퓨터나 데이터통신)관계, 의료복지, 금융 비즈니스 관련 용어에 많다. 철자가 긴 것은 'エアコン, リストラ, コンビニ, ゼネ

コン' 등으로 단축된 것이 많다. 일본에서 만들어진 일본식 영어(和製英語) 'ナイター, サラリーマン, フリーター, モーニングコール, マイカー, ガソリンスタンド, カルチャースクール' 등도 외래어에 해당된다. 뉘앙스의 차이에서 오는 적절한 사용(예: ごはん과 ライス, じゃがいも와 ポテト)이나 원어와의 의미차이(예: アルバイト, バイク)에는 주의가 필요하다. 또 같은 어원이 도입경로의 차이로 다른 말이 된 것(예: カード = カルテ = かるた)이나 원어는 하나이지만 의미와 어형이 다른 별도의 말로서 정착된 2중어(二重語)에는 truck→トラック, トロッコ, strike→ストライク, ストライキ, glass→ガラス, グラス, American→メリケン, アメリカン 등이 있다.

3.2.4 혼종어

다음과 같이 어종이 다른 조합으로 구성되는 단어를 혼종어라고 한다.

[和語+外来語] 生ビール, カラオケ (空는 고유일본어, オケ는 외래어 오케스트라로부터), ドル高, チェックする

[外来語+漢語] プロ野球, 留学生センター, デジタル放送, 濃縮ウラン

[漢語+和語] 勉強する, 愛する, 相手役, 労働組合, 不燃ごみ, 本屋

단어 중에는 '番組, 台所' 등과 같이 음훈식읽기(重箱読み)로 성립된 단어와, '紙, 場所'와 같이 훈음식읽기(湯桶読み)로 구성된 단어가 있다. 이와 같이 1단어 속에 한자의 음독과 훈독이 혼재하는 단어도 '고유일본어+한자어'의 혼종어로 생각된다. 이전에는 혼종어의 사용률이 낮았지만, 현재는 한자의 조어력과 가타카나가 많이 사용되면서 계속 증가하고 있다.

문장체로 사용되는 어종 구성을 앞서 서술한『現代雜誌九十種の用語用字』의 조사결과에서 살펴보면, 개별어휘수는 고유일본어가 36.7%, 한자어가 47.5%를 차지하여 한자어가 많다. 그러나 누적어휘수는 고유일본어가 53.9%, 한자어가 41.3%로 고유일본어가 많다. 구어체로 사용되는 고유일본어의 비율은 더욱 높아진다. 이러한 이유로 고유일본어는 수는 적지만 기본적인 어휘가

많으며 반복 사용되어 일본어에서 핵심을 이루고 있다는 것을 알 수 있다. 외래어는 개별어수의 약 10%, 전체어수의 약 3%밖에 없다. 외래어는 거의 명사로 도입되어 교체도 엄격하기 때문에 어휘 근간에 영향을 미치지는 않는다고 한다. 그러나, 현실적으로는 숫자 이상의 느낌을 받아 '가타카나어의 범람'이 자주 화제가 되고 있다. 앞으로도 외래어는 계속적으로 증가할 것으로 예상된다. 일본국립국어연구소의 『외국에 관한 의식조사(外国語に関する意識調査(全国調査))』(2004, 2005)에 의하면, '자연스럽게 되는대로 형편에 맡기는 편이 좋다'(65.5%)고 생각하면서도 과반수의 사람들이 현재보다 증가하는 것은 바람직하지 않다고 보고 있다. 일본국립국어연구소에서는 공공장소에서 사용되는 일반적으로 알기 어려운 외래어를 알기 쉽게 표현할 것을 제안하고 있다.

외래어	대체어	외래어	대체어
アクションプログラム	実行計画	アクセシビリテイー	利用しやすさ
アセスメント	影響評価	インキュベーション	起業支援
インセンテイブ	意欲刺激	コージェネレーション	熱電併合
デジタルデバイド	情報格差	トレーサビリテイー	歴史管理
ナノテクノロジー	超微細技術	ネグレクト	育児放棄, 無視
バイオマス	生命由来資源	ハイブリッド	複合型
ビオトープ	生物生息空間	レシビエント	移植患者

제1회~제4회『外国語』 언어 환어 제안(国立国語研究所 2006a)으로부터 일부 옮겨 실음.

3.3 어구성에 의한 분류

하나의 단어는 어떻게 구성되는 것일까? 어떠한 구성요소(형태소(形態素)라고도 한다)를 갖고, 구성요소 사이에 어떠한 관계를 맺고 있는 것일까? 어구성이란 단어의 성립과 구조를 말한다. 단어의 구성을 생각할 때, 우선 그 낱말이 보다 작은 요소로 분리되는지 여부를 살펴본다. '本'나 '机'라는 단어는 이 이상을 나누려고 한다면 'ほ' 'ん'과 'つ' 'く' 'え'와 같이 음절이 되어 의미가 소멸되는 단어를 단순어라고 말한다. 한편, '本箱'는 '本'과 '箱'라는 두 개의 요소로 나눌

수 있다. 이와 같이 복수의 구성요소로 성립된 단어를 합성어라고 한다.

 단어의 구성요소에는 의미를 지닌 것이 중심이 되는 것과 보조적인 역할을 하는 것이 있다. 'やさしさ'라는 단어는 'やさし'와 'さ'라는 두 개의 구성요소로 된 합성어이지만, 의미적으로 중심이 되는 것은 'やさし'이다. 'さ'는 단독으로는 사용될 수 없으며, 'やさし'를 보조하여 형용사를 명사로 만드는 문법적 의미를 가지고 있다. 'やさし'와 같이 단어 의미상의 중핵이 되는 구성요소는 **어기**(語基)(자유형태소)라 하며, 'さ'와 같이 어기의 앞이나 뒤에 붙어서 보조적으로 의미를 첨가하거나 단어의 품사를 결정하는 역할을 갖는 구성요소는 **접사**(接辭)(구속형태소)라고 말한다. 접사만으로 단어를 구성하는 일은 없다. 단순어는 어기 하나로 성립된 단어이다. 어구성에 따라 단어를 분류하면 다음의 도표와 같다.

 위에서 서술한 단어는 단순어와 합성어로 나누어지며, 합성어는 '高山'와 같은 복합어, '高々'와 같은 첩어(疊語), '高さ'와 같은 파생어로 나누어진다.

	단순어		어기	高い, 山, 本, 行く, ゆっくり, もし, はい
단어	합성어	복합어	어기+어기	高山, 山歩き, 雨降り, 早起き, 本箱
		첩 어	어기+어기	高々, 山々, 時々, 生き生き, まあまあ
		파생어	어기+접사	高さ, やさしさ, お茶, 友達, 春めく

3.3.1 복합어

 복수의 어기로 된 단어이다. 품사별로 보면 '本箱, 山登り' 등의 복합명사, '話し合う, 旅立つ' 등의 복합동사, '書きやすい, 心強い' 등의 복합형용사, '控え目, 身近' 등의 복합형용동사, 'おおかた, ふたたび' 등의 복합부사가 있다. 복합명사와 복합동사의 수가 많다.

 어기와 어기의 관계에는 **종속관계**와 **대등관계**가 있다. 종속관계는 통어관계로 어기 사이에 문법적인 관계가 성립하며, (1)'연용의 관계'와 (2)'연체의 관계'가 있다. (1)의 '연용의 관계'에는 격관계에 있는 것과 수식·피수식의 관계를 이루고 있는 것이 있다. 예를 들면 '雨降り'는 '雨が降る', '花見'는 '花を見る'와 같이 두 개의 어기가 '주격', '대격'의 격관계를 이루고 있다. '早起き'는 '早く'가 '起きる'를 연용수식하는 관계에 있다. 연체수식의 관계는 앞의 어기가 뒤의 명사성 어기를 수식하는 것으로, '高山' '本箱'는 '高い山' '本(用)の箱'와 연체수식의 관계에 있다. 병렬관계에는 유의적인 어기가 조합된 것(예: 絵画)과 대의적 관계의 어기가 결합된 것(예: 男女)이 있다.

A 종속관계(통어관계)
　(1) 연용의 관계
　　　a-1 격관계…雨降り(雨が降る-주격), 花見(花を見る-대격), 木登り(木に登る-귀착격), 鉛筆書き(鉛筆で書く-재료격), 東京生まれ(東京で生まれる-장소격) 등
　　　a-2 수식・피수식의 관계…早起き, 長生き, 泣き暮らす, 見比べ
　(2) 연체의 관계…本箱, 女子大生, 新車, 贈り物, にこにこ顔
B 병렬관계
　(1) 유의적 관계…絵画, 道路, 学習, 日時, 市町村, 奪い取る
　(2) 대의적 관계…前後, 男女, 伸縮, 点滅, 往復, 上げ下げ

3.3.2 첩어

첩어는 동일한 어기를 반복해서 생성한다. 복수의 어기로 구성된다는 점에서 복합어의 한 분류로 간주되는 것도 있다. 国々, ますます, 重ね重ね, 寒々, 広々 등.

3.3.3 파생어

파생어는 어기와 접사로 생성한다. 접사에는 어기 앞에 오는 접두사와 뒤에 오는 접미사가 있다. 'か+弱い'의 'か'는 접두사이고, 'やさし+さ'의 'さ'는 접미사이다. 접두사가 접미사보다 종류도 파생어도 많다. 다음의 다마무라(玉村, 1985)의 품사, 의미(부정, 대우성)를 고려한 분류와 그 예를 몇 가지 소개하겠다.

〈접두사〉
- 형용사성인 것[大-男, 小-粒, 新-人類, 素-顔, 初-恋, 超-特急]
- 대우성인 것[お-金, ご-はん]
- 부정성인 것[不-必要, 非-常識, 無-責任]
- 한자어성인 것[反-比例, 抗-菌, 再-放送]
- 동사, 형용사에 첨가되는 것(부사성의 것)[ほの-暗い, もの-静か, ぶん-なぐる]

접두사는 어기에 의미를 첨가하지만 품사는 변하지 않는다. 단, 한자어성 접두사 중에서 부정성의 '無, 不, 非' 등과 '大' '有' 등 품사를 변화시키는 것도 있다.

〈접미사〉
- 명사성 접미사 [a.대우표시 : 山田-様, -さん   b.복수표시 : あなた-がた, -たち   c.조수사 : 三-個, 六-枚   d.인물표시 : アメリカ-人, 運転-手   e.금액표시 : 授業-料, 部屋-代   f.전포·건물표시 : 本-屋   g.추상성질 표시 : 速-さ, -み, -げ]
- 동사성 접미사[うれし-がる, 弱-まる]
- 형용사성 접미사[男-っぽい]
- 형용동사성 접미사[現代-的な, 手ごろ-な, にぎ-やかな, ほが-らかな]

○부사성 접미사 ［教育-上］

접미사는 단지 의미를 첨가하는 것과 동시에 품사를 바꾸는 역할을 하는 것이 있다.

4 조어법과 변음현상

4.1 조어법

조어법이란 새로 말을 만드는 방법을 말한다. 완전히 새로운 말을 만들어내는 어근을 만드는 것은 곤란하며, 현대에서는 오노마토페(Onomatopoeia; 뒤에서 서술함)나 고유명사에서 나타날 정도이다. 기존 단어를 이용하여 복합, 파생시킨 합성, 외국어 등에서 도입한 차용, 생략에 의한 축약, 의미가 비슷한 것을 조합하여 만든 혼효(混淆:혼합)가 있다. 예를 들면 다음과 같다.

【합성】(앞서 서술함 3.3)

【차용】'インターネット, マニフェスト' 등 외국어로부터 외부차용된 것이나 고어나 방언으로부터 내부차용된 'しんどい, こける' 등의 단어가 있다.

【축약】'コンビに, デジカメ, リストラ, バイト, 生協, 百均' 등

【전성】'歩く(동사) →歩き(명사), 研究(명사) → 研究する(동사), 茶色(명사) →茶色い(형용사), お茶(명사) → お茶する(동사), 事故(명사) →事故る(동사), パニック(명사) →パニックる (동사)' 등

【혼효(混淆)】 2개의 단어가 결합하여 1개의 단어가 된 'やぶる+さく → やぶく' 등

4.2 변음현상

합성어를 만들 때 단독으로 쓸 때와 음(音)이 변하는 경우가 있다. 예를 들면 '木'라는 단어는 단독으로는 'き'로 읽지만, '木々' 라는 합성어가 형성 될 때 'きき'라고 말하지 않고 'きぎ'가 된다. 이와 같이 합성어를 성립할 때 구성요소

의 음소가 변하는 것을 변음현상(變音現象)이라 하며, 대표적인 것으로는 다음과 같은 것이 있다.

【연탁(連濁)】 후부(後部)요소의 어두청음이 탁음화하는 현상.

  木(き)＋木(き) → 木々(きぎ), 円(えん)＋高(たか) → 円高(えんだか)

【전음(轉音)】 모음교체라고도 한다. 전부(前部)요소 말미(末尾)의 모음이 다른 모음으로 변하는 현상.

  [e] → [a] 雨雲(あめ →あま), 酒屋(さけ →さか), 船乗り(ふね →ふな)

  [i] → [o] 木立(き →こだち)

  [o] → [a] 白百合(しろ →しらゆり)

【음편(音便)】 후부 요소의 말미모음이 촉음(促音)'っ'과 발음(撥音)'ん'으로 변하는 현상.

  '追い'＋'かける'→おっかける, 'ぶち'＋'なぐる'→ぶんなぐる

【반탁음화(半濁音化)】 후부 요소 어두의 ハ행음이 パ행음으로 변화는 현상.

  あけ＋ひろげ →あけっぴろげ, ぶち＋はなす →ぶっぱなす

【음운첨가(音韻添加)】 전부 요소의 말미와 후부 요소의 어두에 새로운 요소가 들어가는 현상.

  はる[haru]＋あめ[ame] → はるさめ[haru s ame]

【연성(連聲)】 전부 요소가 [m] [n] [t]로 끝나고, 후부 요소의 어두음이 ア행, ヤ행, ワ행으로 시작될 때에 그 부분이 マ행, ナ행, タ행으로 변화하는 현상.

  因縁(いんえん →いんねん), 天皇(てんおう →てんのう), 三位(さんい→さんみ), 雪隠(せついん→せっちん)

5 일본어 어휘의 특징

일본어 어휘의 특징은 다음과 같다.

1) 다른 언어에 비해 커버율이 낮으므로 많은 단어를 기억해야 한다.
2) 고유일본어, 한자어, 외래어, 혼종어가 있으며, 유사한 개념을 나타내는 단어가 많지만, 뉘앙스나 세세한 의미의 차이를 적절하게 구별하여 사용한다.
3) 추상적인 개념을 나타내는 단어가 적고, 구체적인 사물이나 개별적인 상황을 가리키는 단어가 많다.
4) 의성어 'ワンワン'와 'ザーザー'와 같이, 동물의 소리나 자연의 소리를 표현하는 단어나 의태어 'ぴかぴか'와 'うっとり'와 같이 상태나 모습을 소리와 같은 느낌으로 나타내는 단어가 많다. 의성어와 의태어를 합쳐서 오노마토페(Onomatopoeia)라고 한다.
5) 고유일본어 어두에 ラ행음과 バ행음이 오는 경우가 없으며, 탁음도 적다.
6) 동사는 /u/로 끝나고, 형용사는 /i/로 끝나는 등 일정한 형태를 가지고 있다.
7) 위상(位相)이 현저하다. 위상이란 사용자가 속하는 사회집단(성, 연령, 직업 등)과 장면, 상대 등에 따라 같은 것을 나타내는 데에 다른 말을 사용하는 현상을 말한다. 위상어에는 남성어, 여성어, 유아어, 젊은이가 사용하는 말, 업계용어, 궁중여성어(女房詞)(おなか, しゃもじ), 특수한 것으로는 불길한 연상을 수반하는 단어를 대신하여 사용하는 꺼리는 말(忌詞)('すり鉢'을 'あたり鉢', 'するめ'를 'あたりめ', '閉会'를 'お開き') 등이 있다.

중국어에 있어서의 외래어

외래어를 도입할 때, 일본어에는 소리를 그대로 표기하는 가타카나가 있지만, 표음문자를 갖지 않는 중국어에서는 여러 가지로 고안을 하여 한자로 번역하고 있다. 다음에 해당하는 일본어는 무엇인가 생각해 보자.

1) 소리를 중심으로 한다 : 巧克力糖, 伊妹兒, 卡拉OK,

2) 의미를 중심으로 한다 : 快餐, 超人, 微軟公司, 熱拘, 机器猫

3) 소리와 의미를 조합한다 : 迷你, 可口可樂, 黑客

(답) 1. チョコレート, Eメール, カラオケ, 2. フアーストフード, スーパーマン, マイクロソフト, ホットドッグ, ドラえもん, 3. ミニスカート(你는 '당신'),, コカコーラ, ハッカー

과제

❶ 자주 접하는 단어를 하나 선택해 복합어를 만들어, 구성요소의 품사와 요소간의 관계를 생각 해 봅시다. (예: 飲み食い, 買い食い, ただ食い, やけ食い, 共食い, 大食い)

❷ 임의의 문을 선택하여 다른 어종의 말로 바꿔 말해 보시오. 본래의 의미가 훼손되는 것과 바꿔 말하기 어려운 것에는 어떤 것이 있을까요?
  예: 来週の旅行の予定と飛行機の便を調べる.
    → 来週のツアーのスケジュールとフライトをチェックする

❸ 올바르지 못한 것을 한 개 고르시오.

  ① 현재는 고유일본어로서 취급되고 있지만 고대중국어, 조선어가 기원인 것
     1)ぜに(銭) 2)うま(馬) 3)てら(寺) 4)うめ(梅) 5)さけ(鮭)
  ② 포르투갈·스페인어로부터 들어온 외래어
     1)パン 2)タバコ 3)合羽(かっぱ) 4)メリケン 5)カボチャ
  ③ N이 V의 주격인 N+V 구조의 복합명사
     1)雨降り 2)衝動買い 3)がけ崩れ 4)日暮れ 5)物価安定
  ④ 변음(變音)현상
     1)酒屋 2)人々 3)春雨 4)山川 5)白木
  ⑤ 일본식 한자어
     1)大根 2)哲学 3)出張 4)火事 5)麻雀
  ⑥ 대우성 접사
     1)おかあさん 2)まごころ 3)ごちそう 4)みほとけ 5)御礼
  ⑦ 파생어의 품사를 바꾸는 접두사
     1)大— 2)無— 3)超— 4)有— 5)不—

독서안내

秋元晴美 (2002)『よくわかる語彙』アルク
✻어휘의 입문서로서 알기 쉽게 해설되어 있다. 어휘 공부를 시작하는 사람에게 추천하고 싶다.

玉村文郎 (1985)『語彙の研究と教育(上)(下)』国立国語研究所
✻모든 어휘 책의 기본이 된다고 말해도 과언이 아니다. 필독서이다.

【참고문헌】

秋元晴美 (2002)『よくわかる語彙』アルク
北原保雄 (1995)『概説日本語』朝倉書店
国立国語研究所 (1962, 1963, 1964)『現代雑誌九十種の用語用字 第1〜第3分冊』秀英出版
阪本一郎 (1955)「理解語彙の発達」『読みと作文の心理』牧書店
真田信治 (1977)「基本語彙・基礎語彙」『岩波講座日本語9 語彙と意味』岩波書店
玉村文郎 (1985)『語彙の研究と教育(上)(下)』国立国語研究所
玉村文郎 (1987)『日本語の語彙・意味(1)NAFL 日本語教師養成講座8』アルク
日本語教育学会編 (2005)『新版日本語教育事典』大修館書店
日本語教育学会編 (1990)『日本語教育ハンドブック』大修館書店
日本國際教育協会著・編 (2001, 2002)『日本語教育能力検定試験問題』平成14, 15, 16年度凡人社
森田良行 (1989, 1998)『ケーススタデイ 日本語の語彙』おうふう
NTTコミュニケーション科学基礎研究所 (1999)『日本語語彙大系』CD-ROM版 岩波書店
国立国語研究所 (2004)「外来語に関する意識調査(全国調査)」平成16年 6月
　　　<http://www.kokken.go.jp/katsudo/kenkyu_jyo/genzai/ishiki/index.html>
国立国語研究所 (2005)「外来語に関する意識調査(全国調査)」平成17年 6月
　　　<http://www.kokken.go.jp/katsudo/kenkyu_jyo/genzai/ishiki/16index.html>
国立国語研究所 (2006a)「第1回〜第4回 外来語言い換え提案 2006年」
　　　<http://www.kokken.go.jp/public/gairaigo/Teian1_4/iikae_teian1_4.pdf>
国立国語研究所(2006b)「現代雑誌200万字言語調査語彙表　公開版(ver.1.0) 2006.8.11」
　　　<http://www2.kokken.go.jp/goityosa/index.html>

과제의 정답　❸ ①5　②4　③2　④4　⑤5　⑥2　⑦3

제17장
일본어 문법

최근, 일본어교육에서는 의사소통 능력이 강조되어 왔다. 그러나 일본어 문법을 수업에서 가르칠 것인가와는 별개의 문제로 문법에 관한 지식이 불필요해진 것은 아니다. 여기에서는 일본어 교사가 알고 있어야 할 최소한의 일본어 문법 지식을 정리해 본다.

> **키워드** ▶ 품사, 동사, 형용사, 명사, 수사·조수사, 부사, 지시사, 조사, 어구성, 주어, 주제, 시제, 상, 서법, 태, 복문, 시점, 의미, 직유, 은유(메타파), 환유(메토노미), 제유, 공감각적 비유

1 머리말

단어는 문을 만들고, 문은 문장을 만든다. 일본어학에서는 하나의 문을 문(文), 복수의 문을 문장(文章)으로 구별한다. 단어는 명사, 동사, 형용사, 조사 등의 품사로 나눌 수 있다. 주어, 목적어 등은 명사에 격조사가 붙어서 만들어지고, 술어는 동사에 조동사 등이 붙어서 만들어진다. 이와 같은 묶음을 문절(文節)이라고 한다. 이 장에서는 우선 단어에 대해 다루고, 다음에 문에 대해 다루도록 한다.

2 단어

2.1 품사

일본어의 **품사**라고 하면 명사, 동사, 형용사, 형용동사, 수사, 부사, 연체사, 접속사, 감동사, 조사, 조동사 등을 떠올릴 것이다. 이중에는 활용하는 것과 활용하지 않는 것이 있는데 과연 구별할 수 있을까? 활용하는 것은 동사, 형용사, 형용동사, 조동사이다. 단, 'まい' 등과 같이 조동사 중의 일부는 활용하지 않는다. 또한, 품사에는 단독으로 사용할 수 있는 **자립어**(自立語)와 자립어에 붙어 사용되는 **부속어**(付属語)가 있다. 조사, 조동사가 부속어에 속하고, 그 외의 것이 자립어에 속한다.

그런데 일본어교육 현장에서는 일본인이 국어 수업에서 사용하는 용어와는 다른 용어를 사용하는 경우가 있다는 점에 주의할 필요가 있다. 일본인이 국어 수업에서 사용하는 일본어 문법은 국어학 전통에 입각하여 만들어진 명명법인데 반해, 일본어교육에서 외국인 학습자는 보통 현재 사용되고 있는 일본어만을 배우는 경우가 많다. 그러므로 국어학적인 배경을 존중할 필요 없이 보다 알기 쉬운 명명법이 낫다는 판단이 작용하고 있는 것이다.

① 형용사, 형용동사라는 용어를 별로 사용하지 않고 각각 **イ형용사**와 **ナ형용사**라고 부른다. 명사를 수식할 때의 활용어미가 각각 イ, ナ인 것에 근거한다. 양자는 기능적인 면에서는 형용사라는 공통성을 가지며, 단지 활용이 다르기 때문에 이처럼 불리는 것이다.

② 동사의 활용에는 5단활용, 상1단활용, 하1단활용, サ행변격활용, カ행변격활용이 있는데, 일본어교육에서는 5단활용동사를 1그룹(자음동사, u-동사), 상·하1단활용동사를 2그룹(모음동사, ru-동사), サ행·カ행변격활용동사를 3그룹으로 부르는 경우가 많아지고 있다.

③ 동사 등의 활용형도 미연형, 연용형, 종지형, 연체형, 가정형, 명령형, 의지형이라는 명칭보다는 미연형은 **ナイ형**, 연용형은 **マス형**과 **テ형**, 종지형·연체형은 **ル형**(사전형), 가정형은 **バ형**, 의지형은 **ヨウ형** 등으로 표현하는 경우가 많다.

한편, 품사의 구별은 명확한 것처럼 보이지만 결코 그렇지 않다. 역사를 거슬러 올라가면, 조사 중에는 ヘ, カラ 등과 같이 명사에서 파생되어 만들어진 (이것을 문법화라 한다) 것이 있다고 전해지며, 거기까지 역사를 거슬러 올라가지 않더라도 ナ형용사(형용동사)는 명사에서 파생된 것이 많다. 현재에도 '幸福, 健康, 暇' 등과 같이 명사로도 ナ형용사로도 사용되는 것이 많이 있다. 'よく'는 원래 형용사 'よい'에서 파생된 것인데 부사로서의 용법이 정착되어, 별도로 부사의 그룹에 포함하기도 한다. 품사 분류는 인간이 언어를 설명하기 위해서 훗날 구축한 것이기 때문에 완전하게 분류될 수 있는 것은 아니다. 문법이라고 하면 정확하면서도 엄밀한 인상을 주지만, 실제로는 카테고리 간의 경계가 애매한 경우가 많다. 또한, 일본어의 문법 이론이 인도·유럽어족의 여러 언어에 적용되는 문법 개념을 차용하고 있는 것도 문법 설명을 어렵게 만드는 원인 중 하나이다.

동사의 종류

현대 일본어의 동사를 크게 1그룹(5단활용), 2그룹(1단활용), 3그룹(カ행·サ행변격활용)으로 나누는 것에 대해서는 본문 중에서 이미 설명하였다. 그러면 '取る, 寝る, わかる, 入る' 등은 어느 그룹에 속할까? 또한, 이것은 어떻게 구별하는 것일까? '取る'는 '取らない·取ります·取る·取るとき·取れば·取ろう'의 5단계로 활용하기 때문에 5단동사이다. 그러나 이러한 설명은 '取る'가 어떻게 활용하는지 모르는 일본어 학습자에게는 도움이 되지 않는다. 일본어 교사가 되기 위해서는 이러한 동사의 구별 방법을 규칙화하여 학습자에게 설명할 수 있어야 한다. 사전형을 기본으로 설명하면 아래와 같다.

1그룹(5단활용) : ①사전형의 어미가 「―る」로 끝나지 않는 동사
　　　　　　　　②사전형의 어미가 「―aる·uる·oる」로 끝나는 동사
　　　　　　　　③예외 (来る, 知る, 走る, しゃべる 등)
2그룹(1단활용) : 사전형의 어미가 「―iる·eる」로 끝나는 동사
3그룹(カ행·サ행변격활용) : くる, する

이와 같이 일본어 교사가 되기 위해서는 모어 화자라면 명시할 필요가 없는 문법 지식을 명시하고, 설명할 수 있는 능력을 필요로 한다. 일본인이라면 누구라도 일본어 교사가 될 수 있는 것이 아니라는 것은 바로 이 때문이다.

2.2 동사

동사에는 자동사·타동사의 구별이 있다. 그럼 **자동사**란 무엇이고 **타동사**란 무엇일까? 자동적인지 타동적인지를 의미적으로 판단해서 구별하면 될 것 같지만 그리 간단하지만은 않다. 타동적이라는 것을 '다른 것에 어떠한 변화를 끼치는 것'이라고 한다면 '見る, 考える' 등은 타동사로 생각하기 어렵다. 영어에서처럼 대격(ヲ격)을 동반하면 타동사, 동반하지 않으면 자동사로 구분하면 될 것 같지만, 일본어의 일련의 **이동동사**(移動動詞)는 ヲ격과 함께 사용됨에도 불구하고 타동사가 아니다. 이동동사란 기점(出る, 降りる, 去る), 경로(通る, 渡る, 越える, 飛ぶ) 등의 장소를 ヲ격으로 나타내는 동사를 말한다.

따라서 일반적으로는 ヲ격을 동반하며 직접수동을 만들 수 있는 동사를 타동사라고 간주하는 경우가 많다. 수동으로 만들면 ヲ격은 ガ격이 된다. 이동동사는 수동을 만들 수 없으므로 타동사로 간주하지 않는다. '頼る, かみつく, 甘える' 등 ニ격을 동반하며, 수동을 만들 수 있는 동사도 타동사에 포함시키는 경우가 있다. 또한, '終わる·終える'는 전자가 자동사, 후자가 타동사로 여겨지는데, '終わる'도 ヲ격을 동반하여 타동사로 사용될 수 있다. '増す, 開く'와 같이 자동사와 타동사가 같은 형태인 것도 있다. '한자어+する'는 '勉強する, 研究する'처럼 타동사가 많지만, '統一する, 終了する'처럼 자동사로도 타동사로도 쓰이는 것, '当選する'처럼 자동사인 것도 있다.

상호동사(相互動詞)라 하여 상대를 필요로 하고 '～と'를 동반하는 동사가 있다. '結婚する, けんかする, 議論する' 등의 동사, 혹은 뒤에 '合う'가 붙어 만들어진 **복합동사**(複合動詞) 등이 이에 해당한다. 보통, 함께 동작을 행하는 사람을 나타내는 경우 '～と'나 '～といっしょに' 어느 것을 사용해도 그다지 의미적인 차이가 발생하지 않지만, 상호동사에서는 이하와 같이 의미가 달라진다. (1)처럼 '～と'는 동작의 상대를 나타내고, (2)처럼 '～といっしょに'는 함께 동작을 행하는 사람을 나타낸다.

(1) 弟とけんかする。(싸움 상대는 남동생)
(2) 弟といっしょにけんかする。(싸움 상대는 제3자)

일본어에는 존재를 표현하는 동사를 'いる'와 'ある'로 구별한다. 생물과 무생물을 구별하여 사용하는 것은 다른 언어에서는 찾아보기 힘든 예이다. 초급 교과서에서는 사람과 동물의 경우에는 'いる', 식물과 사물의 경우에는 'ある'로 표현한다고 설명되어 있지만, 이하의 예처럼 예외의 경우도 있다.

(3) (停留所で)「あれ、もうバスがいない！」
(4) (ペットショップで)「金魚はありますか。」
(5) 沖合に怪しげな舟がいる。

보다 엄밀하게 말하면, 스스로 의지를 가지고 움직일 가능성이 있는 것은 'いる', 그렇지 않은 것은 'ある'로 표현된다고 보면 좋을 것이다. (5)는 눈에 보이는 배가 아니라 거기에 타고 있는 사람을 문제시하였기 때문에 'いる'가 사용되었다.

또한, 일본어의 'ある'는 존재의 의미뿐만 아니라 소유의 의미도 가지고 있다. 소유의 경우에는 (6)처럼 사람이나 동물이라도 'ある／ない'가 사용되는 경우가 있으며, 최근에는 'いる／いない'를 사용하는 경우가 많다. 이 때 소유주는 ニ격으로 표현된다. 또한, (7)처럼 전체 중의 부분도 마찬가지로 'ある'가 사용된다. 소유되는 것이나 전체 중 일부분은 스스로가 의지를 가지고 있지 않다는 점에서 사물처럼 취급받는 것이다.

(6) 彼にはまだ子どもがない。
(7) バスで来る人もあれば、電車で来る人もある。

더욱이, 일본어에서는 'ある'가 행사 등의 실시를 나타내는 경우가 있다. 사건이 존재한다는 면에서 그 의미를 해석할 수도 있지만, 이 경우 행사가 실시되는 장소는 존재를 나타내는 장소와는 달리 (9)처럼 デ로 표현되는 점에 주의해야 한다.

(8) 講堂にピアノがある。
(9) 講堂で卒業式がある。

마지막으로 동사의 활용에 대해서 살펴보면, 활용에는 다양한 부분에서 예외적인 동사가 존재한다. '帰る, 知る, 蹴る, 入る, 走る, すべる, しゃべる' 등의 경우, 형태는 2그룹(1단활용)동사이지만 1그룹(5단활용)동사에 속한다. 이들 동사 중 'すべる, しゃべる, 蹴る'는 명령형이 2그룹처럼 '〜ろ'가 되는 경우가 있다. 이 외에도 이하와 같은 예외가 있으므로 주의해야 한다.

① '行く'는 '〜く'로 끝나는 다른 동사와는 달리 テ형이 イ음편(イ音便, ク→イテ)이 되지 않는다.
② '請う(乞う), 問う'는 다른 '〜う'로 끝나는 동사와는 달리 テ형이 촉음편(促音便, ウ・ツ・ル→ッテ)이 되지 않는다.
③ '〜する'는 모두 3그룹(サ행변격활용)동사라고 생각하기 쉽지만, '愛する, 略する'는 그렇지 않다. '〜ずる'의 형태도 마찬가지인데, 이것은 현대 구어(口語)에 있어서 '愛す'와 '愛する'가 섞이어 활용형을 구성하고 있기 때문이다.
④ 경어동사 중 'いらっしゃる, おっしゃる, なさる, くださる, ござる'의 マス형은 '〜ります'가 아니라 '〜います'이다. 명령형도 '〜れ'가 아니라 '〜い'가 된다.
⑤ 'くれる'의 명령형은 'くれ'이다. 또한, 가능동사(可能動詞) 등 명령형이 없는 것도 있다.

2.3 형용사

형용사의 제 1기능은 명사를 수식하는 것, 즉 연체수식 기능이다. 그러나 일본어의 형용사는 연체수식어가 될 뿐만 아니라, 단독으로 술어가 된다는 점에서 영어의 형용사와 다르다. 영어에서 형용사는 'He is honest'와 같이 'be동사'의 도움을 받지 않으면 술어가 되기 어렵기 때문이다. 또한, 일본어 형용사의 연용형은 부사처럼 용언을 수식하는 기능이 있다. 예를 들면 'よく' 등은 부사로서의 용법이 정착하였다. 즉, 일본어의 형용사라는 범주는 활용형에 따라 연체수식어, 연용수식어, 술어를 만드는 등 다양한 기능이 있다는 점이 영어와는 다르다.

일본어교육에서는 형용사와 형용동사를 모두 형용사라고 하는데, 이는 위에서 서술한 형용사의 기능을 둘 다 동일하게 가지고 있기 때문이다. 또한, 각각을 イ형용사, ナ형용사라고 부르는 것은 형용사의 근본적인 역할이 연체수식인데, 연체수식의 활용형이 각각 イ, ナ로 끝나기 때문이다.

사람의 감정이나 감각을 표현하는 형용사를 **감정형용사**라고 하는데, 감정형용사는 1인칭 주어에만 사용할 수 있다는 인칭제한이 있다. (단, 의문문에서는 2인칭에도 사용할 수 있다) 예를 들면 'ほしい, うれしい, 寂しい, 痛い, 憎い' 등은 3인칭에서는 사용할 수 없다. 따라서 '〜がる'를 뒤에 붙이거나 대응하는 동사('喜ぶ, 楽しむ' 등)를 사용하여 태도나 동작이라는 눈에 보이는 형태로 표현한다. 타인의 감정이나 감각을 알고 있거나 추측할 수 있는 등의 경우에는 '〜と思っている'나 '〜らしい, 〜のだ'를 붙여서 표현하기도 한다.

이러한 인칭제한은 본인(1인칭)의 감정이나 감각은 알지만, 타인(3인칭)의 감정이나 감각은 모르기 때문에 일어나는 것이다. 영어에서는 이러한 인칭제한이 별로 없는데, 이는 일본어가 화자(1인칭)에 있어서 사태가 어떻게 보이는가를 표현의 기본으로 하는 언어(주관적 파악형 언어)인데 비해, 영어는 1인칭도 포함하여 사태를 객관적으로 묘사하는 것을 표현의 기본으로 하는 언어(객관적 파악형 언어)이기 때문이다.

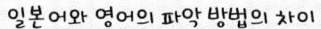

일본어와 영어, 양 언어의 파악 방법의 차이를 이해하기 위해 아래 그림과 같은 사태를 생각해 보자. 영어의 경우, 객관적 시점에 서서 1인칭도 객체화해서 'I (can) see Mt. Fuji over there.'라고 표현한다. 이에 비해 일본어는 화자의 시점에서 표현하는 것을 기본으로 하기 때문에 '私'는 표현의 대상에서 누락되어 'あそこに富士山が見える.'로 표현하는 것이 보통이다. 이처럼 영어는 객관적인 파악을 하는 경우가 많은데 비해, 일본어에는 주관적인 파악을 하는 경우가 많다.

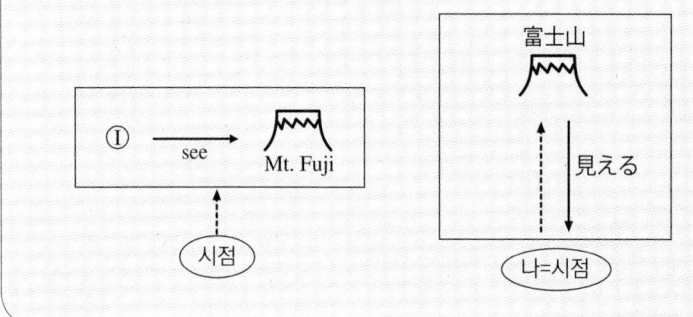

2.4 명사

명사는 문법적으로 ①자립어이다, ②활용이 없다, ③주어가 된다는 특징이 있다. 명사에는 보통명사와 고유명사가 있다.

대명사도 명사에 포함하기도 한다. 대명사에는 사람을 가리키는 인칭대명사, 사물·장소·방향 등을 가리키는 지시대명사(지시사) 등이 있다. 또한, '자신(自分)' 등의 재귀대명사를 포함하는 경우도 있다. 재귀대명사는 보통 주어인 사람을 나타내지만, '先生は学生たちに自分の名前をいうように指示した.'와 같이 주어 외의 사람을 가리키는 경우도 있다.

한편, 주어가 되지 않는 명사에는 형식명사와 시간명사가 있다. 형식명사는 실질적인 의미가 거의 없기 때문에 'おもしろいこと'와 같이 그 의미를 보충하는 어구가 앞에 오지 않으면 사용할 수 없다. 형식명사에는 'もの, こと, ところ, わけ, とき' 등이 있다. 단, 이들 형식은 보통명사의 의미가 점점 희박해짐에 따라 형식명사화된 것이며, 보통명사와의 경계가 반드시 명확한 것은 아니다. 보통명사의 경우에는 '物, 事, 所, 訳, 時' 등처럼 한자로도 표기되지만, 형식명사가 되면 히라가나 표기를 하는 경우가 많다. 또한, 'ものだ, ことだ, はずだ, わけだ'와 같이 'だ'를 동반하여 화자의 심적 태도를 나타내는 서법(mood) 용법이 정착한 것도 있다. (서법에 대해서는 3.3절을 참조)

시간명사는 '今朝, 来週' 등으로 형태는 명사이지만, 문 안에서의 역할은 부사와 유사하다. 시간을 점적으로 표현하는 경우에는 '8時に'처럼 격조사 ニ를 동반하는 경우가 많지만, 점적으로 표현하지 않을 경우, 즉 어느 정도 폭을 갖는 경우에는 '*今朝に'처럼 ニ를 동반하지 않는 경우가 많다. 숫자나 요일을 동반하는 명사는 점적인 시간 표현이기 때문에 ニ를 붙이는 경우가 많다.

2.5 수사 · 조수사

일본인이 영어를 배울 때, 다른 언어를 모국어로 하는 학습자에 비해서 습득이 늦는 부분이 관사와 복수 부분이라고 한다. 그 이유로 일본어에는 관사가 없고, 단·복수의 구별이 애매하기 때문일 것이다.

우선, 관사에 대해서 살펴보면 영어에서 무관사는 그 종류의 전체인 총칭을 나타내고, 'the'를 붙이면 어느 특정 대상, 'a'를 붙이면 불특정 대상을 나타내는 것으로 구별하고 있다. 일본어의 경우 이러한 총칭인가 아닌가, 특정인가 불특정인가에 대한 구별은 관사가 아니라 ハ와 ガ의 사용으로 구별한다.

(10) 昔々、あるところにおじいさんとおばあさんが住んでいました。ある日おばあさんは川へ洗濯に行きました。

(11) 人間は生まれて1年ほどで言葉を話せるようになる。

(10)에서 첫 문장의 할아버지와 할머니는 처음 등장하는 신정보이고 불특정 대상이기 때문에 ガ로 표현된다. 그런데, 두 번째로 등장하는 경우에는 이미 등장한 구정보이고 특정 대상이기 때문에 ハ가 사용된다. 이처럼 일본어에서는 불특정 대상이나 신정보일 경우에는 ガ가 사용되고, 특정 대상이나 구정보인 경우에는 ハ가 사용된다. 또한, (11)과 같이 인간 모두를 가리키는 총칭의 용법에서는 ハ가 사용된다.

단·복수의 구별에 관해 영어의 경우는 사물을 셀 수 있는 물체명사와 셀 수 없는 물질명사로 구분하고, 물체명사의 복수형에는 '-s'를 붙인다. 이에 비해 일본어는 물체명사와 물질명사의 형태적 구별을 하지 않으며, 셀 수 있는 명사에 붙어 복수를 나타내는 형태소가 존재하지 않는다.

그 대신 일본어에는 명사를 셀 때에 숫자(수사)에 조수사(유별사)를 붙여서 표현하는 특징이 있다. 한국어나 중국어 등에도 이러한 특징이 있기 때문에 이들 언어를 모국어로 하는 학습자는 일본어의 조수사 개념을 비교적 이해하기 쉬울 것이다. 단, 언어에 따라 조수사라는 카테고리의 범위가 다르기 때문에 이 부분은 주의가 필요하다.

일본어의 수사표현에는 조수사가 사용된다. 영어에서 명사는 사물의 속성(물체인가 물질인가)에 따라 객관적으로 나뉘고, 관사 등의 용법에 구별이 있지만, 일본어에서 조수사는 객관적인 속성과 함께 인간과의 관계가 카테고리의 형성에 관여한다. 예를 들면 '～本'은 긴 것을 세는 조수사이고, 이 부분은 사물의 객관적인 속성이 문제시된다. 그러나 자세히 살펴보면 어느 부분이 객관적 속성인가라는 점에서 인간과의 관계가 문제시된다.

'たち, ら, がた'

일본어에도 'たち, ら, がた' 등 복수 형태소가 있기는 하나, 영어의 '-s'와는 다소 성격이 다르다. 예를 들면 '私たち'는 내가 복수로 존재한다는 것이 아니라 '나+다른 사람'이라는 뜻이다.

예를 들면 '昨夜DVDをまるまる1本見てしまった.' '夏休みに論文1本書き上げた.'라고 하는 경우, DVD나 논문의 객관적인 형상은 오히려 평평한 형태를 하고 있으며, 그 의미로 보면 '枚'를 사용하는 편이 좋을 듯하다. 그러나 여기에서 문제시 하고 있는 것은 DVD와 논문의 객관적 형상이 아니라, 인간이 상호 관계하는 '長い'라는 시간적 과정이며, 그것이 '本'으로 표현된 것이다.

수사에는 숫자 부분을 'いち·に·さん'으로 표현하는 경우와 'ひと·ふた·みっ'으로 표현하는 경우가 있다. 일반적으로는 전자가 많이 쓰이지만, '皿, 束, 粒, 包み, 眠り' 등과 같이 보통명사가 조수사로 사용된 경우에는 후자가 많이 쓰인다. 단, 이들 형식은 명사로 조수사에 포함시키지 않는 경우도 많다.

수사에는 수량사(기수사)와 서수사가 있다. 전자에는 수를 나타내는 것(1冊, 2本, 3枚 등), 양을 나타내는 것(1m, 2t), 도수·횟수를 나타내는 것(1度, 2回)이 있다. 후자는 순서를 나타내는 것(1番, 2つ目, 3章 등)이다. 단, m, t 등 양의 단위는 조수사에 포함시키지 않기도 한다.

조수사는 연체수식으로도 연용수식으로도 사용된다. 전자는 '조수사+の+체언'이라는 형태로 사용되어 체언을 의미적으로 한정(어떠한 ~인가)하고, 후자는 '조수사+용언'이라는 형태로 사용되어 용언을 의미적으로 한정(어느 정도 ~하는가)한다.

(12) <u>1枚の</u>かけそばを食べた。
(13) かけそばを<u>1枚</u>食べた。

2.6 부사

부사는 활용하지 않는 자립어이며, 주로 연용수식어로 사용된다. 오직 다른 용언이나 문을 수식하는 기능을 가지며, 단독으로는 주어나 술어가 될 수 없다. 주로 연용수식어로 사용된다고 한 것은 그 외에도 '<u>もっと</u>しっかり働け'처럼 다른 부사를 수식하거나, '<u>もっと</u>右'처럼 명사를 수식하는 경우도 있기 때문이다.

부사에는 속성부사(属性副詞)와 진술부사(陳述副詞)가 있다. 속성부사에는 'すっかり, がやがや, ゆっくりと'와 같이 동사를 수식하고, 그 동작성의 속성을 한정하는 정태부사(情態副詞), 그리고 'かなり, とても, たいへん, もっと'와 같이 성질·상태의 정도를 나타내고, 상태성의 속성을 한정하는 정도부사(程度副詞)가 있다. 진술부사는 '決して, まさか, たぶん, もしも'와 같이 진술 방법을 한정하고, 문말(文末)에 부정·의문·가정 등의 호응표현을 동반한다.

부사에는 의성어·의태어 등의 오노마토페(onomatopoeia)도 있다. 단, 모든 오노마토페가 부사는 아니다. 부사의 기능을 갖는 오노마토페는 대부분 정태부사에 포함된다. '～と, ～に'와 함께 쓰이는 경우가 많은데, '～と'는 동작의 속성을 한정하고, '～に'는 동작의 결과를 한정한다.

2.7 지시사

일반적으로 コソアド라 불리는 지시사는 대명사(これ, ここ, こちら), 연체사(この, こんな), 부사(こう) 등 몇 가지 품사에 걸쳐 있다. 이를 コ계열은 근칭, ソ계열은 중칭, ア계열은 원칭, ド계열은 부정칭이라는 의미적인 공통성에 근거하여 재분류한 것이 지시사이다.

지시사의 용법은 (14)처럼 지시대상이 눈 앞에 있는 현장지시(現場指示, 眼前指示라고도 한다)와 (15)처럼 지시대상이 눈 앞에는 없고 문맥상에 있는 문맥지시(文脈指示)로 크게 구별된다. 문맥지시 중에는 (16)처럼 지시대상이 문맥에는 없고, 화자의 관념 안에 있는 경우도 있다.

(14) その本はだれのですか。
(15) 「田中君、幼ななじみの友達と結婚したんだって。」
    「その人って、もしかして佐藤さん？」
(16) あいつ今頃何をしているだろう。

현장지시의 용법에는 지시대상이 화자의 영역에 있는 경우에는 コ계열, 청자의 영역에 있는 경우에는 ソ계열, 양자의 영역 밖에 있는 경우에는 ア계열이 사용된다. 예를 들어, A가 B의 등을 긁어 주는 경우, 다음과 같은 회화가 된다.

(17) A: <u>ここ</u>?
　　B: もう少し右。ああ、<u>そこそこ</u>。

B가 자신의 등을 'そこ'라고 하고, A가 상대의 등을 'ここ'라고 하는 것은 영역이라는 것이 객관적인 것이 아니라, 그것이 누구 힘의 범위 안에 있는가에 의해 결정된다는 것을 말해주고 있다.

단, 화자와 청자가 같은 장소에 있고 같은 방향을 향하고 있는 경우에는 양자로부터의 거리에 따라 가까우면 コ계열, 조금 멀면 ソ계열, 멀면 ア계열이 사용된다. 택시에서 승객이 운전수에게 'そこの横断歩道のところで降ろしてください。'라고 하는 것은 내릴 장소가 지금 있는 장소(コ계열)보다는 멀고, 그렇다고 해서 먼 곳(ア계열)은 아닌 장소를 가리키기 때문이다.

문맥지시의 경우도 이 연장선 상에서 파악할 수 있다. 문맥상에서의 지시 대상은 일반적으로 ソ계열로 나타내는 것이 보통이다. 그러나 (18)이나 (19)와 같이 화자의 바로 근처, 즉 화자의 문맥 직전이나 직후에 있는 것을 말할 경우에는 コ계열이 사용된다. 특히, 마치 눈 앞에 있는 듯이 실감나게 말하는 경우나 이제부터 말하려고 하는 화제를 언급하고자 할 때는 コ계열이 사용된다.

ソ계열은 화자나 청자가 모르는 대상을 나타내는데 비해, ア계열은 대화에 참여하는 모든 사람이 알고 있는 대상을 가리키는 경우에 사용한다. (20)에서는 처음에 B가 그 가게를 모른다고 생각하였기 때문에 A·B모두 ソ계열로 말하였지만, 이야기 도중부터 B도 알고 있는 가게라는 것이 판명되어 ア계열로 바뀌었다. 또한, (21)처럼 청자를 무시하고 혼잣말처럼 말하는 경우에는 청자가 대화의 상대에서 배제되기 때문에, 대화에 참여하는 사람은 오직 본인 혼자가 되어 ア계열이 사용된다. 한편, 서로가 알고 있는 지시대상이 일치하지 않는 것으로 판명된 경우에는 (22)처럼 ア계열에서 ソ계열로 바뀐다.

(18) 門限は11時。これは絶対に守ってください。
(19) これはほんとうにあった出来事です。何年か前、近くの村に1人の若者が引っ越ししてきました。
(20) A: 駅前に新しいレストランがオープンしたんだって。
　　 B: その店、和食？
　　 A: うん、その店ね。今半額セールをやっているんだ。
　　 B: ああ、あの店ね。
(21) あの子にもう一度会いたいなあ。
(22) ＜(20)の続き＞
　　 B: ああ、あの店ね。コンビニの上にできた店だろう。
　　 A: いや、その店じゃなくて、ほら、郵便局の隣の店。

2.8 조사

일본의 국어 수업에서 조사는 크게 격조사(格助詞), 부조사(副助詞, 혹은 係助詞), 접속조사(接続助詞), 종조사(終助詞)로 나누는 경우가 많다. 그러나 일본어교육에서는 부조사나 계조사라는 이름 대신에 **도리타테조사**(取り立て助詞; 강조조사)라는 용어를 사용하는 경우가 많다. 도리타테조사란 문자 그대로 어떤 대상을 특별히 내세워 토픽화하는, 달리 말해서 주제로 만드는 기능을 갖는 조사이다. 대표적인 것으로 ハ가 있고, 그 외에 モ, ッテ, コソ, シカ, ダケ 등이 있다.

격조사는 명사에 붙어 그것이 문의 성분으로서 어떠한 문법적 기능을 갖는가, 문 중의 다른 단어와 어떠한 문법적인 관계에 있는가를 표시하는 조사이다. ガ가 주격(主格)을 나타내고, ヲ가 대격(対格), ニ가 여격(与格)이나 장소격(場

所格), 시격(時格), デ가 장소격(場所格), 도구격(道具格, 具格) 등을 나타낸다. ノ도 격조사로 소유격(所有格, 属格), 동격(同格) 등을 나타낸다.

 종조사에는 문말에 사용되는 종조사 외에 문절의 마지막에 사용되는 간투조사(間投助詞)가 있다. ケレドモ, ガ 등은 접속조사이지만, 'それは困るんですが。'와 같이 역접의 의미가 약해지고, 후속문이 생략되어 종조사화된 것도 있다.

 이 밖에 ト, ガ, ヤ 등 명사와 명사를 열거하는 병렬조사(並列助詞)가 있다. 또한, 'もう少し大きいのはありますか。これは私のです。'의 예처럼 명사를 대신하는 준체조사(準体助詞) ノ를 형식명사와 구별하여 조사의 하나로 보는 경우도 있다.

 ガ는 격조사와 접속조사, ノ는 격조사, 준체조사, 형식명사, デ는 격조사, 단정의 조동사 ダ의 연용형, ナ형용사의 활용어미, ニ는 격조사와 ナ형용사의 활용어미 등 혼동하기 쉽지만 판별할 수 있도록 해 두지 않으면 안 된다.

2.9 어구성

 중국어에는 같은 단어가 명사가 되거나 동사가 되기도 하는데, 일본어에는 그런 경우가 없다. 예를 들면 '話す'가 '話', '大きい'가 '大きさ'와 같이 품사가 바뀌면 어미가 변화한다. 이것을 전성(転成)이라고 한다.

 2개 이상의 단어가 결합되어 만들어진 단어를 합성어(合成語)라고 하고, 접두어나 접미어를 붙여 만든 합성어를 파생어(派生語)라고 한다. 파생어에는 품사가 바뀌어버린 것도 있다.

 접두어 : 不自然, 未完成, 超過激, 真っ赤, 御住所, ど真ん中
 접미어 : 常識的, 男らしい, 大きさ, 甘み, うれしがる

2개 이상의 자립어가 결합하여 만들어진 합성어를 복합어(複合語)라고 한다. 복합어의 품사는 맨 끝에 오는 성분에 따라 결정되는 경우가 많다. 단, 동사의 マス형이 마지막에 오면 명사가 되고(雨降り), 형용사의 어간이 마지막에 와서 ナ형용사가 되는 경우(気長だ)도 있다.

복합어가 되면 악센트나 음이 변화하는 경우가 많다. 예를 들면 '携帯電話, 道草'와 같이 복합어의 악센트는 원래 단어의 악센트와 다르다. 음이 변화하는 예로는 '息苦しい, 株式会社'처럼 뒤의 단어가 탁음이 되는 연탁(連濁), '雨水, 酒屋'처럼 앞 단어의 음이 변하는 전음(転音), '反応, 観音'처럼 앞 단어의 음이 뒷 단어의 음으로 옮겨지는 연성(連声), '小雨, 霧雨'처럼 새로운 음이 들어가는 음의 삽입 등이 있다.

복합어를 구성하는 단어 간의 관계는 병렬관계(前後, 草木, やりとり, 上げ下げ, 細長い), 수식관계(山道, 白雪, 長湯), 보충어―술어관계(명사+동사 : 雪解け, 日暮れ, 金儲け, 子作り, 虫刺され) (명사+형용사 : 意地悪, 気短), 그 외(鹿狩, うぐいす嬢) 등 다양한 양상을 보이고 있다.

3 문

3.1 주어와 주제

주어와 주제는 다르다. 일반적으로 주어는 격조사 ガ로 나타내고, 주제는 ハ 등 도리타테조사(강조조사)로 나타낸다. 주어라는 것은 술어에 의해서 서술되는 주체가 되는 것을 가리키고, 술어가 동작동사이면 동작주, 상태동사이면 상태주, 속성형용사이면 속성주, 감정형용사이면 감정·감각주를 나타낸다. 이에 비해 주제는 그 문의 토픽, 즉 그 문이 무엇에 대해서 서술하고 있는가를 나타낸다. 보통은 'これは本です.'의 'これ', '私は学生です.'의 '私'처럼 ガ로 표현해야 하는 주어가 주제화되어 ハ가 되는 경우가 많기 때문에 주어와 주제를 오해하기 쉽다. 한편, 'パンは弟が食べた.'에서는 'パン'은 주어가 아닌 주제이고,

주어는 '弟'인 것처럼 주어와 주제가 다른 경우도 있다.

영어에서는 주어가 구문상의 필수성분이고, 그로 인해 'it, there' 등의 의미를 가지지 않는 형식주어들도 발달되어 있다. 그러나 일본어에서는 주어가 구문상의 필수성분이 아니기 때문에 형식주어는 필요로 하지 않는다. 일본어에서는 주어 이상으로 주제가 중요하다.

주제화

주제는 문의 기저구조(基底構造)의 어떤 성분이 주제화된 것이라고 생각하는 경우가 있다. 예를 들면 '私は彼女に花束をあげた.' '花束は私が彼女にあげた.'는 각각 '私が彼女に花束をあげた.'라고 하는 기저구조의 주어(주격)인 '私が', 목적어(대격)인 '花束を'가 주제화된 것이라 생각할 수 있다. 그러나 일본어에는 기저구조를 생각할 수 없는 경우도 있다. 예를 들면 'この匂いはガスが漏れてるぞ.'라는 문장에서는 'この匂い'가 주제가 되어 있지만 기저구조를 생각할 수는 없다. 이런 의미에서 'これは本です.'도 일부러 기저구조를 생각하여 그 주어(주격)가 주제화되었다고 생각할 필요는 없을지도 모른다.

일본어는 문에 주어가 있는지 없는지에 따라 유주어문, 무주어문으로 나눌 수 있다.

유주어문 : 雨が降っている。これは本です。
무주어문 : 地震だ。いい天気ですね。

또한, 문에 주제가 있는지 없는지에 따라 유제문(有題文), 무제문(無題文)으로 나눌 수 있다.

유제문 : これは本です。この匂いはガスが漏れてるぞ。
무제문 : 雨が降っている。あなたが犯人だ。

여기서 무제문에 대해서 생각해 보면, '雨が降っている.'에는 분명히 도리타테조사에 의해 주제화된 것이 없다. 이것은 **현상문(現象文)**이라 하여 눈 앞의 사건을 있는 그대로 서술한 문이다. 현상문에서는 눈 앞의 상황 모든 것이 토픽(주제)이기 때문에 굳이 주제를 내세울 필요가 없는 것이다. 이를 **상황음제(狀況陰題)**라 한다. 또한, 'あなたが犯人だ.'라는 문은 '犯人はあなただ.'와 같은 의미이고, 후자는 '犯人'이 주제가 된 유제문이다. 그렇다면 'あなたが犯人だ.'라는 문에서는 술어 부분에 주제가 숨어 있다고 생각할 수 있다. 이를 **전이음제(轉移陰題)**라 한다. 이렇게 음제도 포함하면 일본어에는 기본적으로 주제가 항상 존재하며, 문에 있어서 굉장히 중요한 요소임을 알 수 있다. 주어 우성(Subject-prominent)인 언어에서는 구문의 지배력이 강하고 구문이 주어를 결정하지만, 일본어처럼 상대적으로 주제 우성(Topic-prominent)인 언어)에서는 화자가 주관적으로 주제를 결정한다. 일본어가 화자의 시점을 중시하는 주관적 언어라고 일컬어지는 이유이다.

일본어의 주어와 주제에 관해 몇 가지 특징을 기술한다.

① 일본어의 주어는 특히 타동사문이나 사역문 등에서는 생물을 좋아하고 무생물을 싫어하는 경향이 있다. 이러한 현상은 영어와 같은 언어에서는 볼 수 없다. 또한, 일본어에서는 주어의 생략이 자주 일어난다. 특히 1인칭 주어는 생략된다. '最後に塩を入れます.' '夜更かしをすると体によくない.'의 예처럼 불특정 다수가 주어로 여겨지는 **불특정 주어**의 경우에도 주어는 나타나지 않는 것이 보통이다.
② 일본어에서 주제가 중요하다는 것을 나타내는 것으로 'うなぎ文'이라는 것이 있다. 'うなぎ文'은 주문할 때 사용하는 'ぼくはうなぎだ.'와 같은 문을 말한다. 이 문을 영어처럼 '주어 – 서술어문'이라는 구문적으로 생각하면 이상한 해석이 되어 버린다. 'うなぎ文'에 대해서는 여러 설이 있지만, 주제와 그것에 대해서 서술하는 문, 즉 '주제 – 평언문(評言文)'으로 생각하면 쉽게 이해할 수 있다. 'ぼくは'는 주어가 아니라 주제를 나타내고 있는 것이다.

③ ガ는 주어를 나타내는 격조사이지만, 일본어의 경우 목적어를 나타내는 경우가 있다. 예를 들면 소유, 지각, 능력, 감정을 나타내는 아래의 문에서는 경험의 대상이 ガ격으로 나타나고, 경험주(사람)는 ニ격 혹은 주제화되어 나타난다.

　　소유 : 私にはまだ子ども<u>が</u>いない。
　　지각 : (私に) 富士山<u>が</u>見える。
　　능력 : (私は・私には) 英語<u>が</u>わからない。
　　감정 : 私は花子<u>が</u>好きだ。私はこれ<u>が</u>ほしい。

④ ハ는 주제 외에, 대비를 나타내는 경우가 있다.
　　英語<u>は</u>話せませんが、韓国語<u>は</u>話せます。

3.2 시제와 상

'～する'는 현재형, '～した'는 과거형으로 생각하기 쉽다. 그러나 '来週彼は旅行する。'는 미래의 일을 나타내고 있다. 또한, 지금 막 버스가 들어오는 것을 보고 'バスが来た。'라고 말한다. 'レポートの締め切りは明日だった。'에서는 미래임에도 불과하고 タ가 사용되었다. 이처럼 '~する'는 현재형, '~した'는 과거형이라고 생각하는 것에는 보다 신중할 필요가 있다.

이하, 시간과 관계 깊은 시제(tense, 時制)와 상(aspect, 相)에 대해서 생각해 보자.

　시제(tense) : 발화시점을 기준으로 하였을 때의 문법 표시로 발화시점보다 앞이 과거, 발화시점이 현재, 발화보다 뒤를 미래로 구별한다. 일본어에서는 현재와 미래의 시제상의 구별이 없고, 과거와 비과거로 구별된다.
　상(aspect) : 동작이나 사건이 어느 과정에 있는가, 그것이 어떠한 상태인가를 나타내는 표시이다. 개시전, 개시, 진행, 완료・결과, 변화 등을 나타낸다.

3.2.1 시제

시제의 용법은 술어의 종류에 따라 다르다. 그것을 정리한 것이 〈표 1〉이다. 술어가 형용사, 명사인 경우도 상태를 나타내기 때문에 상태동사에 준한다.

〈표 1〉 동사의 종류와 시제의 관계

	동사의 예	과거	현재	미래
동작동사	行く, 読む, 話す, 来る	タ	(テイル)	ル
상태동사	ある, できる, (長い, 子供だ)	タ	ル	ル

단, 현재의 반복이나 습관은 (23)처럼 동작동사라도 ル형으로 나타낼 수 있다. 이와는 별개로 (24)처럼 진리와 사물의 본질을 나타내는 경우에는 특정한 시제를 갖지 않는 초시제(超時制)라는 용법이 있고, ル형으로 나타낸다.

(23) 息子は毎朝7時に起きる。
(24) 水は100度になると沸騰する。

3.2.2 상

상의 표시로 대표적인 것은 テイル와 タ이다. テイル는 영어의 'be ~ing'에 해당한다고 생각하기 쉽지만, 〈표2〉처럼 진행 외에도 다양한 용법이 있다. 또한, 'ある, いる' 등의 상태동사는 그 자체가 계속성을 지니고 있기 때문에 テイル를 붙이지 않는다.

한편, 계속동사(継続動詞)는 동작·사건이 일정 시간 동안 계속되는 동사, 순간동사(瞬間動詞)는 동작·사건이 한 순간에 끝나는 동사를 가리킨다. 계속동사의 경우에는 '書く→書いている→書いた'와 같이 'る(미래)→ている(동작의 진행)→た(완료)'의 순으로 사태가 일어난다. 반면, 순간동사의 경우에는 テイル가 결과의 상태를 나타내기 때문에 '開く→開いた→開いている'와 같이 'る(미래)→た(완료)→ている(결과의 상태)'의 순으로 사태가 일어난다.

계속동사와 순간동사의 경계는 애매하기 때문에 같은 동사를 사용하더라도 (25)(26)처럼 テイル의 용법이 다른 경우가 있다. 이 경우의 사태 발생은 '着る→着ている(동작의 진행)→着た→着ている(결과의 상태)'의 순서가 된다.

(25) 娘は今、部屋でセーラー服を着ている。(동작의 진행)
(26) 娘は学校でセーラー服を着ている。(결과의 상태)

〈표 2〉 テイル 용법

구분	예문	비고
동작의 진행	手紙を書いている。雨が降っている。	계속동사에 붙는다
결과의 생태	もう結婚している。窓が開いている。	순간동사에 붙는다
상태	道が曲がっている。鉛筆が尖っている。	
습관	毎朝ジョギングをしている。	
경험	50年前に漱石がここを訪ねている。	

〈표 3〉 그 외 상의 주된 표현

개시직전	(~する)ところ
개시	V+始める, V+出す
진행	V+ている, V+ているところ, V+続ける, ~中
중단	V+かける
완료・결과	V+ている, V+てしまう, V+てある, V+たところ, V+たばかり
변화	V+ていく, V+てくる

또한, 연체수식의 テイル 중에서 결과의 상태를 나타내는 テイル는 완료의 タ로 바꿀 수 있다. 동작진행의 テイル는 タ로 바꿀 수 없다.

(27) 結婚している人 (＝結婚した人)　開いている窓 (＝開いた窓)
(28) 読んでいる本 (≠読んだ本)　付き合っている人 (≠付き合った人)

テイル와 같이 결과의 상태를 나타내는 것으로 テアル가 있다. テアル는 타동사나 '前日によく走ってある.'처럼 일부 의지동사의 자동사에 붙어서 동작주가 그 동작을 행한 결과를 나타내고, 동작주의 동작을 암시하는 점이 テイル와는 다르다. 결과의 상태를 나타내는 テイル는 보통 자동사에 붙고, 동작주의 동작을 특별히 암시하지 않는다.

タ는 시제로서 과거를 나타내는 경우와 상으로서 완료를 나타내는 경우가 있다. (29)의 질문은 시제(과거)를 나타내고 있고, 따라서 대답도 과거이지만, (30)의 질문은 상(완료)의 タ이기 때문에 대답은 미완료(テイナイ)로 나타난다.

(29) 昨日、あの貸した本は読んだ？ いや、読まなかった。
(30) もう、あの貸した本は読んだ？ いや、まだ読んでいない。

タ에는 이 외에 서법으로서의 용법이 있다. 서법이란 화자의 심적 태도를 나타내는 표현이다. 과거나 완료가 아니라 서법이라는 것은 아래의 (　) 처럼 바꾸어 말해도 시간 등의 객관적인 의미는 변하지 않고, 심적 태도의 강약 변화밖에 발생하지 않는다는 점에서도 알 수 있다.

①명령 : さあ、もう帰った帰った! (さあ、もう帰れ帰れ!)
②발견 : あ、バスが来た。(あ、バスが来る。)
③상기 : あ、明日が原稿の締め切りだった。(あ、明日が原稿の締め切りだ。)
④의지결정 : じゃあ、それは私が引き受けた。(じゃあ、それは私が引き受ける。)

3.3 서법

문은 명제와 서법으로 이루어진다. 서법은 모달리티(modality) 등으로도 불리고, 명제에 대한 화자의 심적 태도를 나타내는 표현이다. 아래의 그림은 'きっとアメリカに留学するだろう。'의 서법이 'きっと~だろう'라는 것을 나타내고 있다. 서법표현은 아래의 그림처럼 명제를 감싸듯이 문말과 문두에 존재하는 것이 보통이다.

| きっと | アメリカに留学する | だろう。 |

서법에는 추량(~だろう, ~ようだ, ~らしい, ~そうだ)이나 확신(~はずだ, ~にちがいない), 희망(~たい), 의지(~う・よう), 권유(~う・よう, ~ませんか), 명령(~なさい), 설명(~のだ, ~わけだ) 등 갖가지 심적 태도를 나타내는 문말표현이 있다. 또한, 'きっと, ぜひ, おそらく' 등의 진술부사가 함께 쓰이는 경우도 많다.

각각의 표현에는 서법이 아닌 표현도 있기 때문에 주의할 필요가 있다.

(31) 彼女はどうやら去年結婚したようだ。【서법 : 추량】
　　 彼女はまるでお人形さんのようだ。【비유】
(32) もうすぐ彼は日本に帰ってくるらしい。【서법 : 추량】
　　 男は男らしいのがいい。【전형】
(33) このままだと衆議院が解散されそうだ。【서법 : 추량】
　　 衆議院が解散されたそうだ。【전문】
(34) 証拠がある以上、彼は現場にいなかったことになる。【서법 : 확신】
　　 彼女と結婚することになった。【결정】
(35) もう2時だからバスはもうすぐ来るはずだよ。【서법 : 확신】
　　 英語が上手なはずだよ、彼、学生なんだって。【납득】

3.4 태

능동태·수동태라고 할 때의 이 태(態)가 보이스(voice)이고 '사태 안의 어느 참여자에게 초점을 두고 표현할 것인가에 따라 동사의 형태가 변화하는 것'으로 해석할 수 있다. 보이스에는 능동태·수동태 외에, 사역태(使役態), 사역수동태(使役受身態), 가능태(可能態), 자발태(自発態) 등이 있다. 자동사·타동사의 구별도 보이스에 포함하는 경우가 있다. 동작주에 초점을 맞추면 타동사문, 피동작주에 초점을 맞추면 자동사문이 되기 때문이다.

3.4.1 수동태

수동태에는 직접수동(直接受身)과 간접수동(間接受身)이 있다.

(1) 직접수동

직접수동은 타동사문의 목적어가 주어로 된 것이다. 일본어의 경우, 후술하는 비정물 수동(非情の受身)을 제외하고 그 대부분은 어떠한 불쾌함이나 피해의 기분을 동반한다.

(36) 太郎が次郎をなぐった。(ガ격 : 동작주, ヲ격 : 피동작주)
(37) 次郎が太郎になぐられた。(ガ격 : 피동작주, ニ격 : 동작주)

수동문의 경우 동작주는 보통 ニ로 표현되지만, 사물이나 감정 등 어떠한 이동을 동반하고, 동작주가 기점(起点)으로 해석할 수 있는 경우에는 カラ도 사용할 수 있다. 창조와 파괴, 전달에 관계되는 동작으로 어떤 특별한 기술이나 자격, 도구, 수단 등이 필요한 동작에서는 ニヨッテ로 표현된다.

(38) あの先生はたくさんの留学生に／から尊敬されている。
(39) 大会委員長から／によってトロフィーが手渡された。

(40) この建築物は、世界的な建築家によって建設された。

일본어의 수동은 어떤 불쾌함이나 피해의 기분을 나타내는 경우가 많다. 또한, 수동의 주어는 사람 등의 유정물(有情物)인 경우가 많다. 단, (41)처럼 행사나 제도 등 공공성이 높은 사물(불특정 다수의 의지에 의해 행해지는 것)이 주어가 되는 비정물 수동에서는 무생물이 주어가 되고, 불쾌함이나 피해의 기분도 함의하지 않는다. 또한, (42)처럼 'ほめる, 育てる, 育む' 등 어휘 자체에 은혜의 의미가 포함된 동사의 수동에서는 불쾌함이나 피해의 기분을 동반하지 않는다.

(41) カナダでは英語とフランス語が話されている。
(42) 昨日のテストで満点をとったので、先生にほめられた。

(2) 간접수동

간접수동은 직접수동처럼 타동사문의 목적어가 주어로 되지 않는 수동으로, 그 사태에 의해 간접적으로 불쾌함이나 피해를 입는 것이다. 피해수동(迷惑の受身)이라고도 한다. 직접수동은 타동사문만 가능하지만, 간접수동은 자동사문도 가능하며 동작주는 ニ로 나타낸다.

(43) 父親が死んだ。→ 彼は父親に死なれた。
(44) 夫がいびきをかいて眠れなかった。→ 彼女は夫にいびきをかかれて眠れなかった。
(45) 母は私の日記を盗み見した。→ 私は母に日記を盗み見された。

(45)처럼 타동사문에서도 간접수동이 된다. 또한, 타동사문의 수동 가운데 목적어가 소유주의 소유물이고, 수동이 되었을 때 소유주만이 주어가 되며 소유물은 그대로 ヲ격으로 남는 수동을 특히 소유수동(持ち主の受身)이라고도 한

다. 소유주와 그 소유물 외에 사람과 그 사람의 신체 일부 등의 경우가 있다.

3.4.2 가능·자발태

일본어에서는 수동, 가능, 자발, 존경은 같은 レル·ラレル로 나타낼 수 있다. 역사적으로 살펴보면 가능 용법은 자발 용법에서 파생되었다. 자발의 부정형으로부터 불가능 용법이 파생되고, 가능 용법이 정착하였다고 일컬어지고 있다.

단, 오늘날에는 가능의 ラレル는 2그룹과 3그룹의 '来る(来られる)'로 넓게 사용되고 있지만, 가능의 レル는 고작 1그룹동사의 '行く(行かれる)'로 사용되는 데에 그친다. 1그룹동사는 '読める, かける' 등 가능동사, 'する'는 'できる'가 사용된다.

동사가 가능형이 되면 ヲ격으로 나타나 있던 목적어가 ガ격으로 나타나게 되는 경우가 많다. 이 경우, 원래 ガ격으로 나타나 있던 동작주는 (46)(47)처럼 주제화가 되거나 ニ격으로 나타난다.

(46) 私<u>は</u>英語ができない。
(47) 私<u>には</u>英語が話せない。

レル·ラレル가 붙어서 자발의 의미를 나타낼 수 있는 동사는 '思う, 感じる, しのぶ, 忘れる, 驚く, 聞く, 思い出す, 考える, 味わう' 등 마음의 움직임을 나타내는 동사나 감각을 나타내는 동사에 한정된다. 또한, '泣ける, 授かる, 教わる, 売れる, くずれる' 등 자발적인 의미가 포함된 동사도 있다.

3.4.3 사역태

사역태는 동사에 セル·サセル를 붙이는 형태와 ス·サス를 붙이는 형태가 있다. 단, 후자는 テ형이나 タ형, ル형 외에는 거의 사용되지 않기 때문에 여기에서는 전자만을 다룬다.

사역은 자동사문으로도 타동사문으로도 만들 수 있다. 사역으로 만들면 ガ격으로 나타나 있던 동작주는 자동사의 경우에는 ニ격 또는 ヲ격, 타동사문의 경우에는 ニ격이 된다.

(48) 弟が行く。→ 弟に／を行かせる。
(49) 息子が牛乳を飲む。→ 息子に牛乳を飲ませる。

사역은 본래 '누군가에게 무엇을 시키다·강제하다'라는 의미이지만, 파생적으로 여러 가지 의미로 사용된다.

①동작의 강제 : 子どもを買い物に行かせる。
②동작의 허가 : そんなに行きたければ行かせてあげる。
③동작의 방임 : やりたいようにさせておきなさい。
④무의식적인 동작결과 : 風邪をこじらせてしまった。
⑤무의식적인 신체동작 : うっかり口をすべらせてしまった。

'寝かせる, 起こす, 見せる, 着せる' 등은 원래부터 사역의 의미를 가지고 있는 타동사이다. 의미적으로 대응하는 '동사+サセル'의 형태인 '寝させる, 起きさせる, 見させる, 着させる'와 비교하면 타동사가 직접 손을 써서 시킨다는 의미가 있다. '동사+サセル'는 스스로 그렇게 하도록 간접적으로 만든다는 의미가 있기 때문에, (51)처럼 의지를 가진 '子供'에는 사용할 수 있지만, '花瓶'에는 사용할 수 없다.

(50) 子供を起こす。　　　倒れた花瓶を起こす。
(51) 子供を起きさせる。　＊倒れた花瓶を起きさせる。

3.5 복문

하나의 술어를 갖는 문(하나의 절을 갖는 문)을 단문이라 하고, 복수의 술어를 갖는 문(복수의 절을 갖는 문)을 복문이라고 한다. 복문을 구성하는 절 가운데 문말에 와서 문을 완성시키는 절을 주절이라고 한다. 주절 외의 절이 주절에 대해 독립도가 높은 경우에는 **병렬절**, 낮은 경우에는 종속절이라고 한다. 종속절에는 명사를 수식하는 연체수식절, 부사의 역할을 하는 부사절, 보족어(補足語)의 역할을 하는 보족절(complementary clause)이 있다.

3.5.1 병렬절

병렬절에는 テ형의 일부, 연용형(동사는 マス형), タリ, シ 등의 순접과 ガ, ケレドモ 등의 역접이 있다. 또한 シ, ガ, ケレドモ와 같이 주절에 대해 독립도가 높고, 시제, 상, 서법을 독자적으로 갖는 것, 그리고 テ형, 연용형, タリ와 같이 시제, 상, 서법을 주절과 공유하는 것이 있다.

テ형에는 ①병렬・대비, ②계기적 관계, ③인과관계, ④수단・방법, ⑤역접관계 등의 용법이 있다. 또한, ⑥'いる, ある, おく, みる, しまう, もらう, あげる, くれる' 등의 보조동사를 동반하는 용법이나, ⑦'～に関して, ～に対して, ～に反して' 등의 관용적인 표현과 함께 사용되어 한정을 더하거나 상황을 제시하는 용법도 있다.

① 병렬・대비 : 夏は涼しく<u>て</u>、冬は暖かい。
② 계기적 관계 : デパートへ行っ<u>て</u>買い物をした。
③ 인과관계 : 夜更かしし<u>て</u>風邪を引いた。
④ 수단・방법 : 電車に乗っ<u>て</u>来ました。
⑤ 역접관계 : 見<u>て</u>見ぬふりをする。
⑥ 보조동사 : うっかり寝過ごし<u>て</u>しまった。
⑦ 한정・상황제시 : 人事につい<u>て</u>話しあいたいと思います。

3.5.2 종속절

종속절에는 종속도가 낮은 것과 높은 것이 있다. 미나미(南, 1993)에 의하면, 종속도가 낮은 것에는 カラ나 인용절이 있다. カラ나 인용절은 주문(主文)과는 독립적으로 부정, 과거, 정중, ウ/ヨウ, 서법(추량 등), 주제(ハ), 부사(たぶん 등) 등의 표현을 동반할 수 있다. 이에 비해 ノデ, ノニ, 연체수식절, ト, タラ, ナラ, バ 등에서는 부정이나 과거 등은 나타나지만, 그 외의 형식은 나타나지 않는다. 종속도가 가장 높은 것은 ナガラ와 ツツ이며, 부정, 과거, 정중, ウ/ヨウ, 서법(추량 등), 주제(ハ), 부사(たぶん 등)의 모든 형식이 나타나지 않는다. 아래에 추량의 서법(だろう), 과거의 시제(た)의 경우를 제시한다.

〈서법〉

　雨が降るだろう<u>から</u>、傘を持っていった。
*雨が降るだろう<u>ので</u>、傘を持っていった。
*雨が降るだろう<u>とき</u>、傘を持っていった。
*雨が降るだろう<u>つつ</u>、傘を持っていった。

〈과거〉

　雨が降った<u>から</u>、涼しくなった。
　雨が降った<u>ので</u>、涼しくなった。
　雨が降った<u>とき</u>、涼しくなった。
*雨が降った<u>つつ</u>、涼しくなった。

3.5.3 연체수식절

연체수식절에는 수식절과 피수식 명사 사이에 격관계가 성립하는 내적수식관계(内の関係)와 격관계가 성립하지 않는 외적수식관계(外の関係)가 있다. 영어에서는 격관계가 성립하지 않는 연체수식절은 적지만, 일본어에서는 상당 부분 허용된다.

내적수식관계：魚を焼く<u>おじさん</u>(<u>おじさんが</u>魚を焼く → ガ격)
　　　　　　　　　魚を焼く<u>網</u>(<u>網で</u>魚を焼く → デ격)
　　외적수식관계：魚を焼く<u>匂い</u>(<u>匂い?</u>魚を焼く → 격관계가 성립하지 않는다)

　일본어의 연체수식절에서는 격관계가 명시되지 않기 때문에 애매한 문이 생길 가능성이 있다. 예를 들면 '私が嫌な先生'는 '先生'가 싫어하는 주체인지 (<u>先生が</u>私を嫌だ : ガ격), 대상인지 (<u>私が</u>先生を嫌だ : ヲ격) 알 수 없다.
　또한, 일본어의 수식절은 피수식어 앞에 오기 때문에 수식어의 시작이 명확하지 않고 애매한 문이 되기 쉽다. (52)에서는 '息子'의 수식어는 '汗だくになって走っている'라는 해석과 '走っている'라는 해석이 가능하다.

(52) 彼は汗だくになって走っている息子の姿を撮影した。

　더욱이, 일본어는 수식절이 피수식어에 한정을 가하는 **제한용법**과 한정을 가하지 않는 **비제한용법**의 구별이 형태로는 구별되지 않는다. 아래의 문에서 범인 중에서 도망간 자들만이 체포된 것인지(제한용법), 범인이 모두 도망가서 그 모두가 체포된 것인지(비제한용법)지 명확하지 않다.

(53) 逃げた犯人はついに取り押さえられた。

　일본어에서 자주 보이는 외적수식관계에는 다음과 같이 수식하는 명사의 내용을 설명하고 있는 **내용절**과 내용이 아닌 기준을 나타내고 있는 **보충절**이 있다.

내용절：夜は外出するなという指示が下った。
　　　　隣の部屋からお皿が割れる音が聞こえた。
보충절：お酒を飲んだ翌日は頭が痛い。
　　　　私が住んでいる上の階には子どもがいるようだ。

앞의 예문으로 설명하면, 내용절의 '夜は外出するな', 'お皿が割れる'는 각각 '指示', '音'의 내용을 설명하고 있다. 내용절에는 첫 번째 예문처럼 수식절과 명사의 사이에 'という'가 들어가는 것과 두 번째 예문처럼 'という'가 들어가지 않는 것이 있다. 일반적으로 말로 설명할 수 있는 경우에 'という'가 들어가기 쉽다.

또한, 보충절은 상·하, 좌·우, 전·후, 당일·다음날, 원인·결과 등과 같은 반대 개념의 존재가 전제가 되어 한쪽에 대해서 수식절이 설명하여 기준을 표시하고, 다른 한쪽이 수식을 받는 명사로 표현된다. 위 예의 'お酒を飲んだ', '私が住んでいる'는 각각 '当日', '下(の階)'의 설명이고, 그것을 기준으로 '翌日', '上(の階)'가 결정된다.

3.5.4 부사절

부사절은 부사의 역할을 하는 종속절이다. 그 대표적인 것을 살펴보자.

(1) 원인·이유를 나타내는 종속절

원인이나 이유를 나타내는 종속절을 만드는 접속조사에는 カラ, ノデ가 있다. 양자는 의미·용법이 비슷하여 양쪽 다 사용할 수 있는 경우가 많지만 차이점도 있다.

① カラ는 주절에 있어서 화자의 주관(의지, 추량, 의뢰, 권유, 금지, 명령 등)을 서술할 때, 그 원인이나 이유를 나타내는 경향이 있는데 반해, ノデ는 원인관계를 객관적으로 서술할 때 사용되는 경향이 있다.

② カラ는 비공식적인 느낌이 들고, 친근한 사이에 쓰기 쉬우며 정중도도 떨어진다. 이에 비해 ノデ는 공식적인 느낌이 들고, 정중도도 カラ보다 높다. (54)(55)처럼 カラ가 보통체, ノデ가 정중체와 함께 사용되기 쉬운 것은 이 때문이다.

(54) 忙しいから先に帰るね。
(55) 忙しいのでお先に失礼します。

③ ダロウ, マイ, ラシイ, ヨウダ 등의 추량표현에는 화자의 판단을 주관적으로 서술하는 カラ 쪽이 자주 사용된다.

(56) 雨が降るだろうから、傘を持っていったほうがいい。
　　＊雨が降るだろうので、傘を持っていったほうがいい。

④ '~カラだ／です'는 사용할 수 있지만, '~ノデだ／です'는 사용할 수 없다.
⑤ カラ는 '~カラには, ~カラこそ, ~カラといって'라는 정해진 표현이 있다.

(2) 조건을 나타내는 종속절

조건을 나타내는 종속절에는 접속조사 タラ, バ, ト, ナラ 등이 사용된다. 그 구별법을 말로 설명하는 것은 쉽지 않지만, 알고 있으면 도움이 되는 몇 가지 사항을 열거한다.

① タラ
- 과거, 현재, 미래, 가상(仮想)의 어느 경우에도 사용되며, 가장 제한 없이 사용할 수 있다.
- 전건이 성립한 경우에 '어떻게 하는가?／어떻게 되는가?' '어떻게 하였는가?／어떻게 되었는가?'라는 사건의 추이 등을 나타낸다. (사건의 추이로서 나타내면 인과관계, 논리적 귀결을 나타낼 수도 있다)

(57) デパートに行ったら定期休業だった。

(58) 春になったら桜が咲く。

(59) まっすぐ行ったら橋がある。

- 전건이 성립한 후에 후건이 일어난다.
- 비현실적이고 일어날 것 같지도 않은 가정이나 아직 결정되지 않은 조건에 사용되며, 'もし, 万一' 등과도 공기(共起)하기 쉽다.

(60) もしお金があったら、世界旅行がしたい。

- 후건에서 의뢰, 명령, 의지, 희망 등을 나타낼 때, 전건에서 그 조건을 나타내는 용법도 있다.

(61) もしお時間があったら、お宅にお邪魔してもよろしいでしょうか。

② バ
- 현실적・구체적인 일의 추이를 설명한다기 보다는 그 배후에 존재하는 논리적 귀결, 인과관계 등을 진리로 혹은 필연성이 높은 것으로 서술할 때 자주 사용된다.

    (62) 1に2を足せば、3になる。

    (63) 風が吹けば桶屋がもうかる。

- '~バ~た(のに)。'의 형태로 가상적인 사항을 후회의 기분을 담아서 서술할 때에도 사용할 수 있다.

    (64) もう少しよく勉強しておけば、合格したのに。

- '~バ~ほど'의 형태로 관용적으로 쓰인다.

    (65) 日本語は勉強すればするほど難しくなる。

- 전건이 성립한 후에 후건이 일어난다.
- 후건에서 의뢰, 명령, 의지 등을 나타낼 때, 전건에서 그 조건을 나타내는 용법도 있다.

    (66) もしお時間があれば、お宅にお邪魔してもよろしいでしょうか。

③ ト
- 현실적・구체적인 일의 추이를 설명하는 경우나 추상적인 논리적 귀결・인과관계를 진리 혹은 필연성이 높은 것으로 서술하는 경우에 사용된다.

    (67) トンネルを抜けるとそこは雪国だった。(タラ와 비교하면 문어체적. (57)과 비교)

    (68) 1に2を足すと3になる。

- 필연성, 현실성이 높은 조건이나 이미 그렇게 되는 것이 결정되어 있는 조건에 사용된다. 'もし, 万一'와는 공기(共起)하기 어렵다.

(69) 図書館に行くと、決まって眠気が襲ってくる。
- 전건이 성립한 후에 후건이 일어난다.

④ ナラ
- 전건에서는 전제를 서술하고, 후건에서는 그것을 전제로 한 경우의 화자의 판단이나 의지, 행위 등을 서술한다. 전제는 이미 결정되었거나 혹은 미정이라도 좋다.

    (70) 君が行くなら、僕も行く。
    (71) 車を買うなら、中古車でいい。

- タラ, バ, ト는 논리적 귀결이나 인과관계, 사건의 추이를 나타내기 때문에 후건은 전건보다 뒤에 일어나지만, ナラ에서는 후건이 전건보다 먼저 일어나는 경우도 있다.

    (72) 日本に来るなら、電話をくれよ。(電話をくれるのが先)
    　　 日本に来たら、電話をくれよ。(日本に来るのが先)

3.5.5 보족절

종속절이 コト, ノ, トコロ, トイウコト, ホウ 등을 동반하여 명사화되고, 격조사가 붙어서 보족어와 같은 역할을 하는 것을 보족절이라고 한다.

(73) 友だちが彼女と楽しそうに歩いているのを見た。
(74) 木陰でのんびり読書をすることが私の余暇の過ごし方だ。

3.6 시점

태(보이스) 부분에서도 언급하였듯이, 어떤 사태를 언어화할 때 어디에 시점을 둘 것인가에 따라서 사용되는 방식이 달라진다. 일본어의 경우, 능동태·수동태 외에 '行く·来る'나 수수동사(授受動詞)의 사용 방법 등에서도 **시점이**

관련된다.

'太郎は次郎をなぐった.' 쪽이 '次郎は太郎になぐられた.'보다 일반적으로 사용되는 것은 왜일까? '私は彼に花をもらった.'라고는 할 수 있어도, '彼は私に花をもらった.'라고 하지 않는 것은 왜일까? 이것은 시점에 관한 규칙이 있기 때문이다. 시점이 놓이는 대상은 주어가 되는 것이 보통이다. 이하 시점을 두는 규칙을 정리한다.

〈시점의 규칙〉

① 참여자에 화자가 포함되는 경우에는 화자에게 시점이 놓이기 쉽다.

　화자(또는 화자가 호감을 갖는 참여자)가 포함되어 있으면 거기에 시점이 놓이는 것이 원칙이다. '私は彼に花をもらった.'라고는 할 수 있어도 '彼は私に花をもらった.'라고는 하지 않는 것이나, '彼は私に花をもらった.'라고는 하지 않고, '私は彼に花をあげた.'라고 하는 것은 이 원칙으로 설명할 수 있다.

② 시점은 피동작주보다 동작주에 놓이기 쉽다.

　일반적으로 인간의 인지는 동력 연쇄의 흐름 순으로 시점을 이동하는 경향이 있기 때문에, 동작주와 피동작주가 있으면 우선은 동작주에 시점이 놓여진다. 능동태인 '太郎次郎をなぐった.' 쪽이 수동태 '次郎は太郎になぐられた.' 보다도 사용되기 쉬운 것은 이 때문이다.

3.6.1 수수동사

영어와 한국어에서는 주는 사람에게 시점이 향해지면 'give／주다'를 사용하고, 받는 사람에게 시점이 향해지면 'receive／받다'를 사용한다. 한편, 중국어에서는 항상 주는 사람에게 시점이 향해져 있어서, 'give'에 상응하는 '給'이 사용된다. 그러나 일본어의 경우에는 'give'와 'receive'의 구별만이 아니라 'give'가 'あげる'와 'くれる'로 구별되기 때문에, 결국 'あげる・くれる', 그리고 'もらう'

3가지 동사가 구분되어 사용된다. 〈그림1〉에서 (a)(b)(b')는 각각 '私が~にあげる', '私が~にもらう', '~が私にくれる'를 도식화한 것으로 굵은 선은 시선이 향해져 있는 대상을 나타낸다.

(1) 화자가 주는 사람일 경우(그림1(a))

①의 규칙에서는 화자, ②의 규칙에서도 주는 사람에게 시점이 놓이기 쉽기 때문에 '주는 사람 = 화자'에게 시점이 놓여 주어가 되고 수수동사는 'あげる'가 사용된다. ①② 어느 쪽의 규칙이든 '받는 사람 = 상대'에는 시점이 놓이기 어렵기 때문에 '彼は私に花をもらった。'로는 사용되지 않는다.

(2) 받는 사람이 화자인 경우(그림1(b)(b'))

시점을 두는 방법에서 ①②의 원칙에 모순이 생긴다. ①이 우선되면 [그림1](b)처럼 '화자 = 받는 사람'에 시점이 향해져 주어가 되고 '받다'의 의미가 되지만, ②가 우선되면 '주는 사람 = 상대'에 시점이 향해져 주어가 되고 '주다'의 의미가 된다.

(a) 私が~にあげる　　(b) 私が~にもらう　　(b') ~が私にくれる

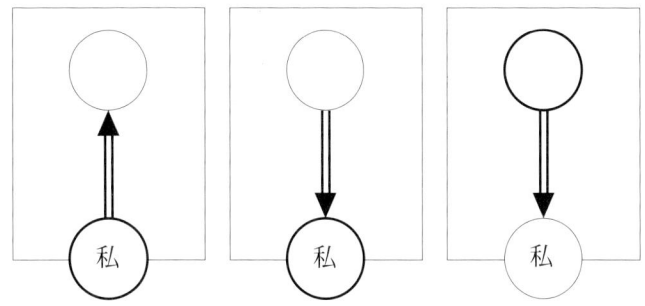

[그림 1] 일본어 수수동사의 파악 방법

일본어는 '화자중심의 관점'을 취하기 쉬운 주관적 파악형 언어라고 이미 서술하였으나, 화자 자신이 주는 사람인 (a)와 상대가 주는 사람인 (b')는 화자(나)에게 있어서의 의미가 전혀 다르다. 전자는 화자에게 있어서 '주다', 후자는 화자에 있어 '받다'의 행위이고 사물의 이동이 정반대이다. 그러므로 동사를 구별하여 사용하며, 전자는 'あげる', 후자는 'くれる'를 사용하는 것이다.

위의 ①②는 문 차원의 원칙이지만, 또 하나 담화 차원의 원칙으로서 중요한 것은 '시점은 불필요하게 이동시키지 않는다'라는 것이다. 시점의 고정은 담화의 결속성을 높인다. 일본어의 경우는 주관적 파악형 언어이기 때문에 시점은 원칙적으로 화자(또는 화자가 호감을 갖는 인물)에게 고정되는 경향이 강하다. 영어, 중국어, 한국어 등의 경우는 일본어와 비교하면 객관적 파악형 언어이기 때문에 일본어 만큼 시점이 화자(혹은 화자가 호감을 갖는 인물)에게 고정되는 경향이 강하지 않다.

더욱이, 수수동사는 보조동사로서 행위의 주고받음을 나타내는 용법이 있다. 용법의 원칙은 같지만, 단 여기서 주의할 점은 행위의 주고받음에서는 은혜의 수수가 문제가 되고, 이 수수의 방향성은 사물과 행위의 방향성과 다른 경우가 있다. (75)에서는 은혜 수수의 방향성이 사물이나 행위의 방향성과 일치(お隣さん→私)하기 때문에 문제없이 '~てもらう'를 사용할 수 있지만, (76)에서는 사물이나 행위의 수수는 'お隣さん→私'이지만, 은혜의 수수는 '私→お隣さん'이기 때문에 '〜てあげる'가 사용된다. (77)은 (76)과 반대의 경우로 사물과 행위의 수수는 '私→お隣さん'이지만, 은혜의 수수는 'お隣さん→私'이기 때문에 '〜てもらう'가 사용된다.

(75) お隣さんに犬を譲ってもらう。

(76) お隣さんから犬をもらってあげる。

(77) お隣さんに犬を受け取ってもらう。

3.6.2 行く·来る

동사 '行く·来る'에도 화자의 시점이 내포되어 있다.

行く : 화자(또는 화자가 시점을 두고 있는 장소)로부터 멀어져 가는 이동
来る : 화자(또는 화자가 시점을 두고 있는 장소)에게 다가오는 이동

(78)은 화자가 시점을 두고 있는 장소에서 멀어져 가는 이동이기 때문에 '行く'가 사용되었다. (79)에서는 화자의 시점이 상대(청자)의 집에 놓여 있고, 거기에 다가가고 있는 이동이기 때문에 '来る'가 사용되었다. (80)(81)은 공간적인 이동이 아닌 시간적인 이동이 문제시 되고 있다. 시간적인 이동에서는 과거에서 현재로의 변화는 화자에게로 다가가는 이동이기 때문에 'てくる'가 사용되고, 현재에서 미래로의 변화는 화자로부터 멀어지는 이동이기 때문에 'ていく'가 사용된다. 이 경우에도 시점을 1년 전에 두면 (82)처럼 과거에서 현재로의 변화는 화자가 시점을 두고 있는 시점(=1年前)에서 멀어지기 때문에 'ていく'가 사용된다.

(78) 明日君の家に行ってもいい?
(79) 明日君の家に、だれか来るの?
(80) 最近、だんだん物忘れが激しくなってきた。
(81) これから、僕の運命はどうなっていくのだろう。
(82) 1年前から、ぼくはだんだん太っていった。

4 의미

말의 의미를 모를 때, 우리들은 흔히 사전을 찾는다. 사전을 찾아보면 일상에서 사용되는 말의 대부분이 다의(多義)라는 사실을 깨닫게 된다. 예를 들어

'上がる'란 '어떤 구체적인 사물이 화자의 눈 위치에 비해 수직 방향으로 이동하는 것'을 의미하는 말이라는 것은 누구라도 부정하지 않을 것이다. 그러나 사전을 보면 이 밖에 '남의 집에 들어가다, 입욕을 끝내다, 잘 되다, 긴장하다, 입학하다, 가격이 비싸지다, 찾아뵙다' 등 언뜻 수직 이동과는 무관한 다양한 의미가 기재되어 있다. 바꾸어 말하면, 사전에 기재된 의미의 대부분은 본래의 의미가 어떠한 형태로 확장된 파생적인 의미라는 것이다. 우리들은 일상에서 이렇게 의미가 확장되어 사용되고 있는 것조차 신경 쓰지 못하고, 혹은 의식하지 않고 말을 사용하고 있는 것이다.

여기에서는 이러한 의미 확장의 메커니즘 가운데 비유에 대해서 중점적으로 논하도록 한다. 비유란 수사학에서 말하는 표현 기법의 하나이다. 비유에는 직유(simile, 直喩), 은유(metaphor, 隱喩), 환유(metonymy, 換喩), 제유(synecdoche, 提喩) 등이 있다. 그리고 공감각적 비유에 대해서도 다루도록 한다.

4.1 비유

① 직유 : '<u>まるで雪のようだ(みたいだ)</u>。', '<u>日本人そっくりだ</u>。'와 같이 구체적인 비유를 나타내는 표현형식을 사용하고, 유사성에 따라서 어떤 사물의 성질, 형상, 모양 등을 표현하는 방법이다.

② 은유 : 직유처럼 유사성에 따라 사물의 성질, 형상, 모양 등을 표현하는 방법이지만, '疲れて足が棒になる。' '結婚は人生の墓場だ。'와 같이 비유를 나타내는 표현방식을 사용하지 않는다는 점이 직유와 다른 점이다.

③ 환유 : 근접성(인접성)에 입각한 비유의 표현이다. 어떤 사물을 표현하는데 있어 그 자체가 아니라, 근접(인접)한 것을 빗대어 표현하는 방법이다. 그 자체가 아니라, 근접한 것을 대용하는 이유는 근접한 것을 빗대어 표현하는 쪽이 어떤 이유로든 인지하기 쉽기 때문이다. Lakoff&Johnson(1980)에 의하면 환유에는 이하와 같은 유형이 있다.

- 제작자로 제품을 표현한다.

  彼はフォードを買った。(フォード＝フォードの車)
- 사물로 그 사용자를 표현한다.

  サックスは今日、風邪をひいている。(サックス＝サックス奏者)
- 통제하는 것으로 통제받는 것을 표현한다.

  ニクソンはハノイを爆撃した。(ニクソン＝ニクソン政権)
- 기관으로 그 책임자를 표현한다.

  大学はそれに同意しないだろう。(大学＝大学上層部)
- 장소로 거기에 있는 기관을 표현한다.

  ホワイトハウスは何も語っていない。(ホワイトハウス＝米政府)
- 장소로 거기에서 발생한 사건을 표현한다.

  真珠湾は未だに我々の外交に影響を与えている。(真珠湾＝真珠湾攻撃)
- 부분으로 전체를 표현한다.

  長髪は雇わない。(長髪＝長髪の人)

이 밖에도 'ピアノを弾いた。'라고 하면 피아노 건반을 친다는 의미이며, '自転車をこいだ。'는 페달을 밟는다는 의미인 것처럼 전체로 그 부분을 나타내거나 '一升瓶を飲み干した。' '鍋を食べた。'와 같이 용기로 그 내용물을 나타내는 표현 등에도 환유가 사용되고 있다.

④ 제유 : 어떤 사물을 표현할 때 카테고리의 계층관계(taxonomy)에 있어서 상위어나 하위어를 사용하는 표현 방법이다. 예를 들면 '花見に行く。'에서는 '花'라는 상위어로 꽃의 대표로서의 '桜'를 나타내고 있다. 또한, '人はパンのみに生くるにあらず。'에서는 'パン'이라는 하위어로 음식 전체를 나타내고 있다.

4.2 공감각적 비유

공감각적 비유란 '甘い声'와 같이 어떤 감각과 관련된 명사가 다른 감각과 관련된 형용사에 의해서 수식받는 표현을 가리킨다. '甘い声'에서는 미각을 나타내는 형용사인 '甘い'를 사용하여 청각 명사 '声'를 수식하고 있다.

이것을 단순히 시적 표현으로 받아들일 수 있을지도 모르겠다. 그러나 시적 표현은 그 참신함이 독자의 감성에 호소하지만, 공감각적 비유는 그 언어를 사용하는 사회 안에 정착되어 참신함이 별로 돋보이지 않는다는 점에서 그 차이가 있다.

공감각적 비유는 우리들이 일상의 경험 속에서 체험하고 있는 어떠한 유사성에 근거한 비유라고 할 수 있다. 이것은 긴장하는 것을 '上がる'라고 말하는 것과 유사하다. '긴장'은 심리적인 것으로 이동을 동반하지 않으며, '上がる'는 공간적인 것으로 이동을 동반한다는 점에서 양자는 다르다. 그러나 우리들은 일상의 경험 속에서 긴장할 때에 심리적으로 발이 땅에 붙지 않고, 무언가 마음이 들뜨는 듯한 기분을 느낀다. 이러한 체험에 근거한 유사성을 토대로 발생한 표현이 정착된 것이 '上がる'라고 할 수 있다. 마찬가지로 공감각적 비유도 경험 속에서 어떠한 유사성을 느끼고, 의미·용법의 확장이 생겨났다고 생각할 수 있다.

'甘いケーキ'는 미각을 나타내는 형용사가 미각에 관한 명사를 수식하고 있으므로 공감각적 비유는 아니다. 이에 반해 '甘い(誘惑の)声'는 미각을 나타내는 형용사로 미각과 관계없는 청각 명사를 수식하고 있기 때문에 공감각적 비유에 해당한다. 유혹을 받을 때의 경험이 케이크를 먹을 때에 경험하는 미각적인 경험과 어떠한 유사성이 있다는 것은 우리들의 경험에서도 납득할 수 있다. 이처럼 유사성에 의해 공감각적 표현이 정착되었다고 여겨진다.

Williams(1976)는 공감각적 비유에는 〈그림2〉와 같은 규칙성이 있다고 제안하였다. 이에 의하면 '黄色い声を上げる.'의 '黄色い声'는 색채에서 소리로, '暖かい声援を浴びる.'의 '暖かい声援'은 촉각에서 소리로의 비유이다.

〈그림 2〉 감각간의 전용 관계의 패턴 (다니구치(谷口), 2003 : 5)에서 인용)

과제

❶ デ에는 여러 가지 용법이 있다. ①~⑥의 용법 차이를 설명하시오.

① トリノでオリンピックが開催された。 ② 明日は祝日で授業がない。
③ この部屋は静かできれいだ。 ④ 猛スピードで走っていった。
⑤ 毎日地下鉄で大学に来る。 ⑥ 台風で屋根が吹き飛ばされた。

❷ 이 밖에도 ニ, ガ, ノ, ト 등 여러 용법을 갖고 있는 조사가 많다. 이들 용법에 대해서 위의 デ에서처럼 구체적인 예를 들어 정리하시오.

❸ '한자어＋する'에는 타동사인 경우가 많지만, 자동사이거나 자동사로도 타동사로도 사용되는 것이 있다. 어떠한 것이 있는지 생각해 보시오.

❹ 'I can hear her voice.' 'You have dropped your handkerchief.' 'I have a son.'을 일본어로 바꾸면, 각각 '彼女の声が聞こえる。' 'ハンカチが落ちましたよ。' '私には息子が一人いる。'로 바꾸는 것이 가장 타당하다고 생각된다. 이러한 표현의 차이는 양 언어의 어떠한 특징을 반영하고 있는지 생각해 보시오.

❺ '甘い誘惑の声'는 그림2의 '미각→청각'의 예에 해당하는데, 그 외 경우의 예문을 하나씩 생각해 보시오.

독서안내

日本語教育学会編(2005)『新版 日本語教育事典』大修館書店
✽일본어학의 다양한 내용을 일본어교육의 입장에서 해설하고 있어, 사전으로서 뿐만 아니라 서적으로서도 추천한다.

庵功雄(2001)『新しい日本語学入門』スリーエーネットワーク
✽일본어교육의 입장에서 일본어문법을 중심으로 일본어학 전반을 공부할 수 있다.

益岡隆志・田窪行則(1992)『基礎日本語文法：改訂版』くろしお出版
✽일본어 문법을 개관하는 서적으로 추천한다.

【참고문헌】

Lakoff, G. & Mark, J. (1980) *Metaphors We Live By*. Chicago and London: University of Chicago Press.

Langacker, R. W. (1991) *Foundation of Cognitive Grammar, vol.2. Descriptive Application*. Stanford: Stanford University Press.

Williams, J. M. (1976) Synaesthetic Adjectives. *Language*, 52, 461-478.

池上嘉彦(2000)『日本語論への招待』講談社

谷口一美(2003)『認知意味論の新展開―メタファーとメトニミー―』研究社

南不二男(1993)『現代日本語文法の輪郭』大修館書店

과제의 정답

❶ ①격조사(장소) ②단정을 나타내는 'だ'의 연용형 ③ナ형용사의 활용어미
④격조사(양태) ⑤격조사(수단) ⑥격조사(원인)

❸ 타동사 : 研究する 자동사 : 当選する 자타동형 : 統一する 등

제18장
화용론적 규범

커뮤니케이션은 발화에 대한 문자 그대로의 의미를 이해하는 것 뿐 만 아니라, 말에 나타난 뜻 이외의 메시지를 받아들일 것을 요구한다. 항상 문맥이나 장면상황을 고려하여 발화의 의도를 이해하고, 그 언어에 있어서 특유의 화용론적 규범에 맞는 언어활동을 바라고 있다. 여기에서는 화용론의 흐름을 개략적으로 살펴보고 일본어의 규범에 관하여 생각해 본다.

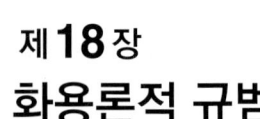 발화행위론(發話行爲論), 발화행위(發話行爲), 발화내 행위(發話內行爲), 발화매개행위(發話媒介行爲), 협조의 원리(協調の原理), 회화 함의(會話の含意), 관련성 이론(關聯性理論), 직시(deixis), 정보 범위(情報のなわばり)

1 언어운용의 적절성

수업에서 '今日はここまで'라고 했을 때, 유학생으로부터 지체 없이 'おつかれさまでした!'라고 동시에 한결 같이 말하는 것을 듣고 당황한 적이 있다. 'あなたたちのせいでね'라고 말해주고 싶었지만, 학생은 'もうこんな言い方だって知っています'라는 듯이 득의에 찬 모습이다. 복도를 걷다가 교실에 있었던 A군을 만났다. 예의 바른 A군은, 'おはようございます'라고 한다. 그 후 또 만났다. A군, 또 당황하여 'おはようございます'라고 한다. 인사하면서도 본인도 이렇게 몇 번이나 해도 되는 것일까? 하며 조금 불안한 모양이다.

'おつかれさまでした!'도 'おはようございます'도 그것 자체는 완전히 올바른 일본어이다. 여기에는 무엇이 잘못된 것일까? 'おつかれさまでした!'는 윗

사람이라고 생각되는 선생님(은혜를 주는 측)에게 아랫사람인 학생(은혜를 받는 측)이 자신에게 베풀어준 행위에 대해 노고를 치하하는 표현을 쓴 것이다. 또, 'おはようございます'는 그 날 한번 말하면 다음에는 몇 번을 만나도 말하지 않는다는 규칙을 지키지 않았기 때문이다. 즉, 문법, 어휘, 발음 등의 잘못이 아니라 언어 운용(사용법)의 적절함에 문제가 있었던 것이다.

2 화용론의 전개

언어의 운용에 관한 분야를 화용론(話用論, 일본에서는 語用話)이라고 한다. 이것은 pragmatics의 번역어이며, 모리스(Morris)에 의해 1938년에 제창되었다. 모리스는 기호론을 통어론, 의미론, 화용론, 세 분야로 나누고, 화용론을 '기호와 사용자의 관계를 고찰하는 분야' 라고 하였다. 즉, 말과 말의 사용자와의 관계를 생각하는 분야이다. 오스틴(Austin)과 서얼(Searle)은 **발화행위론**(Speech Act Theory)을 전개하였다. 언어행위를 세 개의 측면으로 간주하여, 말하는 행위 그 자체를 **발화행위**(locutionary act), 발화가 갖는 명령, 약속, 선언 등의 기능을 **발화내 행위**(illocutionary art), 발화에 의해 청자에게 초래되는 영향이나 효과를 **발화매개행위**(perlocutionary act)라고 하였다. 예를 들면 'のどが渇(かわ)いた'라는 발화가 '음료수가 필요하다'라는 의도를 나타낼 때, 발화 내 행위는 '의뢰(request)'이다. 그라이스(Grice)는 회화의 참가자가 지키고 있는 협조 원리라는 네 개의 공리(公理)를 제안하고 있다. 사람이 왜 말에 나타난 뜻 이외의 의미(=회화 함의)를 이해하는지에 대하여 청자의 추론 과정을 협조 원리에 따라 해명하려고 하였다. 그 후, 그라이스의 공리 중에서 관련성으로 압축하여 이론을 발전시킨 스펄버과 윌슨의 **관련성이론**(Relevance Theory)이 전개되었다. 화용론의 현재 목표는 '발화한 사람의 의도가 바르게 해석될 때, 어떠한 추론이 이루어지는가, 왜 이 같은 추론이 가능해지는지를 명확히'하는 것이다. (이마이(今井), 2001 참조)

3 발화의 해석

　화용론에서는 발화의 의미를 발화 장면에 있어서 정보를 종합적으로 고찰하여 분석한다. 발화 장면에 있어서 정보란 '밖은 비가 내리고 있다. 이제 곧 점심시간이다. 대화 상대는 지금 행복한 기분이다.' 등의 장면상황(장소, 때, 목적, 상대, 입장)과 배경지식(관습, 일반상식), 문맥(해당 발화에 관련된 일련의 전후(前後)의 발화) 등을 가리킨다. (이들 모두를 합쳐서 넓은 의미에서의 콘텍스트/문맥이라는 말을 사용하는 경우도 있다). 면접시험에서 'お名前を教えてもらえますか。'라고 들었을 때, 문자 그대로 해석하면 가르쳐 줄 수 있는지 여부를 묻고 있지만, 장면상황으로 보아 이 문장의 진의는 이름을 말해 달라고 하는 의뢰의 의미라고 하는 것이 화용론의 생각이다.

　발화의 해석에는 직시(deixis), 전제(presupposition), 발화행위(speech art), 폴라이트네스(politeness), 관련성(relevance) 등이 관련되어 있다.

【전제】추론과정 중의 한 개념인 전제란 발화가 성립되기 위하여 발화 이전에 성립해 있어야 할 필요가 있는 사태를 말한다. '그녀의 아이는 여자아이다'라는 발화의 전제는 '그녀에게는 아이가 있다'이다. 부정문의 '그녀의 아이는 여자아이가 아니다'에 있어서도 전제는 '그녀에게는 아이가 있다'이다. 명제의 부정문에 있어서도 전제는 참이다. 전제에 대해서 발화로부터 논리적으로 이끌어내는 정보는 함의(entailment)라고 한다. 함의는 명제가 부정되면 참이 아니게 된다.

【관련성이론 Relevance Theory】스펄버와 윌슨(Sperber & Wilson)이 제창한 발화의 해석에 있어서의 추론과정을 해명하는 이론이다. 사람은 머리 속에 정보와 지식 등 그 외 추측, 단순한 생각, 가정 등 불확실이나 믿음 등도 포함하는 상정(assumption)을 갖고 있다. 이 상정의 총화를 인지환경(cognitive environment)이라고 부른다. 사람은 정보를 얻음으로써 인지환경을 개선하기를 원하고 있다. 가능한 한 적은 노고를 사용하여 많은 정보를 얻고 싶어

한다. '불필요한 비용을 지불하지 않고, 가능한 한 많은 인지환경 변화의 개선을 가져오는 정보' (이마이(今井), 2001)가 관련성이 있는 정보로 간주된다. '관련성의 원칙'은 다음의 두 가지가 있다.

제 1원칙(인지원칙)-인간의 인지는 관련성이 최대가 되도록 되어 있다.
제 2원칙(전달원칙)-모든 의도명시적(ostensive)전달행위는, 최적(optimal)의 관련성이 예상되는 것을 전달한다.

발화행위 그 자체가 청자에 대해 자신의 이야기를 들으면 관련성이 높은 정보를 얻을 수 있다는 것을 환기시키는 것이다. 청자는 관련성이 있는 정보에 주의를 기울여서 추론을 하고 처리비용과 인지효과상, 최적의 해석을 얻으려는 것이다.

【직시 deixis】'今日行く'라는 발화는 오늘 간다는 것인지, 어제 갔다는 것인지, 1년 전에 갔다는 것인지에 따라, '오늘'이 나타내는 날이 달라진다. 'ここにおいたよ'라는 발화도 화자가 위치를 바꾸면, 'ここ'의 의미가 달라진다. '私, 彼, これ, それ, ここ, あそこ, 先月, 来週, いく, くる, あげる, もらう, くれる' 등 '말의 의미가 발화된 장면에 있어서 화자를 중심으로 하는 시간적 공간적인 좌표상으로 결정되는 특질'을 직시라고 한다. (고모리(小森), 1992). 화자의 입장이나 시점과 깊은 관계가 있는 표현으로서 발화의 문맥에 의존한다.

4 일본어의 화용론적 규범

화용론적 규범이란 문맥, 장면상황, 사회문화적 규칙에 따른 적절한 언어의 사용법을 말하는 것이며, 발화의 장면에 어울리는 언어운용(규칙)이라고 말할 수 있을 것이다. 언어의 운용은 언어의 사용법이 적절한지 그렇지 않은지 문제가 되며, 룰/규칙이라는 표현은 익숙하지 않겠지만 개념의 이해를 위하여 여기에서는 부득이 사용하기로 한다. 구체적으로 일본어의 발화에는 어떠한 규범이 있는 것일까. 'あのう…'라는 주저를 나타내는 표현은 뒤에 의뢰나 질문이 계속되는 것을 명시하고, 칭찬받았을 때에는 감사를 말하기 보다는 '그런 것은 없다'라는 표현이 자주 사용된다. 권유에는 'ちょっと…' 'また今度' 등으로 거절을 간접적으로 나타낸다는 것을 바로 알 수 있을 것이다. 일본어의 화용론적 규범의 이해가 불충분하거나 학습자가 모어의 규범을 그대로 적용하였기 때문에, 일본어 모어 화자와의 사이에 오해가 생기는 일이 있다. 다음은 한국인 유학생 A씨가 쓴 작문을 요약한 것이다. 어디에 문제점이 있었는지 생각해 보자.

> 日本人の友達の家に遊びに行ったときにキムチチゲをつくってあげた。次に会ったときに、彼女は「おいしかったので、自分で作ってみようとしたが、うまくできなかった」といった。「じゃあ今から行って作ってあげる」というと、「きょうは疲れて。」という。「あしたは?」と聞くと「あしたはちょっと…。」という。「私は大丈夫だから明日行く。」というと、彼女はすごくあわてて「ごめん。明日は用事があるので、今度きてちょうだい。」といった。
> 日本人のあいまいさについては以前習ったことがあるが、現実になるとやはりわからないと思った。

적극적인 유학생 A씨의 호의에 당혹해 하는 일본인 학생의 얼굴이 눈에 선하다. 여기에서 생각이 어긋난 것은 '스스로 잘 만들 수 없었다'라는 발화를 서로 다르게 이해한 것이다. 일본인 학생은 A씨의 요리가 매우 맛있었다는 것으로 자신은 흉내도 낼 수 없다는 것을 전하고 싶었을 것이다. A씨는 그것을 일본인 학생이 다시 한번 만들어 주었으면 하는 바람이나 의뢰로써 받아들인 것 같다. 또 오늘은 물론 다음날도 'ちょっと' 등의 말로 얼버무리고 있는 것은 간접적으로 거절한 것이지만, 그것을 제대로 받아들이지 못했다. A씨의 입장에서 보면 왜 사양하는가, 한번 집에 놀러 갔었는데도 아직 친해질 수 없는 것일까 하고 도저히 이해할 수 없는 기분일 것이다. 일본인 학생은 몇 번이고 거절해야만 하는 거북함과 A씨의 강요가 인상에 남았을 것으로 생각된다.

화용론이 범할 수 있는 잘못은 문법이나 발음 등의 실수와는 달리, 인격적인 신뢰를 무너뜨려 인간관계를 악화시킬 위험성이 있다. 교사는 말의 운용면에서의 제약과 사용장면에 관한 정보도 언급해야 할 것이다. 일본어 모어 화자의 전형적인 커뮤니케이션을 취할 것인지 어떤지는 학습자가 정하는 것이지만, 모어 화자는 이 상황에서 일반적으로 이렇게 이해를 한다고 하는 정보를 제시할 필요가 있을 것이다.

다음에는 일본어교육에서 자주 화제가 되는 사항을 소개하고자 한다.

【よ, ね】 친구 생일에 관해서 아무리 확신을 갖고 있어도 당사자에게 'あなたは0月0日生まれですよ.' 라고는 하지 않는다. 상대가 생일을 잊어버리는 특수한 사정에 처해있던지 무언가 배역을 연출하고 있는 것이 아니라면 'ですね' 라고 하는 것이 보통이다. 정보가 당사자에게 속해있는 경우는, 발화자는 아무리 확실한 정보일지라도 당사자에게 말할 때는 'よ'를 사용할 수 없다. 청자 당사자에게 속하는 정보는 새로운 정보가 아니기 때문이다. 청자에게 신정보를 제공할 때에 'よ'를 붙이고, 청자가 이미 그 일을 알고 있다고 생각했을 때, 즉 정보가 공유되어 있다고 생각될 때 화자는 문말에 'ね'를 붙인다. 가토(加藤, 2004:244)에서 'よ'는 화자가 배타적으로 관리할 준비가 되어 있는 것을 나타내는 명제에 붙는 표식(marker)이며, 'ね'는 화자가 배타적으로 관리할 준비가 되어있지 않는 것을 나타내는 명제에 붙는 표식(marker)이라고 하고 있다.

'정보 범위이론(情報のなわばり理論)'(가미오(神尾) 1979, 1986)에서는 정보가 화자와 청자의 어느 쪽에 속하는가에 따라 문말변화를 파악할 수 있다고 한다. 'うれしい, 寂しい' 등의 감정형용사와 'たい'도 그 감각과 욕구는 당사자에게 속하는 정보로 타인이 언급할 때는 'がる' 'そうだ, ようだ'등으로 문말이 변화한다.

【あいさつ(인사)】 인사는 상대에 따라 제약이 있는 것이 있으며, 자신이 소소속해 있는 그룹의 구성원에 대해서 사용할 수 없는 것이 있다. 예를 들면 'こんにちは' 'こんばんは' 'さようなら'는 가족에게는 사용할 수 없다. 또, 'お

はようございます'정도의 경의도는 갖지 않기 때문에 최근에는 상당히 허용되고 있다고는 하더라도 윗사람에게 사용할 때는 상황을 고려해야 한다. 이와 같이 사용 시간대 이외의 개념도 잊지 말 것.

【희망(願望)표현】 '～がほしい' '～たい' 등은 상대방이 윗사람일 때는 직접 질문에 사용하지 않는다. '先生、お茶が飲みたいですか。' 등은 가령 'お飲みになりたいですか。'라는 경어를 사용해도 실례가 된다. 'お飲みになりますか。'라고 상대의 미래의 행위를 묻는 형태를 취하던지, 'いかがですか。'로 의향을 묻는 형태를 취한다.

【은혜표현】 화자가 은혜를 입었을 경우, 그것을 화자가 고맙게 받아들이고 있는 것을 나타내는 표현이 '～てくれました' '～てもらいました'이다. '先生が教えました' '彼が仕事を手伝いました'에서는 행위자의 일방적인 행동의 사실을 나타내고, 그 행위를 화자가 어떻게 받아들이고 있는가는 나타내고 있지 않다. 이와 같이 은혜로서 인식하고 있다는 표현을 사용함으로써 인간관계를 원활하게 한다고 말할 수 있다. '先日はありがとうございました'라는 표현도 즐거웠던 경험을 생각나게 하여 공유함과 동시에 과장해서 말하면, 당신은 친절한 사람이며 나도 당신의 은혜를 잊어버리는 인간은 아니다라는 서로의 인간성을 인정하는 인사이다. 반대로 은혜를 베푸는 입장에서는 '～てあげる'를 사용하지 않는 것이 예의이다. 사용하게 되면 은혜의 강요가 된다.

【책임을 인식하는 표현】 자신이 실수하여 꽃병을 깨뜨렸을 때, 의도적으로 한 것이 아니더라도 '花瓶を割りました'인 타동사로서 자신의 책임을 인식하는 표현을 한다. '割れました'인 자동사로 하면 책임회피로 무책임한 느낌을 받는다. 다른 사람이 깨뜨렸을 때는 '～さんが割りました'라고 하면 책임을 추궁하는 표현이 되기 때문에 '(花瓶が)割れました'인 자동사가 사용된다.

독서안내

水谷修・水谷信子 (1977-2000)『Nihongo Notes』1~10, ジャパンタイム
✲ 외국인의 시각에서 본 일본어 발화에 대한 의문에 답하는 형태를 취하고 있다. 회화체의 규정에 대해 구체적인 예와 명쾌한 해설이 알기 쉽게 영어로 쓰여져, 즐겁게 읽으면서 많은 것을 배울 수 있는 책이다. 일본어판『外国人の疑問に答える日本語ノート』(1988ジャパンタイム)도 있다.

加藤重広 (2004)『日本語語用論のしくみ』研究社
✲ 화용론이란 무엇인가에서부터 발전사, 중요개념이 알기 쉽게 해설되어 있다.

今井邦彦 (2001)『語用論への招待』大修館書店
✲「관련성이론」의 해제(解題)와 검토. 다음 단계에서 읽기에 적합하다.

Yull, G. (1996)*Pragmatics*. London: Oxford University Press
✲ Suvery(초심자를 위해 화용론의 정의에서 직시성, 폴라이트네스 등을 각 장별로 개설), Reading(발전단계 전문서로부터의 부분추출과 질문), Reference(참고와 도서와 코멘트), Glossary (용어해설)의 4개 부분으로 구성어 있다. 화용론에 관한 지식을 단계적으로 심화시켜 나간다.

【참고문헌】

今井邦彦 (2001)『語用論への招待』大修館書店
加藤重広 (2004)『日本語語用論のしくみ』研究社
神尾昭雄 (1990)『情報のなわばり理論』大修館書店
小森道彦・安井泉 (1992)『グラマー・テクスト・レトリック』くろしお出版
小泉保 (1990)『言外の言語学』三省堂
水谷修・水谷信子 (1977-2000)『Nihongo Notes』1~10 ジャパンタイム
水谷信子 (1999)『心を伝える日本語講座』研究社出版
ダイアン ブレイクモア著 (1994)『ひとは発話をどう理解するか』(*Understanding Utterances*) (武内道子・山崎英一訳) ひつじ書房
ジェニー トマス著 (1988)『語用論入門』(田中典子他訳) 研究社出版
Sperber, D. & Wilson, D. (1986/19952) *Relevance:Communication and Cognition*. Oxford: Blackwell.
Yull, G. (1996) Pragmatics. London: Oxford University Press

제19장
문자와 표기

문자지도에는 실천적인 지식이 필요하다. 여기에서는 한자, 히라가나(平仮名), 가타카나(カタカナ), 로마자, 각각의 성립과 표기에 관해서 설명한다."교단에 섰을 때, 실제로 도움이 된다"는 관점에서 표기는 어떤 규칙에 따르고 있는가를 자세히 살펴 본다.

> **키워드** 육서(六書), 설문해자(說文解字), 상형(象形), 지사(指事), 회의(會意), 형성(形聲), 가차(假借), 국자(國字), 훈(訓) 오음(吳音), 한음(漢音), 당음(唐音), 숙자훈(熟字訓) 상용한자표(常用漢字表), 신자체(新字體), 교과서체(敎科書體), 오쿠리가나(送り仮名)표기법, 만요가나(万葉仮名), 구가나표기법(旧仮名遣い), 현대가나표기법, 외래어의 표기, 헤본(Hepburn)식, 훈령식(訓令式), 다나카 다테아이키쓰(田中館愛橘)

1 4종류의 문자

일본어를 표기하는 데에는 4종류의 표기법이 있다. 표어문자인 한자, 음절문자인 히라가나와 가타카나, 음소문자인 로마자이다. 학습자에게는 부담이 될 지도 모르나 이 4종류의 문자를 사용하므로 표현이 풍부해 질 수 있다. 한자는 명사나 동사, 형용사 등의 어간을 나타내는 데에 사용되며, 히라가나는 조사, 조동사, 용언의 활용어미, 부사, 접속사, 감동사를 나타내는 데에 사용된다. 가타카나는 의성어·의태어(오노마토페), 외래어, 외국의 지명, 인명, 동식물명의 표기에, 로마자는 회사명이나 줄인 말 등에 사용되고 있다.

2 한자

중국 한자가 전래되기까지 일본어에는 언어를 표현하는 수단이 없었다고 한다. '한위노국왕(漢委奴国王)'의 금인(金印)과 백제왕이 논어와 천자문을 조정에 보냈다는 문헌, 이나리산 고분출토 철검명(稲荷山古墳出土鉄剣銘) 등의 자료를 통해 일본인이 1세기에 처음으로 한자를 접하였고, 5세기경에는 일본 국내에서 한자 한문이 사용되어 일본어를 한자로 표현한 적도 있었다고 한다.

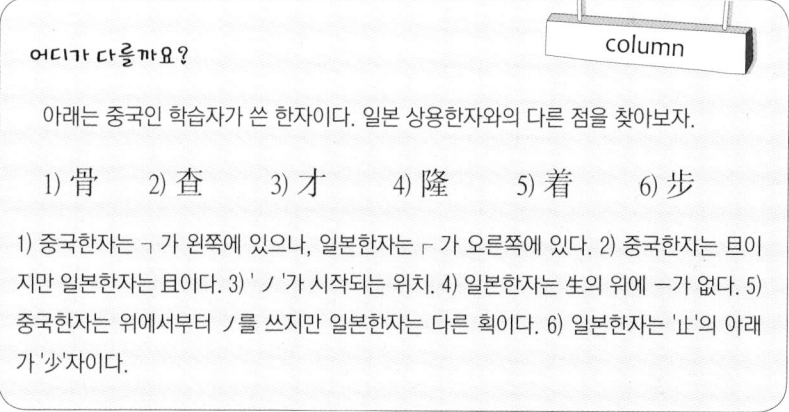

어디가 다를까요?

아래는 중국인 학습자가 쓴 한자이다. 일본 상용한자와의 다른 점을 찾아보자.

1) 骨 2) 査 3) 才 4) 隆 5) 着 6) 步

1) 중국한자는 ㄱ가 왼쪽에 있으나, 일본한자는 ㄱ가 오른쪽에 있다. 2) 중국한자는 日이지만 일본한자는 且이다. 3) 'ノ'가 시작되는 위치. 4) 일본한자는 生의 위에 一가 없다. 5) 중국한자는 위에서부터 ノ를 쓰지만 일본한자는 다른 획이다. 6) 일본한자는 '止'의 아래가 '少'자이다.

2.1 한자의 성립

한자의 구성법과 사용법은 6종류로 분류하여 설명하고 있다. 이것을 '육서'라 한다. 육서는 후한시대(1세기말)에 허신(許慎)이 만든 중국 최고의 문자학서인 『설문해자(說文解字)』에 설명되어 있다.

【상형(象形)】 물건의 모양을 본떠서 성립된 것이다. 한자 중에서 기본적인 것이지만 수는 적다.

　　예: 日, 月, 山, 木, 川, 水, 人, 目, 魚, 鳥, 馬, 門, 火

　　상형문자를 토대로 하여 많은 한자가 만들어졌다.

예: 日 → 旭 , 明, 木 → 机, 杖, 魚 → 鮮, 鳥 → 鳴く

【지사(指事)】그림으로 그리기 어려운 추상적인 개념을 나타내기 위해서 점이나 선 등을 이용하여 나타낸 기호적인 것이다.

예: 一, 二, 三, 上, 下, 末, 未, 本, 夕

상형문자와 지사문자가 한자의 근본적인 구성요소이다.

【회의(會意)】2개 혹은 3개의 기존의 문자가 결합한 것으로 각각의 글자의 의미를 합쳐서 새로운 개념을 나타내는 것이다.

예: 木+木 → 林, 木+木+木 → 森, 火+火 → 炎, 日+月 → 明, 人+言 → 信, 口+鳥 → 鳴, 田+力 → 男, 老+子 → 孝(아이가 노인을 등에 업고 있다)

【형성(形聲)】음을 나타내는 요소문자(音符)와 의미를 나타내는 요소문자(意符)를 합쳐서 새롭게 만들어진 문자의 음과 의미를 알 수 있게 한 것이다. 이 방법으로 만들어진 한자는 매우 많다. 앞에서 언급한 『설문해자』에서 취급된 9,553자의 80% 또한 일본의 상용한자의 60% 가 형성문자이다.

예: 晴, 淸, 精 — '靑' 부분이 음부, '日', 'ㆍ', '米'가 의부

問, 聞 — '門' 부분이 음부, '口', '耳'가 의부

상형, 지사, 회의, 형성은 한자의 구성법이고 다음 2종류는 사용법이다.

【가차(假借)】새로운 단어를 표시하고자 할 때 그 단어의 의미와 관계 없이 이미 존재하는 문자 중 발음이 닮은 것을 빌려서 표기한 것이다.

예: 석가 아미다 (釈迦, 阿弥陀 : 산스크리트어의 음에 가까운 음을 가진 한자로 나타냄) 만요가나, 亜米利伽(아메리카), 印度(인도)와 같은 취음자(取音字:当て字)도 그 일종이다.

【전주(轉注)】어떤 한자가 시간이 흘러 다른 의미를 갖게 되었을 때 새로운 한자를 만들지 않고 원래의 한자를 그대로 사용하여 새로운 의미를 나타낸 것을 말한다. 예를 들면 '楽'은 본래 현악기, 음악를 의미한다. 마침내 음악을 즐기다라는 표현에서 '즐겁다, 즐기다' 라는 의미가 생겼지만 새롭게 '즐기다'라는 의미의 한자를 만들지 않고 그대로 '楽'을 사용하였다.

이상이 육서이다. 일본어 한자에는 한자의 글자체를 모방하여 일본에서 새롭게 만들어진 것이 있다. 그것을 **국자(国字)**라고 한다. 상용한자표에는 '働, 峠, 畑, 込, 匁, 塀, 枠'가 채용되어 있다. 보통 국자에는 음독이 없는데, '働'은 예외이다. '労働'과 같은 음독의 단어가 있다.

또한 글자형태(字形) 그 자체는 한자에 있지만 그것과 관계없이 독자적으로 일본에서 한자의 의미를 정한 것을 **국훈(国訓)**이라고 한다.

예: 沖(원 뜻 : 허무하다), 稼ぐ(원 뜻 : 곡물을 심다, 수확하다)

상용한자 이외에는 '鮎'(원 뜻 : 메기) 등이 있다.

2.2 한자의 음훈

일본어의 한자에는 **음독**과 **훈독**이 있다. 음독은 한자가 전래되었을 때 중국어로 읽은 것을 일본식 발음으로 표시한 것이다. 현재의 중국어 발음과 비교해도 비슷한 것이 있다.

예: 飯(ファン) → ハン, 山(シャン) → サン

훈독은 한자의 의미를 갖고 있는 고유일본어를 그대로 한자에 대응시킨 것이다.

예: 飯 → めし, 山 → やま

한 개의 한자에 음독이나 훈독이 하나로 국한된 것은 아니다. '行'의 한자는 'ギョウ, ユウ, アン' 등 여러 개의 음독이 있다. 중국의 발음은 오랜 역사를 거치는 동안에 여러 번에 걸쳐 일본에 전해져 왔다. 전해진 시대와 그 한자를 발음했던 중국의 지역이 다르기 때문에 읽는 법이 여러 종류 생긴 것이다.

【**오음(呉音)**】 5, 6세기에 중국의 남부(양쯔강 하류의 강동)의 음으로 나라시대 이전에 도입되었다. 수사 등 일상적인 말에 동화된 것, 불교용어, 고대의 관제 직업 등을 나타내는 것이 많다.

【**한음(漢音)**】 수, 당시대의 중국의 북부(장안을 중심으로 서북방언에 기초함)음으로 7, 8세기 견수사나 견당사에 의해 일본에 전해졌다. 일본어 한자음에서 가장 많다.

【당음(唐音)】송음(宋音)이라고도 한다. 당말부터 송, 원, 명, 청대에 전래되었다. 중국의 중·근세음을 바탕으로 여러 지역의 음이 포함되어 있다. 12세기 가마쿠라시대 이후 선(禅)과 함께 전해졌으므로 선종(禪宗)관계의 단어가 많다.

【오음】行(ギョウ) 京(キョウ) 明(ミョウ) 頭脳(ズノウ) 男女(ナンニョ) 米(マイ) 経(キョウ) 生(ショウ)
【한음】行(コウ) 京(ケイ) 明(メイ) 頭角(トウカク) 男女(ダンジョ) 米(ベイ) 経(ケイ) 生(セイ)
【당음】行(アン) 京(キン) 明(ミン) 饅頭(マンジュウ *マンは 오음) 団(トン) 子(ス)

이 중에는 음독이라는 의식이 없을 정도로 고유일본어와 동화된 것들도 있다.

   예: 絵(エ), 菊(キク)

한편 훈독도 한자의 의미를 번역하여 그것에 대응하는 일본어를 달았기 때문에 훈독에서도 하나의 한자에 여러 훈이 생겼다.

   예: '生きる, 生かす, 生ける, 生まれる, 生む, 生い立ち, 生える, 生やす, 生地, 生水

또한, 숙자훈(熟字訓)이라 하여, 숙어 전체에 하나의 단어를 적용시켜서 훈독하는 것 (예: 小豆, 昨日, 土産, 梅雨)이 있으며 상용한자표의 부표(付表)에 수록되어 있다.

2.3 한자표기의 기준

현재 일반 사회생활에서 한자의 읽기와 쓰기의 기준이 된 것은 '상용한자표(常用漢字表)'(1981년 내각고시)이다. 본표에 1,945자의 한자와 부표에 110단어의 숙자훈·취음자가 있다. 일상생활에서 상용하는 한자의 범위로서 1,850자를 수록한 '당용한자표(當用漢字表)'(1946년) '당용한자음훈표(當用漢字音訓表)' '당용한자자체표(當用漢字字體表)'를 토대로 하고 있다.

일본 유학 시험에는 시험과목으로 한자는 없지만 일본어능력시험에는 문자·어휘 시험이 있다. 1급의 출제기준은 2,036자로, 상용한자표에서 19자를 제외하고, 표외자(表外字) 110자가 포함되었다. 2급의 한자는 원칙적으로 1,000자, 3급 300자, 4급 100자이다.

2.4 글자체

모국어로 한자를 사용하고 있는 학습자를 한자권 학습자, 그렇지 않은 학습자를 비한자권 학습사라고 부른다. 비한자권의 학습자에게는 쓰기, 읽기, 의미에 대해서 자세하면서도 쉽게 이해할 수 있도록 지도법을 연구할 필요가 있다.

한편 한자권 학습자에게는 음, 훈독, 의미(같은 한자라도 의미용법이 다른 것들이 있음) 이외에 글자체(字體)에 대한 주의가 필요하다. 중국대륙에서는 간체자(簡體字), 대만에서는 번체자(繁體字)를 사용한다. 일본의 신자체(新字體 : 통용자체)와 다르다는 것을 확실히 지도해야 한다. '图(図), 游(遊)' 등 차이점이 분명한 것은 알기 쉽지만, 아래와 같은 미세한 차이점은 간과하기 쉽다.

간체자	写	包	黑	收	別	边	变	污	劳	角	对
신자체(일본)	写	包	黒	収	別	辺	変	汚	労	角	対

신자체의 활자에는 명조체를 비롯하여 여러 종류의 서체가 있다. 같은 자라도 사소한 부분에서 글자 형태(字形)의 차이가 있다. 또한 같은 명조체라도 미세한 글자 형태의 차이가 있다. 이것은 글자체의 차이가 아니라 디자인의 차이이다.

또한 활자와 손글씨(해서)에도 차이점이 있다. 한자 학습에는 손글씨를 토대로 만들어진 교과서체를 사용한다. 명조체와는 미세한 차이가 있다는 점에 주의하지 않으면 학습자에게 혼란을 줄 수 있다. 상용한자표에 의하면 이것은 습관의 차이이지 글자체의 차이가 아니라고 한다.

명조체	北	衣	比	系	収	人	令	道	風	言	子
교과서체	北	衣	比	系	収	人	令	道	風	言	子

2.5 한자의 필순

필순이란 문자를 쓰는 순서이다. 필순에 맞추어 쓰면, 쓰기 쉽고 보기 좋은 형태로 쓸 수 있고 잘못 읽는 실수도 피할 수 있으며, 획수도 정확하게 셀 수 있으므로 사전을 찾을 때에 도움이 된다. 학습자에 대한 과도한 지도는 불필요하나 새로운 한자를 가르칠 때 교사는 올바른 필순으로 지도해야 한다. 대원칙은 '위에서 아래로' '왼쪽에서 오른쪽으로' '가로에서 세로로'이다. 아래의 『手順指導の手引き』(1958)를 참고하여 원칙을 제시한다.

1) 위에서 아래로 ……… 二, 三, 工, 言, 喜
2) 좌에서 우로 ……… 川, 体, 例, 学, 働
3) 가로획과 세로획이 교차할 때에는 가로획이 우선 ……… 十, 七, 土, 木, 古
   예외: 田, 由, 曲, 各, 馬 (세로획이 우선)
4) 중심이 우선(中, 左, 右 순서) ……… 小, 水, 赤, 業, 楽
   예외: 中, 火, ↑(심방변)
5) 바깥 둘레에서 안으로 ……… 同, 国, 聞, 風, 司
   예외: 区, 医 (가로획 '一' → 가운데 글자를 씀 → 'ㄴ'), 巨, 臣 ('丨'가 우선)
6) 관통하는 세로획은 마지막에 ……… 中, 半, 平, 事, 車
   관통하지 않는 세로획은 위, 세로, 아래 ……… 里(曰 → 甲 → 里), 重, 勤, 野, 黒
7) 관통하는 가로획은 마지막에 ……… 母, 子, 女, 安, 毎
   예외: 世(世만 '一'를 먼저 씀)
8) 오른쪽 삐침과 왼쪽 삐침이 교차하거나 만났을 경우는 왼쪽 삐침을 먼저 쓴다. ……… 人, 父, 文, 支, 金

9) 가로획과 왼쪽삐침은 짧은 쪽을 먼저 쓴다

왼쪽삐침이 짧은 것('ノ'를 먼저) ……… 右, 有, 布, 希, 若

가로획이 짧은 것('一'를 먼저) ……… 左, 友, 在, 存, 抜

10) 그 외에 주의할 것

'にょう'를 먼저 쓴다 ……… 起, 勉, 鬼, 題, 処

'にょう'를 나중에 쓴다 ……… 近, 進, 違, 延, 健

왼쪽 삐침 'ノ'가 먼저 ……… 九, 及

왼쪽 삐침 'ノ'를 나중에 ……… 力, 万, 方, 別, 刀

세로획이 먼저 ……… 上, 止, 点, 長, 収

必('ソ'를 먼저), 米('ヽヽ'가 먼저), 飛('⺀'가 먼저), 片('ノ'가 먼저)

2.6 오쿠리가나

일본어 표준적 표기는 한자와 가나를 섞어 쓰는 한자·가나혼용문(漢字仮名交じり文)이다. 오쿠리가나(送り仮名)란 '行く'의 'く'와 같이 한자 다음에 붙어서 쓰여지는 히라가나를 말한다. 한자에는 여러 개의 읽는 방법이 있기 때문에 읽는 사람이 바른 방법을 선택해서 읽을 수 있도록 유도하는 역할을 하고 있다.

'오쿠리가나표기법(送り仮名の付け方)'(1973년 내각 고시, 1981년 1부 개정)에는 1부터 7까지 통칙이 있다. 통칙에 의하면 관용을 인정한다는 입장에서 '허용'까지 표시되어 있다. 통칙에 맞지 않지만 관용으로 사용되는 것은 '예외'라고 표시하고 있다. 통칙의 개요를 소개하면 다음과 같다.

통칙1: 활용하는 경우는 활용어미를 붙인다.

예를 들면 동사 '書く'라면, 'かかない, かきます, かく…'라고 활용하므로, 바뀌지 않는 부분(어간) 'か'를 한자로 쓰고, 변하는 부분(활용어미)을 붙인다.

【동사】예: 書く, 会う, 承る, 催す, 実る, 憤る, 表す, 行う, 断る

허용: 表わす, 著わす, 現われる, 行なう, 断わる, 賜わる

【형용사】예: 高い, 安い, 潔い, 賢い, 濃い
　　예외: 어간이 'し'로 끝나는 형용사는 'し'부터 붙인다. 예: 惜しい, 珍しい
【형용동사】예: 得だ, 主だ
　　예외: 'か' 'やか' 'らか'을 포함 하는 형용동사는 그 음절부터 붙인다
　　　예: 暖かだ, 確かだ, 静かだ, 細やかだ, 和やかだ, 明らかだ, 柔らかだ
　　그 외에 다음과 같은 예: 味わう, 教わる, 異なる, 逆らう, 群がる, 和らぐ,
　　　　　　　明るい, 危ない, 平たい, 新ただ, etc
통칙2: 다른 단어를 포함하는 경우는 포함되는 단어의 오쿠리가나표기법
　　　에 따른다.
　　예를 들어, 동사 '動かす'는 통칙1에 의하면 활용어미의 'す'를 붙여 '動す'가 되지만 '動く'라는 단어를 포함하고 있으므로 '動く'의 오쿠리가나표기법을 따른다.
　　　예: 生まれる(生む), 起こる(おきる), 向かう(向く), 恐ろしい(恐れる), 確かめる(確かだ), 条らかだ(条らかい), 汗ばむ(汗), 男らしい(男)
　　허용: (잘못 읽을 염려가 없는 경우) 예: 生れる, 暮す, 当る, 終る
통칙3: 활용이 없는 단어는 오쿠리가나를 붙이지 않는다.
　　　예: 月, 鳥, 花, 山, 男, 女, 彼, 何
　　예외: 辺り, 哀れ, 勢い, 後れ, 幸い, 幸せ, 一つ, 二つ, 三つ, etc.
*읽는 방법을 확실히 하기 위해서 틀리기 쉬운 것에 붙인다.
통칙4: 활용하는 단어에서 전성된 명사는 원래의 단어의 오쿠리가나표기법
　　　에 따른다.
　　　예: 動き(動く), 恐れ(恐れる), 答え(答える), 晴れ(晴れる), 大きさ, 明るみ, 惜しげ('さ, み, げ'가 붙어 명사화된 것)
　　예외: 話, 氷, 印, 帯, 恋, 次, 隣, 富, 恥, 光, 係, 組, etc.
　　허용: (잘못 읽을 염려가 없는 경우) 예: 畳, 届, 願, 晴, 当り, 代り
통칙5: 부사, 연체사, 접속사는 마지막 음절에 붙인다.
　　　예: 必ず, 更に, 少し, 既に, 再び, 全く, 最も, 及び, 且つ

예외: 大いに, 直ちに, 又, 恐らく, 従って, 絶えず, 例えば, etc.
통칙6: 복합어는 각각의 단독어의 오쿠리가나 표기법에 따른다.
　　예: 申し込む, 打ち合わせる, 若々しい, 気軽だ, 独り言, 斜め左
　허용: (잘못 읽을 염려가 없을 경우) 申込む, 打ち合わせる・打合せる, 待遠しい, 封切, 落書, 雨上り, 日当り, 売り上
통칙7: 다음과 같은 명사는 관용적으로 오쿠리가나를 붙이지 않는다.
　관용이 고정된 것: 시위명, 직책명, 공예품명의 직조모양, 무늬, 칠, 그 외
　　예: 頭取, 取締役, 博多織, 書留, 小包, 切符, 踏切, 手当, 試合

3   히라가나

　일본에 한자가 전해지면서 한자를 이용하여 기록을 하게 되자, 한자의 표음적 사용법이 발달하였다. 한자의 의미는 무시하고 일본어음과 비슷한 음을 가진 한자를 사용하여 일본어를 표기한 것이다. 예를 들어, '也末' '夜麻' '耶麻'라고 표기하여 'やま(山)'를, '於登'로 'おと(音)'를 표기하였다. 한자의 훈독이 정착되자, '八間跡'(やまと) '夏樫'(なつかし) 등 훈을 사용하여 표기한 훈가나(訓仮名)도 등장하였다. 이렇게 한자의 음훈을 사용하여 일본어를 표기하는 문자 사용은 만요슈(萬葉集)에서 많이 보이므로 만요가나(万葉仮名)라고 부른다.

　만요가나에서 자획 전체를 초서체로 간단하게 창안해 낸 것이 히라가나이다. '安'에서 'あ', '以'에서 'い', '宇'에서 'う', '衣'에서 'え', '於'에서 'お'가 만들어졌다. 흐르는 듯한 여러 곡선으로 구성된 글자체를 가지며 문자로서의 아름다움이 가나문학(와카(和歌), 모노가타리(物語), 일기, 수필)과 결합하여 예술적으로 세련되어졌다. 헤이안 중기, 10세기 경에는 완성되었다고 볼 수 있다. '가나'는 한자(真名)에 대한 임시글자(仮名)로 'かな' 'かんな' '온나테(女手)'라고도 불렸다. ワ행의 'ゑ'와 'ゐ'가 있었으나 '현대가나표기법'에 의해 사용되지 않게 되어 청음가나(清音仮名)는 46개의 문자가 되었다.

【히라가나의 표기법】

　蝶々를 'てふてう', 今日를 'けふ'라고 표기한 것을 본 적이 있을 것이다. 이러한 표기법을 역사적가나표기법(歷史的な仮名遣い)이라고 한다. 이 표기법에서 실제 현실음과의 차이가 점점 커져서 1946년에 새로운 표기기준으로서 '현대가나표기법(現代仮名遣い)'이 제시되었다. 그 후 1986년에 '현대가나표기법'이 고시되었다. 원칙인 표음적 가나표기법에 약간의 역사적 가나표기법를 더한 것으로 그 기준은 아래와 같다.

제 1 : 원칙을 토대로 한 규정
　1) 직음(모음, 자음+모음)의 표기　예: あ, が, ば, ぱ, わ, ん
　2) 요음(자음+반모음+모음)의 표기　예: ぎゃ, ぎゅ, ぎょ
　3) 발음(撥音) 표기 : 'ん'　みなさん, しんねん(新年)
　4) 촉음 표기 : 'っ'　はしって, かっき(活気)
　5) 장음 표기 :　ア열(列)　おかあさん, おばあさん
　　　　　　　　　イ열(列)　にいさん, おじいさん
　　　　　　　　　ウ열(列)　ふうふ, くうき, おさむうございます
　　　　　　　　　エ열(列)　ねえさん, ええ
　　　　　　　　　オ열(列)　おとうさん, かおう, おはよう, ちょうちょう
제 2 : 관습을 토대로 규정
　1) 조사의 'は' 'を' 'へ'는 'は' 'を' 'へ'라고 쓴다.
　　예: こんにちは, こんばんは, これは, または, いずれは, あるいは, さては, ではさようなら, とはいえ, 恐らくは
　　(주의) 'わ'라고 쓰는 것: いまわの際, 風も吹くわ, きれいだわ
　2) 동사의 '言う'는 'ゆう'가 아닌 'いう'라고 쓴다.
　　예: ものをいう, いうまでもない, どういうふうに, 人というもの
　3) 요쓰가나 'じ, ぢ, ず, づ'를 구별해서 쓰기

① 동음 연호에 따른 'ぢ' 'づ'는 'ぢ' 'づ'로 쓴다.
예: ちぢむ, ちぢれる, つづみ(鼓), つづく(続く), づづる
(주의) 원래 'じ'였던 것: いちじく, いちじるしい

② 2단어의 결합에 의해 생긴 'ぢ' 'づ' 는 'ぢ' 'づ'로 쓴다.
예: はなぢ, そこぢから, いれぢえ, ちゃのみぢゃわん, こぢんまり, まぢか, ちかぢか(近々), みかづき, ひげづら, おこづかい, 心づくし, 手づくり, こづつみ, ことづて, かたづく, ねばりづよい, つねづね, つくづく

③ 현대어의 의식으로는 2개의 단어로 분해하기 어려운 것은 'じ' 'ず'라고 쓰는 것이 원칙이지만 'せかいぢゅう' 'いなづま'와 같이 'ぢ' 'づ'로 쓸 수 있다.
예: せかいじゅう(世界中), いなずま(稲妻), きずな, さかずき, うなずく, おとずれる, つまずく, うでずく, ひとりずつ, ゆうずう(融通)
(주의) 한자의 음독이 원래 탁음인 것은 'じ' 'ず' 라고 쓴다.
예: じめん(地面), ぬのじ(布地), ずが(図画), りゃくず(略図)

④ 工열의 가나에 'お'를 붙여서 쓴 것.
역사적가나표기법에서 'ほ' 'を'라고 쓰여 있는 것은 オ행의 가나에 'お'를 붙여서 쓴다.
예: おおかみ, おおせ, おおやけ, こおり, ほお, ほのお, とお, おおい, おおきい, とおい, とおる, とどこおる, もよおす, おおむね
(덧붙임) エ열의 가나에 'い'를 붙여 쓰는 것: れい, えいが, せい(背), とけい, ていねい, かせいで, まねいて, 春めいて

4 가타카나

가타카나의 가타(片)는 '완전하지 않다'라는 의미로 이름에 나타난 대로 만요가나의 자획의 일부를 생략하여 만든 문자이다. ア는 '阿'의 변 'ß'의 초서체에서, イ는 '伊'의 변에서, ウ는 '宇'의 관에서, エ는 '江'의 방에서 만든 것처럼 원래의 한자의 초획이나 마지막의 1, 2획을 취한 것으로 형태는 직선적이다.

【외래어의 표기법】
외래어를 표기하기 위해서 가타카나를 사용하였다.

표기의 근거는 1991년 내각고시의 '외래어 표기'이다. 제1표는 외래어나, 외국 지명, 인명을 쓰는 데에 일반적으로 사용되며, 제2표는 원음이나 원래 표기법에 될 수 있는 한 가깝게 표기할 경우에 사용된다. 일반적으로는 'チューバ', 'インタビュー'라고 쓰는 단어도 제2표에 따라 'テューバ' 'インタヴュー'라고 표기할 수 있다.

관용이 정착된 것, 예를 들면 'エチケット', 'デザイン', 'ゼラチン', 테니스의 'ジュース' (deuce), ヒューズ(fuse)' 등은 관용대로 표기한다.

'ヂ', 'ヅ', 'ヲ'는 표에 없다. 가타카나의 지도에서는 'ソ'와 'ン', 'ツ'와 'シ'의 혼동에 주의해야 한다.

5 로마자

로마자는 무로마치(室町)말기에 일본에 온 천주교 선교사에 의해 전해졌다. 선교사들은 포교를 위해서 일본어를 배워 포르투갈어를 토대로 한 표기법으로 일본어 발음을 표기하였다. 그 후 네덜란드어, 독일어, 프랑스어에 의한 표기가 형성되었다. 메이지시대에 로마자회(羅馬字会)가 결성되어 영어식(모음은 이탈리아식) 표기를 발표했다.

이 방식은 1886년 헤본(J.C. Hepburn)의 『和英語林集成』 제3판이 채용되었

기 때문에 표준식, 헤본식이라고 부른다. 한편 1885년에 다나카 다테아이키쓰(田中舘愛橘)가 50음도에 따른 일본식로마자를 제창하였다. 그 후 표기법의 대립이 일어나 1937년 문부성은 일본식을 정리한 훈령식(訓令式)를 공포하였으나 통일하지는 못하였다.

1954년에 '로마자표기법(ローマ字のつづり方)'이 내각공시로서 발표되었다. 일반적으로 제1표의 훈령식를 사용하지만 제2표의 표준식, 일본식을 사용하여도 지장없다. 헤본식은 현실음과 가까운 표기법이고 훈령식은 음운학적이다. 〈표 1〉에 각 방식의 다른 점을 나타냈다.

〈표 1〉 훈령식, 일본식, 헤본식의 차이점

	し	ち	つ	ふ	じ	ぢ	ず	づ	しゃ	じゃ	ちゃ	ぢゃ	を	ん
훈령식	si	ti	tu	hu	zi	zi	zu	zu	sya	zya	tya	zya	o	n
일본식						di		du				dya	wo	
헤본식	shi	chi	tsu	fu	ji	ji	zu	zu	sha	ja	cha	ja	o	n/m

(주1) 일본식의 공란은 훈령식과 동일
(주2) 헤본식의 'ん'은 b, m, p 앞에서는 'm'으로 표기

또한 내각고시는 표기의 근거이며 전문 분야나 개개인의 표기에까지 영향을 끼치는 것은 아니다.

참고자료: '현대가나표기법' 1986년 7월 내각고시, '외래어표기' 1991년 6월 내각고시, '로마자표기법' 1954년 12월 내각고시

'현대가나표기법' 본문 제1에서
1 직음(*밑줄을 그은 가나는 본문 제1에 표시된 경우에만 사용된다.)

あ	い	う	え	お
か	き	く	け	こ
さ	し	す	せ	そ
た	ち	つ	て	と
な	に	ぬ	ね	の
は	ひ	ふ	へ	ほ
ま	み	む	め	も
や		ゆ		よ
ら	り	る	れ	ろ
わ				を

が	ぎ	ぐ	げ	ご
ざ	じ	ず	ぜ	ぞ
だ	ぢ	づ	で	ど
ば	び	ぶ	べ	ぼ
ぱ	ぴ	ぷ	ぺ	ぽ

2 요음

きゃ	きゅ	きょ	ぎゃ	ぎゅ	ぎょ
しゃ	しゅ	しょ	じゃ	じゅ	じょ
ちゃ	ちゅ	ちょ	ぢゃ	ぢゅ	ぢょ
にゃ	にゅ	にょ			
ひゃ	ひゅ	ひょ	びゃ	びゅ	びょ
			ぴゃ	ぴゅ	ぴょ
みゃ	みゅ	みょ			
りゃ	りゅ	りょ			

'로마자표기법'
제1표 [( )는 중복을 나타낸다.]

a	i	u	e	o			
ka	ki	ku	ke	ko	kya	kyu	kyo
sa	si	su	se	so	sya	syu	syo
ta	ti	tu	te	to	tya	tyu	tyo
na	ni	nu	ne	no	nya	nyu	nyo
ha	hi	hu	he	ho	hya	hyu	hyo
ma	mi	mu	me	mo	mya	myu	myo
ya	(i)	yu	(e)	yo			
ra	ri	ru	re	ro	rya	ryu	ryo
wa	(i)	(u)	(e)	(o)			
ga	gi	gu	ge	go	gya	gyu	gyo
za	zi	zu	ze	zo	zya	zyu	zyo
da	(zi)	(zu)	de	do	(zya)	(zyu)	(zyo)
ba	bi	bu	be	bo	bya	byu	byo
pa	pi	pu	pe	po	pya	pyu	pyo

제2표

sha	shi	shu	sho
		tsu	
cha	chi	chu	cho
		fu	
ja	ji	ju	jo
di	du	dya	dyu	dyo
kwa			
gwa			
			wo

'외래어 표기'에서

제1표

ア	カ	サ	タ	ナ	ハ	マ	ヤ	ラ	ワ	ガ	ザ	ダ	バ	パ
イ	キ	シ	チ	ニ	ヒ	ミ		リ	ギ	ジ	ヂ	ビ	ピ
ウ	ク	ス	ツ	ヌ	フ	ム	ユ	ル		グ	ズ	ヅ	ブ	プ
エ	ケ	セ	テ	ネ	ヘ	メ		レ		ゲ	ゼ	デ	ベ	ペ
オ	コ	ソ	ト	ノ	ホ	モ	ヨ	ロ		ゴ	ゾ	ド	ボ	ポ

	シェ	チェ	
ツァ		ツェ	ツォ
	ティ		
ファ	フィ	フェ	フォ
		ジェ	
	ディ		
	デュ		

제2표

	イェ		
	ウィ	ウェ	ウォ
クァ	クィ	クェ	クォ
	ツィ		
	トゥ		
グァ			
	ドゥ		
ヴァ	ヴィ	ヴ	ヴェ	ヴォ
	テュ		
	フュ		
	ヴュ		

キャ	キュ	キョ
シャ	シュ	ショ
チャ	チュ	チョ
ニャ	ニュ	ニョ
ヒャ	ヒュ	ヒョ
ミャ	ミュ	ミョ
リャ	リュ	リョ
ギャ	ギュ	ギョ
ジャ	シュ	ショ
ビャ	ビュ	ビョ
ピャ	ピュ	ピョ

ン (발음)
ッ (촉음)
ー (장음부호)

과제

❶ 예전부터 한자를 사용했던 나라들 중에서 지금은 사용하지 않는 나라가 있다. 한자 사용의 장점과 단점을 5개씩 들어 일본어가 한자를 유지해 온 이유를 생각해보자.

❷ 신문 등에서 'だ補' 'けん銃' 등의 부자연스러운 표기를 발견할 때가 있다. 상용한자에는 없는 한자(拿, 拳)를 포함하는 한어이기 때문이다. 이러한 단어를 표기하는 데에 다른 어떤 방법이 있는지 생각해보자.

❸ 1)~5) 중에서 【 】의 설명에 맞지 않는 것을 하나 고르시오.

①【음독】
  1) え(絵) 2) りく(陸) 3) きく(菊) 4) じ(路) 5) おつ(乙)

②【상용한자표에 있는 것】
  1) 凸 2) 屯 3) 篤 4) 瓦 5) 璽

③【바른 오쿠리가나】
  1) 弾き語り 2) 物語り 3) 昼下がり 4) 踏切 5) 切取り線

④【바른 오쿠리가나】
  1) 楽しい 2) 少い 3) 潔い 4) 汚い 5) 危ない

⑤【바른 표기】
  1) こんにちは 2) ひとりずつ 3) いちじるしい 4) かたずける 5) おねえさん

⑥【상용한자표에 음독만이 있고 훈독이 없는 단어】
  1) 絡 2) 覽 3) 理 4) 零 5) 齢

⑦【상용한자표에 훈독만 있고 음독이 없는 단어】
  1) 枠 2) 届 3) 咲 4) 戻 5) 虞

독서안내

アルク日本語編集部(1994)『日本語能力試験漢字ハンドブック』アルク
＊후반의 '漢字の知識'가 검정시험 공부에 도움이 되며, 전반의 '漢字音訓別一覧'은 영어, 중국어, 한글로 단어의 의미가 기술되어 있으므로 가르칠 때에 도움이 된다.

玉村文郎(1985)『語彙の研究と教育(上)(下)』国立国語研究所
＊자료도 풍부하며 연습문제도 있어 이해하기 쉽게 쓰여 있다.

【참고문헌】

池田悠子・.高見沢孟監修(2004)『はじめての日本語教育１』アスク
貝塚茂樹他(1981)『日本語の世界３　中国の漢字』中央公論社
鈴木一彦・林巨樹監修(1995)『概説日本語学』明治書院
高木裕子(1996)『日本語の文字・表記入門』バベル・プレス
文化庁(2001)『公用文の書き表し方の基準(資料集)』平成13年4月
宮地裕・清水康行(1993)『日本語の表現と理解』放送大学教育振興会
日本語教育学会編(2005)『新版　日本語教育事典』大修館書店
日本国際教育協会著・編集 (1999～2001)『日本語教育能力検定試験問題』平成10, 11, 12,13年度, 桐原書店
日本国際教育支援協会著・編(2003,2004,2005)『日本語教育能力検定試験問題』平成14,15,16年度　凡人社

文化庁国語施策情報システム
「常用漢字表　昭和56年10月内閣告示」
「現代仮名遣い　昭和61年7月内閣告示」
「送り仮名の付け方　昭和48年6月内閣告示」
「外来語の表記　平成3年6月内閣告示」
「ローマ字のつづり方　昭和29年12月内閣告示」
<http://www.bunka.go.jp/kokugo/frame.asp?tm=20060910163851>

과제의 정답　❸ ① 4　② 4　③ 2　④ 2　⑤ 4　⑥ 1　⑦ 4

제20장
일본어사

'食べれる', '寝れる', '私は行かないです' 등의 표현을 일상적으로 듣게 된다. 언어의 변화는 우리들이 큰 흐름 속의 한 시대에 살고 있다는 것을 실감나게 한다.
여기에서는 일본어가 어떤 변화를 걸쳐서 현재의 모습이 되었는지를 시대별로 음운, 표기, 어휘, 문법 항목으로 나누어 개괄적으로 설명한다.

키워드 상대특수가나표기법(上代特殊仮名遣い), 요쓰가나(四つ仮名), 모음탈락, 순음퇴화(脣音退化), 변체한문, 선명체(宣命体), 아메쓰치(あめつち), ハ행전호음(ハ行転呼音), 개음(開音), 합음(合音), 데이카가나표기법(定家仮名遣い), 기록체, 가나한문혼효체(和漢混交体), 의고문(擬古文)

1 일본어사의 시대구분

일본어는 남북조 시대까지의 고대어와 그 이후의 근대어로 크게 두 줄기로 나눌 수 있다.

더 자세하게 시대구분을 하면 상대(나라시대까지), 중고(헤이안), 중세(가마쿠라부터 무로마치), 근세(에도), 근대 (메이지이후)로 나눈다. 특히 1945년 이후를 현대라고 한다.

아래와 같이 시대별로 변천의 요점을 설명한다. ('제16장 어휘' '제19장 문자와 표기'참조)

2 상대 일본어(~奈良시대)

음운

① 만요가나의 사용에서 상대특수가나표기법이라고 하는 특수한 가나표기를 볼 수 있다. イ단의 'キ, ヒ, ミ', エ단의 'ケ, ヘ, メ', オ단의 'コ, ソ, ト, ノ, (モ), ヨ, ロ'('モ'는 고지키(古事記)에서만 구별)와 'ギ, ビ, ゲ, ベ, ゴ, ゾ, ド'에 해당하는 음절을 나타내는 한자를 갑(甲), 을(乙)의 두 종류의 표기가 있었다. 예를 들면 'ミ'라는 음에는 갑류 '美, 瀰, 寐' 등과, 을류 '未, 尾, 微, 味'의 두 종류가 있는데 '水'의 'ミ'를 표기하기 위해서는 갑류의 한자, '神'의 'ミ'를 표기하기 위해서는 을류의 한자만 사용했다. 또 한 단어에 갑류의 한자와 을류의 한자가 섞여 사용되지는 않았다. 이런 표기는 음절의 차이(모음의 차이) 또는 상보적 분포의 이음(異音)을 나타낸 것이라고 할 수 있다.
② ヤ행의 'エ'음, ワ행의 'ヰ'음, 'ヱ'음, 'ヲ'음이 있었다. 이것은 'イ, エ, オ'음과 구별되어 있었다.
③ 요쓰가나(四つがな)라고 불리는 'ジ'와 'ヂ', 'ズ'와 'ヅ'의 음이 각각 달랐다. 청음은 60개(고지키에서는 61)이고 탁음은 27개로 후세대보다 음절수가 더 많았지만, 음절의 결합에 제약이 있었다. 아래의 ④, ⑤와 같은 두음법칙이 있었다.
④ 모음은 어두에만 오고 어중, 어말에 모음이 연속으로 오는 경우는 없었다. 어중에 모음이 오는 경우는 한쪽이 탈락되는 모음탈락이 일어났다. (예:ながあめ・ながめ)
⑤ ラ행음, 탁음(ガザダバ행)으로 시작되는 단어는 거의 없었다.
⑥ ハ행음은 [Φ]의 음이었다. (옛날의 [p]음이 → [Φ] → [h]로 변화되었다.) 이 현상을 순음퇴화(脣音退化)라 부른다.

표기

한자가 전래된다. 한자의 음, 훈을 사용하여 일본어를 표기하는 만요가나라는 표음적 용법이 만들어졌다. 예: 波奈(花), 阿米(雨), 忘金鶴

문법

① 동사의 활용형식은 8종류(四段, 上一, 上二, 下二, カ행변격, サ행변격, ナ행변격, ラ행변격활용)이었다.
② 형용사는 ク활용과 シク활용의 두 종류가 있었다.
③ 활용어을 체언으로 바꾸는 'ク'나, 형용사의 어간에 접속하여 이유나 근거를 나타내는 'ミ' 등의 상대 특유의 어법이 있었다. → 중고시대에는 사용하지 않게 되었다.

어휘

일본고유어(和語)가 대부분을 차지했다. 한어기원(梅, 馬), 조선어기원(寺), 梵語 = 산스크리트어기원(瓦) 등의 단어는 일본어화되었다.

문체

한문을 일본어화(어순, 어휘 등)한 변체한문이 만들어져『古事記』에 사용되었다. 축사(祝詞)나 선명(宣命;조칙, 칙어)에 활용어미, 조사 등을 만요가나로 작게 쓴 문체인 선명체(宣命体)가 출현한다.

3 중고(平安·院政) 일본어

음운

① 상대특수가나표기법은 사라졌다.
② ア행의 エ[e]와 ヤ행의 エ[je]가 [je]로 통일되었다. 헤이안 초에 성립되었다고 하는 연습용(학습용) 노래인 'あめつち'는 48개의 청음으로 이루어졌

으며 특수가나표기법이 사라졌다. 그러나 ア행과 ヤ행의 'エ'의 구별은 남아 있었다. 인세이시대(院政時代)에 성립되었다는 'いろは歌'에서는 청음이 47개로 줄었으며 이 때에는 'エ '의 구별은 없어졌다고 생각된다.

③ 'オ'음 [o]와 'ヲ'음 [wo]의 구별도 사라져 [wo]음으로 통일되었다.
④ 어두이외의 ハ행음이 ワ행음(ワヰウヱヲ)으로 발음되었다. (예 : 川カハ →カワ)

이 변화를 ハ행전호음(ハ行轉呼音)이라 한다. 그 결과 'イ, ヒ, ヰ', 'エ, ヘ, ヱ'가 각각 동음이 되었다.

⑤ イ음편(咲きて → 咲いて), ウ음편(早くて → 早うて), 촉음편(促音便)(知りて → 知って), 발음편(撥音便)(読みて → 読んで)이 생기고 두음법칙은 사라졌다.
⑥ 한자가 침투한 결과, 종래의 일본어에서 볼 수 없었던 요음(拗音)이 생겼다.

표기

한자 초서체에서 히라가나, 한문훈독을 위한 기호로서 한자의 일부로 만들어진 가타카나가 만들어졌다.

어휘

한어가 침투되었다. 명사 이외에도, 동사, 형용동사, 부사로도 사용되었다. 단 사용자는 주로 남성이며, 예를 들면『겐지모노가타리(源氏物語)』에 있어서 한어가 차지하는 비율은 개별어휘수로 8.8%밖에 없었다.

문법

① 하1단활용의 동사 '蹴る'의 출현으로 동사활용은 9종류가 된다.
② 'る·らる'는 수동, 자발, 가능, 존경의 의미로, 'す' 'さす'는 사역, 존경의 의미로 사용되었다.

③ 형용동사가 발달되어 ナリ활용과 タリ활용이 있었다.

문제

① 히라가나문이 발달되어 『다케토리모노가타리(竹取物語)』『도사닛키(土佐日記)』『겐지모노가타리(源氏物語)』 등의 일기나 모노가타리에 사용되었다.
② 가타카나 혼용문이 나타났다. 활용어미, 조사 등을 만요가나로 쓴 것을 가타카나로 쓰게 되었다. 대표적인 것으로 『곤자쿠모노가타리(今昔物語)』가 있다.

4 중세 일본어(鎌倉, 南北朝, 室町, 安土桃山시대) 일본어

음운

① 촉음편, 발음편(撥音便)이 발달되었다.
② 연속하는 두 개의 모음이 하나의 장모음으로 변화되었다. アウ[au]는 [ɔː], オウ[ou]는 [oː], エウ[eu]는 [joː]가 되었다. オ단의 장모음은 두 종류의 발음이 있었다. [ɔː]를 개음(開音), [oː]를 합음(合音)이라 부르며, '개합'으로 구별하여 발음하였다.
③ 연성(連声)이 우선 한어에 출현되었고(예: 三位 → サンミ, 反応 → ハンノウ), 고유일본어(和語)에서도 볼 수 있게 되었다. 예: 人間は → ニンゲンナ

표기

① 가나표기법의 규범이 만들어졌다. 실제의 발음와 표기와의 차이가 커서, 후지와라노 데이카(藤原定家)가 『게칸슈(下官集)』을 저술하였다. 교아(行阿)가 보완하여 펴낸 『가나문자사용법(仮名文字遣)』은 『데이카가나표기법(定家仮名遣)』이라고 부른다.
② 무로마치 말기에 로마자가 전해졌다. 일본에 온 선교사들이 만든 그리스트

교 자료에 일본어를 로마자로 기록하였다. 이것은 당시의 발음을 알 수 있는 단서가 되었다. 에도 초기에 이르러 간행되었으며, 일본예수회에 의한 '일포사전(日葡辞書)'(1603), 로도리게스(Joco Rodriguez)의 '일본어대문전(日本大文典)'(1604-1608) 등이 있다.

어휘

① 한어가 증대되었다. '大根' 등의 일본제 한어가 생겼다. 선종과 함께 당음의 한어(喫茶, 椅子, 普請)가 들어왔다.
② 포르투갈어에서 온 외래어(カステラ, シャボン) 등이 사용되었다.
③ 궁녀들이 사용한 말로 궁중여성어(女房詞) 라는 특유의 언어표현이 있었다.

문법

① 동사의 ラ행변격활용이 4단동사로 통합되어 활용형식은 8종류가 되었다. カ변, サ변은 현대어와 활용이 같다.
② 제술호응어(係りことば)가 없어도 대부분이 연체형으로 문을 끝내는 것이 보통이며, 종지형이 소멸되고 연체형이 종지형으로 쓰이게 된다.
③ 상2단, 하2단 활용 동사가 1단화되는 경향이 있다.
④ 가능 동사가 출현한다.
⑤ 형용사의 ク활용, シク활용의 구별이 소멸된다.

문체

① 공·사적인 문서에 기록체(東鑑体)라는 변체한문(變體漢文)이 사용되었다.
② 한문훈독체와 일본어고유문체(和文體)가 융합한 가나한문혼효제(和漢混淆体)가 출현하였고, 이것은 『헤이케모노가타리(平家物語)』등의 군기물(軍記物)에 많이 사용되었다.

③ 서간에서는 소로분체(候文體)가 사용되었다.
④ 무로마치(室町)시대에 'まらする', 'まする'(에도시대에 'ます'로 변했다) 나 'ござある', 'ござる' 등의 정중어가 발달하였다.

5 근세(江戸시대) 일본어

음운
① オ단의 장음이 [o:]로 통일된다.
② 요쓰가나(四つ仮名)음의 구별이 없어지고, 'ヂ'는 'ジ'로 'ヅ'는 'ズ'의 음으로 통합되었다. (발음(撥音)뒤에서는 'ヂ', 'ヅ'음이었다).
③ 'クァ · グァ'가 'カ · ガ'로 통합된다. (합요음(合拗音)의 직음화).
④ ハ행자음(ハ, ヘ, ホ)가 [Φ]에서 [h]가 된다.
⑤ 'エ', 'オ'의 발음이 현재와 같은 [e], [o]가 되었다.
⑥ 'セ''ゼ'는 무로마치시대에 귀족은 'シェ''ジェ'로 발음하였고, 에도시대에 'セ', 'ゼ'가 되었다.

표기
① 게이추(契冲)가 과거의 문헌에서 데이카가나표기법(定家仮名遣)의 문제점을 고쳐서, 『와지쇼란쇼(和字正濫鈔)』를 집필하였다. 이 게이추가나표기법은 그 후의 표기법의 기준이 되었기 때문에 역사적가나표기법이라고도 부른다.
② 오십음의 순서가 현재의 배열로 정착되었다.

어휘
① 네덜란드어의 'アルコール, ゴム, コップ, ランドセル' 등이 들어왔다. 에도막부 말기에는, 영어, 프랑스어도 들어왔다.
② 문맹률이 점점 낮아지고 출판물이 보급되었기 때문에 한어가 한층 더 많

아졌다.
③ 신분관계가 엄격했기 때문에 무사가 쓰던 말, 유곽에서 게이샤들이 쓰는 말(郭詞), 노예나 하인이 쓰던 말 등 위상어(位相語)가 발달되었다. 궁중여성어(女房詞, 예:おしゃもじ, おなか)가 일반사람들도 사용하게 되었다.

문법
① 동사의 활용이 6종류(4단활용→5단활용, 2단활용→1단활용)가 되었다. ナ행변격활용은 귀족들에게는 쓰여지고 있었지만, 에도시대에는 5단활용이 되서, 현대어처럼 5종류의 활용이 되었다.
② 제술호응어(係り結び)를 분명하게 한 모토오리 노리나가(本居宣長)의 『詞玉緒』, 품사분류를 중심으로 한 후지타니 나리아키라(富士谷成章)의 『かざし抄』『あゆひ抄』 등 문법 연구가 크게 진전되었다.

문체
① 나라(奈良), 헤이안(平安)시대의 고전을 연구하여 일본 고유의 문화, 정신을 고취하려는 국학이 일어났다. 국학자의 사이에 중고의 문을 모범으로 하는 의고문(擬古文(雅文體))이 생겼다. 이것에 대해, 구어를 기본으로 한 속어(俗語)를 받아들인 가나문은 속문(俗文)이라고 불렸다. 속문의 확대는 메이지시대의 '언문일치'에 영향을 주었다.
② 정중어로서 'ます', 'です'가 생겨난다.

6 근대와 현대 일본어(明治시대~)

음운
① 서양의 외래어음의 영향을 받아 'ティ'[ti], 'ディ'[di], 'テュ'[tu], 'デュ'[du], 'ファ'[Φa], 'ウィ'[wi] 등의 음이 사용되게 되었다.

② 모음의 무성음화 현상이 일반화되었다.
③ 비탁음 'ガ'가 소멸되는 경향이 있다.

표기
① 한자를 제한하여 가나표기법 등의 표기기준이 정해졌다. 1946년에 '당용한자표' 1850자, '현대가나표기법'이 내각 고시되어, 이제까지의 역사적가나표기법에서 새로운 표기기준으로 바뀌었다. 1981년에 '상용한자표' 본표 1945자, 1986년에 '현대가나표기법'이 고시되어 현대어의 표기의 기준이 되었다. 1954년에는 '로마자표기법', 1973년 '오쿠리가나표기법', 1991년 '외래어표기'이 고시되었다.

어휘
① 메이지시기에 서양어의 유입으로 새로운 개념의 번역어를 한어로 하기 위해 한어가 증가되었다. 예: 哲學, 經濟, 社會, 傳統, 文學, 宗敎
② 제2차 세계대전 후는 영어를 중심으로 한 가타카나어가 증가되고, 약어(略語)가 많이 사용되었다.

문법
① 5단활용동사 이외의 동사의 가능동사형이 사용되기 시작한다.
예:見られる → みれる　来られる → 来れる
② '형용사 + です' 표현이 널리 사용되었다. (예: うれしゅうございます → うれしいです)
1952년 국어심의회에서 '형용사 + です'가 인정되었다.
③ 서양어의 영향을 받은 구문인 비정물주어의 중립수동이 일반화되었다.
예:会が開かれる
④ 문법연구가 크게 진전되었다. 야마다요시오(山田孝雄)는 『日本文法論』을, 하시모토 신키치(橋本進吉)는 『国語法要説』을, 도키에다 모토키(時

枝誠記)는 언어과정설을 제창하여 『国語学源論』을 저술하였다. 마카미 아키라(三上 章)는 『現代語法序説』에서 주어폐지론을 주장하였다.

문체
① 언문일치가 확립된다. 메이지시대에 언문일치운동이 일어났다. 후타바테이 시메이(二葉亭四迷)가 'ダ'체를, 야마다 비묘(山田美妙)가 'デス'체를, 오자키 고요(尾崎紅葉)가 'デアル'체를 소설에서 시도하였다.
② 구어체가 확립되었다. 1904년에 최초의 국정교과서가 만들어져 구어체가 채용되었다. 소설, 사설, 논문 등도 구어체로 바뀌어 갔지만, 아직 공용문은 문어체로, 서간문은 소로분(候文)이었다. 그러나 1946년에 법령문 등의 공용문에 한자가나혼용문 デアル체, マス체가 채용되어 문어체에서 구어체로 바뀌었다.

> **독서안내**
>
> 沖森卓也編(1989)『日本語史)』おうふう
> ✽각 시대의 일본어를 구별하여 언어 변화를 설명하고 있다.

【참고문헌】

阪倉篤義編(1990)『日本語講座6 日本語の歴史』 大修館書店
真田信治(1999)『よくわかる日本語史』アルク
鈴木一彦・林巨樹監修(1995)『概説日本語学』明治書院
築島裕(1964)『国語学』東大出版会
古田東朔(1990)『日本語学概論』放送大学教育振興会
宮島達夫編(1971)『古典対照語い表』笠間書院

자료：日本語教育能力検定試験 出題範囲(단, 전범위에 걸쳐 줄제된다고는 할 수 없다)

1 社会・文化・地域	1. 世界と日本 　(1) 諸外国・地域と日本 　(2) 日本の社会と文化 2. 異文化接触 　(1) 異文化適応・調整 　(2) 人口の移動(移民・難民政策を含む。) 　(3) 児童生徒の文化間移動 3. 日本語教育の歴史と現状 　(1) 日本語教育史 　(2) 日本語教育と国語教育 　(3) 言語政策 　(4) 日本語の教育哲学 　(5) 日本語及び日本語教育に関する試験 　(6) 日本語教育事情：世界の各地域、日本の各地域 4. 日本語教員の資質・能力
2 言語と社会	1. 言語と社会の関係 　(1) 社会文化能力 　(2) 言語接触・言語管理 　(3) 言語政策 　(4) 各国の教育制度・教育事情 　(5) 社会言語学・言語社会学 2. 言語使用と社会 　(1) 言語変種 　(2) 待遇・敬意表現 　(3) 言語・非言語行動 　(4) コミュニケーション学 3. 異文化コミュニケーションと社会 　(1) 言語・文化相対主義 　(2) 二言語併用主義(バイリンガリズム(政策)) 　(3) 多文化・多言語主義 　(4) アイデンティティ(自己確認、帰属意識)
3 言語と心理	1. 言語理解の過程 　(1) 予測・推測能力 　(2) 談話理解 　(3) 記憶・視点 　(4) 心理言語学・認知言語学 2. 言語習得・発達 　(1) 習得過程(第一言語・第二言語) 　(2) 中間言語 　(3) 二言語併用主義(バイリンガリズム) 　(4) ストラテジー(学習方略) 　(5) 学習者タイプ 3. 異文化理解と心理 　(1) 社会的技能・技術(スキル) 　(2) 異文化受容・適応 　(3) 日本語教育・学習の情意的側面 　(4) 日本語教育と障害者教育

4 言語と教育	1. 言語教育法・実技(実習) 　(1) 実践的知識・能力 　(2) コースデザイン(教育課程編成)、カリキュラム編成 　(3) 教授法 　(4) 評価法 　(5) 教育実技(実習) 　(6) 自己点検・授業分析能力 　(7) 誤用分析 　(8) 教材分析・開発 　(9) 教室・言語環境の設定 　(10) 目的・対象別日本語教育法 2. 異文化教育・コミュニケーション教育 　(1) 異文化間教育・多文化教育 　(2) 国際・比較教育 　(3) 国際理解教育 　(4) コミュニケーション教育 　(5) 異文化受容訓練 　(6) 言語間対照 　(7) 学習者の権利 3. 言語教育と情報 　(1) データ処理 　(2) メディア／情報技術活用能力(リテラシー) 　(3) 学習支援・促進者(ファシリテータ)の養成 　(4) 教材開発・選択 　(5) 知的所有権問題 　(6) 教育工学
5 言語一般	1. 言語の構造一般 　(1) 言語の類型 　(2) 世界の諸言語 　(3) 一般言語学・日本語学・対照言語学 　(4) 理論言語学・応用言語学 2. 日本語の構造 　(1) 日本語の構造 　(2) 音声・音韻体系 　(3) 形態・語彙大系 　(4) 文法大系 　(5) 意味大系 　(6) 語用論的規範 　(7) 文字と表記 　(8) 日本語史 3. コミュニケーション能力 　(1) 受容・理解能力 　(2) 言語運用能力 　(3) 社会文化能力 　(4) 対人関係能力 　(5) 異文化調整能力

(財団法人 日本語国際教育支援協会의 웹페이지를 근거로 작성함)
(http://www.jees.or.jp/jltct/range.htm)

색인

기호

1그룹	212, 283
2그룹	212, 283
2언어 기저공유설	101
3그룹	283

A

ACTFL	153
AL법	25, 59, 74, 121, 145
ASTP	144

C

CAI	168
CALL	168
CLL	146
CMC	197

E

ESP	172

I

IPA	227

J

JSP	172

L

LOTE	37

O

OPI	153

P

peer reading	25
peer response	25
pragmatics	327

R

ru-동사	212, 283

T

turn	44

U

U커브	109

W

W커브	109

색인

い
- イ음편 ······ 287
- イ형용사 ······ 288

な
- ナ형용사 ······ 283, 288

は
- ハ행전호음 ······ 355

ㄱ
- 가나한문혼효제 ······ 357
- 가능동사 ······ 307
- 가족적 유사성 ······ 64
- 가차 ······ 336
- 가타카나 ······ 334, 346
- 간접수동 ······ 305
- 간접전략 ······ 99
- 간체자 ······ 339
- 감산적 이중언어사용자 ······ 32
- 감정형용사 ······ 288
- 개별어수 ······ 266
- 게슈탈트 ······ 66
- 격 ······ 209
- 격조사 ······ 295
- 결속력 ······ 54
- 결정적 시기 가설 ······ 90
- 경구개화 ······ 235
- 계속이중언어화자 ······ 100
- 계층성 ······ 65
- 고립어 ······ 208
- 고분(弘文)학원 ······ 18
- 고유어 ······ 269
- 고콘텍스트문화 ······ 118
- 공동체 언어학습법 ······ 146
- 공통어 ······ 40
- 과잉 일반화 ······ 73
- 과제실러버스 ······ 139
- 관련성이론 ······ 327, 328
- 교사 말투 ······ 88
- 교수가능성가설 ······ 81
- 교재 ······ 166
- 교착어 ······ 208
- 구개화 ······ 235
- 구두식 교수법 ······ 142
- 구 이주자 ······ 8
- 구정보 ······ 291
- 구조실러버스 ······ 137
- 구조주의 언어학 ······ 57, 74
- 국부적 오류 ······ 77
- 국자 ······ 337
- 국제음성기호 ······ 227
- 국제이해교육 ······ 186
- 굴절어 ······ 208
- 궁중여성어 ······ 278, 356
- 귀국아동 ······ 181
- 귀국자녀 ······ 10
- 균형이중언어화자 ······ 100
- 근접발달지대 ······ 124
- 긍정적 전이 ······ 83, 214
- 기독교자료 ······ 16
- 기억 전략 ······ 99
- 기초어휘 ······ 267

ㄴ

니즈분석 … 133

ㄷ

다문화주의 … 37
다이글로시아 … 34
다중언어 … 31
단기기억 … 55
단문 … 309
단순어 … 273
단어 … 52
단음 … 227
단일언어사용자 … 100
담화 … 52
담화분석 … 43
'당용한자표 … 338
당용한자표 … 359
당음 … 338
대명사 … 289
대조언어학 … 213
데이카가나표기법 … 356
도구적 동기부여 … 93
도리타테조사 … 295, 297
동기부여 … 92
동사 … 285
동시이중언어화자 … 100
동화 … 18
두고형 … 252

ㄹ

레디니스 … 134

레지스터 … 42
로마자 … 334
로마자회 … 346
롤플레이 … 161
리엔트리 쇼크(재입국 위기) … 110

ㅁ

마찰음 … 234
명사 … 289
모니터 가설 … 84
모니터·모델 … 84
모달리티 … 304
모라(Mora)언어 … 215
모어 간섭 … 76
모어에 의한 선행학습 … 184
모어 유지 … 103
모음 … 229
모음동사 … 212
모음탈락 … 353
몰입교육 … 88, 102
무성 … 227
무정의 수동 … 306
무제문 … 298
무주어문 … 298
문 … 52
문맥지시 … 293
문법번역식 교수법 … 141
문법화 … 284
문장 … 52
문지방가설 … 102
패턴프랙티스 … 74, 122, 145, 159, 169
문화상대주의 … 191
문화화 … 109, 113

미니멀페어 227
미디어 활용능력 198

ㅂ

바톰업 52
박 215
반모음 242
반탁음화 277
발달순서 79
발화내 행위 327
발화매개행위 327
발화행위 327
발음 243
발화행위론 327
배경지식 66
배치 고사 154
번체자 339
변체한문 354
병렬절 309
병렬조사 296
보상전략 99
보이스 305
보족절 309
보편문법 58, 73
복문 309
복합어 273
부교재 167
부사 292
부사절 309
부속어 283
부정적 전이 83, 214
분리수업 184
비교언어학 213

비언어 메시지 119
비유 320
비접촉적 85
비탁음 235
비판적 담화분석 43
비한자권 학습자 339

ㅅ

사역태 305
사용어휘 265
사회문화능력 46
사회언어능력 46, 88
상 300
상대가나표기법 353
상대경어 217
상용한자표 338, 359
상형 35
상호작용가설 88
상황적 학습론 121, 125
생득주의 57
생성문법 58
생활언어능력 11, 95, 184
서법 304
서수사 292
선명체 354
선언적 기억 57
선언적 지식 57
선행 개념파악유도 53
설문해자 335
성도 228
성취도 테스트 153
속성부사 293
수량사 292

수사	290
수속적 기억	57
수속적 지식	57
수수동사	217, 316
수정	44
숙달도 테스트	151
순서	44
순음퇴화	353
스캐폴딩	124
스크립트	116
스키마	68, 115
스테레오타입	117
습득순서	79
습득·학습의 가설	84
시뮬레이션	25
시바야마겐(芝山巖)학당	19
시점	315
시제	300
신 이주자	8
신정보	291
실러버스	137
실물	169
실물교재	169
실수	77
심적 표상	53

ㅇ

아마구사판 이솝이야기	17
아마구사판 헤이케이야기	17
아이덴티티	112
아이덴티티·크라이시스	114
악센트	248
암시식 교수법	147

어구성	272
어기	273
어족	204
어종	269
어휘	264
언문일치	359
언어 간 오류	76
언어 내 오류	76
언어습득의 논리적 문제	72
언어유형론	205
언어학습적성 테스트	154
에피소드 기억	57
역사적가나표기법	344, 358
역할극	164
역할극(role play)	25
연성	277
연체수식절	309
연탁	277
오노마토페	278
오류	77
오용분석	76
오음	337
오쿠리가나	341
외국어(학습)적성	94
외국인 말투	88
외국인 아동	183
외래어	269, 270
외래어 표기	346
요쓰가나(四つ仮名)	357
용탕의 한계	85
용법 기반 모델	73
우선응답체	44
위상	278
유성	227

유제문	210, 298
유주어문	298
육군식 교육법	144
육서	335
은유	67, 320
음독	337
음성학	226
음성학적 교수법	142
음소	52, 211, 227
음운론	211
음운첨가	277
음절	235, 247
음편	277
의고문	358
의미기억	57
의미론	211
의미중심	149
의사소통 전략	99
의사소통중심 접근법	75, 148
의성어	278, 293
이동동사	285
이문화간 교육	178
이문화적응	109
이문화 트레이닝	191
이음	227
이중언어사용	100
이중언어사용자	31, 36, 100
이해어휘	265
인간중심의 교수법	75
인접페어	44
인지심리학	122
인지언어학	58, 62, 63
인지의미론	58
인지전략	99

인지학습언어능력(CALP)	101
인지학습 접근법	147
인칭대명사	289
인토네이션	254
인포메이션 갭	160
일본대문전	17
일본소문전	17
일본어구어문전	18
일본어능력시험	152
일본어문전	17
일상언어능력(BICS)	101
일포사전	17, 356
입력가설	84

ㅈ

자기개시	120
자동사	285
자동화	85
자립어	283
자문화(自文化)중심주의	191
자연스런 순서의 가설	84
자연식 교수법	141
자연식 접근법	147
자음	231
자음동사	212, 283
작동기억(워킹메모리)	56
장기기억	55
장면 독립성	98, 169
장면실러버스	138
장음	246
장 의존성	98
재귀대명사	289
저작권	200

저콘텍스트문화 …………………… 118
전달중심의 교수법 …………………75
전략(strategy)교육 ……………… 163
전미외국어교육협회……………… 153
전성 …………………………… 276, 296
전음 …………………………………… 277
전이 ……………………………………83
전주 ………………………………… 336
전체어수 …………………………… 266
절대경어 …………………………… 217
접사 ………………………………… 273
접속조사 …………………………… 295
정도부사 …………………………… 293
정보 활용능력 …………………… 198
정의(情意)필터의 가설 ……………84
정태부사 …………………………… 293
정통적 주변참가 ………………… 125
제 2언어습득 …………………………79
제유 ………………………………… 320
조사 ………………………………… 295
조어 ………………………………… 204
조어법 ……………………………… 276
조음법 ……………………………… 231
조음자 ……………………………… 231
종속절 ……………………… 309, 310
종조사 ……………………………… 295
주교재 ……………………………… 166
주권분포 ……………………………41
주어 ………………………… 210, 297
주제 ………………………………… 297
준체조사 …………………………… 296
중간언어 ………………………………78
지사 ………………………………… 336
지시대명사 ………………………… 289

지시사 ……………………… 289, 293
지적소유권 ………………………… 200
직시 ………………………………… 329
직유 ………………………………… 320
직접 교수법 ……………………… 144
직접수동 …………………………… 305
직접전략 ………………………………99
진단 테스트 ……………………… 154
진술부사 …………………………… 293

ㅊ

차용 ………………………………… 276
차용어 ……………………………… 269
처리가능성 이론 ………………………81
첩어 ………………………… 273, 274
초점화 …………………………………89
촉음 ………………………………… 245
촉음편 ……………………………… 287
촉진자 ……………………… 26, 192
총체적 오류 ……………………………77
축약 ………………………………… 276
출력가설 ………………………………88
출자 ………………………………… 269
침묵식 교수법 …………… 75, 145
침수몰입 …………………………… 102

ㅋ

카테고리화 ………………………… 116
커리큘럼 디자인 ………………… 140
컬쳐 쇼크 ………………………… 109
컬쳐·어시미레이터 ……………… 191
컴퓨터 매개 커뮤니케이션 ……… 197

컴퓨터보조수업	168	프로토 타입	64, 65
컴퓨터 보조학습	168	피진	33
컴퓨터 지원 언어학습	196	피해수동	306
코드 스위칭	32	필순	340
코스디자인	197		
크레올	33		
크리티컬·인시던트	191		

ㅌ

타동사	285
탄설음	234
탑다운	53, 163
태	305
테스트	151
통어론	211
통합적 동기부여	93
특수음소	243

ㅍ

파라언어	48
파생어	273, 275, 296
파열음	233
파찰음	234
편중이중언어화자	100
평가	151
폐쇄음	234
표의문자	218
표준어	40
품사	283
프로미넌스	256
프로소디	257
프로젝트 워크	164

ㅎ

학습	86
학습언어능력	11, 95
학습지도안	170
한어	270
한음	337
한자	334
한자·가나혼용문	341
한자권 학습자	339
합성	276
합성어	273
행동주의 심리학	58
헤본식	347
현대가나표기법	344
현장지시	293
협조 원리	327
형성	336
형식명사	289
형식중심	149
형용사	288
형태론	211
형태소	52, 211
혼종어	269, 271
혼효	276
화석화	214
화용론	211, 221, 327
화용론적 전이	47
화자교대	44

화제실러버스 ································ 138
환유 ······································· 67, 320
회의 ·· 336
회피 ··· 77
회화분석 ·· 44
회화 함의 ····································· 327
훈독 ·· 337
훈령식 ··· 347
히라가나 ································ 334, 343

집필자 소개

佐々木 泰子(ささき やすこ)[1章, 2章, 3章, 4章, 5章, 6章]　　*編者
　お茶の水女子大学大学院人間文化創成科学研究科教授

森山 新(もりやま しん)[7章, 14章, 17章]
　お茶の水女子大学大学院人間文化創成科学研究科准教授

白井 恭弘(しらい やすひろ)[8章]
　ピッツバーグ大学言語学科教授

鈴木 伸子(すずき のぶこ)[9章, 11章]
　立教大学観光学部交流文化学科特任准教授

久保田 美子(くぼた よしこ)[10章]
　国際交流基金日本語国際センター専任講師

楊 虹(やん ほん)[12章]
　東京成徳大学人文学部／お茶の水女子大学国際教育センター非常勤講師

倉田 芳弥(くらた かや)[13章]
　東洋大学文学部非常勤講師

棚橋 明美(たなはし あけみ)[15章]
　早稲田大学日本語教育研究センター／聖学院大学人文学部非常勤講師

大塚 純子(おおつか じゅんこ)[16章, 18章, 19章, 20章]
　明海大学別科専任講師

번역자 소개

한국일어교육학회

한국일어교육학회는 1999년 창립된 학회로 한국에 있어서의 일본어교육에 관심이 많은 대학 및 중·고교, 일본인교사를 중심으로 약 350여명의 선생님들이 회원으로 있는 학회입니다. 그간 일본어교육 관련 테마를 주제로 연 2회에 걸쳐 학술대회와 교원연수를 실시해 왔으며 최근 몇 년 동안은 주제별 기획발표로 일본어교육을 선도해 왔다고 할 수 있습니다. 연 2회 발행하고 있는『日本語教育研究』는 한국연구재단 등재후보지로 선정되어 있으며 향후 등재지로 인정될 것입니다. 이와 같은 학문적 성과를 바탕으로 지난 2007년 이후 한국일어교육학회 총서(5종 7권)를 발간한데 이어 금번『베이직 일본어교육』번역을 통해 단순히 학술연구와 발표에만 그치지 않고 교육현장에서 활용할 수 있는 학술서와 교재의 개발에도 힘을 기울이고 있습니다. 최근「2010년 세계일본어교육대회」에도 본 학회 5명의 선생님들이 교재연구관련 테마로 패널 발표를 하는 등 적극적인 활동을 전개하고 있습니다. 앞으로 일본어교육 관련 학술서의 저술활동과 우수한 외국서적의 번역작업은 물론 한국의 일본어교육 현실에 맞는 교재의 개발에도 한층 힘을 기울여갈 예정입니다.

번역자 소개

번역 작업에 참여한 선생님들의 소속과 담당분야는 다음과 같습니다.

강영부(경희대학교)	1~4장
박재환(경기대학교)	5~7장
오현정(건국대학교)	8장
이미숙(명지대학교)	9장
송정식(인하공업전문대학)	10장(1~5절), 12장
신혜자(수원외국어고등학교)	10장(6~12절)
송승희(열린사이버대학교)	11장
남득현(명지전문대학)	13~14장
조대하(서울여자대학교)	15장
송은미(백석예술대학)	16, 18장
장근수(상명대학교)	17장
최은혁(인천대학교)	19~20장

현장에서 꼭 필요한 일본어 교육학 시리즈 ❺

베이직 일본어 교육

초판인쇄_ 2010년 9월 6일

초판발행_ 2010년 9월 10일

저자_ 佐々木泰子

번역_ 한국일어교육학회

책임편집_ 이주영

표지디자인_ 신영미

펴낸이_ 엄호열

펴낸곳_ (주)시사일본어사

등록일자_ 1977년 12월 24일

등록번호_ 제300-1977-31호

주소_ 서울 종로구 원남동 13번지

전화_ 1588-1582(교재구입문의) / 02)3671-0572(교재내용문의)

팩스_ 02)3671-0500

홈페이지_ book.japansisa.com

이메일_ tltk@chol.com

ISBN 978-89-402-9016-3 13730

ⓒYasuko Sasaki 2007
ベーシック日本語教育　佐々木泰子　編
A Basic Guide to the Teaching Japanese as a Second Language by Yasuko sasaki(ed.)
Korean translation rights arranged with Hituzi Syobo Publishing, Tokyo
First published in the Japanese language by Hituzi Syobo Publishing

* 이 교재의 내용을 사전 허가없이 전재하거나 복재할 경우 법적인 제재를 받게 됨을 알려 드립니다.
* 잘못된 책은 구입하신 서점이나 본사에서 교환해 드립니다.
* 정가는 표지에 표시되어 있습니다.